2021

Panorama Social
de América Latina

NACIONES UNIDAS

CEPAL

El *Panorama Social de América Latina* es preparado anualmente por la División de Desarrollo Social de la Comisión Económica para América Latina y el Caribe (CEPAL), dirigida por Alberto Arenas de Mesa, y la División de Estadísticas de la CEPAL, dirigida por Rolando Ocampo. En su elaboración participan también el Centro Latinoamericano y Caribeño de Demografía (CELADE)-División de Población de la CEPAL, dirigido por Simone Cecchini, y la División de Asuntos de Género de la CEPAL, dirigida por Ana Güezmes.

La edición de 2021 fue coordinada por Alberto Arenas de Mesa con el apoyo de Daniela Trucco, quienes se encargaron de su redacción, junto con Bernardo Atuesta, Juan Manuel Badilla, Simone Cecchini, Camilo Cid, Helena Cruz Castanheira, Fabiana Del Popolo, Andrés Espejo, Ernesto Espíndola, Álvaro Fuentes, Mariana Huepe, Carlos Kroll, Carlos Maldonado Valera, Xavier Mancero, María Luisa Marinho, Rodrigo Martínez, Beatriz Morales, Amalia Palma, Malva-Marina Pedrero, Claudia Robles, Jorge Rodríguez, Lucía Scuro, Varinia Tromben, Iliana Vaca Trigo, Fernando Villanueva y Pablo Villatoro. En la recolección de información y el procesamiento estadístico participaron Mario Acuña, Lenin Aguinaga, Hernán Alvarado, Nicole Araya, Bernardo Atuesta, Juan Manuel Badilla, Camila Baron, Martin Brun, Edmundo Caillaux, Claudio Castillo, Miguel Castillo, Camilo Cid, Cristóbal Cuadrado, Andrés Espejo, Tomás Esper, Ernesto Espíndola, Fabiola Fernández, Matías Ferreyra, Álvaro Fuentes, Carlos Howes, Carlos Kroll, Isabel Loyola, María Luisa Marinho, Alexandra Martínez, Rocío Miranda, José Henrique Monteiro Da Silva, Beatriz Morales, Macarena Muñoz, Amalia Palma, Florencia Rebolledo, Antonia Roberts, Victoria San Juan, Alejandra Silva y Fernando Villanueva. Se recibieron valiosos aportes y comentarios a diferentes secciones del documento de Hugo Beteta, Nicole Bidegain, Miguel del Castillo, Michael Hanni, Raúl Holz, Sandra Huenchuan, Vivian Milosavljevic, Noel Pérez, Raquel Santos Garcia, Humberto Soto, Daniel Titelman, Belén Villegas y Pablo Yanes.

Publicación de las Naciones Unidas

ISBN: 978-92-1-122078-0
(versión impresa)

ISBN: 978-92-1-005570-3
(versión pdf)

ISBN: 978-92-1-358313-5
(versión ePub)

Número de venta: S.21.II.G.5

LC/PUB.2021/17-P

Distribución: G

S.21-00655

Notas explicativas
- Los tres puntos (...) indican que los datos faltan, no constan por separado o no están disponibles.
- La raya (-) indica que la cantidad es nula o despreciable.
- La coma (,) se usa para separar los decimales.
- La palabra "dólares" se refiere a dólares de los Estados Unidos, salvo cuando se indique lo contrario.
- La barra (/) puesta entre cifras que expresen años (por ejemplo, 2013/2014) indica que la información corresponde a un período de 12 meses que no necesariamente coincide con el año calendario.
- Debido a que a veces se redondean las cifras, los datos y los porcentajes presentados en los elementos gráficos no siempre suman el total correspondiente.

Esta publicación debe citarse como: Comisión Económica para América Latina y el Caribe (CEPAL), *Panorama Social de América Latina, 2021* (LC/PUB.2021/17-P), Santiago, 2022.

ÍNDICE

Cuadros

Gráficos

Recuadros

Diagramas

Introducción

A. De una emergencia sanitaria a una crisis social prolongada

En 2021, en un contexto de avances heterogéneos en los procesos de vacunación contra la enfermedad por coronavirus (COVID-19), América Latina y el Caribe sigue registrando altas cifras de contagios y pérdidas de vidas por la pandemia. Si bien la CEPAL estimó para la región un crecimiento económico del PIB del 6,2% (CEPAL, 2022), este no ha sido suficiente por sí solo para mitigar los efectos sociales y laborales de la pandemia, que son profundos y desiguales, y se encuentran estrechamente vinculados con los problemas estructurales de desigualdad, pobreza, informalidad y vulnerabilidad. Esta edición del *Panorama Social de América Latina* llama, por tanto, a adoptar políticas públicas transformadoras, con la igualdad y la sostenibilidad en el centro, para evitar que los impactos sociales de la pandemia se prolonguen en el tiempo y tengan consecuencias de mediano plazo, profundizando las múltiples brechas sociales preexistentes, marcadas por los ejes estructurantes de la matriz de la desigualdad y la cultura del privilegio.

Para lograr una recuperación con igualdad en el corto plazo, junto con las políticas de salud, de cuidados y de reactivación del empleo, y la promoción del regreso gradual y seguro a las escuelas, es clave dar continuidad a las medidas de protección social de emergencia que los países de la región han implementado para que amplios sectores de la población —incluidas las personas en trabajos informales— puedan satisfacer sus necesidades básicas (CEPAL, 2020b, 2021c y 2021e). Si bien en 2020 los países de la región realizaron una destacable inversión en las medidas de protección social de emergencia para hacer frente a la pandemia, en 2021 se observa una importante disminución. En los últimos diez meses de 2020, las transferencias de emergencia anunciadas por los países de América Latina para mitigar el efecto de la crisis representaron un gasto de 89.700 millones de dólares, mientras que en los primeros diez meses de 2021 el gasto en estas medidas fue de 45.300 millones de dólares. Por lo tanto, el gasto anual de 2021 solo alcanzaría a la mitad del registrado el año anterior.

Además de crear nuevas trasferencias monetarias, o fortalecer las que ya existían, desde el comienzo de la pandemia, los Gobiernos de la región han implementado transferencias en especie, dando continuidad a la distribución de la alimentación escolar y entregando cajas de alimentos a los hogares, han asegurado y facilitado el acceso a servicios básicos, principalmente mediante la suspensión o exoneración del pago de cuentas de servicios de agua y electricidad, y han mitigado, desde el pilar contributivo de los sistemas de protección social, la pérdida total o parcial de ingresos de los trabajadores formales (CEPAL, 2021a); CEPAL/UNICEF, 2020). En 15 países de América Latina, el gasto público en políticas del mercado de trabajo aumentó del 0,3% del PIB en 2019 al 0,9% del PIB en 2020.

A mediano y largo plazo, es fundamental avanzar hacia sistemas de protección social universales, integrales, sostenibles y resilientes, así como fortalecerlos, centrándose en las necesidades específicas que enfrentan las personas a lo largo del ciclo de vida y transversalizando la perspectiva de la igualdad de género en el marco de la propuesta de la Comisión Económica para América Latina y el Caribe (CEPAL) de fortalecer y ampliar el Estado de bienestar sobre la base de un nuevo pacto social. Para fomentar un círculo virtuoso de bienestar y productividad, y evitar una crisis prolongada, se necesita sobre todo establecer garantías básicas de ingreso para el conjunto de la población, fortalecer y expandir los seguros de desempleo, promover políticas activas en el mercado de trabajo (por ejemplo, en materia de capacitación, emprendimiento e intermediación laboral) y de formalización laboral, y transitar hacia una economía y una sociedad del cuidado para consolidar la autonomía de las mujeres y contribuir a la reactivación transformadora. Una recuperación transformadora implica el reconocimiento, la redistribución y reducción de las tareas de cuidado en el marco de los derechos humanos y de los compromisos asumidos en la Agenda 2030 para el Desarrollo Sostenible y la Agenda Regional de Género. En este sentido, debe reafirmarse el papel central del Estado en el proceso de construcción de la sociedad del cuidado mediante acciones que tengan como horizonte la universalización de servicios de calidad, la coordinación e intersectorialidad de las políticas, la sostenibilidad financiera y la corresponsabilidad como principio. Asimismo, es esencial invertir en salud universal, educación de calidad y sistemas de cuidados como pilares de un nuevo Estado de bienestar en la región. La intensidad y extensión de la crisis han dejado en evidencia deudas en materia de igualdad y calidad de los sistemas de salud y educación que se venían arrastrando en la región y que limitaban el progreso hacia los Objetivos de Desarrollo Sostenible (ODS) y la Agenda 2030 para el Desarrollo Sostenible. La crisis del COVID-19 ha significado una ruptura de ciertos paradigmas (por ejemplo, respecto de la presencialidad y el uso de tecnologías digitales) que hace imposible volver atrás y obliga a reestructurar los sistemas de manera que sean más resilientes e inclusivos.

B. Impactos de la pandemia en la pobreza, la desigualdad y los mercados laborales

La crisis social continúa pese a la reactivación económica, con tasas de desocupación y niveles de pobreza y pobreza extrema mayores a los observados antes de la pandemia de COVID-19. De acuerdo con las estimaciones de la CEPAL, la tasa de desocupación en 2021 llegaría a un 11,8% para las mujeres y un 8,1% para los hombres, en comparación con las cifras del 12,1% y el 9,1%, respectivamente, registradas en 2020 (CEPAL, 2022). La pérdida del empleo y la reducción de los ingresos laborales ocurridas durante la pandemia han afectado especialmente a los estratos de menores ingresos. En 2021, la tasa de pobreza extrema habría alcanzado el 13,8% y la de pobreza llegaría al 32,1%. Por tanto, en comparación con las cifras de 2020, el número de personas en situación de pobreza extrema pasaría de 81 a 86 millones, mientras que el número total de personas en situación de pobreza disminuiría ligeramente de 204 a 201 millones. Pese a la recuperación económica experimentada en 2021, los niveles relativos y absolutos estimados de pobreza y de pobreza extrema se han mantenido por encima de los registrados en 2019, lo que refleja la continuación de la crisis social (véase el gráfico 1). La crisis también ha puesto en evidencia la vulnerabilidad en que vive buena parte de la población en los estratos de ingresos medios, caracterizados por bajos niveles de cotización a la protección social contributiva y muy baja cobertura de la protección social no contributiva.

Gráfico 1
América Latina (18 países): personas en situación de pobreza y pobreza extrema[a]
(En porcentajes y millones de personas)

A. Porcentajes

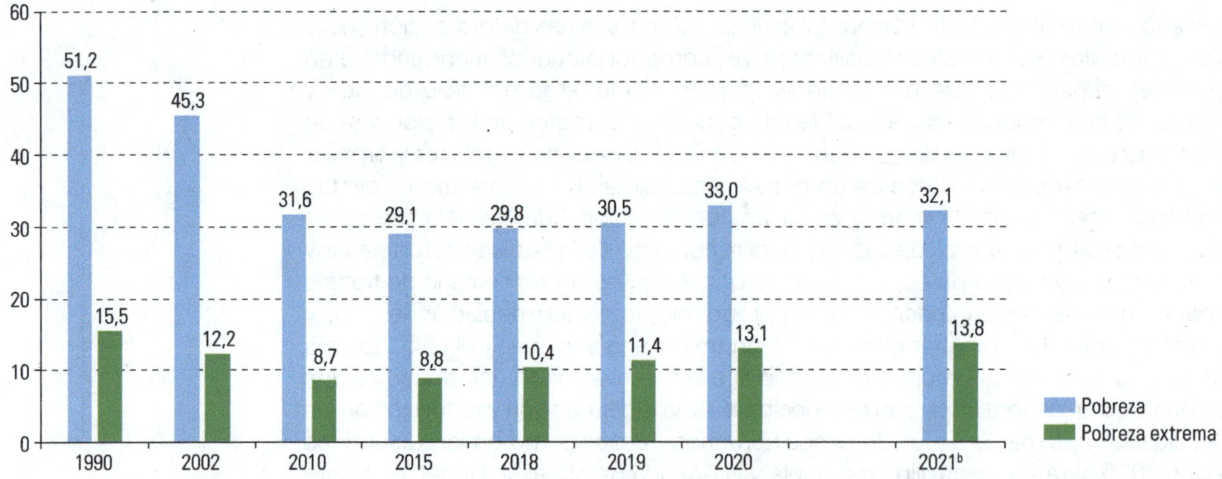

Gráfico 1 (conclusión)

B. Millones de personas

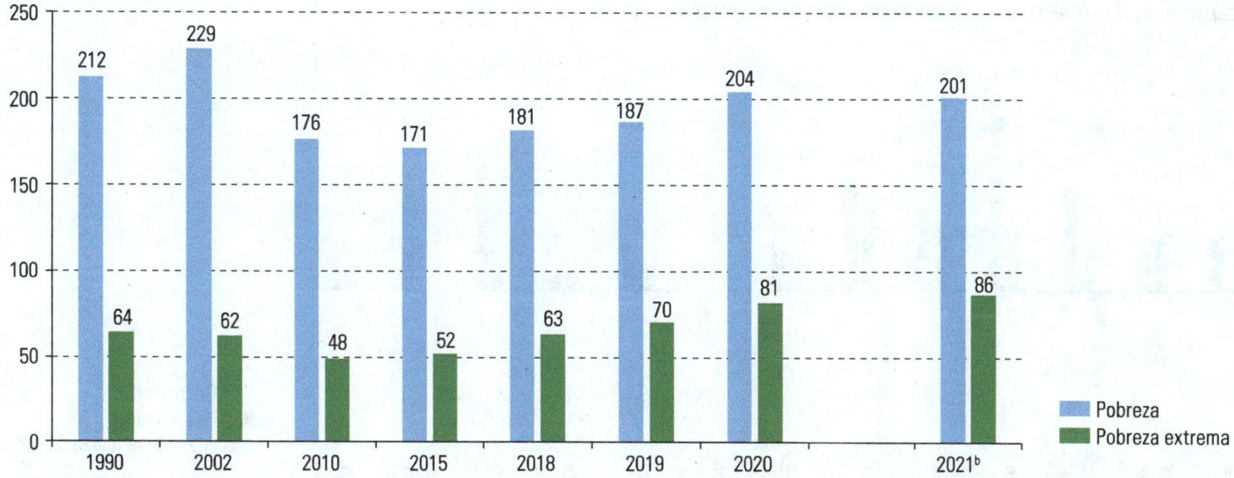

Fuente: Comisión Económica para América Latina y el Caribe (CEPAL), sobre la base de Banco de Datos de Encuestas de Hogares (BADEHOG).

[a] Promedio ponderado de: Argentina, Bolivia (Estado Plurinacional de), Brasil, Chile, Colombia, Costa Rica, Ecuador, El Salvador, Guatemala, Honduras, México, Nicaragua, Panamá, Paraguay, Perú, República Dominicana, Uruguay y Venezuela (República Bolivariana de).

[b] Los valores de 2021 corresponden a proyecciones.

En 2020, la pandemia de COVID-19 provocó una crisis sin precedentes en el mercado laboral. Ello se reflejó en notorias caídas de la ocupación y la participación laboral, que se tradujeron en aumentos históricos de la desocupación, lo que afectó en mayor medida a las mujeres, los jóvenes y los trabajadores del sector informal y de bajos ingresos (CEPAL, 2021a). Según estimaciones de la Organización Internacional del Trabajo (OIT, 2021), ese año se habría perdido el equivalente a más de 30 millones de empleos debido a la desocupación, a la salida de las personas de la fuerza de trabajo o a la reducción de horas trabajadas, y América Latina y el Caribe fue una de las regiones más afectadas. La contundente salida de las mujeres del mercado de trabajo representa un retroceso de 18 años en los niveles de su participación en la fuerza laboral y se estima que para 2021 la tasa de participación se incremente a un 50,0% (cifra similar a la que se alcanzó en 2016), mientras que la tasa de participación de los hombres sería del 73,5% (CEPAL 2022).

Con el fin de mitigar los devastadores efectos de la pandemia en el mercado laboral, además de las medidas de protección social no contributiva direccionadas a los sectores vulnerables e informales, los Gobiernos de la región también implementaron una serie de medidas de apoyo a trabajadores y empresas del sector formal[1]. A su vez, los avances —aunque desiguales— en los procesos de vacunación y la paulatina reversión de las medidas de confinamiento han permitido recuperar lentamente los principales indicadores laborales. Sin embargo, estos todavía no llegan a los niveles previos a la crisis.

De acuerdo con las encuestas de hogares utilizadas para dar seguimiento a las condiciones de vida en los países de la región, las mayores caídas en el empleo en 2020, con relación al número de empleos registrados en 2019, se dieron en el Perú y Costa Rica (-14%), Colombia (-11%), el Brasil (-9%), y la Argentina, El Salvador y la República Dominicana (-6%). En todos los países, con excepción de Bolivia (Estado Plurinacional de) y el Paraguay, se registró un mayor incremento en el número de personas que salieron de la actividad económica que en el número de desempleados (véase el gráfico 2).

[1] Estas medidas incluyen, por ejemplo, la reducción de horas de trabajo o de salarios, el establecimiento de mecanismos de retención del empleo o suspensión temporal del trabajo, y los subsidios salariales otorgados a las empresas o directamente a los trabajadores.

Gráfico 2
América Latina (13 países): variación del número de personas ocupadas, desocupadas y por fuera de la fuerza de trabajo, 2020[a]
(En porcentajes del número de personas ocupadas en 2019)

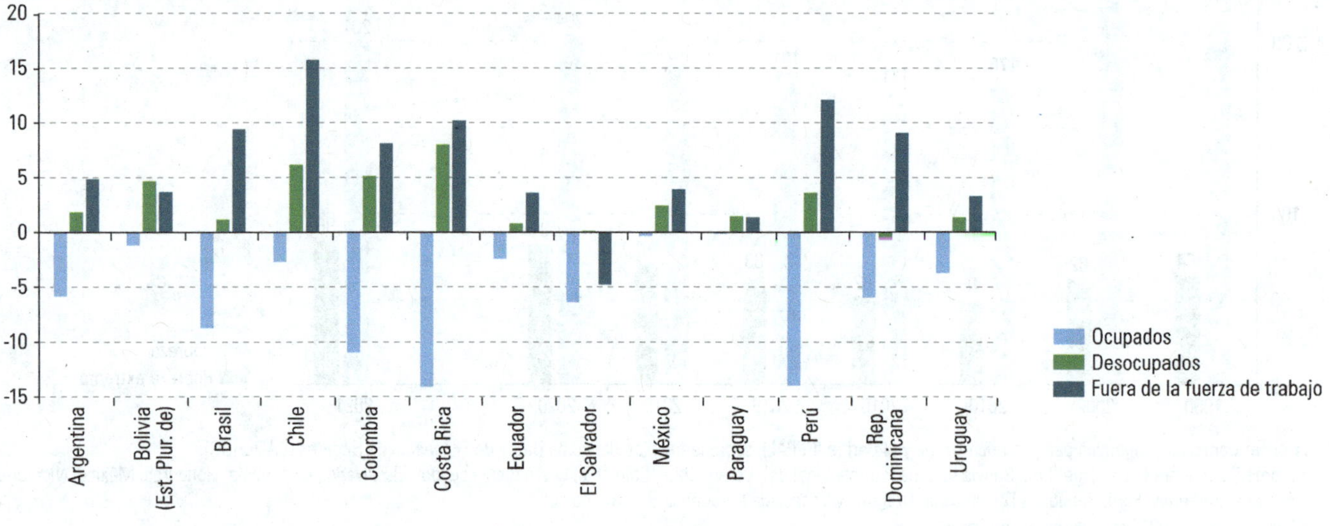

Fuente: Comisión Económica para América Latina y el Caribe (CEPAL), sobre la base de Banco de Datos de Encuestas de Hogares (BADEHOG).
[a] La variación corresponde al período 2017 a 2020 en Chile y 2018 a 2020 en México.

Como se ha constatado en distintos informes de la CEPAL (2021b, 2021c y 2021d), el impacto de la crisis sanitaria prolongada en el empleo ha sido desigual en los distintos grupos poblacionales, lo que ha exacerbado los problemas estructurales de la región. Por ejemplo, la pandemia incidió con mayor fuerza en la ocupación y en las condiciones laborales de las mujeres, y produjo una reducción regional generalizada de la tasa de participación femenina. Las estimaciones para 2021 indican que una de cada dos mujeres no participó en la fuerza laboral y que el desempleo femenino alcanzó un 11,8%, cifra 3,7 puntos porcentuales superior a la de la tasa de desempleo masculina, situada en el 8,1% (CEPAL, 2022). Estos resultados se explican principalmente por el importante retiro de las mujeres del mercado laboral y por su mayor representación en categorías ocupacionales afectadas por la crisis (trabajo independiente, trabajo en el sector de comercio, hotelería y restaurantes, trabajo doméstico remunerado y trabajo familiar no remunerado), así como por el aumento del trabajo de cuidados no remunerado en el contexto de la pandemia. La crisis del COVID-19 también afecta de forma diferenciada a las trabajadoras y los trabajadores según la edad, con un impacto desproporcionado entre las personas jóvenes. La pandemia no solo destruye el empleo, sino que también interrumpe la educación y formación de las personas jóvenes y plantea grandes obstáculos frente a la búsqueda del primer empleo o al cambio de trabajo (CEPAL, 2021c). Según datos de 2020, la tasa de desempleo de las personas jóvenes era dos veces más alta que la de las personas adultas y llegaba al 23% en promedio, lo que equivale a 7 millones de personas de entre 15 y 24 años. Por otra parte, según datos de 2019, la población joven que no estudia ni realiza actividades remuneradas alcanzó el 21,2%. Las mujeres están sobrerrepresentadas en este indicador, ya que la tasa fue del 29,6% para las mujeres frente al 12,6% para los hombres (CEPAL, 2021b). Ante este escenario, es de esperar que la falta de opciones laborales para las personas jóvenes redunde en transiciones más largas de la escuela al trabajo, emancipaciones tardías del hogar de origen y, por tanto, postergaciones en la conformación de un hogar propio. En términos de empleo, las personas jóvenes que logren encontrar trabajo posiblemente deban desempeñarse en sectores precarios y mal remunerados, lo que indicaría que, si no se toman medidas urgentes, los efectos de la crisis para este segmento etario se extenderán incluso después de finalizada la crisis sanitaria, con lo que, entre otras cosas, se desperdiciaría el bono demográfico de la región.

Por último, la contracción generalizada del empleo y la salida de las personas de la fuerza de trabajo impactaron con mayor intensidad en las ocupaciones informales que en las formales (CEPAL/OIT, 2021a). Esta caída no se produjo por los avances en los procesos de formalización, sino que se debió a que los trabajadores informales suelen estar expuestos a una mayor inestabilidad ocupacional, han tenido menos posibilidades de recurrir al teletrabajo durante la pandemia y se vieron más afectados por las medidas de confinamiento adoptadas (CEPAL, 2021c). Al primer trimestre de 2021, los países continúan mostrando contracciones en la tasa de informalidad, aunque en algunos casos se observan signos de reversión e incluso aumentos respecto de la información del primer trimestre de 2020. En un escenario en donde el empleo total aún se encuentra en niveles inferiores a los exhibidos previo a la crisis sanitaria, la menor caída de la tasa de informalidad confirma que la recuperación del empleo se está produciendo sobre todo en condiciones precarias (CEPAL, 2021b).

En resumen, la recuperación económica y el crecimiento del empleo —particularmente el empleo formal— previsto para 2021 serán insuficientes para generar oportunidades laborales para quienes perdieron su empleo o abandonaron la fuerza de trabajo durante la pandemia. Es importante destacar la rápida adaptación del teletrabajo en los países de la región, que en algunos casos fue un elemento diferencial para poder mantener la producción y la actividad laboral. Sin embargo, no todos los trabajadores (ni las empresas) pudieron ni podrán trabajar en forma remota. Lo más probable es que el retorno masivo de grandes contingentes de trabajadores a medida que se reactiva la actividad económica dé lugar a un aumento sostenido de la ocupación, pero muchos de los nuevos puestos laborales serán de peor calidad que los que existían antes de la crisis. Esto último muestra que el aumento del empleo se debe más a la necesidad de la población de percibir ingresos que a una demanda laboral dinámica (CEPAL/OIT, 2021a).

Esta situación, sumada a los altos niveles de incertidumbre, pone de manifiesto que el impacto de la pandemia de COVID-19 en el mercado de trabajo dista mucho de haber terminado. Por tanto, los seguros de desempleo, que solo se encuentran presentes en una minoría de los países de la región, y las políticas de capacitación, intermediación laboral y fomento del emprendimiento serán clave para sostener los ingresos de los desocupados y facilitar el retorno al mercado laboral de las personas que se encuentran fuera de la fuerza de trabajo o están desocupadas. La articulación con las políticas de cuidado y de retorno al sistema educativo también apoyará este proceso de reinserción laboral, especialmente en el caso de las mujeres.

C. Concentración de defunciones por COVID-19 en América Latina y el Caribe

América Latina y el Caribe presenta el mayor número de defunciones informadas por COVID-19 en el mundo (1.562.845 hasta el 31 de diciembre de 2021), cifra que desafortunadamente seguirá creciendo mientras la pandemia persista. Estas representan el 28,8% del total de defunciones por COVID-19 informadas en el mundo, pese a que la población de la región apenas asciende al 8,4% de la población mundial (Naciones Unidas, 2019). En términos relativos, la región también es la que tiene más defunciones por COVID-19 por cada 1.000 habitantes (2,37 defunciones), seguida de América del Norte (2,28) y Europa (2,04) (véase el cuadro 1). El Perú es el país del mundo con el mayor número de defunciones informadas por COVID-19 por cada

1.000 habitantes, con 6 defunciones, casi tres veces el promedio de la región. A nivel regional, le sigue el Brasil, con 2,89 defunciones por cada 1.000 habitantes (OMS, 2021a). En términos relativos, siguen la Argentina (2,57 defunciones por cada 1.000 habitantes), Colombia (2,53), México (2,30), el Paraguay (2,30), Guadalupe (2,08) y Chile (2,03). En términos absolutos, el Brasil es el segundo país del mundo con más defunciones informadas por COVID-19 (618.817), después de los Estados Unidos (816.742) (OMS, 2021a).

Cuadro 1
Regiones del mundo: número de defunciones informadas por COVID-19 a la Organización Mundial de la Salud (OMS) (hasta el 31 de diciembre de 2021) y población total en julio de 2021

Región	Defunciones por COVID-19	Defunciones por COVID-19 *(en porcentajes de defunciones por COVID-19 en el mundo)*	Población en julio de 2021	Defunciones por COVID-19 por cada 1.000 habitantes
América Latina y Caribe	1 545 596	29,71	659 743 612	2,34
Europa	1 410 425	27,12	747 747 396	1,89
Asia	1 218 214	23,42	4 679 660 580	0,26
América del Norte[a]	802 899	15,44	371 107 718	2,16
África	219 906	4,23	1 373 486 472	0,16
Oceanía	4 468	0,09	43 219 954	0,10

Fuente: Comisión Económica para América Latina y el Caribe (CEPAL), sobre la base de Organización Mundial de la Salud (OMS), "WHO Coronavirus (COVID-19) Dashboard", 2021 [en línea] https://covid19.who.int/ (para el número de defunciones) y Naciones Unidas, *World Population Prospects 2019* [en línea] https://population.un.org/wpp (para la población).
[a] Se incluyen el Canadá y los Estados Unidos.

Con el avance de la pandemia se han ido detectando nuevas cepas del virus y la Organización Mundial de la Salud (OMS) ha clasificado cinco variantes preocupantes: alfa, beta, delta, gamma y ómicron (OMS, 2021b). Esas variantes se consideran críticas porque tienen mayor transmisibilidad, resultan en enfermedades más graves, presentan una disminución significativa de la protección por anticuerpos generados en una infección previa (o sea, mayor probabilidad de reinfección), generan una posible reducción en la eficacia de los tratamientos y las vacunas, o pueden ocasionar fallas en el diagnóstico del virus. A fines de diciembre de 2021, se habían detectado todas estas variantes preocupantes en América Latina y el Caribe y, hacia fines de octubre, la variante delta se había convertido en la variante predominante en la región (OPS, 2021). A inicios de 2022, la variante ómicron, dado su elevado nivel de contagiosidad, se había detectado en 22 de los 33 países de América Latina y el Caribe tan solo un mes después de haberse informado el primer caso en la región. La OMS indica que, como parte de la naturaleza evolutiva del virus, se mantiene el riesgo de que aparezcan nuevas cepas.

Durante el primer semestre de 2021, las nuevas variantes generaron una situación de desborde y hasta de colapso de los sistemas de salud de la región, que ya tenían estructuras débiles (Da Silva y Pena, 2021). Los números de defunciones mensuales por COVID-19 informadas a la OMS (2021a) en esos meses fueron más elevados que en 2020. En la Argentina, el Brasil, Colombia, Costa Rica, Cuba, el Perú, el Uruguay y Venezuela (República Bolivariana de) se observa un significativo aumento de las defunciones informadas por COVID-19 en 2021 frente al año anterior, cuando se tenía menos información sobre el tratamiento y la prevención de la enfermedad. El Brasil, por ejemplo, en 2020 tuvo un máximo mensual de 32.512 defunciones informadas por COVID-19 en julio, pero en abril de 2021 el número de defunciones fue 2,6 veces superior y llegó a 84.319. Colombia, por su parte, en 2020 tuvo un máximo de 9.610 defunciones informadas por COVID-19 en agosto, mientras que en junio de 2021 ese máximo fue de 17.579, 1,8 veces más que el año anterior. En el Perú, en 2020 se observó un máximo mensual de 18.064 defunciones en agosto, mientras que en 2021 estas alcanzaron las 23.458, casi un 30% más.

El aumento de la transmisibilidad y gravedad de las infecciones en 2021 hizo que personas que en un principio no corrían riesgo de muerte por no tener comorbilidades o enfermedades crónicas preexistentes (Hanlon y otros, 2021; Nepomuceno y otros, 2020) ni pertenecer a los grupos de edades inicialmente considerados de riesgo (Meyerowitz-Katz y Merone, 2020) fallecieran durante la nueva ola de la enfermedad. Al analizar las defunciones por COVID-19 por grupos de edades, en todos los países con información disponible se observa un notable aumento de defunciones informadas en menores de 60 años, que al principio de la pandemia presentaban proporciones menores de muertes informadas por COVID-19 (véase el gráfico 3). Con la excepción de México, en todos los países ya existen más defunciones por COVID-19 de menores de 60 años en el primer semestre de 2021 que en todo 2020[2]. En la Argentina, por ejemplo, el número de defunciones por COVID-19 de menores de 60 años en 2021 (al 30 de junio) es un 86% mayor que las defunciones por COVID-19 de ese rango de edades en todo 2020. Lo mismo se observa en Colombia y Costa Rica, que tienen, respectivamente, un 85% y un 81% más defunciones por COVID-19 en menores de 60 años en 2021 que en 2020. En el Brasil, Cuba y el Uruguay los valores duplican con creces los observados en 2020.

Gráfico 3
América Latina (9 países): defunciones informadas por COVID-19, personas de 0 a 59 años y de 60 años y más, según mes y año de la defunción, 1 de marzo de 2020 a 31 de agosto de 2021[a]

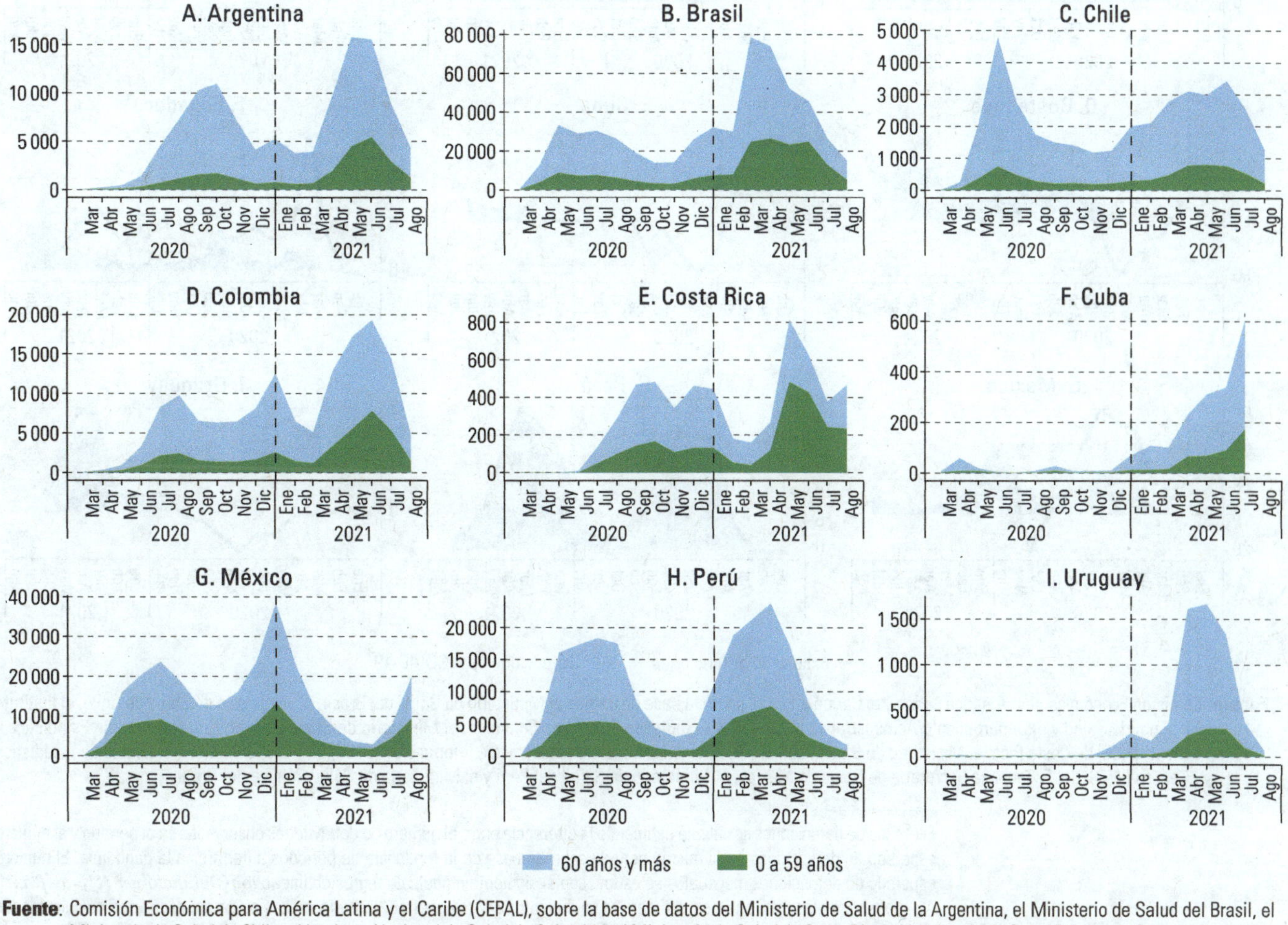

Fuente: Comisión Económica para América Latina y el Caribe (CEPAL), sobre la base de datos del Ministerio de Salud de la Argentina, el Ministerio de Salud del Brasil, el Ministerio de Salud de Chile, el Instituto Nacional de Salud de Colombia, el Ministerio de Salud de Costa Rica, el Ministerio de Salud Pública de Cuba, la Secretaría de Salud de México, el Ministerio de Salud del Perú y el Grupo Uruguayo Interdisciplinario de Análisis de Datos de COVID-19 (GUIAD-COVID-19).

[a] En el caso de Costa Rica, los grupos de edad corresponden a 0 a 64 años y a 65 años y más.

---

2 En el caso de Costa Rica esto ocurre con los menores de 65 años.

Si bien las defunciones informadas por COVID-19 constituyen un mejor indicador que el número de casos notificados (Raftery y otros 2020), pueden representar apenas una fracción del total de defunciones por COVID-19 (Heuveline y Tzen, 2021; Peto, 2020). Esto se debe a que existen diferencias significativas entre países con relación al acceso a testeos y servicios de salud para el diagnóstico del virus, la completitud de los registros de defunciones, la calidad de la clasificación de los datos por causas de muerte y las diferencias con relación a la vigilancia de enfermedades en situaciones de emergencia (CEPAL, 2021e). El gráfico 4 muestra el exceso de defunciones totales, que refleja la mortalidad asociada directa o indirectamente con la pandemia, y el total de muertes informadas por COVID-19 para los países con datos disponibles[3]. Se observa que, en varios países, los datos de defunciones informadas por COVID-19 se aproximan al exceso de defunciones estimado para 2020 y 2021.

Gráfico 4

América Latina (9 países): número de defunciones cuya causa se clasifica como COVID-19 y exceso de defunciones estimado, 1 de enero de 2020 a 31 de agosto de 2021

(En miles)

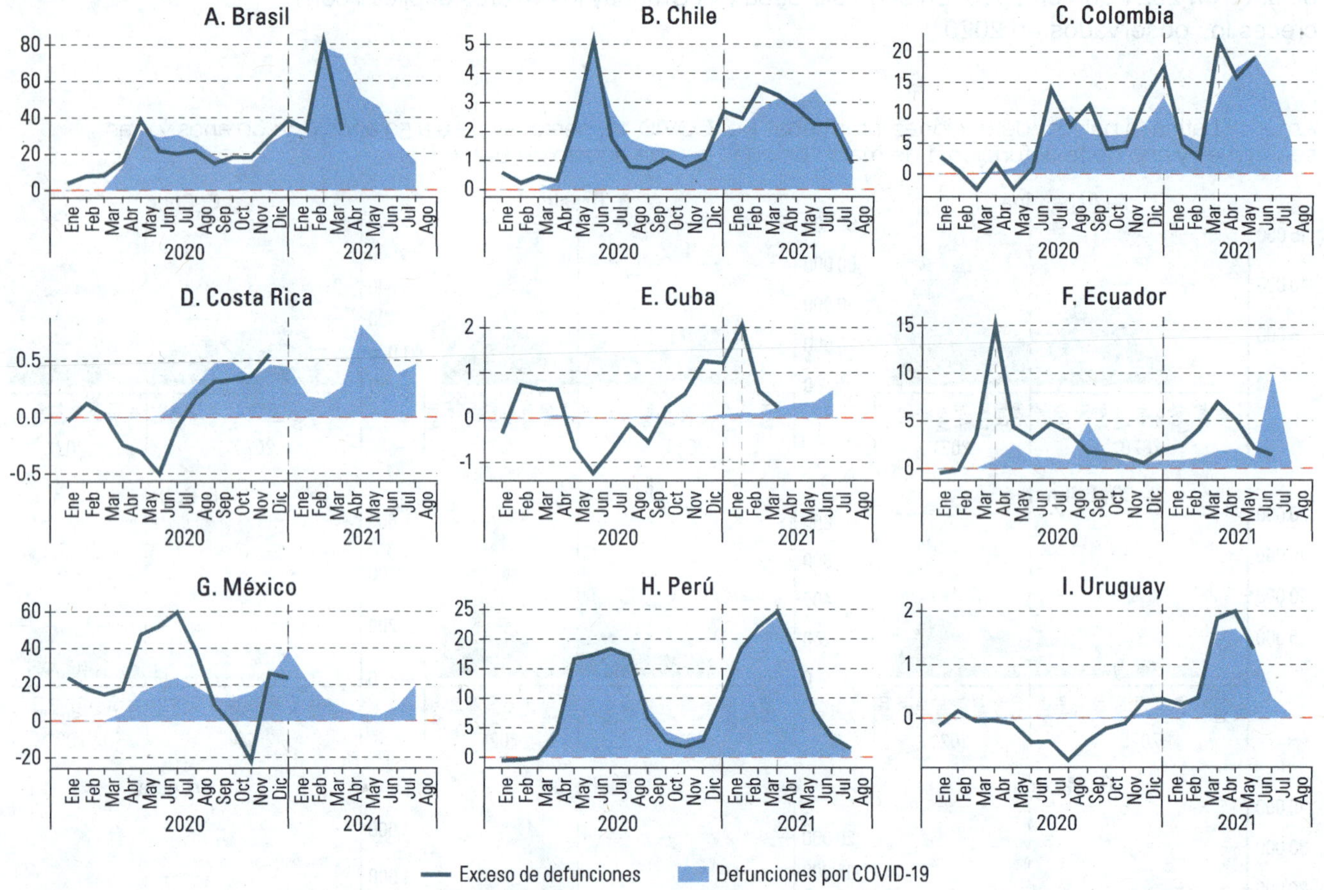

Fuente: Comisión Económica para América Latina y el Caribe (CEPAL), sobre la base de datos del Ministerio de Salud del Brasil, el Ministerio de Salud de Chile, el Instituto Nacional de Salud y el Departamento Administrativo Nacional de Estadística (DANE) de Colombia, el Ministerio de Salud y el Instituto Nacional de Estadística y Censos (INEC) de Costa Rica, el Ministerio de Salud Pública y la Oficina Nacional de Estadística e Información (ONEI) de Cuba, el Instituto Nacional de Estadística y Censos (INEC) del Ecuador, la Secretaría de Salud de México, el Ministerio de Salud del Perú y el Ministerio de Salud Pública del Uruguay.

3 El exceso de defunciones se calcula estimando la diferencia entre el número de defunciones observadas en el período y el número esperado de defunciones en el mismo período sobre la base de la tendencia de períodos anteriores a la pandemia. El número esperado de defunciones mensuales se estimó con el siguiente modelo de regresión lineal: $log(Defunciones^i(t))=\alpha i+\beta^i t+\epsilon^i$. Así, para cada mes i del año t se estiman los coeficientes α y β y el error aleatorio ϵ. Con los parámetros α y β se calculan las defunciones esperadas en los meses de 2020 y 2021 de acuerdo con la tendencia mensual de los años anteriores. El exceso de defunciones estimado es la diferencia entre el número de defunciones observadas y el número de defunciones esperadas sobre la base de la regresión. Es importante tener en cuenta que el análisis del exceso de defunciones asume que la completitud de los registros de un año y otro se ha mantenido constante, es decir, que no ha mejorado ni empeorado. Si ha empeorado, el exceso de defunciones se habría subestimado, mientras que si ha mejorado estaría sobreestimado. Para cada país, la base de datos de defunciones mensuales observadas proviene de la misma fuente de datos para todos los años (véase el cuadro A1.2 del anexo).

Pese a que la mayoría de los países de América Latina y el Caribe informan cifras de defunciones por COVID-19 a la OMS (véase OMS, 2021a), los datos de defunciones totales (es decir, contabilizando todas las causas de muerte) para 2020 aún no están disponibles para la mayoría de los países de la región. En este sentido, la pandemia ha dejado al descubierto las limitaciones que aún persisten en el sistema de estadísticas vitales y de información en salud, lo que pone de manifiesto que los Objetivos de la Agenda 2030 para el Desarrollo Sostenible (Naciones Unidas, 2018) y del Consenso de Montevideo sobre Población y Desarrollo (CEPAL, 2013) relativos a estos asuntos constituyen un desafío en la región.

Asimismo, cabe destacar que la pandemia de COVID-19 y la crisis sanitaria en curso han tenido y seguirán teniendo efectos en la salud de la población que trascienden el contagio o la muerte por el virus. La saturación y reorganización de los sistemas de salud para responder a la pandemia, así como también los cambios en el comportamiento de las personas ante el peligro percibido por el virus, han implicado nuevos obstáculos para acceder a la salud, profundizando la desigualdad preexistente, y han tenido un impacto directo en la atención y el estado de salud de la población. En la primera línea de atención han estado las mujeres, que representan el 70,8% de las personas empleadas en el sector de la salud. Persisten, además, desafíos en materia de trabajo decente, ya que 1 de cada 3 mujeres no cotizan ni se encuentran afiliadas a la seguridad social. La pandemia de COVID-19 también representó un desafío para quienes trabajan en el sector de la salud en términos de equilibrar sus propias necesidades con aquellas surgidas de la emergencia sanitaria. Esto es particularmente relevante para las mujeres que se desempeñan en el sector de la salud, que, además del aumento de las jornadas laborales remuneradas, vieron incrementar las demandas de cuidados de los miembros de sus familias (CEPAL, 2021c). Esta situación de sobrecarga de trabajo, más la ansiedad de poner en situación de mayor riesgo de contagio a sus familiares, ha repercutido en la salud mental de las trabajadoras del sector de la salud. Al mismo tiempo, la saturación de los sistemas de salud supuso el traslado de cuidados sanitarios a los hogares, lo que vino a incrementar las tareas no remuneradas que ya realizan mayoritariamente las mujeres.

D. El papel fundamental de las vacunas para avanzar en el control de la crisis sanitaria

Las profundas desigualdades sociales y económicas que caracterizan a América Latina y el Caribe tienen un impacto directo sobre la salud de la población a través de los determinantes sociales de la salud (Marmot y Wilkinson, 2006). Para lograr una recuperación transformadora que ponga la igualdad y la sostenibilidad en el centro es fundamental, por tanto, reconocer la interdependencia entre las dimensiones sanitaria, social, económica y medioambiental, y abordar estas dimensiones de manera integral (CEPAL, 2021f). En particular, es necesario articular las medidas sanitarias con aquellas de protección social, de modo que actúen de manera conjunta para contener la crisis. El objetivo es garantizar un piso básico de bienestar y, al mismo tiempo, contribuir al acceso a la salud, lo que permite, entre otras cosas, reactivar las economías.

Si no se controla la crisis sanitaria no se logrará una recuperación económica y social estable y sostenible. Así como hay determinantes sociales de la salud, también hay determinantes sanitarios de la economía. En los países de la región, la respuesta inicial a la pandemia se caracterizó por la implementación de medidas de distanciamiento social necesarias para controlar la transmisión, tales como la suspensión de actividades no esenciales y las cuarentenas. Asimismo, se priorizó la expansión de las capacidades hospitalarias críticas: personal, ventiladores, camas de unidades de cuidados intensivos (UCI), entre otras. Eso llevó a que entre marzo de 2020 y julio de 2021, en 16 países de América Latina y el Caribe, el número de camas de UCI aumentara en 63.222, lo que representa un incremento del 103% en dichas capacidades (CEPAL/OPS, 2021). Sucesivamente, se puso más énfasis en el primer nivel de atención de salud y en la implementación de medidas de salud públicas básicas asociadas a la prevención, en particular el testeo, la trazabilidad y el aislamiento. Ante el lento proceso de vacunación, estas medidas se mantienen, al menos en un nivel en el que los casos nuevos no excedan la capacidad de los servicios de salud. Al 31 de julio de 2021, el promedio de ocupación total de camas de UCI en la región era del 75%, y países como Bolivia (Estado Plurinacional de), Chile, Colombia, Honduras, el Paraguay, el Perú y Venezuela (República Bolivariana de) se ubicaban por encima del 85%. Ello indica que aún hay riesgo de una eventual saturación general de los cuidados intensivos (CEPAL/OPS, 2021).

Las vacunas contra el COVID-19 constituyen la herramienta principal para el control de la crisis sanitaria y, en consecuencia, de la crisis social y económica desencadenada por la pandemia. Los países de América Latina y el Caribe, con importantes diferencias entre ellos, han tenido un lento acceso a las vacunas, marcado por el acaparamiento de la producción relativamente escasa de vacunas por parte de los países de altos ingresos, el elevado precio de las vacunas y los obstáculos que ha enfrentado el Mecanismo COVAX para el Acceso Mundial a las Vacunas contra la COVID-19 para cumplir con las necesidades de los países en desarrollo (CEPAL/OPS, 2021)[4]. La baja velocidad de los procesos de vacunación en la región, que se conecta también con las limitaciones de la capacidad instalada para la administración de la vacuna en el primer nivel de atención, podría traducirse en una prolongación aún mayor de la crisis causada por la pandemia, sumada al riesgo de aparición de nuevas variantes del virus que podrían poner en jaque la efectividad de las vacunas.

Al 31 de diciembre de 2021, el 59,4% de la población de América Latina y el Caribe (389,4 millones de personas) contaba con el esquema completo de vacunación. Como puede observarse en el gráfico 5, el panorama de la vacunación en la región está marcado por una gran desigualdad entre los países. Si bien destacan los casos de Chile, Cuba, el Uruguay, la Argentina y el Ecuador, donde al menos el 70% de la población cuenta con el esquema completo de vacunación, más de la mitad de los países no alcanza el 50%, y se observan casos como los de Jamaica y San Vicente y las Granadinas, donde ni siquiera el 25% de la población ha recibido todavía el esquema completo de la vacuna contra el COVID-19. En la región, el caso más preocupante es el de Haití.

En este escenario y ante la incertidumbre respecto a cuándo finalizará la pandemia, en octubre de 2021 el G20 propuso avanzar hacia el objetivo de vacunar al menos al 40% de la población mundial para fines de 2021 y al 70% para mediados de 2022 (G20, 2021), según lo recomendado por la estrategia mundial de vacunación de la OMS (OMS, 2021d). Para lograr este objetivo, América Latina y el Caribe necesitará vacunar a 460 millones de personas, para lo que será necesario fortalecer los planes de vacunación de tal forma que los sistemas de salud puedan distribuir de forma efectiva las vacunas entre la población en un período limitado de tiempo.

---

4 El Mecanismo COVAX corresponde al pilar para el acceso a vacunas del Acelerador del Acceso a las Herramientas contra la COVID-19, una iniciativa mundial para acelerar el desarrollo y la producción de pruebas, tratamientos y vacunas contra el COVID-19 y garantizar el acceso equitativo a ellos. El Mecanismo COVAX, cuyo objetivo es acelerar el desarrollo y la fabricación de vacunas contra el COVID-19 y garantizar un acceso justo y equitativo a ellas para todos los países del mundo, está codirigido por la Alianza GAVI, la Coalición para la Promoción de Innovaciones en pro de la Preparación ante Epidemias y la OMS (véase OMS, 2021c).

Gráfico 5

América Latina y el Caribe (33 países): población vacunada con esquema de vacunación completo y parcial, 31 de diciembre de 2021

(En porcentajes de la población total)

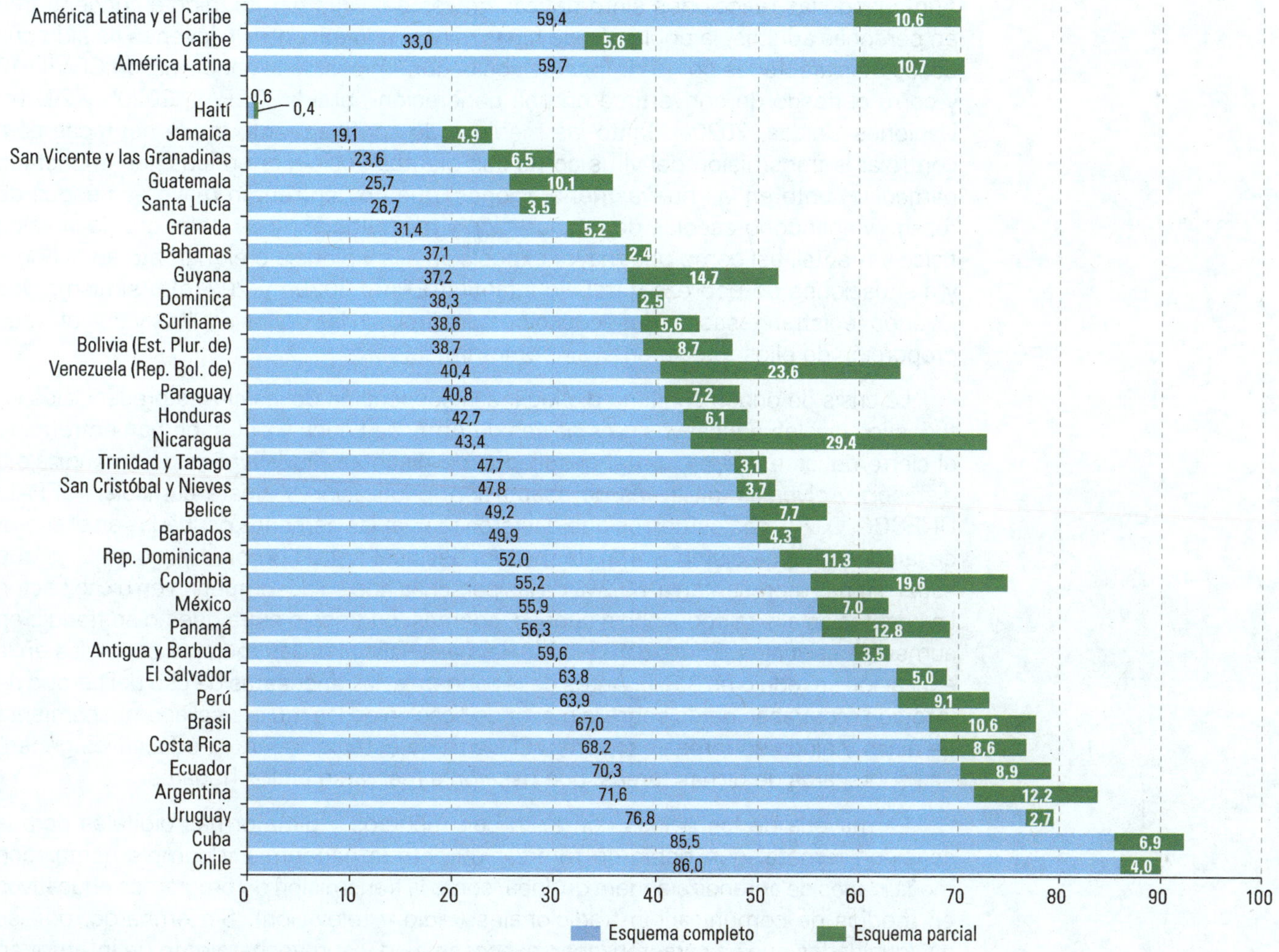

Fuente: Comisión Económica para América Latina y el Caribe (CEPAL), sobre la base de H. Ritchie y otros, "Coronavirus Pandemic (COVID-19)", Our World un Data, 2020 [en línea] https://ourworldindata.org/coronavirus.

La CEPAL hace un llamado a los países de América Latina y el Caribe a incrementar los esfuerzos realizados hasta el momento, de tal manera que, a mediados de 2022 todos los países de la región hayan vacunado al 70% de su población con el esquema completo. Para alcanzar dicho objetivo, deben reforzarse los mecanismos de coordinación y colaboración regional, destacándose lo señalado en los "Lineamientos y propuestas para un plan de autosuficiencia sanitaria para América Latina y el Caribe" (CEPAL, 2021f). Dichos lineamientos están orientados tanto a compras de vacunas como a generar o fortalecer capacidades tecnológicas y productivas, contribuyendo de esta manera a superar la fragmentación que ha caracterizado las respuestas de los países de la región en materia de acceso a las vacunas y a controlar la crisis sanitaria.

E. Los silencios de la pandemia: el riesgo de una generación perdida

Aun cuando las reacciones sintomáticas graves del virus han tendido a concentrarse en personas adultas, la población de niñas, niños, adolescentes y jóvenes ha sido una de las más afectadas por los impactos socioeconómicos de la pandemia de COVID-19 y corre el riesgo de convertirse en una generación perdida (CEPAL, 2020b y 2021e; Naciones Unidas, 2020a). Tanto las medidas de confinamiento implementadas para controlar la transmisión del virus como sus efectos socioeconómicos han impactado particularmente en las nuevas generaciones, que hoy enfrentan mayores riesgos de rezago y abandono escolar, de desnutrición y malnutrición, y de deterioro de la salud física y mental, así como una mayor exposición a la violencia o el maltrato en el hogar y a situaciones de pobreza y trabajo infantil (CEPAL, 2020b y 2021e). Asimismo, los jóvenes registran tasas de desocupación que duplican las de los adultos y una elevada proporción de ellos trabaja en el sector informal.

La crisis de origen sanitario dio lugar a la suspensión de las clases presenciales en todos los niveles educativos. Los países de América Latina y el Caribe han enfrentado el cierre de las escuelas con el despliegue de distintas modalidades de aprendizaje a distancia y diversas iniciativas de adaptación, priorización y ajuste curricular (CEPAL/UNESCO, 2020). Los esfuerzos que debieron realizar las personas ocupadas en el sector de la educación se distribuyeron de manera desigual entre hombres y mujeres, ya que estas últimas representan al 69,2% de las personas que se desempeñan en dicho sector. La adaptación a la teleeducación supuso, además, un trabajo extra que no se tradujo en aumentos salariales. Entre 2019 y 2020, la masa salarial de las mujeres ocupadas en la educación se redujo un 3,3%. Antes de la pandemia, las encuestas de uso del tiempo de la región mostraban datos sobre la mayor dedicación de las mujeres al acompañamiento de niñas y niños en tareas escolares. El cierre de establecimientos educativos generó una sobrecarga de dichas tareas, que pasaron a realizarse en los hogares.

La mayoría de los países contaban con recursos y plataformas digitales para la conexión remota, que debieron reforzar durante la pandemia y complementar con modalidades de aprendizaje fuera de línea, como la transmisión de programas educativos en medios de comunicación tradicionales (radio y televisión). Sin embargo, por las desigualdades que ya caracterizaban el acceso, uso y aprovechamiento de Internet en la región, no todos han podido beneficiarse de la misma manera de estos esfuerzos adicionales (CEPAL/UNESCO, 2020; Trucco y Palma, 2020). En particular, se estima que la pandemia de COVID-19 tendrá repercusiones en el aprendizaje y en las tasas de rezago y abandono escolar, ensanchando brechas que ya existían en las trayectorias educativas de la región (CEPAL/UNICEF, 2020).

El cierre de escuelas también puede tener consecuencias en términos de seguridad alimentaria (OIT/CEPAL, 2020). Antes de la pandemia, cerca de 85 millones de niñas y niños en América Latina y el Caribe recibían un desayuno, un refrigerio o un almuerzo en la escuela (FAO/PMA, 2019). Si se interrumpen los programas de alimentación escolar, junto con la caída de los ingresos de los hogares, aumenta el riesgo de malnutrición o desnutrición infantil, especialmente en sectores más vulnerables y de menores ingresos (CEPAL/UNICEF, 2020; CEPAL, 2020b). Más aún, el aumento de la inseguridad alimentaria moderada o grave de 2019 a 2020 fue mayor en América Latina y el Caribe (9 puntos porcentuales) que en África (5,4 puntos porcentuales) y Asia (3,1 puntos porcentuales) (FAO y otros, 2021). De manera simultánea, la pandemia también ha estado asociada a la suspensión parcial o total de los servicios de salud preventiva, como los controles de crecimiento y desarrollo, y los esquemas de vacunación, todos ellos fundamentales para el desarrollo infantil, sobre todo durante la primera infancia

(CEPAL/UNICEF, 2020). Más aún, la pandemia de COVID-19 también puede afectar la salud mental de niñas, niños y adolescentes, en tanto las restricciones de movilidad, la inseguridad económica, el aislamiento y el hacinamiento están asociados a mayores niveles de estrés y de ansiedad en el hogar (OMS, 2020).

La crisis del COVID-19 también ha exacerbado el riesgo de violencia contra niñas, niños y adolescentes, al tiempo que ha deteriorado los factores de protección (CEPAL/UNICEF/ORESG-VCN, 2020). Debido a las medidas para prevenir el contagio y la expansión del virus, durante la pandemia, niñas, niños y adolescentes pasaron la mayor parte del tiempo en el hogar, con sus madres, padres y cuidadores, e interactuando en entornos digitales. El aumento de los factores de estrés y ansiedad puede afectar la capacidad de los adultos para responder adecuadamente a las necesidades de aquellos que se encuentran bajo su cuidado, con lo que aumenta el riesgo de violencia física o psicológica grave (como castigos físicos y humillantes), así como de situaciones de negligencia (CEPAL/UNICEF/ORESG-VCN, 2020). Más aún, los datos obtenidos previo a la pandemia muestran que la violencia contra niñas, niños y adolescentes, así como contra mujeres adultas, se perpetra con mayor frecuencia en los hogares y entornos cercanos (CEPAL/UNICEF/ORESG-VCN, 2020). Por este motivo, en contextos de confinamiento y restricciones a la movilidad, niñas, niños y adolescentes corren el riesgo de compartir más tiempo con sus potenciales agresores. En relación con la violencia sexual, la mayoría de los casos informados en el hogar son perpetrados por familiares y personas cercanas a las víctimas (OMS, 2020). Así, en contextos de confinamiento y aislamiento social, las mujeres y niñas —que constituyen la mayoría de las víctimas de violencia sexual— están más vulnerables a sufrir agresiones sexuales sistemáticas (CEPAL/UNICEF/ORESG-VCN, 2020).

Por último, el cierre de las escuelas, la crisis económica y social, la desocupación y la falta de acceso a la protección social generan las condiciones para que las familias vulnerables y de menores ingresos privilegien enviar a sus hijas o hijos a trabajar (CEPAL/UNICEF, 2020; OIT/CEPAL, 2020). En el caso de las niñas y las adolescentes, es posible que también experimenten un aumento de la carga de trabajo doméstico y de trabajo de cuidados no remunerado. En este sentido, el riesgo de trabajo infantil no se distribuye de manera homogénea entre la población y los territorios, y es especialmente relevante en zonas rurales, donde existe un menor dinamismo económico, hay déficits tradicionales de trabajo decente y se registran índices más elevados de aislamiento social (OIT/CEPAL, 2020).

Es importante destacar que los efectos de la pandemia de COVID-19 afectan especialmente a niñas, niños, adolescentes y jóvenes pertenecientes a poblaciones históricamente enfrentadas a situaciones de mayor vulnerabilidad, como las poblaciones rurales, indígenas y afrodescendientes, migrantes, mujeres y personas con discapacidad (CEPAL/UNICEF/ORESG-VCN, 2020; Tres y Chatruc, 2020; Naciones Unidas, 2020a). De esta manera, se espera que la crisis del COVID-19 ensanche las brechas ya existentes en el desarrollo de la niñez, adolescencia y juventud en la región.

F. Gasto público social sostenible: invertir en el bienestar, con foco en la infancia y la juventud

La experiencia de crisis pasadas muestra que las crisis transitorias —que causan graves impactos de corto plazo sobre amplios sectores de la población— pueden tener consecuencias permanentes en niñas, niños, adolescentes y jóvenes que enfrentan situaciones de vulnerabilidad, generando necesidades persistentes y frenando el desarrollo social (Lustig y Tommasi, 2020). Para evitar que las desigualdades que se dan en forma temprana se cristalicen en inequidades y disparidades difíciles de revertir en etapas más avanzadas, es urgente no solo mantener niveles adecuados de gasto público social para el conjunto de la población, sino también ampliar la inversión enfocada en las necesidades y los requerimientos de niñas, niños, adolescentes y jóvenes (CEPAL/UNICEF, 2020; Esping-Andersen, 1999) (véase el recuadro 1). En otras palabras, en el contexto de la recuperación y reconstrucción de la crisis actual es clave poner el foco en las generaciones más jóvenes, no solo para no dejar a nadie atrás, sino también para sentar las bases de una sociedad futura más justa y sostenible (Grupo de trabajo sobre juventud de la Plataforma de Colaboración Regional para América Latina y el Caribe, 2021).

Recuadro 1
Invertir en el bienestar de la infancia y la juventud

Para garantizar los derechos de niñas, niños, adolescentes y jóvenes, es imprescindible avanzar hacia una política fiscal que considere a esos grupos etarios como titulares de derechos, independientemente de que la inversión en estas poblaciones tenga una alta rentabilidad social.

En un estudio sobre gasto público dirigido a niñas, niños y adolescentes con enfoque de derechos en América Latina (Tromben y otros, 2021) se observa que el gasto público aumentó en los tres casos analizados: en Chile se incrementó del 3,3% del PIB en 2010 al 5,2% del PIB en 2020, en Costa Rica se elevó del 5,4% del PIB en 2010 al 6,3% del PIB en 2019 y en el Perú aumentó del 2,8% del PIB en 2010 al 4,2% del PIB en 2020. En los tres países, el mayor gasto va dirigido a educación. En cambio, el gasto asociado a las categorías de protección especial y recreación, cultura y deporte es muy pequeño.

En lo que respecta a la inversión en juventud, estimaciones realizadas recientemente para 23 países de América Latina y el Caribe valoran la inversión promedio anual por cada persona joven en 5.096 dólares (a precios constantes de 2010) en 2000, cifra que aumentó a 9.842 dólares en 2019, un monto principalmente destinado a educación (Grupo de trabajo sobre juventud de la Plataforma de Colaboración Regional para América Latina y el Caribe, 2021). A nivel regional, "si bien la prioridad que se le otorga al gasto público orientado a la juventud desde el punto de vista económico se ha incrementado en 1,3 puntos porcentuales del PIB, en buena medida esto ha ocurrido a la par del incremento del gasto público social: mientras el gasto per cápita en las personas jóvenes de 15 a 29 años aumentó en 93% entre 2000 y 2019, el gasto social per cápita destinado al conjunto de la población lo hizo en 117%, con una mayor gravitación del gasto en protección social. Alrededor de 2019, el gasto social destinado a la juventud de forma directa o indirecta correspondía a un 31% del gasto público social total" (Grupo de trabajo sobre juventud de la Plataforma de Colaboración Regional para América Latina y el Caribe, 2021, pág. 72).

Fuente: Comisión Económica para América Latina y el Caribe (CEPAL), sobre la base de V. Tromben y otros, "Propuesta de medición de la inversión pública en niños, niñas y adolescentes. Aplicación a tres países: Chile, Costa Rica y el Perú", *Documentos de Proyectos*, Santiago, CEPAL, 2021, en prensa; Grupo de trabajo sobre juventud de la Plataforma de Colaboración Regional para América Latina y el Caribe, *Las juventudes latinoamericanas y caribeñas y la Agenda 2030 para el Desarrollo Sostenible: una mirada desde el sistema de las Naciones Unidas* (LC/TS.2021/74), Santiago, Naciones Unidas, 2021.

Pese a los avances que la región ha experimentado durante las últimas décadas, la población de niñas, niños, adolescentes y jóvenes sigue enfrentando importantes dinámicas de exclusión según su nivel socioeconómico, género, raza, etnia, condición de migrante y situación de discapacidad, entre otras dimensiones. Para lograr una recuperación transformadora, deben considerarse estas interseccionalidades desde un nuevo paradigma que, además de considerar objetivos de sostenibilidad medioambiental y gobernabilidad, incorpore metas de inclusión. De acuerdo con el Grupo de trabajo sobre juventud de la Plataforma de Colaboración Regional para América Latina y el Caribe , "la inclusión es un concepto multidimensional que abarca la realización de los derechos, la participación en la vida social, el acceso a la educación, la salud, el cuidado y los servicios básicos de infraestructura, y la disponibilidad de recursos materiales, como los ingresos y la vivienda" (Grupo de trabajo sobre juventud de la Plataforma de Colaboración Regional para América Latina y el Caribe, 2021, pág. 9). De esta manera, la inclusión exige sistemas de protección social universales, integrales y sostenibles, construidos sobre un nuevo pacto social basado en el diálogo amplio y participativo, orientado a promover el más alto nivel posible de bienestar.

Los sistemas de protección social cumplen un papel fundamental para superar la pobreza, reducir desigualdades y responder a situaciones de crisis o emergencias implementando procesos inclusivos de reconstrucción y recuperación a mediano y largo plazo (CEPAL/UNICEF, 2020). En este contexto, es prioritario que las estrategias de protección social en la región se diseñen con una perspectiva sensible a las necesidades de la infancia, la adolescencia y la juventud, mitigando los efectos de la pobreza y la desigualdad en las familias, y fortaleciendo la infraestructura de los cuidados para no sobrecargar aún más a las mujeres (CEPAL/UNICEF, 2020). Las familias son especialmente vulnerables cuando están criando niñas y niños, sobre todo durante la primera infancia. Dejar que el bienestar de las generaciones más jóvenes dependa exclusivamente de las personas adultas del hogar y de las fuerzas del mercado es socialmente ineficaz, económicamente ineficiente e inaceptable desde una perspectiva de derechos (CEPAL, 2018; Filgueira y Rossel, 2017).

La sobrecarga de cuidados afecta en particular a las mujeres jóvenes en los hogares con presencia de menores de 5 años. Debido a la reconfiguración de las tareas domésticas y de cuidados que supuso la pandemia, este grupo fue el que más sufrió el descenso en los niveles de ocupación, con una caída del 11,8% entre 2019 y 2020. En cambio, la variación en la cantidad de hombres ocupados en hogares con presencia de niñas y niños menores de 5 años fue del -8,1% (véase el capítulo IV). En el caso de hogares sin presencia de niñas, niños y adolescentes menores de 15 años, la reducción en las tasas de ocupación fue de 0,1 puntos porcentuales para las mujeres y de 0,03 puntos porcentuales para los hombres. En suma, la variación del número de ocupados de 2019 a 2020 para el total de la población fue de -9,4 puntos porcentuales en el caso de las mujeres y de -7,3 puntos porcentuales en el de los hombres (CEPAL, 2022)[5]. Para evitar la profundización de las desigualdades, es necesario transitar hacia una mayor corresponsabilidad de los cuidados entre los hogares, el Estado, el sector privado y las comunidades, así como promover una distribución equitativa entre hombres y mujeres. Para ello es preciso orientar esfuerzos fiscales e impulsar políticas públicas que garanticen el derecho al cuidado de todas las personas sin asentarse en la sobrecarga de trabajo no remunerado, la pérdida de autonomía económica y la pobreza de tiempo de las mujeres derivada, entre otros factores, de dicha sobrecarga.

Es sumamente necesario fortalecer las medidas de emergencia implementadas y adecuarlas para proteger a niñas, niños, adolescentes y jóvenes que se encuentran en situación de vulnerabilidad y pobreza (CEPAL/UNICEF, 2020). Por una parte, como ya ha ocurrido en distintos países de la región (CEPAL, 2021c), es importante suspender de manera temporal o repensar el control de las condicionalidades en los programas de transferencias, ya que incluso en escenarios de mayor movilidad (al término de los confinamientos o cuando estos se tornan menos estrictos) puede ocurrir que las familias aún no cumplan con las condiciones para recibir ayuda. Por otra parte,

5 Estos datos corresponden a 12 países (Argentina, Bolivia (Estado Plurinacional de), Chile, Colombia, Costa Rica, Ecuador, El Salvador, México, Paraguay, Perú, República Dominicana y Uruguay), sobre la base de información del Banco de Datos de Encuestas de Hogares (BADEHOG) de la CEPAL.

también es necesario establecer políticas y programas que atiendan las necesidades específicas de niñas, niños, adolescentes, jóvenes y sus familias (por ejemplo, familias monoparentales, familias con madre o padre adolescente, familias migrantes o familias con niñas, niños o adolescentes con discapacidad). Además, es esencial fortalecer los servicios de apoyo familiar y psicosocial (así como sus capacidades de derivación a otros programas y servicios), que son centrales para identificar y dar respuesta a las situaciones de violencia y trabajo infantil, así como a otros problemas y carencias específicas que podrían haberse generado o profundizado en el contexto de la pandemia.

Los altos niveles de vulnerabilidad que enfrentan no solo los hogares en situación de pobreza y pobreza extrema, sino también los hogares no pobres, de ingresos bajos y medios-bajos, exigen consolidar las transferencias monetarias para la infancia de manera más extendida y permanente (CEPAL/UNICEF, 2020). Al respecto, tanto la CEPAL como otras organizaciones internacionales han recomendado avanzar gradualmente hacia una transferencia monetaria universal para la niñez, es decir, una transferencia en efectivo, incondicional y pagada con regularidad para la población de niñas, niños y adolescentes (CEPAL/UNICEF, 2020; CEPAL, 2020b y 2021d; OIT/UNICEF, 2019; ODI/UNICEF, 2020). La CEPAL (2021b) también ha destacado que, en el marco de las estrategias de recuperación, es fundamental abordar opciones para fortalecer los sistemas de pensiones mediante los procesos de reforma en curso o nuevas reformas previsionales que enfrenten los impactos de la pandemia, con énfasis en el aumento de la cobertura, la suficiencia de las prestaciones, la sostenibilidad financiera y la solidaridad como criterios transversales en su formulación. Fortalecer —o establecer, según sea el caso en cada país— los seguros de desempleo es otra tarea pendiente en la región.

En 2020 se observó cómo las transferencias de emergencia permitieron mitigar el impacto de la crisis, en particular en la reducción del porcentaje de población sin ingresos propios. Con excepción del Paraguay, las transferencias no contributivas del Estado representaron más del 7% de los ingresos de las mujeres (véase el capítulo IV). De no haber transferencias del Estado, más de un tercio de las mujeres de la región no habría tenido ingresos propios.

El necesario fortalecimiento de las transferencias monetarias no debe invisibilizar la importancia de continuar impulsando otras medidas y componentes asociados con una perspectiva integral de la protección social. En este sentido, es importante poner en marcha iniciativas de articulación y coordinación de los sistemas de protección social con el acceso a servicios básicos (agua, saneamiento, electricidad, Internet) y sociales (educación, salud, cuidados, seguridad alimentaria e intervenciones en la primera infancia, entre otros) de calidad, así como a sistemas de protección especial (CEPAL/UNICEF, 2020) para que el bienestar de la población no se base casi exclusiva ni principalmente en el trabajo no remunerado de las mujeres.

Por último, y sobre todo en el caso de la inserción laboral de los jóvenes, la articulación de las políticas activas de empleo con otros programas de apoyo es particularmente relevante en aquellos grupos que enfrentan mayores obstáculos para transitar con éxito de la formación al empleo. Por ejemplo, las brechas de género en la participación laboral exigen coordinar programas de empleo con servicios de cuidado, las situaciones de desventaja socioeconómica plantean combinar las políticas activas con programas de protección social y los jóvenes con discapacidad que buscan empleo necesitan servicios de apoyo especiales (Vezza, 2021). Ante estas situaciones, expandir la cobertura de los instrumentos de protección social supone, entre otros factores, que las reasignaciones presupuestarias dirigidas a enfrentar los efectos de la pandemia sean efectivas y oportunas.

G. El papel del Estado en la pandemia: un debate con fronteras ampliadas por la crisis prolongada

La irrupción y la permanencia de la pandemia de COVID-19 está remeciendo a las sociedades y las economías de América Latina y el Caribe con una fuerza sin precedentes, obligando a una redefinición del papel estructural del Estado. Las profundas secuelas sanitarias, sociales y económicas de la pandemia en un mundo desigual, interdependiente y solo en parte digitalizado han generado una crisis transversal, mundial y prolongada en el tiempo, que exige que el Estado actúe e innove ante las consecuencias inéditas de esta coyuntura histórica.

La crisis está revalorizando el papel del Estado en al menos tres grandes aspectos. El primero es el papel activo del Estado para limitar la contracción y relanzar la actividad económica. Ante economías paralizadas por las medidas de contención epidemiológica y por el cierre de fronteras, el debate ha girado en torno a las características de la política fiscal y al tipo y volumen de gasto público que debería movilizarse en cada contexto nacional (CEPAL, 2020b). En segundo lugar, el Estado ha sido llamado por las circunstancias extremas a fungir como garante último del ingreso de las personas. Como se documenta en el capítulo II de esta edición del *Panorama Social de América Latina*, los Estados de la región han ampliado y diversificado las transferencias y los apoyos dirigidos a los sectores afectados, muchas veces rebasando la cobertura de los programas sociales previos e incorporando a sectores medios y de la economía informal con el objetivo de mitigar la caída en el bienestar de la población y el aumento de la pobreza (CEPAL, 2021a y 2021c). En tercer término, la pandemia ha reinstalado en el debate la necesidad de que el Estado garantice servicios sociales públicos universales, contribuyendo sustantivamente a una mayor resiliencia de las sociedades como condición para un desarrollo sostenible y con derechos. Destaca en particular la necesidad de garantizar el derecho al cuidado, a la salud y a la educación mediante políticas universales y sensibles a las diferencias, adaptadas a la nueva realidad sanitaria y tecnológica. En áreas como la educación y la salud, para superar la crisis se deberán realizar reformas profundas e innovadoras a fin de abordar tanto los problemas estructurales como los rezagos y las nuevas brechas provocadas por la pandemia. Es urgente atender simultáneamente viejos rezagos y nuevos desafíos en un contexto de cambio de la estructura de riesgos y ampliación del horizonte de derechos. En cuanto al cuidado, la pandemia ha puesto en evidencia más que nunca su centralidad para el sostenimiento de la vida. No hay educación, salud ni economía posible sin las tareas de cuidado. Por eso es preciso comprenderlo como un bien público, para el que los Estados deben avanzar tanto en el financiamiento y asignación de recursos como en garantizar su universalidad.

El papel del Estado se ha ampliado a la sombra de una crisis que en un principio fue vista como una emergencia transitoria de gran alcance, pero que con el tiempo se fue transformando en una crisis prolongada que ya no apela solo a intervenciones o mecanismos transitorios, sino que amplía el desafío a adaptar y fortalecer las capacidades del Estado en el mediano y largo plazo, es decir, a implementar políticas e instrumentos permanentes, diseñados bajo una mirada estructural. En este debate, la CEPAL (2020e) ha propuesto repensar el papel del Estado ante los desafíos de la desigualdad, la sostenibilidad, la baja productividad y el cambio tecnológico y climático, y ha hecho un llamado a avanzar hacia sistemas de protección social universales, integrales y sostenibles. Esto significa construir progresivamente verdaderos Estados de bienestar, lo que exige establecer nuevos pactos sociales y fiscales.

Si bien durante mucho tiempo se argumentó que el Estado de bienestar era un producto posterior al proceso de desarrollo que acompaña al crecimiento de las economías, cada vez hay más datos que apuntan a que el desarrollo sostenible supone la construcción del Estado de bienestar para contribuir a generar condiciones favorables para un crecimiento sostenible, mayores niveles de productividad y un desarrollo social inclusivo. Antes de la pandemia ya habían cobrado fuerza las voces que reconocen el papel del Estado en la creación de valor, mediante la inversión en innovación, infraestructura y capacidades humanas, revalorizando así la política pública como una inversión necesaria (Mazzucato, 2018). Asimismo, se reconoce que el Estado es un actor indispensable para avanzar en todas las dimensiones de la Agenda 2030 para el Desarrollo Sostenible, acompañando los procesos de cambio en los patrones de consumo y producción, y garantizando procesos de reconstrucción resiliente ante el cambio climático y la frecuencia creciente de los desastres (CEPAL, 2021f).

H. Avanzar hacia sistemas de protección social universales, integrales, sostenibles y resilientes

Avanzar hacia sistemas de protección social universales, integrales, sostenibles y resilientes es necesario para encarar tanto los problemas estructurales de pobreza y desigualdad como toda una serie de riesgos que enfrenta el conjunto de la población y que ponen en peligro su bienestar y efectivo goce de derechos. La protección social es clave para enfrentar riesgos macrosociales vinculados al cambio climático, desastres y otros choques, los vaivenes del ciclo económico y el empleo, y choques individuales relacionados con la enfermedad, los accidentes y otras vulnerabilidades asociadas al ciclo de vida. Asimismo, el tránsito a un modelo de desarrollo sostenible exigirá profundos cambios en los patrones de producción y consumo que son difíciles de imaginar en ausencia de una garantía universal de un nivel básico y suficiente de bienestar que compense la reconversión laboral y productiva hacia nuevos sectores y empleos verdes y de mayor productividad.

Uno de los aprendizajes que deja la crisis del COVID-19 es que la protección social universal es un requisito para crear sociedades resilientes y que los Estados no deberían esperar a que se registren eventos catastróficos para instaurar esos mecanismos de protección (Kauzya, 2020). Esto significa que la protección social no debe ser solo reactiva, preventiva y adaptativa, sino que también debe ser cada vez más anticipatoria. La tarea es distinta en cada país, en función del grado de desarrollo de su sistema de protección social, así como de sus capacidades y recursos fiscales y humanos. Sin embargo, en todos los países es necesario adoptar sistemas innovadores para garantizar los ingresos de las personas ante diversas situaciones y riesgos que puedan enfrentar a lo largo del ciclo de vida, construir sistemas de cuidado, fomentar el trabajo decente y universalizar el acceso a la salud y a la educación, incluyendo a los grupos de la población que tienden a ser excluidos y discriminados de manera estructural.

La adopción de sistemas permanentes para garantizar los ingresos de las personas ante diversas situaciones y riesgos a lo largo del ciclo de vida constituye una de las funciones esenciales de la protección social (Cecchini y Martínez, 2011; Cecchini y otros, 2015). La protección social nació vinculada a los riesgos asociados a la salud, al trabajo y al envejecimiento, pero ha tendido a incorporar tanto la lucha contra la pobreza y las desigualdades como nuevas fuentes de riesgo que generan incertidumbre y afectan el bienestar y el goce de derechos. De esta manera, la protección social incluye un amplio abanico de mecanismos para garantizar ingresos, como los seguros de desempleo o de accidente laboral, los sistemas de pensiones, las becas educativas o los programas de transferencias monetarias, con o sin condicionalidades.

La pandemia planteó un reto a la protección social al ampliar el número y la variedad de grupos de población afectados, lo que obligó a los Gobiernos a repensar la cobertura efectiva de los programas, la suficiencia de los apoyos, su nivel de financiamiento y los mecanismos de seguimiento y gestión. Además, llevó a hacer un amplio uso de las tecnologías de la información y las comunicaciones (TIC), pero en un contexto de grandes brechas digitales. En todas las latitudes, ha ganado legitimidad el hecho de que los Gobiernos sostengan los ingresos de los trabajadores ante eventos que escapan a su control (*The Economist*, 2020).

En particular, la pandemia ha impulsado el debate en torno a una garantía permanente de ingresos. La CEPAL (2020b, 2021b y 2021d) ha propuesto implementar, y posteriormente extender, un ingreso básico de emergencia, con miras a la introducción, en el mediano y largo plazo, de un ingreso básico universal, permanente e incondicional orientado a satisfacer las necesidades básicas de las personas. Como pasos intermedios a la introducción de un ingreso básico universal, cuyo costo está fuera del alcance de la mayoría de los países de la región (CEPAL, 2020b), la garantía de transferencias universales para ciertos segmentos de la población es una alternativa que ha entrado de lleno al debate de políticas. En particular, desde las Naciones Unidas (2020b, pág. 20), se ha destacado que "dada la creciente incidencia de la pobreza sobre la infancia, una ayuda universal por niño podría ser un paso apropiado hacia dicho objetivo".

Asimismo, en el contexto de la pandemia de COVID-19, la construcción de sistemas de cuidado se ha vuelto más urgente, considerando que ya antes de la pandemia se experimentaba una crisis del cuidado por el aumento de la demanda de cuidados y la disminución de la oferta de personas cuidadoras debido a factores demográficos, sociales y culturales. Ante el ulterior aumento de las demandas de cuidado por la suspensión de actividades en los centros educativos y de cuidado infantil y la distribución desigual del trabajo de cuidados entre hombres y mujeres, estas han asumido de manera asimétrica una carga mayor de trabajo de cuidados y doméstico no remunerado, lo que limita sus opciones de vida y su participación en el trabajo remunerado. Por ejemplo, entre 2019 y 2020, la tasa de participación de las mujeres en la fuerza laboral de América Latina pasó del 51,8% al 47,7%, una reducción que ubica la tasa de participación femenina en niveles similares a los de 2002 (CEPAL, 2022).

La cobertura, accesibilidad y calidad de los servicios de cuidado tienen efectos positivos en múltiples dimensiones. La redistribución de las responsabilidades desde los hogares hacia el Estado y el sector privado contribuye tanto a la autonomía económica de las mujeres como a garantizar el derecho a un cuidado oportuno y de calidad a todas las personas a lo largo del ciclo de vida, teniendo en cuenta el interés superior de la infancia, el derecho a la vida digna de las personas mayores y el derecho a la vida independiente de las personas con discapacidad. Para ejercer el cuidado es imprescindible la disponibilidad de tiempo y recursos monetarios, pero también es necesario contar con entornos propicios para su desarrollo e incorporar la noción del autocuidado y la necesidad de descanso para quienes cuidan. El cuidado es un nuevo derecho en la perspectiva de desmercantilización, desfeminización y desfamiliarización de las tareas de cuidado. Por eso es preciso avanzar hacia sistemas integrales de cuidados desde una perspectiva de género y de derechos humanos que contemple dos dinámicas presentes en la región: la interculturalidad y la interseccionalidad (CEPAL, 2020a). El fomento activo del trabajo decente es otra función crucial de los sistemas de protección social. Además de una remuneración justa, condiciones laborales libres de discriminación y explotación, y la posibilidad de participar en sistemas de negociación colectiva, el trabajo decente supone el acceso a mecanismos centrales de protección social asociados al empleo formal, como la cotización a los sistemas de pensiones y de salud. Si durante la pandemia la pérdida de empleos llevó a introducir nuevos mecanismos de apoyo al ingreso, la creación de trabajo decente es uno de los mayores desafíos para lograr una recuperación sostenible.

Asimismo, la universalización del acceso a la salud y a la educación son dos objetivos concomitantes en la Agenda 2030 para el Desarrollo Sostenible, debido a su trascendencia como derechos sociales y condiciones habilitantes para el desarrollo de economías con mayores niveles de productividad, adaptabilidad y resiliencia ante el cambio. Aun tratándose de dos de los sectores más antiguos del quehacer del Estado y de la política social, el cambio tecnológico y las secuelas de la pandemia exigen nuevos enfoques e instrumentos para poder cumplir el objetivo de una cobertura universal, inclusiva y de calidad. Si bien la pandemia ha impuesto el uso de nuevas tecnologías y herramientas en materia educativa, también amplía las brechas de aprendizaje, ya que hay amplios sectores de la población estudiantil sin acceso a conectividad o a dispositivos adecuados para participar en los sistemas de educación a distancia. Algo similar ocurre en el caso de los servicios remotos de salud, cuyo aprovechamiento queda limitado a quienes cuentan con la posibilidad de conectarse y acceder a ellos.

Por último, la inclusión de los numerosos grupos de población que tienden a ser excluidos y discriminados de manera estructural constituye un desafío para el que los sistemas de protección social desempeñan un papel crucial. La identificación de estos grupos excluidos y su conexión con las políticas sectoriales y de protección social resultan complejas en sociedades tan desiguales. A nivel normativo, el diseño de políticas de inclusión debe responder a un universalismo sensible a las diferencias, mientras que a nivel operativo, los sistemas de protección social necesitan contar con instrumentos para la identificación de dichos sectores y el diseño de servicios y prestaciones adaptadas a sus necesidades particulares. Al respecto, la pandemia ha planteado grandes retos a los sistemas de información vigentes (Berner y Van Hemelryck, 2020), demandando nuevos mecanismos de inclusión de los diversos grupos de población más afectados, ya sea que se trate de pueblos indígenas (CEPAL y otros, 2020), personas afrodescendientes (CEPAL, 2021g), personas con discapacidad (CEPAL, 2020d) o personas mayores (CEPAL, 2020f).

I. Transitar hacia una sociedad del cuidado

La crisis sanitaria ha puesto de manifiesto que sin cuidado de la salud y del bienestar físico y emocional no hay producción ni economía sostenible. En este sentido, las prioridades de la agenda pública se vieron trastocadas para reposicionar en el centro de los debates la centralidad de la vida y la importancia de los cuidados, así como la insostenibilidad de la degradación ambiental, que los actuales modelos de desarrollo mantenían en los márgenes.

El potencial transformador de la economía del cuidado hacia un estilo de desarrollo más justo, sostenible e igualitario se da a través de dos elementos centrales, ya que la inversión en la economía del cuidado por una parte aumenta la eficiencia económica, la productividad, la generación de empleo (en particular para las mujeres) y, en consecuencia, los niveles de recaudación, y, por la otra, implica una mejora en las capacidades y el bienestar presente y futuro de la sociedad en su conjunto. Por ese motivo es necesario entender el cuidado, tanto de las personas como del planeta, como un bien público.

La profundidad de la crisis, de magnitudes inéditas para la región, exige políticas innovadoras y audaces que impulsen cambios duraderos en la estructura social y dejen atrás la histórica desigualdad de género que caracteriza a los países de América Latina y el Caribe. En este sentido, las medidas de respuesta a la crisis deben generar los cimientos para modificar un modelo de desarrollo que no prioriza el bienestar. La CEPAL propone transitar hacia una sociedad del cuidado que implique un cambio de paradigma, poniendo en el centro el cuidado de las personas y de quienes cuidan, así como el autocuidado y el cuidado del planeta. Con el fin de poner la vida en el centro, la sociedad del cuidado busca trascender los modelos basados en el expolio de la vida, la injusticia estructural y la prevalencia de las desigualdades. Se busca impactar sobre la distribución del trabajo de cuidados, así como sobre las cargas y los beneficios derivados de la relación con los recursos ambientales. El cuidado del planeta se torna entonces parte de la sociedad del cuidado, en tanto el modelo transformador solo es viable si es sostenible e integral respecto de las capacidades planetarias y la dignidad humana.

La universalidad, la coordinación interinstitucional e intersectorial, la corresponsabilidad y la sostenibilidad financiera son principios indeclinables para la construcción de políticas de cuidado que abonen a una recuperación con igualdad. Mientras que la universalidad en el acceso a servicios de calidad debe contemplar criterios de progresividad, los esfuerzos de coordinación interinstitucional e intersectorial son necesarios para consolidar la intervención de distintos sectores tanto en la provisión como en la regulación de los servicios y las prestaciones. La promoción de la corresponsabilidad tiene por objeto deconstruir la presunción de que el cuidado es una tarea femenina y primordialmente de carácter privado, y brindar herramientas para equilibrar el costo físico, económico y emocional de los cuidados entre diferentes actores. Por último, la sostenibilidad financiera pone de relieve los compromisos económicos de largo alcance necesarios para cumplir los objetivos en materia de distribución social de los cuidados. Para ello es preciso contemplar las políticas de cuidado en los planes macroeconómicos y, en especial, en las políticas fiscales.

Para transitar hacia una sociedad del cuidado es necesario fortalecer el papel, los recursos y la capacidad del Estado, y avanzar en el corto plazo en estrategias que prioricen la economía del cuidado como un sector dinamizador para una recuperación transformadora con igualdad. El tránsito hacia una sociedad del cuidado exige promover la igualdad en el acceso al cuidado de calidad, fomentar la corresponsabilidad entre todas las personas y los actores capaces de brindar cuidados y alentar un enfoque interseccional que considere factores como la edad, la raza o etnia, los ingresos y el cuidado del medio ambiente.

J. Una oportunidad para nuevos pactos sociales y fiscales para la construcción progresiva del Estado de bienestar

Con la pandemia, se ha abierto una oportunidad histórica para construir sistemas de protección social universales, integrales y sostenibles y avanzar progresivamente hacia verdaderos Estados de bienestar. La crisis mundial actual puede mirarse como lo que los historiadores denominan una "coyuntura crítica", es decir, un momento excepcional de profunda crisis que redefine lo que es posible (Capoccia y Kelemen, 2007). Esto se debe a que, ante una situación extrema, muchos actores se tornan más dispuestos a cambiar el *statu quo*, con lo que se abren ventanas de oportunidad para cambios sociales, económicos y políticos (Weyland, 2008). Así ha sido la experiencia histórica de los cambios de época.

La construcción de Estados de bienestar debería encontrarse en el centro de un amplio diálogo social para redistribuir y aumentar los recursos públicos invertidos en el bienestar común. Históricamente, para la conformación de los Estados de bienestar ha sido necesario construir de manera paulatina amplias coaliciones políticas y sociales que fungen como motores del cambio social y permiten alcanzar acuerdos en materia de redistribución de los recursos. Los acuerdos redistributivos van conformando un nuevo pacto social en donde se generan alianzas entre diferentes sectores de la sociedad y se llega a acuerdos entre los intereses en conflicto. Para que al menos parte de los sectores más aventajados se convenza, disminuya barreras y aporte voluntades es indispensable profundizar y extender la noción de que un nuevo pacto social —si bien puede implicar costos de corto plazo para algunos sectores— genera efectos positivos de mediano y largo plazo en términos de estabilidad, gobernabilidad y aumento sostenido de la productividad (Martínez Franzoni y Sánchez-Ancochea, 2020).

El pacto social es un instrumento político basado en el diálogo amplio y participativo que sirve para decantar consensos y acuerdos estructurales[6]. Como proceso, el pacto social debería ser un intento explícito para abordar asuntos que no han tenido respuesta por los canales habituales, y tender así nuevos puentes. El punto de partida de la región es poco envidiable, pues sus sociedades son muy desiguales y están marcadas por una enorme desconfianza hacia los Gobiernos, las instituciones sociales, los partidos políticos y el sector privado, así como entre las personas (CEPAL, 2021c). Por tanto, en el proceso de generación de pactos sociales debe ponerse especial atención a dar voz e incidencia a sectores y grupos de la población discriminados o excluidos, con el fin de ampliar el diálogo y la apropiación de los resultados, garantizando la presencia de todas las voces en las mismas condiciones. Además de atender los elevados niveles de malestar de los grupos excluidos, el nuevo pacto social debe incluir amplios sectores medios vulnerables, cuyo nivel de bienestar tiene bases endebles y resulta frágil ante los diversos choques que tienden a ser cada vez más frecuentes o intensos.

Al dejar en evidencia y agudizar las limitaciones del estilo de desarrollo actual, la pandemia ofrece una oportunidad para implementar nuevos pactos sociales y fiscales. La mirada no es hacia el pasado, sino hacia un Estado de bienestar adaptado para el futuro, para enfrentar la nueva estructura de riesgos, garantizar la ampliación del horizonte de derechos e integrar y articular las nuevas herramientas tecnológicas y digitales en su gestión, atendiendo de manera urgente la injusta distribución de los ingresos, del tiempo de trabajo y del tiempo dedicado a tareas domésticas y de cuidados. Se necesitan, por tanto, pactos sociales que aborden los nudos estructurales que reproducen las brechas de género y que permitan una distribución equitativa del poder, los recursos y el tiempo libre entre mujeres y hombres para transitar hacia un nuevo estilo de desarrollo basado en la igualdad y la sostenibilidad.

Sin la garantía universal de cierto nivel de bienestar, la transición hacia modalidades más sostenibles de consumo y producción seguirá apareciendo como una tarea riesgosa, incluso inaceptable, para amplios sectores de las sociedades de América Latina y el Caribe. La precarización y la desprotección son barreras al desarrollo que, además, corroen la cohesión social y debilitan el apego a la democracia. El nuevo Estado de bienestar debe generar certidumbre a este respecto, en especial ante una ciudadanía que en el actual modelo de desarrollo siente que no tiene control sobre su vida y porvenir (Pastor, 2020).

Movilizar de manera estable los recursos indispensables para transitar hacia un estilo de desarrollo sostenible, menos desigual, centrado en las personas y que promueva la sostenibilidad de la vida, ante la evidencia de que el actual modelo ha traído más desigualdades, inestabilidad económica y degradación medioambiental, exige una labor de convencimiento de amplios sectores indecisos o adversos ante un nuevo pacto fiscal, así como de construcción de nuevas coaliciones políticas y sociales. Los

6 Además de objetivos de mediano y largo plazo, deberían explicitarse otros componentes inmediatos para el corto plazo. En la coyuntura actual, por ejemplo, la garantía de mayor acceso a la salud, la provisión de apoyos al ingreso o la vacunación expedita de toda la población podrían encadenar el corto y el largo plazo en el nuevo pacto social.

estratos medios de nuestras sociedades, por ejemplo, muchas veces logran acceder a servicios de salud, educación y cuidados por vía del sector privado, a costa de altos niveles de endeudamiento. La idea de un pacto fiscal con progresividad debe ir entonces acompañada de objetivos muy concretos como dar sostenibilidad financiera a una protección social amplia que beneficie al conjunto de la población y alcance un apoyo social y político sostenido.

El pacto fiscal debería apuntar a contribuir a una recuperación económica inclusiva y transformadora, que abone a la igualdad de género, promoviendo una fiscalidad progresiva y sostenible, y asegurando recursos suficientes para una inversión social que viabilice el bienestar y el goce de derechos por parte de toda la población. Desde ese punto de vista, proponer reformas fiscales solamente para beneficiar a la población en situación de pobreza ya no es suficiente. La sostenibilidad fiscal fortalece ambos pilares de un desarrollo social inclusivo: promueve la necesaria estabilidad para alcanzar un crecimiento inclusivo y permite el financiamiento de las políticas públicas que generan igualdad e inclusión (Arenas de Mesa, 2016).

En suma, los pactos sociales y fiscales para construir el Estado de bienestar proveen a las sociedades de las oportunidades para alcanzar un futuro sostenible en común. Sin bienestar no habrá crecimiento ni sostenibilidad.

K. Presentación y resumen de los principales mensajes de los capítulos

Después de esta introducción, el *Panorama Social de América Latina, 2021* se organiza en cuatro capítulos.

En el capítulo I se analizan los efectos de la pandemia sobre la desigualdad y la pobreza. En materia de desigualdad del ingreso, se presentan las tendencias a lo largo del período 2002-2020 y se analiza cómo las dos principales fuentes de ingreso de los hogares —los ingresos laborales y los que provienen de transferencias— han impactado en esas tendencias. Asimismo, se lleva a cabo un análisis de los altos ingresos y de la desigualdad del ingreso estimada mediante la combinación de datos de encuestas de hogares, ingresos tributarios y cuentas nacionales. Se analizan los resultados de la pobreza extrema y la pobreza en 2020 a nivel regional y por países, sobre la base de las encuestas de hogares disponibles para ese año, estimando los efectos de las transferencias de emergencia y analizando las desigualdades que existen en los niveles de pobreza según sexo y edad. También se hacen proyecciones sobre la incidencia de la pobreza y la pobreza extrema en 2021. Por último, se describe la evolución reciente de la estratificación social y se caracteriza la situación de los diversos estratos de ingresos respecto del empleo, el acceso a la salud y la educación.

En el capítulo II se argumenta que, ante la interdependencia que existe entre las dimensiones sanitaria, social y económica de la pandemia, el control de la crisis sanitaria es indispensable para avanzar hacia una recuperación transformadora con igualdad. En virtud del desigual avance en materia de vacunación contra el COVID-19 en los países de la región, se plantea la centralidad de acelerar la vacunación masiva de la población. Asimismo, se destaca que antes de la pandemia los sistemas de salud ya se caracterizaban por un subfinanciamiento crónico, con subsistemas desvinculados entre sí, una segmentación del acceso a la atención de salud de acuerdo con los ingresos de la población y una fragmentación de los sistemas de atención. Se describen también los efectos de desplazamiento y postergación de la atención o interrupción de los tratamientos médicos en tiempos de pandemia, con foco en las niñas y los niños, así como en la población en situación de vulnerabilidad. A la luz de la desigual distribución de los determinantes sociales de la salud, se hace referencia a la necesidad de continuar con las medidas de protección social de emergencia hasta que se haya controlado la crisis sanitaria, dado que estas garantizan un piso de bienestar para la población, favorecen el acceso a la salud y contribuyen al cumplimiento de las medidas sanitarias. Por último, se plantea la necesidad de reestructurar los sistemas de salud de la región y garantizar el derecho a la salud a todas las personas. Para ello, se propone avanzar hacia sistemas de salud con una cobertura universal, con atención oportuna y de calidad para toda la población, mediante formas de financiamiento solidarias y más eficientes en la producción de servicios de calidad, con un fuerte énfasis en el primer nivel de atención y en la atención primaria de salud, y un enfoque en los determinantes sociales de la salud.

En el capítulo III, se presenta la evolución del gasto público social a 2020 utilizando la clasificación funcional del Gobierno, con un enfoque en los efectos de la pandemia sobre el gasto en protección social y salud. Se incluyen datos comparables de la cobertura del gobierno central para el conjunto de la región, utilizando coberturas más amplias para algunos países. Asimismo, se detallan los esfuerzos en materia de gasto en transferencias no contributivas de emergencia, tanto monetarias como en especie, y se desglosa el gasto en diversos tipos de intervenciones en salud (como prevención, hospitalización, equipos y vacunas), así como entre los niveles de atención primaria y secundaria. Por último, se analiza el aumento del gasto público en políticas laborales entre 2019 y 2020 utilizadas para enfrentar el alto desempleo que generó la crisis. En una región caracterizada por grandes brechas en el mercado laboral y por altos niveles de informalidad, se hace hincapié en la importancia de que los países cuenten con un amplio espectro de políticas laborales, por ejemplo, de capacitación e intermediación, de seguros de desempleo, así como con políticas de formalización y fiscalización laboral.

En el capítulo IV se aborda el impacto de la crisis sobre la autonomía económica de las mujeres y los nudos estructurales de la desigualdad de género, y se analiza la acentuación de las brechas de género en materia de trabajo remunerado y no remunerado e ingresos. Sin la eliminación de los nudos estructurales de la desigualdad de género en la región, la recuperación no será sostenible ni transformadora. La crisis ha aumentado la carga de trabajo no remunerando en los hogares, y en particular de las mujeres, tanto por el cierre de los centros educativos y de cuidado como por la saturación de los sistemas sanitarios. A su vez, los efectos de la crisis en el mercado laboral significaron un retroceso histórico en las tasas de participación y ocupación de las mujeres y un mayor aumento del desempleo femenino. El porcentaje de mujeres sin ingresos propios también aumentó entre 2019 y 2020, si bien ese incremento fue mitigado por las transferencias de emergencia. A esto se suma que quienes trabajan en el sector de la economía del cuidado, en su gran mayoría mujeres, ya sea trabajadoras de la salud, de la educación o de hogares particulares, debieron enfrentar horas de trabajo imprevisibles o excesivas, inseguridad laboral y una alta exposición al contagio. Es necesario, por tanto, transversalizar la perspectiva de igualdad de género en todas las políticas de mitigación y recuperación de la crisis, así como en las medidas de mediano y largo plazo para una recuperación transformadora. En esta línea, se pone énfasis en la idea de transitar hacia una sociedad del cuidado y un estilo de desarrollo cuyo principio rector sea la sostenibilidad de la vida.

Bibliografía

ACNUR/OEA (Alto Comisionado de las Naciones Unidas para los Refugiados/Organización de los Estados Americanos) (2020), *Respuesta de emergencia de las oficinas de registro civil e identificación durante la pandemia del COVID-19: impacto, buenas prácticas e iniciativas innovadoras implementadas en América Latina y el Caribe* [en línea] http://www.oas.org/es/sap/dgpe/puica/docs/Respuesta-emergencia-RC-pandemia-COVID-19.pdf.

Arenas de Mesa, A. (2016), *Sostenibilidad fiscal y reformas tributarias en América Latina* (LC/G.2688-P), Santiago, Comisión Económica para América Latina y el Caribe (CEPAL).

Berner, H. y T. Van Hemelryck (2020), "Sistemas de información social y registros de destinatarios de la protección social no contributiva en América Latina: avances y desafíos frente al COVID-19", *Documentos de Proyectos* (LC/TS.2020/140), Santiago, Comisión Económica para América Latina y el Caribe (CEPAL).

Capoccia, G. y R. D. Kelemen (2007), "The study of critical junctures: theory, narrative, and counterfactuals in historical institutionalism", *World Politics*, vol. 59, N° 3, abril.

Cecchini, S. y otros (eds.) (2015), *Instrumentos de protección social: caminos latinoamericanos hacia la universalización*, Libros de la CEPAL, N° 136 (LC/G.2644-P), Santiago, Comisión Económica para América Latina y el Caribe (CEPAL).

Cecchini, S. y R. Martínez (2011), *Protección social inclusiva en América Latina: una mirada integral, un enfoque de derechos*, Libros de la CEPAL, N° 111 (LC/G.2488-P), Santiago, Comisión Económica para América Latina y el Caribe (CEPAL).

CEPAL (Comisión Económica para América Latina y el Caribe) (2022), *Balance Preliminar de las Economías de América Latina y el Caribe, 2021* (LC/PUB.2022/1-P), Santiago.

___(2021a), "La paradoja de la recuperación en América Latina y el Caribe. Crecimiento con persistentes problemas estructurales: desigualdad, pobreza, poca inversión y baja productividad", *Informe Especial COVID-19*, N° 11, Santiago, julio.

___(2021b), *Estudio Económico de América Latina y el Caribe, 2021* (LC/PUB.2021/10-P/Rev.1), Santiago.

___(2021c), *Panorama Social de América Latina, 2020* (LC/PUB.2021/2-P/Rev.1), Santiago.

___(2021d), "La autonomía económica de las mujeres en la recuperación sostenible y con igualdad", *Informe Especial COVID-19*, N° 9, Santiago, febrero.

___(2021e), *Observatorio Demográfico, 2020* (LC/PUB.2020/20-P), Santiago.

___(2021f), *Desastres y desigualdad en una crisis prolongada: hacia sistemas de protección social universales, integrales, resilientes y sostenibles en América Latina y el Caribe* (LC/CDS.4/3), Santiago.

___(2021g), "Las personas afrodescendientes y el COVID-19: develando desigualdades estructurales en América Latina", *Informes COVID-19*, Santiago, enero.

___ (2021h), *Lineamientos y propuestas para un plan de autosuficiencia sanitaria para América Latina y el Caribe* (LC/TS.2021/115), Santiago.

___(2020a), "Compromiso de Santiago", Santiago, enero [en línea] https://conferenciamujer.cepal.org/14/sites/crm14/files/20-00089_crm.14_compromiso_de_santiago.pdf.

___(2020b), "El desafío social en tiempos del COVID-19", *Informe Especial COVID-19*, N° 3, Santiago, mayo.

___(2020c), "Enfrentar los efectos cada vez mayores del COVID-19 para una reactivación con igualdad: nuevas proyecciones", *Informe Especial COVID-19*, N° 5, Santiago, julio.

___(2020d), "Personas con discapacidad ante la enfermedad por coronavirus (COVID-19) en América Latina y el Caribe: situación y orientaciones", *Informes COVID-19*, Santiago, abril.

___(2020e), *Construir un nuevo futuro: una recuperación transformadora con igualdad y sostenibilidad* (LC/SES.38/3-P/Rev.1), Santiago.

___(2020f), "Desafíos para la protección de las personas mayores y sus derechos frente a la pandemia de COVID-19", *Informes COVID-19*, Santiago, diciembre.

___(2020g), *Agenda Regional de Desarrollo Social Inclusivo* (LC/CDS.3/5), Santiago.

___(2018), *La ineficiencia de la desigualdad* (LC/SES.37/3-P), Santiago.

___(2013), *Consenso de Montevideo sobre Población y Desarrollo* (LC/L.3697), Santiago.

CEPAL/OIT (Comisión Económica para América Latina y el Caribe/Organización Internacional del Trabajo) (2021a), "Trabajo decente para los trabajadores de plataformas en América Latina", *Coyuntura Laboral en América Latina y el Caribe*, N° 24 (LC/TS.2021/71), Santiago, junio.

___(2021b), "Políticas de protección de la relación laboral y de subsidios a la contratación durante la pandemia de COVID-19", *Coyuntura Laboral en América Latina y el Caribe*, N° 25 (LC/TS.2021/163), Santiago, noviembre.

CEPAL/OPS (Comisión Económica para América Latina y el Caribe/Organización Panamericana de la Salud) (2021), "La prolongación de la crisis sanitaria y su impacto en la salud, la economía y el desarrollo social", *Informe COVID-19 CEPAL-OPS*, Santiago, octubre.

CEPAL/UNESCO (Comisión Económica para América Latina y el Caribe/Organización de las Naciones Unidas para la Educación, la Ciencia y la Cultura) (2020), "La educación en tiempos de la pandemia de COVID-19", *Informe COVID-19 CEPAL-UNESCO*, Santiago, agosto.

CEPAL/UNICEF (Comisión Económica para América Latina y el Caribe/Fondo de las Naciones Unidas para la Infancia) (2020), "Protección social para familias con niños, niñas y adolescentes en América Latina y el Caribe: un imperativo frente a los impactos del COVID-19", *Informe COVID-19 CEPAL-UNICEF*, Santiago, diciembre.

CEPAL/UNICEF/ORESG-VCN (Comisión Económica para América Latina y el Caribe/Fondo de las Naciones Unidas para la Infancia/Oficina de la Representante Especial del Secretario General sobre la Violencia contra los Niños) (2020), "Violencia contra niñas, niños y adolescentes en tiempos de COVID-19", *Informe COVID-19 CEPAL-UNICEF-Oficina de la Representante Especial del Secretario General sobre la Violencia contra los Niños*, Santiago, noviembre.

CEPAL y otros (Comisión Económica para América Latina y el Caribe y otros) (2020), "El impacto del COVID-19 en los pueblos indígenas de América Latina-Abya Yala: entre la invisibilización y la resistencia colectiva", *Documentos de Proyectos* (LC/TS.2020/171), Santiago.

Da Silva, S. J. R. y L. Pena (2021), "Collapse of the public health system and the emergence of new variants during the second wave of the COVID-19 pandemic in Brazil", *One Health*, diciembre.

Esping-Andersen, G. (1999), *Social Foundations of Postindustrial Economies*, Oxford, Oxford University Press.

FAO/PMA (Organización de las Naciones Unidas para la Alimentación y la Agricultura/Programa Mundial de Alimentos) (2019), *Fortaleciendo los Programas de Alimentación Escolar: el trabajo conjunto de FAO y WFP en América Latina y el Caribe*, Panamá.

FAO y otros (Organización de las Naciones Unidas para la Alimentación y la Agricultura y otros) (2021), *El estado de la seguridad alimentaria y la nutrición en el mundo 2021: transformación de los sistemas alimentarios en aras de la seguridad alimentaria, una nutrición mejorada y dietas asequibles y saludables para todos*, Roma.

Filgueira, F. y C. Rossel (2017), "Confronting inequality: social protection for families and early childhood through monetary transfers and care worldwide", *Social Policy series*, N° 226 (LC/TS.2017/139), Santiago, Comisión Económica para América Latina y el Caribe (CEPAL).

Folbre, N. (2004), "A theory of the misallocation of time", *Family Time: The Social Organization of Care*, N. Folbre y M. Bittman (eds.), Nueva York, Routledge.

G20 (Grupo de los 20) (2021), "G20 Rome Leaders' Declaration", Roma, 30 y 31 de octubre [en línea] https://www.g20.org/wp-content/uploads/2021/10/G20-ROME-LEADERS-DECLARATION.pdf.

Gottschlich, D. y L. Bellina (2017), "Environmental justice and care: critical emancipatory contributions to sustainability discourse", *Agriculture and Human Values*, vol. 34, N° 2, diciembre.

Grupo de trabajo sobre juventud de la Plataforma de Colaboración Regional para América Latina y el Caribe (2021), *Las juventudes latinoamericanas y caribeñas y la Agenda 2030 para el Desarrollo Sostenible: una mirada desde el sistema de las Naciones Unidas* (LC/TS.2021/74), Santiago, Naciones Unidas.

Hanlon, P. y otros (2021), "COVID-19 - exploring the implications of long-term condition type and extent of multimorbidity on years of life lost: a modelling study", *Wellcome Open Research*, vol. 5, N° 75 [en línea] https://wellcomeopenresearch.org/articles/5-75.

Heintz, J., S. Staab y L. Turquet (2021), "Don't let another crisis go to waste: the COVID-19 pandemic and the imperative for a paradigm shift", *Feminist Economics*, vol 27, N° 1-2, marzo.

Heuveline, P. y M. Tzen (2021), "Beyond deaths per capita: comparative COVID-19 mortality indicators", *BMJ Open*, vol. 11, N° 3, marzo.

Kauzya, J. M. (2020), "COVID-19: reaffirming State-people governance relationships", *Policy Brief*, N° 75, Nueva York, Naciones Unidas, Departamento de Asuntos Económicos y Sociales.

Kupferschmidt, K. y M. Wadman (2021), "Delta variant triggers new phase in the pandemic", *Science*, vol. 732, N° 6549, 25 de junio.

Lustig, N. y M. Tommasi (2020), ".El COVID-19 y la protección social de los grupos pobres y vulnerables en América Latina: un marco conceptual", *Revista CEPAL*, N° 132 (LC/PUB.2021/4-P), Santiago, Comisión Económica para América Latina y el Caribe (CEPAL), diciembre.

Marmot, M. y R. Wilkinson (eds.) (2006), *Social Determinants of Health*, 2ª edición, Nueva York, Oxford University Press.

Martínez Franzoni, J. y D. Sánchez-Ancochea (2020), "Pactos sociales al servicio del bienestar en América Latina y el Caribe: ¿qué son y qué papel tienen en tiempos de crisis?", *Documentos de Proyectos* (LC/TS.2020/169), Santiago, Comisión Económica para América Latina y el Caribe (CEPAL).

Mazzucato, M. (2018), *The Value of Everything: Making and Taking in the Global Economy*, Nueva York, Public Affairs.

Meyerowitz-Katz, G. y L. Merone (2020), "A systematic review and meta-analysis of published research data on COVID-19 infection fatality rates", *International Journal of Infectious Diseases*, vol. 101, diciembre.

Naciones Unidas (2020a), *Policy Brief: The Impact of COVID-19 on Children*, abril [en línea] https://unsdg.un.org/resources/policy-brief-impact-covid-19-children.

___(2020b), *Informe: el impacto del COVID-19 en América Latina y el Caribe*, Nueva York, julio.

___(2019), *World Population Prospects* 2019 [en línea] https://population.un.org/wpp.

___(2018), "Marco de indicadores mundiales para los Objetivos de Desarrollo Sostenible y metas de la Agenda 2030 para el Desarrollo Sostenible", División de Estadística [en línea] https://unstats.un.org/sdgs/indicators/Global%20Indicator%20Framework%20after%202020%20review_Spa.pdf.

Nepomuceno, M. y otros (2020), "Besides population age structure, health and other demographic factors can contribute to understanding the COVID-19 burden", *Proceedings of the National Academy of Sciences of the United States of America*, vol. 117, N° 25, junio.

ODI/UNICEF (Overseas Development Institute/Fondo de las Naciones Unidas para la Infancia) (2020), *Universal Child Benefits: Policy Issues and Options*, Londres/Nueva York.

OIT (Organización Internacional del Trabajo) (2021), *Perspectivas Sociales y del Empleo en el Mundo: Tendencias 2021*, Ginebra.

OIT/CEPAL (Organización Internacional del Trabajo/Comisión Económica para América Latina y el Caribe) (2020), "La pandemia por Covid-19 podría incrementar el trabajo infantil en América Latina y el Caribe", *Nota Técnica*, N° 1, Santiago, junio.

OIT/UNICEF (Organización Internacional del Trabajo/Fondo de las Naciones Unidas para la Infancia) (2019), *Towards Universal Social Protection for Children: Achieving SDG 1.3. ILO-UNICEF Joint Report on Social Protection for Children*, Ginebra.

OMS (Organización Mundial de la Salud) (2021a), "WHO Coronavirus (COVID-19) Dashboard" [en línea] https://covid19.who.int/.

___(2021b), "Seguimiento de las variantes del SARS-CoV-2" [en línea] https://www.who.int/es/activities/tracking-SARS-CoV-2-variants/tracking-SARS-CoV-2-variants.

___(2021c), "COVAX: colaboración para un acceso equitativo mundial a las vacunas contra la COVID-19" [en línea] https://www.who.int/es/initiatives/act-accelerator/covax [fecha de consulta: 27 de septiembre de 2021].

___(2021d), *Strategy to Achieve Global Covid-19 Vaccination by mid-2022*, Ginebra [en línea] https://cdn.who.int/media/docs/default-source/immunization/covid-19/strategy-to-achieve-global-covid-19-vaccination-by-mid-2022.pdf?sfvrsn=5a68433c_5.

___(2020), *Informe sobre la situación mundial de la prevención de la violencia contra los niños 2020: resumen de orientación*, Ginebra.

OPS (Organización Panamericana de la Salud) (2021), "Red Regional de Vigilancia Genómica de COVID-19" [en línea] https://www.paho.org/es/temas/influenza/red-regional-vigilancia-genomica-covid-19.

Pastor, J. (2020), "La crisis global, el nuevo papel del Estado y los posibles escenarios pos-Covid-19", *Clivatge*, vol. 8, julio.

Peto, J. (2020), "Covid-19 mass testing facilities could end the epidemic rapidly", *BMJ*, vol. 368, marzo.

Picchio, A. (2003), "A macroeconomic approach to an extended standard of living", *Unpaid Work and the Economy: A Gender Analysis of the Standards of Living*, A. Picchio (ed.), Londres, Routledge.

Raftery, A. y otros (2020), *Evaluating Data Types: A Guide for Decision Makers using Data to Understand the Extent and Spread of COVID-19*, Washington, D.C., The National Academies Press.

The Economist (2020), "The right kind of recovery: how the pandemic should change the role of the State", 8 de octubre [en línea] https://www.economist.com/special-report/2020/10/08/the-right-kind-of-recovery.

The Lancet (2021), "COVID-19 in Latin America—emergency and opportunity", vol. 398, Nº 10295, 10 de julio.

Tres, J. y M. Chatruc (2020), "Migrantes y COVID-19: ¿qué están haciendo los países de América Latina con más migrantes para apoyarlos durante la pandemia?", 11 de mayo [en línea] https://blogs.iadb.org/migracion/es/migrantes-y-covid-19-que-estan-haciendo-los-paises-de-america-latina-con-mas-migrantes-para-apoyarlos-durante-la-pandemia/.

Tromben, V. y otros (2021), "Propuesta de medición de la inversión pública en niños, niñas y adolescentes. Aplicación a tres países: Chile, Costa Rica y el Perú", *Documentos de Proyectos*, Santiago, Comisión Económica para América Latina y el Caribe (CEPAL), en prensa.

Trucco, D. y A. Palma (eds.) (2020), "Infancia y adolescencia en la era digital: un informe comparativo de los estudios de Kids Online del Brasil, Chile, Costa Rica y el Uruguay", *Documentos de Proyectos* (LC/TS.2020/18/Rev.1), Santiago, Comisión Económica para América Latina y el Caribe (CEPAL).

Vezza, E. (2021), "Programas de empleo juvenil: Revalidación de su papel en la agenda pública pospandemia de COVID-19", *Documentos de Proyectos* (LC/TS.2021/88), Santiago, Comisión Económica para América Latina y el Caribe (CEPAL).

Wadman, M. (2021), "Blind spots thwart global coronavirus tracking", *Science*, vol. 372, Nº 6544, 21 de mayo.

Weyland, K. (2008), "Toward a new theory of institutional change", *World Politics*, vol. 60, Nº 2, enero.

Anexo A1

Cuadro A1.1
América Latina (9 países): fuentes de datos de defunciones por edad por COVID-19, 1 de marzo de 2020 a 30 de junio de 2021

País	Fuente de datos
Argentina	Ministerio de Salud, Dirección Nacional de Epidemiología y Análisis de Situación de Salud, "COVID-19: casos registrados en la República Argentina" [en línea] http://datos.salud.gob.ar/dataset/covid-19-casos-registrados-en-la-republica-argentina
Brasil	Ministerio de Salud, "SRAG 2020 - Banco de Dados de Síndrome Respiratória Aguda Grave - incluindo dados da COVID-19", 2020 [en línea] https://opendatasus.saude.gov.br/dataset/bd-srag-2020 y 2021 [en línea] https://opendatasus.saude.gov.br/dataset/bd-srag-2021
Chile	Ministerio de Salud, "Defunciones por causa (actualización semanal)" [en línea] https://deis.minsal.cl/#datosabiertos
Colombia	Instituto Nacional de Salud, "Casos positivos de COVID-19 en Colombia" [en línea] https://www.datos.gov.co/Salud-y-Protecci-n-Social/Casos-positivos-de-COVID-19-en-Colombia/gt2j-8ykr
Costa Rica	Ministerio de Salud, "Situación nacional Covid-19 [en línea] https://www.ministeriodesalud.go.cr/index.php/centro-de-prensa/noticias/741-noticias-2020/1725-situacion-nacional-covid-19 y "Actualización diaria de datos" [en línea] http://geovision.uned.ac.cr/oges/
Cuba	Ministerio de Salud Pública, "Coronavirus en Cuba" [en línea] https://salud.msp.gob.cu/author/yuni/ y Covid19CubaData [en línea] https://covid19cubadata.github.io/#cuba
México	Secretaría de Salud, "Base de datos COVID-19 en México" [en línea] https://datos.gob.mx/busca/dataset/informacion-referente-a-casos-covid-19-en-mexico
Perú	Ministerio de Salud, "Datos abiertos de COVID-19" [en línea] https://www.datosabiertos.gob.pe/dataset/fallecidos-por-covid-19-ministerio-de-salud-minsa
Uruguay	Grupo Uruguayo Interdisciplinario de Análisis de Datos de COVID-19 (GUIAD-COVID-19) [en línea] https://guiad-covid.github.io/

Fuente: Comisión Económica para América Latina y el Caribe (CEPAL), sobre la base de información oficial de los países.

Cuadro A1.2
América Latina (9 países): fuentes de datos de defunciones totales, 1 de marzo de 2020 a 30 de junio de 2021

País	Años disponibles	Fuente
Brasil	2015-2019, 2020-2021 preliminar	Ministerio de Salud, Sistema de Información sobre Mortalidad (SIM)
Chile	2015-2021	Ministerio de Salud, Departamento de Estadísticas e Información de Salud (DEIS)
Colombia	2015-2019, 2020-2021 preliminar	Departamento Administrativo Nacional de Estadística (DANE)
Costa Rica	2015-2019, 2020 preliminar	Instituto Nacional de Estadística y Censos (INEC)
Cuba	2015-2019, 2020-2021 preliminar	Oficina Nacional de Estadística e Información (ONEI)
Ecuador	2015-2021	Instituto Nacional de Estadística y Censos (INEC)
México	2015-2020	Secretaría de Salud
Perú	2017-2021	Ministerio de Salud, Sistema Informático Nacional de Defunciones (SINADEF)
Uruguay	2015-2020 y 2021 preliminar	Ministerio de Salud Pública, Departamento de Estadísticas Vitales

Fuente: Comisión Económica para América Latina y el Caribe (CEPAL), sobre la base de información oficial de los países.

CAPÍTULO

I

Desigualdades socioeconómicas y pobreza

Introducción

La pandemia de enfermedad por coronavirus (COVID-19) trajo aparejada una contracción económica que afectó a todos los países de la región. La caída de la actividad impactó en forma negativa en los hogares, entre otros factores, al disminuir tanto el empleo como los ingresos laborales. De acuerdo con el *Balance Preliminar de las Economías de América Latina y el Caribe, 2021*, la contracción alcanzó el 7,6% del PIB por habitante para el promedio regional en 2020, con una alta heterogeneidad entre los países (CEPAL, 2022). En seis países (Paraguay, Nicaragua, Guatemala, Haití, Brasil y Costa Rica), la caída fue inferior al 5% del PIB per cápita, en tanto que, en otros seis (Bolivia (Estado Plurinacional de), Honduras, Argentina, Cuba, Perú y Panamá), el PIB per cápita cayó entre un 10% y un 20%. En los restantes siete países, la caída del PIB per cápita experimentada en 2020 se situó entre el 5% y el 10% (véase el gráfico I.1)

Gráfico I.1
América Latina (19 países): variación del PIB per cápita a precios constantes, 2020
(En porcentajes)

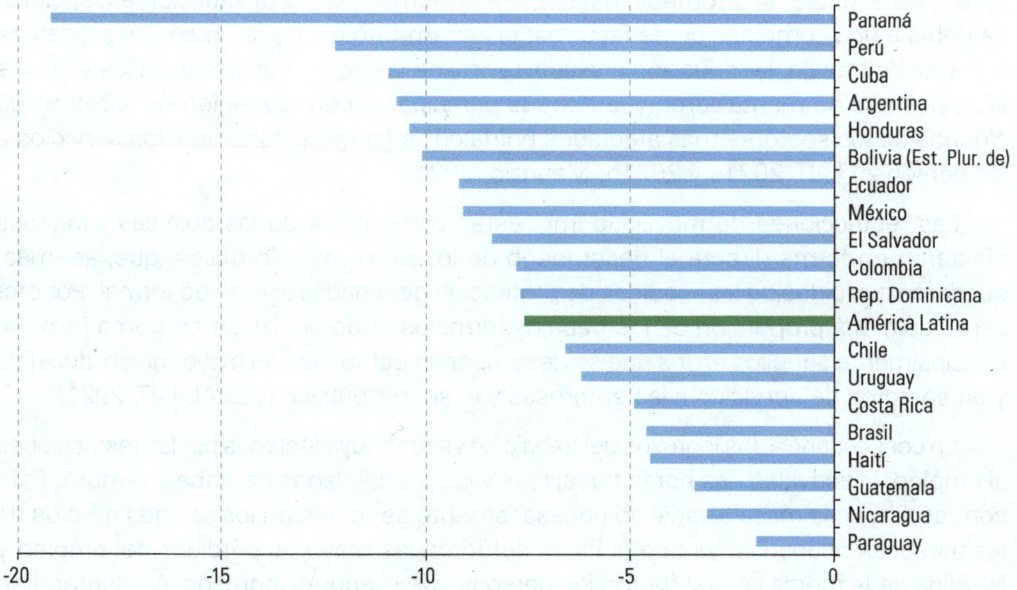

Fuente: Comisión Económica para América Latina y el Caribe (CEPAL), *Balance Preliminar de las Economías de América Latina y el Caribe, 2021* (LC/PUB.2022/1-P), Santiago, 2022.

Nota: El promedio de América Latina incluye a Cuba y Haití.

Una de las particularidades de esta crisis es que se afectaron en forma simultánea tanto la oferta como la demanda, con impacto en el mercado laboral. En distintas publicaciones de la Comisión Económica para América Latina y el Caribe (CEPAL) y la Organización Internacional del Trabajo (OIT) basadas en encuestas de empleo de alta frecuencia se informó de una pronunciada caída de la tasa de actividad y un aumento del desempleo. La menor participación en el mercado laboral se produjo a consecuencia de las cuarentenas, que restringieron la movilidad de las personas, así como por la necesidad de asumir las labores de cuidado debido a que en muchos casos dejaron de estar disponibles los distintos sistemas a los que recurren algunas familias para la atención y el cuidado de los hijos o de los miembros no autovalentes del hogar, como los establecimientos educativos, los centros de atención para acompañamiento y cuidado, y el apoyo del servicio doméstico puertas afuera o de los cuidadores externos al hogar. Además, cayó la oferta de nuevos empleos, lo que generó desaliento entre los trabajadores en su búsqueda. La magnitud de la pandemia también hizo que muchas personas dejaran de buscar empleo o se alejaran de manera temporal o definitiva de su trabajo por miedo a contraer la enfermedad (CEPAL, 2021b; CEPAL/OIT, 2021).

Esto llevó a que la tasa de desempleo, que suele ser el principal indicador del dinamismo del mercado laboral, perdiera parte de su utilidad, dado que buena parte de las personas enfrentadas a las circunstancias mencionadas dejaron de pertenecer a la fuerza laboral y, por ende, no vieron reflejada su situación en este indicador. Este cúmulo de situaciones, aunado a una mayor participación femenina tanto en el empleo informal como en los sectores más afectados por la pandemia, impactó en las mujeres trabajadoras. Dada la distribución habitual de la carga de los cuidados por sexo, las mujeres trabajadoras dejaron de formar parte de la fuerza de trabajo en mayor proporción que los hombres o encontraron dificultades a la hora de teletrabajar, lo que en muchos casos las obligó a dejar sus ocupaciones remuneradas (CEPAL, 2021a; Maurizio 2021).

Esta vez, la tasa de ocupación no tuvo la capacidad de representar adecuadamente la magnitud de la crisis, debido a que muchos trabajadores se vieron enfrentados a una reducción de la jornada laboral, aun cuando conservaron el vínculo laboral. De hecho, la OIT estimó que la pérdida de las horas trabajadas para América Latina fue superior al 16%, casi el doble del promedio estimado a nivel mundial. Esta situación excepcional se debió a una combinación de factores: el incremento del desempleo, las salidas de la fuerza de trabajo, la reducción (incluso a cero) de las horas trabajadas en los vínculos laborales que se mantuvieron y la elevada participación en el empleo de la región de algunos de los sectores más afectados por la crisis (como el turismo y los servicios a las personas) (OIT, 2021a y 2021b; Maurizio, 2021).

Las restricciones de movilidad impuestas como parte de las políticas sanitarias afectaron en forma directa el desempeño de los empleos informales, que, además, quedaron excluidos de las medidas de protección destinadas al empleo formal. Por otra parte, solo una proporción de los trabajos formales pudo realizarse en forma remota, principalmente aquellos en los que se desempeñan personas con mayor nivel educativo y en sectores de servicios a las empresas y el sector público (CEPAL/OIT, 2021).

En consecuencia, los ingresos del trabajo se vieron muy afectados por las restricciones al empleo, la actividad, las horas trabajadas y las posibilidades de trabajo remoto. Esta contracción de la masa salarial no necesariamente se reflejó en los salarios medios de las personas ocupadas, ya que quienes sufrieron las mayores pérdidas del empleo y la salida de la fuerza laboral fueron las personas de menores ingresos. Al mantenerse ocupadas las personas con salarios más altos, esto resultó en un incremento del salario medio percibido por los trabajadores que se mantuvieron en actividad (CEPAL/OIT, 2021).

Las tendencias expuestas han sido analizadas a partir de encuestas de alta frecuencia que, si bien permiten estudiar las variaciones coyunturales en el mercado laboral, no suelen incluir una estimación completa de las distintas fuentes de ingreso, por lo que no son los instrumentos más adecuados para llevar a cabo las estimaciones de pobreza y desigualdad. Dada esta limitación, cabe analizar la evolución del empleo y los ingresos en el conjunto de encuestas incluidas en el Banco de Datos de Encuestas de Hogares (BADEHOG) de la CEPAL con el objetivo de vincular los cambios en el empleo con los ingresos provenientes de fuentes laborales y, posteriormente, con las variaciones observadas tanto en pobreza como en desigualdad del ingreso[1].

1 Al cierre de esta edición del *Panorama Social de América Latina*, el Banco de Datos de Encuestas de Hogares (BADEHOG) de la CEPAL cuenta con los datos de 13 encuestas de hogares con información para 2020, que corresponden a: Argentina, Bolivia (Estado Plurinacional de), Brasil, Chile, Colombia, Costa Rica, Ecuador, El Salvador, México, Paraguay, Perú, República Dominicana y Uruguay. La mayoría son encuestas multipropósito, que suelen recogerse con una frecuencia menor a las encuestas de empleo y que apuntan a estimar de forma más completa la situación socioeconómica de los hogares y a relevar exhaustivamente las distintas partidas de ingresos que estos perciben. Véanse más detalles sobre las encuestas de hogares utilizadas en este capítulo en el cuadro I.A1.1 del anexo. La información de 2020 sobre el Brasil se incorporó solamente a algunos cuadros y gráficos, ya que no se dispuso de ella hasta casi la fecha de cierre de esta edición.

En el mercado laboral de todos los países para los que se cuenta con información a partir de estas encuestas, se observaron tendencias similares a las informadas a partir de las encuestas de empleo. Las mayores caídas en el empleo en 2020 (relativas al número de empleos registrados en 2019) se dieron en el Perú y Costa Rica (-14%), Colombia (-11%), el Brasil (-9%), y la Argentina, El Salvador y la República Dominicana (-6%) En todos los países, con la excepción del Estado Plurinacional de Bolivia y el Paraguay, se registró un mayor incremento en el número de personas que salieron de la actividad económica en comparación con el número de desempleados (véase el gráfico I.2)[2].

Gráfico I.2
América Latina (13 países): variación del número de personas ocupadas, desocupadas y fuera de la fuerza de trabajo, 2020[a]
(En porcentajes del número de personas ocupadas en 2019)

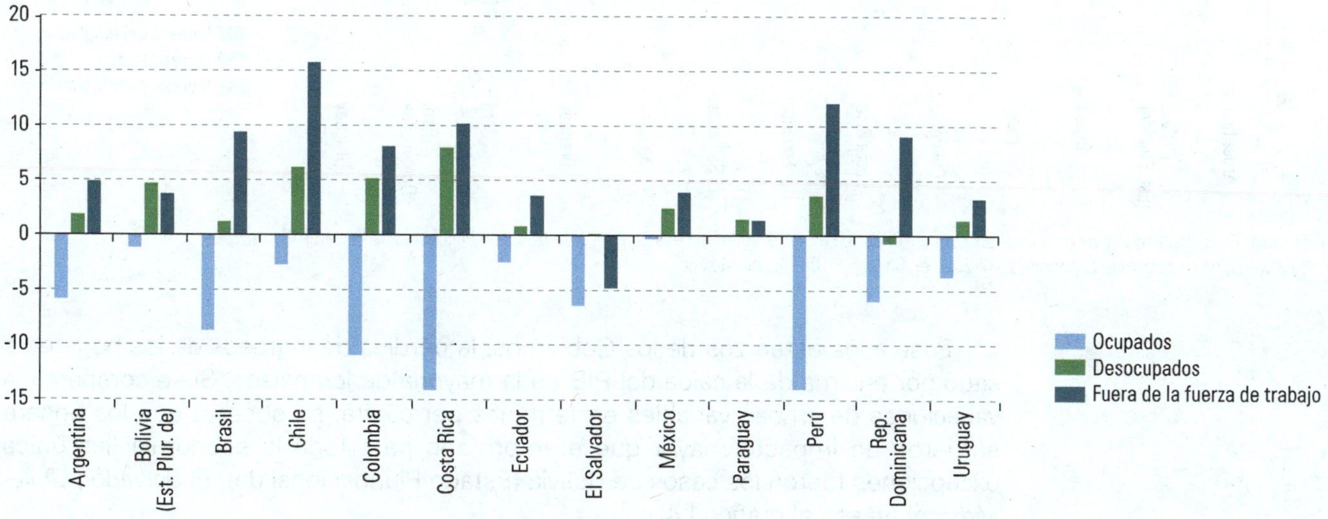

Fuente: Comisión Económica para América Latina y el Caribe (CEPAL), sobre la base de Banco de Datos de Encuestas de Hogares (BADEHOG).
[a] La variación corresponde al período 2017-2020 en Chile y 2018-2020 en México.

Con respecto a los ingresos del trabajo, en casi todos los países que cuentan con información en 2019 y 2020 se registraron caídas, pero estas alcanzaron su mayor expresión en el Perú (-28%), la República Dominicana (-19%), Colombia y Costa Rica (-18%), y la Argentina (-15%). Los ingresos del trabajo se mantuvieron solo en el Estado Plurinacional de Bolivia y Chile, aunque en este último caso la variación corresponde al período 2017-2020, por lo que, además del año de la pandemia, incluye la variación de los años anteriores (véase el gráfico I.3).

Dada la gravedad de la emergencia y su impacto en los ingresos de los hogares, los Gobiernos adoptaron medidas de mitigación de sus efectos, basadas principalmente en políticas de protección del empleo y transferencias a los sectores más afectados de la población. Esto ayudó a disminuir los efectos de la crisis sobre el bienestar de los hogares[3].

2 En la mayoría de los países, el número de empleos perdidos en 2020 es menor que la suma de los incrementos en el número de personas en situación de desempleo e inactividad debido al aumento en el número de personas en edad de trabajar que se registra ese año.

3 Las medidas de mitigación adoptadas por los Gobiernos, así como su impacto en el gasto social y en los ingresos de los hogares, se analizan en forma más detallada más adelante en este mismo capítulo, así como en los capítulos II y III de este documento.

Gráfico I.3
América Latina (13 países): variación real del ingreso del empleo, el ingreso total y el ingreso per cápita de los hogares, 2020[a]
(En porcentajes)

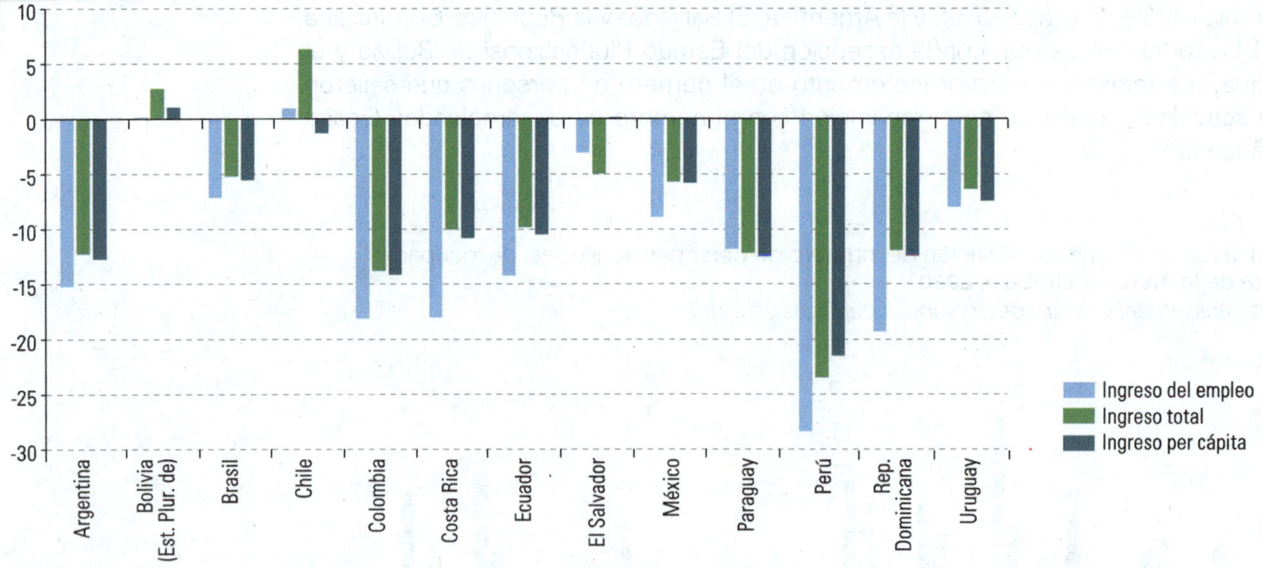

Fuente: Comisión Económica para América Latina y el Caribe (CEPAL), sobre la base de Banco de Datos de Encuestas de Hogares (BADEHOG).
[a] La variación corresponde al período 2017-2020 en Chile y 2018-2020 en México.

Pese a los esfuerzos de los Gobiernos, la pérdida de ingresos de los hogares se situó por encima de la caída del PIB en la mayoría de los países. Si se comparan las variaciones de ambas variables en términos per cápita, se observa que los hogares sufrieron un impacto mayor que el informado para toda la economía (las únicas excepciones fueron los casos de Bolivia (Estado Plurinacional de), El Salvador, Chile y México) (véase el gráfico I.4).

Gráfico I.4
América Latina (13 países): variación del PIB per cápita y del ingreso per cápita de los hogares, 2020[a]
(En porcentajes)

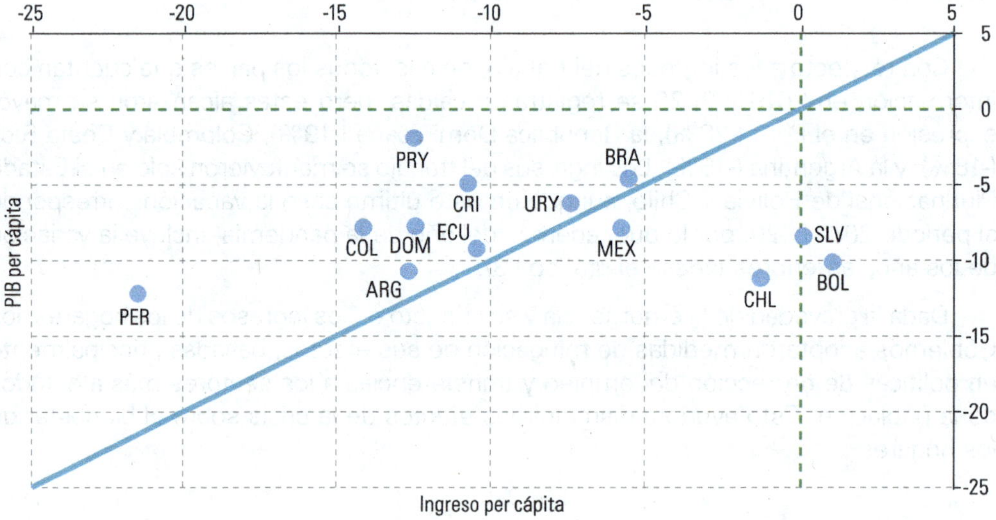

Fuente: Comisión Económica para América Latina y el Caribe (CEPAL), *Balance Preliminar de las Economías de América Latina y el Caribe, 2021* (LC/PUB.2022/1-P), Santiago, 2022, y Banco de Datos de Encuestas de Hogares (BADEHOG).
[a] La variación corresponde al período 2017-2020 en Chile y 2018-2020 en México.

Las perspectivas de recuperación del empleo en 2021 dependen, entre otros factores, de la velocidad de vacunación de los países (véase el capítulo II) y de la recuperación de las principales actividades económicas. La CEPAL estimó para la región un crecimiento del PIB del 6,2% en 2021 y proyectó un incremento del 2,1% en 2022. En la mayoría de los países, el crecimiento estimado para 2021 no permitirá volver a los niveles del PIB registrados previo a la pandemia, por lo que los problemas de empleo e ingresos en los hogares persistirán (CEPAL, 2021b).

Recuadro I.1
Cambios en la recolección de las encuestas de hogares en 2020 a consecuencia de la pandemia de enfermedad por coronavirus (COVID-19)

Debido a la pandemia de COVID-19, la mayoría de los países de América Latina se vieron obligados a adoptar medidas de confinamiento y restricciones de movilidad. Estas limitaciones afectaron el levantamiento de las encuestas de hogares en el terreno, por lo que la mayoría de los países implementaron operativos telefónicos en sustitución de las entrevistas cara a cara.

Los operativos telefónicos significaron adoptar varios cambios en los procesos habituales de levantamiento de las encuestas de hogares. Además de las modificaciones en los cuestionarios, que por su extensión no se adecuaban a una entrevista telefónica, el cambio en la modalidad de encuesta trajo otras modificaciones que podrían afectar la comparabilidad con las mediciones anteriores de un mismo país y entre países. Entre estas pueden citarse el cambio en el modo de levantamiento, la estructura de elegibilidad de las viviendas seleccionadas, el sistema de supervisión del operativo de campo, la alteración de los mecanismos de ajuste de los factores de expansión para eliminar los sesgos de cobertura y de ausencia de respuesta, y la revisión de los métodos de calibración de los factores de expansión.

Al efecto de estos cambios, que, como ya se indicó, podrían afectar la comparabilidad de los datos, se sumaron las grandes variaciones que efectivamente sufrieron las variables de interés a consecuencia de la pandemia. Por tanto, la simple observación de los datos no permite, en primera instancia, determinar cuánto de la variación estimada corresponde a un cambio real en el fenómeno observado (por ejemplo, la tasa de empleo) y cuánto de esa variación se debe a un sesgo introducido por el cambio en la modalidad de recolección de la encuesta.

Una estimación de la magnitud de estos sesgos podría lograrse manteniendo ambas modalidades de recolección en paralelo por un tiempo, una vez culminadas las restricciones impuestas por la pandemia. Esto dependerá del esquema habitual de muestreo de las encuestas. En las de corte transversal, esto podría hacerse manteniendo una muestra de representación nacional con un operativo telefónico *a posteriori* del retorno a las encuestas en modo presencial. En el caso de las encuestas con grupos de rotación, podría lograrse aplicando distintos modos de recolección a estos grupos. Estas acciones permitirán evaluar, mediante modelamiento estadístico, el efecto del cambio en el modo de recolección sobre la estimación de los indicadores sociales.

Al momento de presentar esta edición del *Panorama Social de América Latina*, existen pocos datos sobre los posibles sesgos que podrían haber introducido los cambios en la modalidad de recolección de las encuestas sobre las estimaciones de los indicadores sociales. Por ello, aún no es posible entender cuánto de la variación informada es fruto de la dinámica del indicador y cuánto se debe a las modificaciones introducidas en las encuestas. En función de ello, es recomendable hacer una lectura cautelosa de las cifras de 2020, a la espera de contar con información que a futuro permita deslindar ambos componentes.

Fuente: Comisión Económica para América Latina y el Caribe (CEPAL), "Continuidad del levantamiento de las encuestas de hogares tras la coyuntura de la enfermedad por coronavirus (COVID-19)", *Informes COVID-19*, diciembre de 2020.

A. Cambios en la distribución del ingreso

En 2020, la desigualdad en la distribución del ingreso aumentó en la mayoría de los países de la región. La caída de los ingresos laborales del trabajo asalariado en los quintiles más pobres fue el factor que más incidió en el alza de la desigualdad. Los ingresos por trabajo independiente se redujeron menos que los ingresos por salarios en los quintiles más pobres, suavizando las pérdidas en el ingreso laboral de estos grupos. Las transferencias de ingreso y, dentro de estas, las implementadas por los Gobiernos para atender los efectos de la pandemia, tuvieron un papel muy importante a la hora de evitar un mayor aumento de la desigualdad. En paralelo, el patrimonio de los superricos en la región se incrementó entre 2019 y 2021.

1. La desigualdad en la distribución del ingreso

Los altos niveles de desigualdad en la región se explican por un conjunto de factores, entre los que se destaca la segmentación de la estructura productiva que ha caracterizado históricamente a las sociedades latinoamericanas. A dicha heterogeneidad productiva se suman distintos mecanismos institucionales de inclusión y exclusión, que están arraigados en la cultura del privilegio y fomentan la reproducción de la desigualdad en el tiempo. Una de las principales expresiones de la desigualdad es la concentración del ingreso, porque este determina las posibilidades de acceso a bienes y servicios esenciales e influye en las oportunidades que las personas tienen para desarrollar sus potencialidades y alcanzar un mayor bienestar.

Las encuestas de hogares de los países de la región han sido tradicionalmente utilizadas como fuentes por la CEPAL para monitorear la evolución de la desigualdad. Sobre la base de la información recogida por estas encuestas puede concluirse que la tendencia a la disminución de la concentración del ingreso que se venía verificando en América Latina desde 2002, y que comenzó a desacelerarse en la década de 2010, se interrumpió en la mayoría de los países de la región alrededor de 2020. Al comparar la situación de 2017 con la prevaleciente en 2019 y 2020, se aprecia que la desigualdad medida a través del coeficiente de Gini subió en nueve países y disminuyó en seis (véase el gráfico I.5).

Al examinar la variación en el agregado regional de distintos índices de desigualdad por subperíodos, se constata que en 2020 se produjo un aumento de la desigualdad. Cabe destacar que ese año, la medida de concentración distributiva que más creció porcentualmente, en el promedio regional, fue el índice de Atkinson, que es más sensible a los cambios en la parte baja de la distribución (con el parámetro de aversión a la desigualdad igual a 1,5). Esto indica que el deterioro distributivo afectó más a los segmentos más pobres. Así, en 2020 se detuvo la tendencia a la caída de la desigualdad que venía observándose en la región desde 2002 y que en la década de 2010 había ido perdiendo ritmo en forma progresiva (véase el gráfico I.6).

Gráfico I.5
América Latina (15 países): índice de desigualdad de Gini, 2002 a alrededor de 2020[a]
(Valores de 0 a 1, donde 0 = no hay desigualdad y 1 = máxima desigualdad)

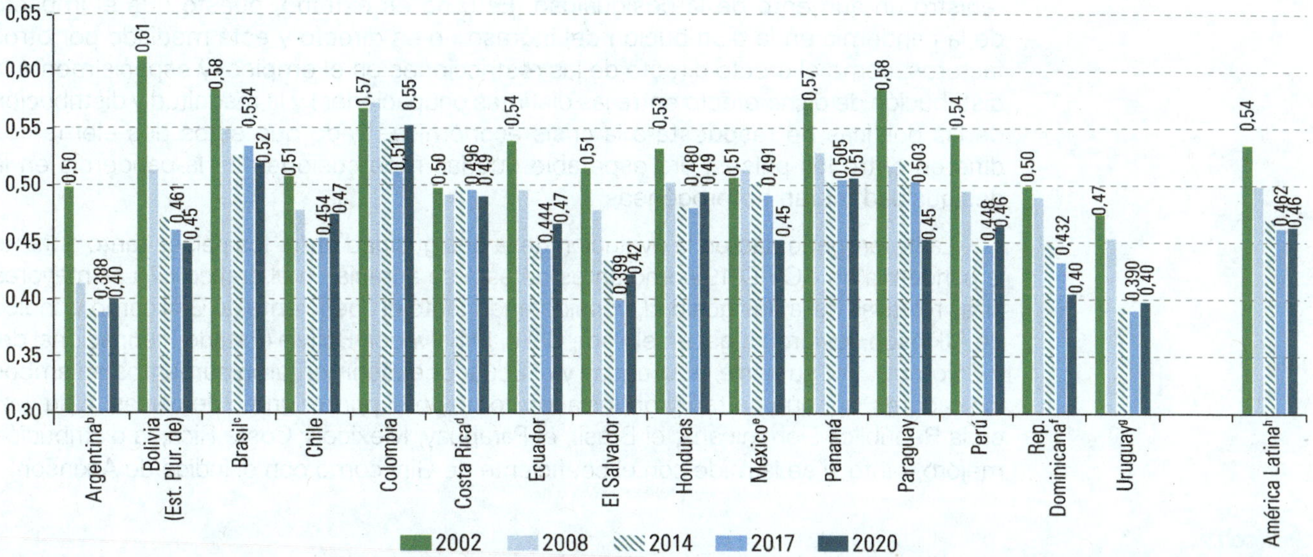

Fuente: Comisión Económica para América Latina y el Caribe (CEPAL), sobre la base de Banco de Datos de Encuestas de Hogares (BADEHOG).
Nota: El detalle de las cifras por países presentadas en el gráfico puede verse en el cuadro I.A1.4 del anexo.
[a] El coeficiente de Gini se calculó considerando los ingresos iguales a 0. Los datos de 2020 corresponden a dicho año, excepto en el Brasil, Honduras y Panamá, donde corresponden a 2019.
[b] Total urbano.
[c] Las cifras de 2002 y 2014 se ajustaron según la diferencia entre la Encuesta Nacional de Hogares (PNAD) y la Encuesta Nacional de Hogares (PNAD Continua) de 2014 para permitir su comparación con las de años posteriores.
[d] Los valores de 2012 corresponden a 2013 y los valores de 2014 corresponden a 2015.
[e] Las cifras a partir de 2010 no son comparables con las de años anteriores.
[f] El valor de 2020 corresponde a 2019.
[g] El valor de 2017 corresponde a 2016. Las cifras de 2016 y 2020 no son comparables con las de años anteriores.
[h] El valor de 2020 corresponde a 2019.
[i] Las cifras de 2017 y 2020 no son estrictamente comparables con las de 2002 a 2014.
[j] Las cifras de 2002 corresponden al área urbana.
[k] Promedio simple calculado sobre la base de información del año más cercano con datos disponibles para cada uno de los 15 países.

Gráfico I.6
América Latina (15 países)[a]: variación en distintos índices de desigualdad, 2002 a 2020[b]
(En tasas de variación anualizadas, promedios simples regionales[c])

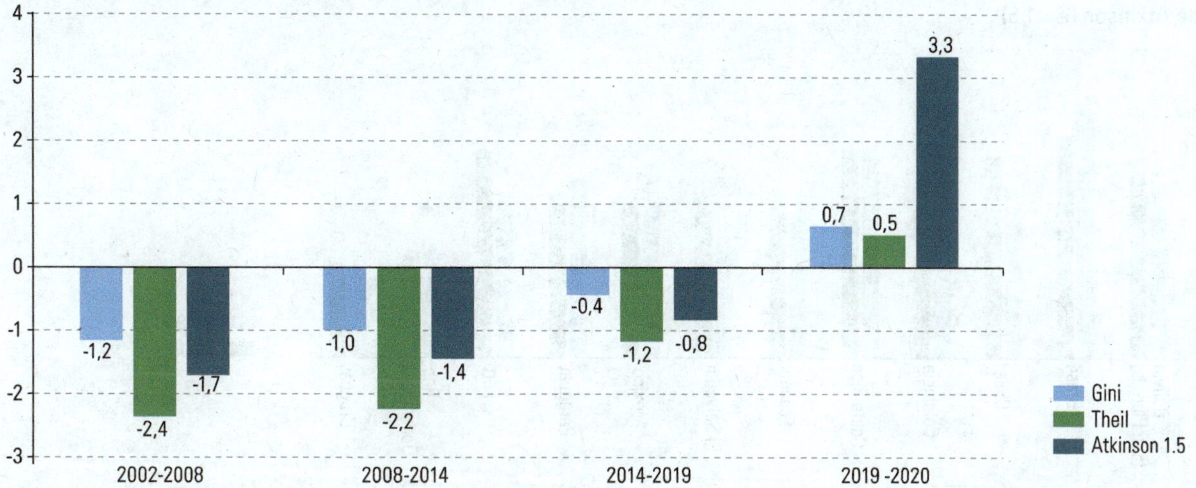

Fuente: Comisión Económica para América Latina y el Caribe (CEPAL), sobre la base de Banco de Datos de Encuestas de Hogares (BADEHOG).
[a] Argentina, Bolivia (Estado Plurinacional de), Brasil, Chile, Colombia, Costa Rica, Ecuador, El Salvador, Honduras, México, Panamá, Paraguay, Perú, República Dominicana y Uruguay.
[b] Los índices de desigualdad se calcularon considerando los ingresos iguales a 0.
[c] Promedios simples calculados sobre la base de información del año más cercano con datos disponibles para cada uno de los 15 países.

El deterioro en la situación distributiva en 2020 está vinculado a las repercusiones de la pandemia de COVID-19, aun cuando debe notarse que las consecuencias de la crisis sanitaria no fueron iguales en todos los países y que incluso en algunos no se registró un aumento de la desigualdad. Esto no es extraño, puesto que el impacto de la pandemia en la distribución del ingreso no es directo y está mediado por otros factores, como el efecto directo de las restricciones en el empleo (y especialmente la distribución de dicho efecto entre las distintas ocupaciones) y la magnitud y distribución de las políticas de respuesta a la crisis económica. Dado que estos dos elementos difieren entre los países, era esperable que las repercusiones de la pandemia en la desigualdad fueran heterogéneas.

La heterogeneidad en la evolución de la desigualdad entre los países tanto durante la pandemia de COVID-19 como antes de esta se aprecia en el gráfico I.7. Las mayores alzas relativas de la desigualdad, considerando tanto el coeficiente de Gini como el índice de Atkinson, tuvieron lugar en el Perú, Chile, El Salvador, Bolivia (Estado Plurinacional de) y Colombia. Por su parte, el Uruguay y el Ecuador experimentaron aumentos en ambos indicadores, aunque no tan pronunciados como en el primer grupo de países. A su vez, en la República Dominicana, el Brasil, el Paraguay, México y Costa Rica, la distribución mejoró, tanto si se la mide con el coeficiente de Gini como con el índice de Atkinson.

Gráfico I.7
América Latina (13 países): evolución reciente de indicadores de desigualdad, 2019 y 2020

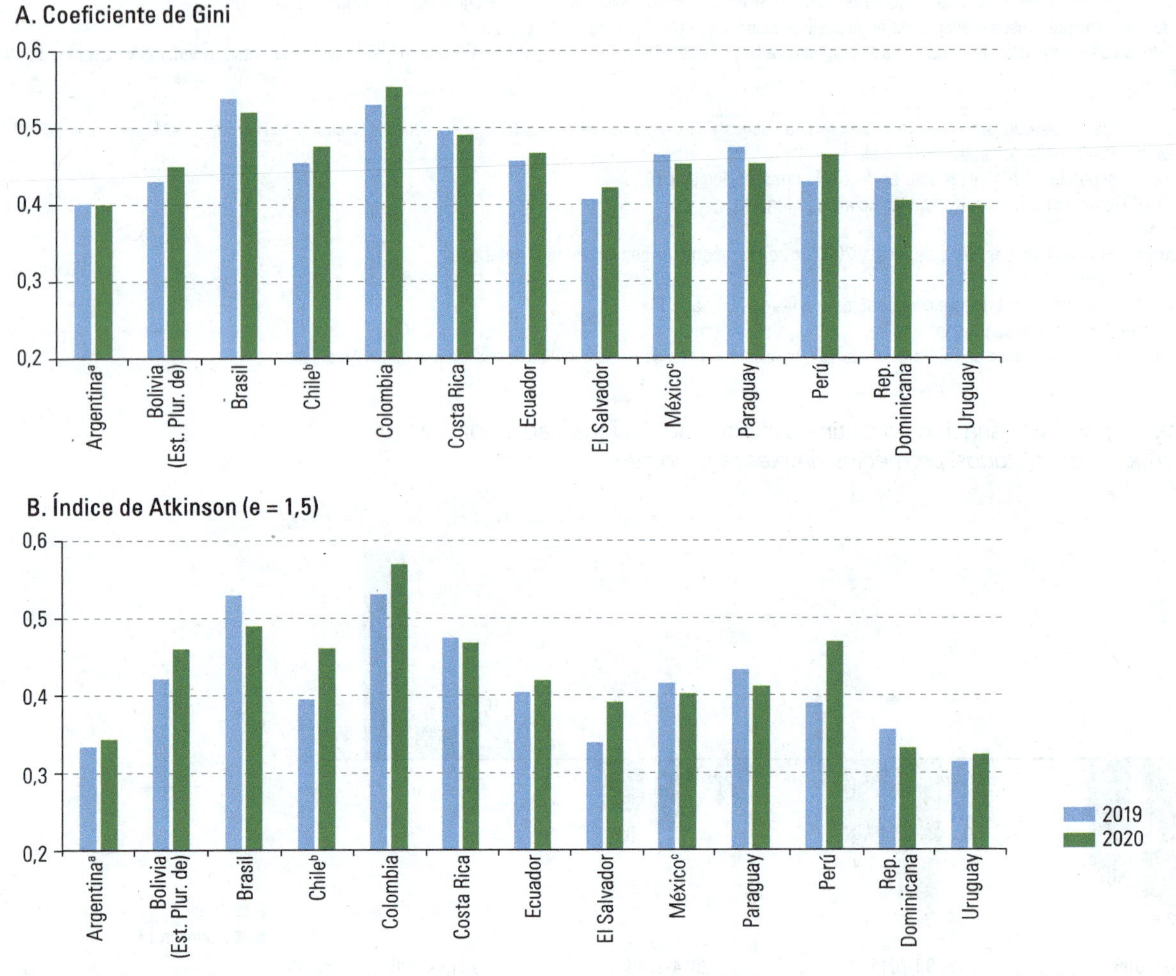

Fuente: Comisión Económica para América Latina y el Caribe (CEPAL), sobre la base de Banco de Datos de Encuestas de Hogares (BADEHOG).
Nota: El detalle de las cifras por países puede verse en el cuadro I.A1.5 del anexo.
[a] Total urbano.
[b] El valor de 2019 corresponde a 2017.
[c] El valor de 2019 corresponde a 2018.

Para aproximarse a los factores que inciden en los cambios en la desigualdad entre los países, se examinó la variación del ingreso medio de los hogares (expresado en número de veces la línea de pobreza) entre 2019 y 2020, comparando por quintiles de ingreso. Se analizaron las siguientes corrientes: i) sueldos y salarios, ii) ingresos del trabajo independiente, iii) transferencias (ingresos provenientes de programas no contributivos, remesas y otras transferencias entre hogares) y iv) otros ingresos (pensiones contributivas, ingresos de la propiedad y alquiler imputado). El ejercicio consideró la agregación sucesiva de las distintas partidas de ingreso para identificar las diferencias en el ingreso medio entre los quintiles. A los efectos analíticos, los resultados de este ejercicio se presentan por separado para los países en que la desigualdad aumentó en 2020 (véase el gráfico I.8) y para los países donde la desigualdad decreció, tanto según el coeficiente de Gini como según el índice de Atkinson (véase el gráfico I.9)[4].

Gráfico I.8
América Latina (8 países): variación del ingreso medio agregando fuentes de ingreso, por quintiles de ingreso, solo países donde aumentó la desigualdad, 2020[a]
(En porcentajes)

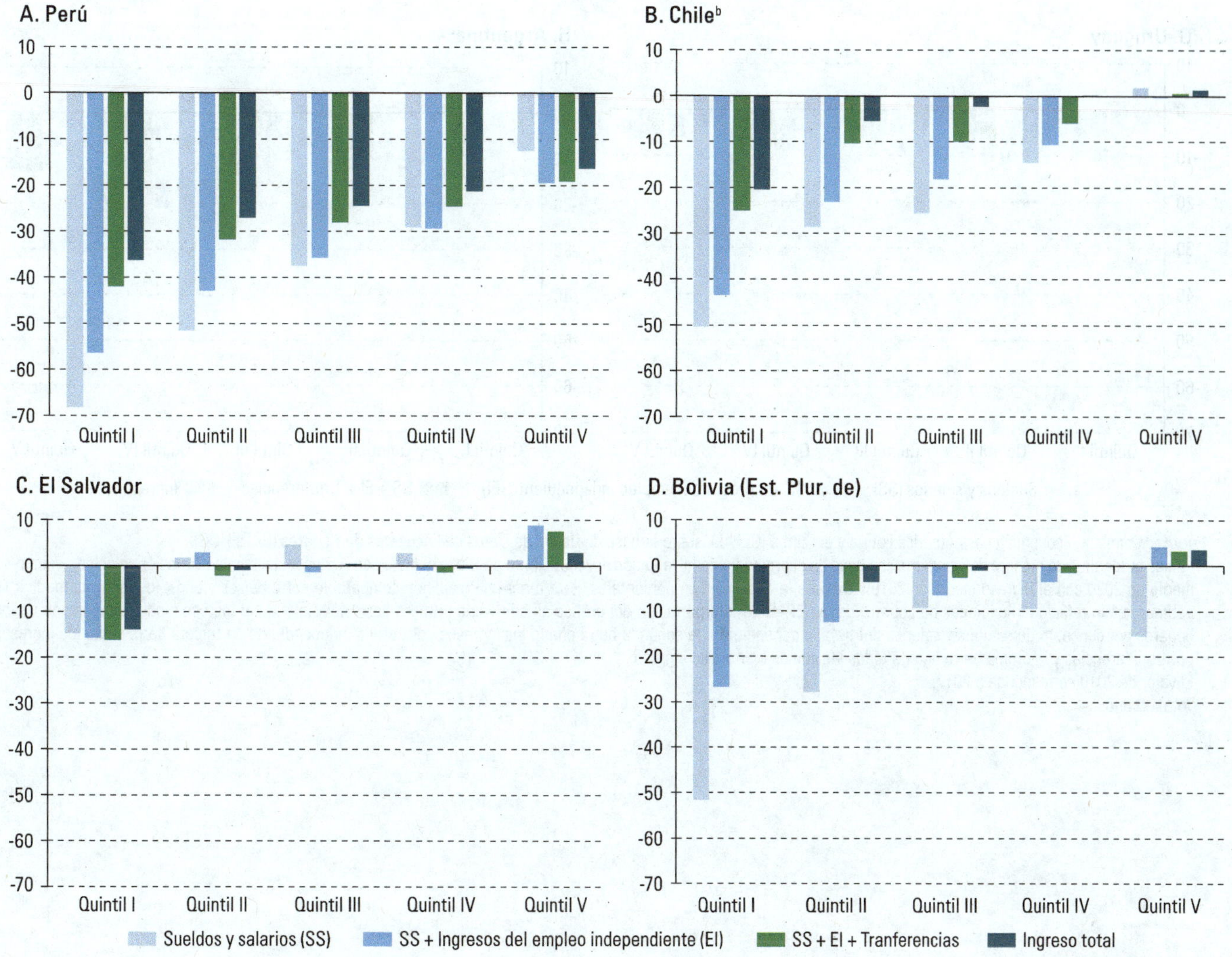

[4] Se optó por clasificar a la Argentina en el grupo de países donde la desigualdad aumentó, ya que si bien el coeficiente de Gini se mantuvo igual entre 2019 y 2020, hubo un incremento en el índice de Atkinson.

Gráfico I.8 (conclusión)

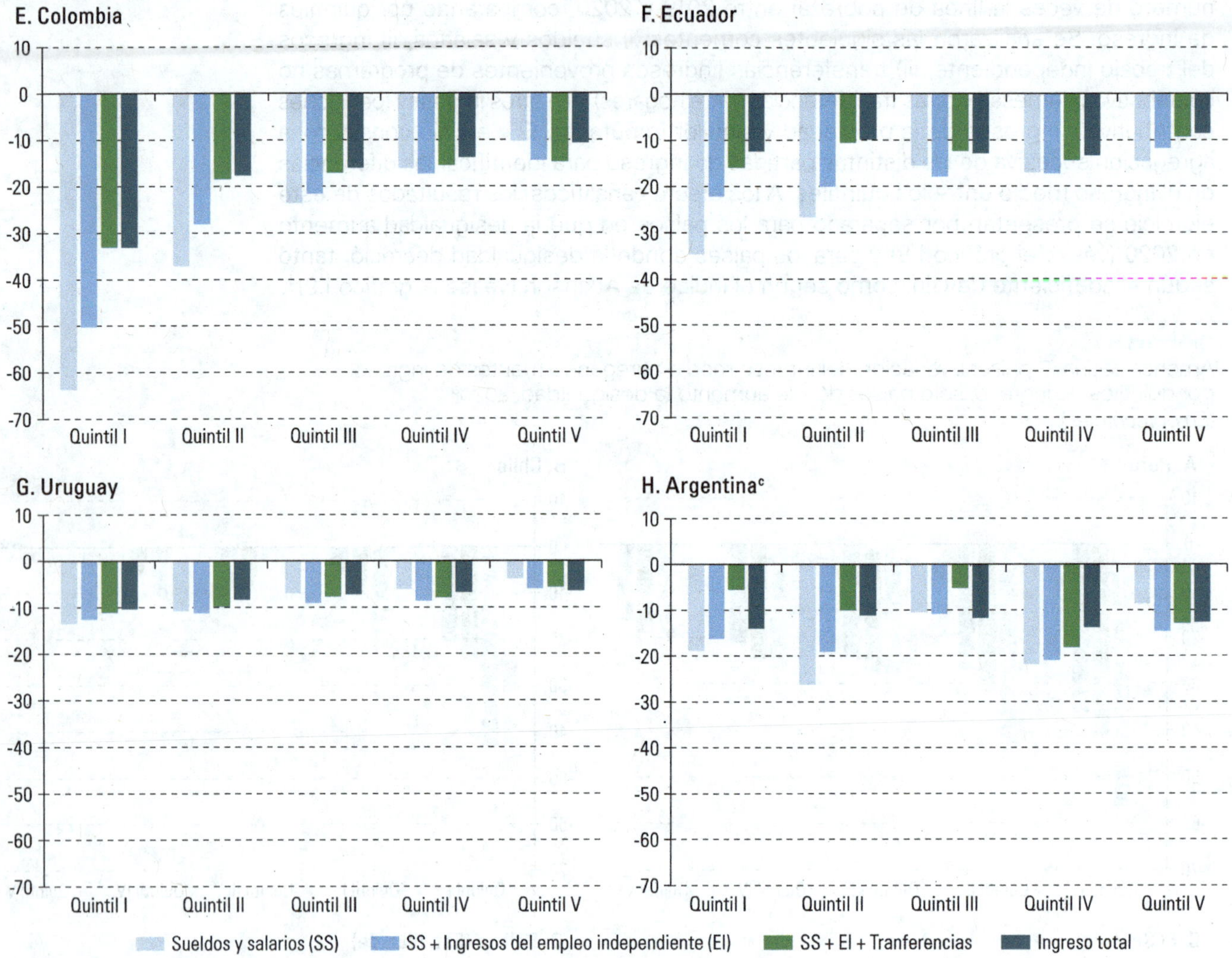

Fuente: Comisión Económica para América Latina y el Caribe (CEPAL), sobre la base de Banco de Datos de Encuestas de Hogares (BADEHOG).

[a] Países ordenados de manera descendente con base en el promedio de la variación del coeficiente de Gini y el índice de Atkinson. La tasa de variación relaciona el ingreso medio en 2020 con el ingreso medio en 2019 y expresa la diferencia en porcentajes. Para tener una medición comparable entre países y años, los ingresos medios se estimaron con relación a las líneas de pobreza de la CEPAL. La interpretación del gráfico es aditiva: la primera barra corresponde al ingreso medio por persona de los hogares por concepto de sueldos y salarios del trabajo dependiente, la segunda barra añade los ingresos del trabajo independiente, la tercera barra suma los ingresos por transferencias y la última barra agrega todas las demás fuentes de ingreso.

[b] El valor de 2019 corresponde a 2017.

[c] Total urbano.

Gráfico I.9

América Latina (5 países): variación del ingreso total agregando fuentes de ingreso, por quintiles de ingreso, solo países donde disminuyó la desigualdad, 2020[a]

(En porcentajes)

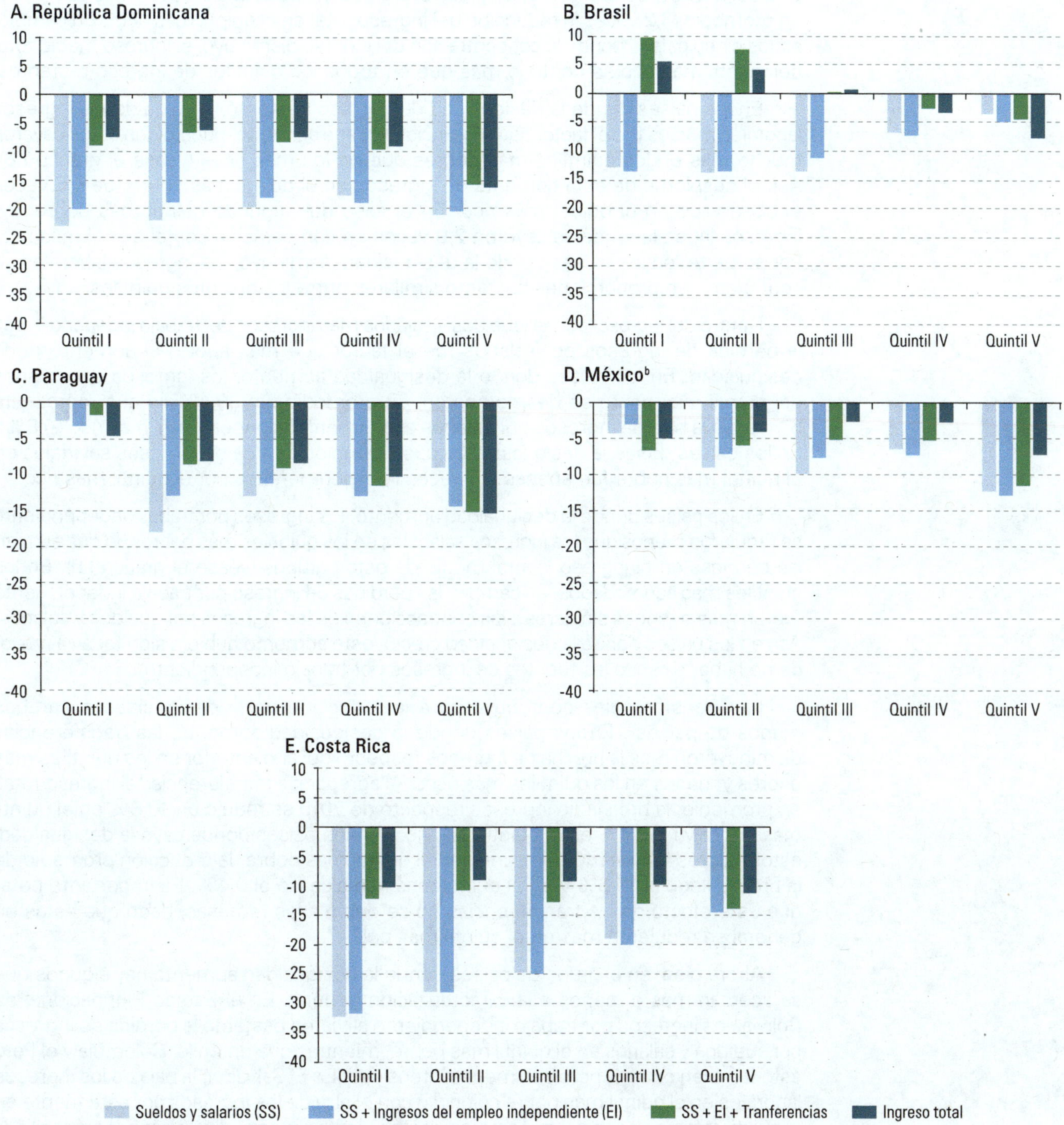

Fuente: Comisión Económica para América Latina y el Caribe (CEPAL), sobre la base de Banco de Datos de Encuestas de Hogares (BADEHOG).

[a] Países ordenados de manera descendente con base en el promedio de la variación del coeficiente de Gini y el índice de Atkinson. La tasa de variación relaciona el ingreso medio en 2020 con el ingreso medio en 2019 y expresa la diferencia en porcentajes. Para tener una medición comparable entre países y años, los ingresos medios se estimaron con relación a las líneas de pobreza de la CEPAL. La interpretación del gráfico es aditiva: la primera barra corresponde al ingreso medio por persona de los hogares por concepto de sueldos y salarios del trabajo dependiente, la segunda barra añade los ingresos del trabajo independiente, la tercera barra suma los ingresos por transferencias y la última barra agrega todas las demás fuentes de ingreso.

[b] El valor de 2019 corresponde a 2018.

La evolución de los ingresos medios totales indica que disminuyeron, en promedio, en los dos grupos de países y en todos los quintiles de ingreso. La diferencia entre ambos grupos estuvo en la forma en que se distribuyeron las pérdidas. En los países donde la desigualdad aumentó, los quintiles más acomodados perdieron menos que los más pobres: más específicamente, la caída del ingreso medio total del quintil más pobre fue, en promedio, 3,2 veces la reducción del ingreso total en el quintil más rico[5]. En cambio, en los cinco países donde la concentración del ingreso disminuyó, el ingreso medio total del quintil más rico se contrajo más que en todos los quintiles de ingreso restantes.

En los países donde la desigualdad del ingreso aumentó, la caída de los ingresos laborales medios fue el factor que más incidió en ese aumento, puesto que estos cayeron mucho más en los quintiles más pobres que en los más ricos (véase el gráfico I.8). Así, el desplome de esta corriente de ingresos en el quintil más pobre fue 4,5 veces el observado en el quintil más rico. En el caso del segundo quintil más pobre, los ingresos laborales medios cayeron 2,9 veces en comparación con el quintil más rico. Por su parte, en los países donde la desigualdad disminuyó, los ingresos laborales se contrajeron en proporciones bastante similares entre los distintos quintiles.

Dentro del ingreso laboral (sueldos y salarios más ingresos del trabajo independiente), la pérdida de ingresos por salarios fue el factor que más aportó al aumento de la desigualdad. En los países donde la desigualdad aumentó, los ingresos por salarios del quintil más pobre se desmoronaron, en promedio, un 39,4%, lo que representa 5,1 veces la baja de ingresos por salarios experimentada por el quintil más rico (-7,8%). En los países donde la desigualdad bajó, en cambio, la caída de ingresos salariales en el quintil más pobre fue apenas 1,4 veces la experimentada por el quintil más rico.

En los países donde la desigualdad aumentó, los ingresos por trabajo independiente se redujeron menos que los ingresos salariales en los quintiles más pobres, lo que suavizó las pérdidas en el ingreso laboral medio de estos grupos (véase el gráfico I.8). En los quintiles más acomodados, en cambio, las pérdidas de ingreso por trabajo independiente fueron más o menos similares a las contracciones de los ingresos por sueldos y salarios. Así, en los países donde la desigualdad creció, este aumento hubiera sido todavía mayor de no haber existido las fuentes de ingresos por trabajo independiente.

Las transferencias contribuyeron a la reducción de la desigualdad en ambos grupos de países[6]. En los países donde la desigualdad aumentó, las transferencias disminuyeron más la brecha de ingresos respecto del año anterior en los quintiles más pobres y menos en los quintiles más ricos. Al agregar las transferencias al ingreso total, en promedio, la brecha de ingresos respecto de 2019 se redujo un 10,6% en el quintil más pobre y un 0,4% en el quintil más rico. En los países donde cayó la desigualdad, estos valores fueron muy similares: en el quintil más pobre, la reducción promedio de la brecha llegó al 10,6% y en el quintil más rico alcanzó el 0,4%. Es importante notar que este efecto de las transferencias no se debió a las remesas, dado que estas en general se redujeron más en el quintil más pobre[7].

Ahora bien, en el grupo de países donde la desigualdad aumentó hay algunos que se acercan más o menos a la caracterización general. En el Estado Plurinacional de Bolivia, los ingresos por trabajo independiente aliviaron bastante la pérdida de ingresos por sueldos y salarios en el quintil más pobre, mientras que en Chile, Colombia y el Perú esto también ocurrió, pero con menos intensidad. En El Salvador, la baja de los ingresos laborales en el quintil más pobre coincidió con el alza de los ingresos por esta fuente en el quintil más rico y con pocos cambios en los quintiles intermedios (véase el gráfico I.8)[8].

---

5 En los países donde la desigualdad aumentó, el ingreso medio del quintil más pobre cayó, en promedio, un 18,9% y el del quintil más rico se redujo un 5,9% (18,9/5,9=3,2).

6 Se incluyen transferencias no contributivas, remesas y otras transferencias entre hogares. No se incluyen pensiones y jubilaciones.

7 Al examinar la situación en los seis países que recogen información detallada sobre las remesas se observa que, en general, estas cayeron más en el quintil más pobre que en el quintil más rico.

8 En la práctica, los ingresos cayeron en términos nominales, pero menos que la inflación, y por ello el saldo es positivo en términos reales.

En cuanto a los países donde se redujo la desigualdad, en el Paraguay y la República Dominicana, los quintiles de mayores ingresos perdieron relativamente más ingresos en total que los quintiles más pobres. En el Paraguay, esto se explica porque las pérdidas de ingresos laborales en el quintil más pobre fueron más bajas que en el resto de los quintiles. En la República Dominicana, en cambio, la diferencia proviene de la pérdida de transferencias en el quintil más rico. En Costa Rica, la pérdida relativa de ingresos laborales en los quintiles más pobres fue mucho mayor a la experimentada por los quintiles más acomodados, pero esto fue contrarrestado por las transferencias de ingreso (véase el gráfico I.9). En cuanto a México, la mayor caída del ingreso total tuvo lugar en el quintil más rico y se explicó fundamentalmente por la reducción de los ingresos por sueldos y salarios en este grupo. También cabe señalar que en México, la inclusión de las transferencias aumentó la brecha de ingreso medio en el quintil más pobre con respecto al año previo y la redujo levemente en los otros quintiles. Por su parte, el Brasil es el único de los 12 países analizados en esta sección donde el ingreso total de los dos quintiles más pobres aumentó en comparación con 2019, crecimiento que se debió esencialmente a las transferencias, incluidas tanto las de emergencia como las tradicionales.

Por último, las transferencias monetarias de emergencia implementadas por los Estados específicamente para responder a la caída de los ingresos ocasionada por la pandemia de COVID-19 fueron muy importantes para evitar un mayor aumento de la desigualdad. Aunque no todos los países de la región recogieron información detallada sobre las transferencias de emergencia entregadas a los hogares para mitigar los efectos de la crisis, los datos sobre siete países latinoamericanos muestran que estas disminuyeron la desigualdad. En el promedio de dichos países, entre 2019 y 2020, el coeficiente de Gini hubiera aumentado un 4% sin las transferencias de emergencia, mientras que con las transferencias este incremento solo llegó al 1% (véase el cuadro I.1). El índice de Atkinson, por su parte, hubiera aumentado un 13,8% sin las transferencias de emergencia, lo que contrasta con el crecimiento del 5,1% observado con las transferencias.

Cuadro I.1
América Latina (7 países): índices de desigualdad con y sin transferencias monetarias de emergencia, 2019 y 2020[a]

País	Coeficiente de Gini			Índice de Atkinson 1,5		
	2019	2020 con transferencias	2020 sin transferencias	2019	2020 con transferencias	2020 sin transferencias
Bolivia (Estado Plurinacional de)	0,430	0,449	0,457	0,421	0,460	0,520
Chile[b]	0,454	0,475	0,488	0,394	0,461	0,501
Costa Rica	0,495	0,490	0,514	0,475	0,468	0,516
Ecuador	0,456	0,466	0,475	0,404	0,418	0,433
Paraguay	0,473	0,452	0,458	0,432	0,411	0,426
Perú	0,429	0,464	0,477	0,390	0,469	0,502
República Dominicana	0,432	0,405	0,427	0,355	0,331	0,369
Promedio simple	0,453	0,457	0,471	0,410	0,431	0,467
Variación 2019-2020 *(en porcentajes)*		1	4		5,1	13,8

Fuente: Comisión Económica para América Latina y el Caribe (CEPAL), sobre la base de Banco de Datos de Encuestas de Hogares (BADEHOG).
[a] Países que incluyeron en sus encuestas preguntas específicas para identificar los ingresos recibidos por transferencias de emergencia. No se incluye al Brasil en el análisis, dado que su encuesta de 2020 no permite identificar con precisión las transferencias de emergencia.
[b] El valor de 2019 corresponde a 2017.

2. La desigualdad en la distribución del ingreso al combinar encuestas de hogares con otras fuentes

Existe acuerdo en la literatura especializada respecto de que las mediciones de la desigualdad en la distribución del ingreso basadas exclusivamente en la información de las encuestas de hogares subestiman la concentración del ingreso, debido a las dificultades que tienen estos instrumentos para captar a los perceptores de ingresos muy altos. Las encuestas de hogares son más adecuadas para medir los ingresos laborales y las transferencias que las rentas provenientes de activos físicos y financieros.

Dadas estas dificultades, en los últimos años se han desarrollado diversas metodologías para medir de modo más completo la distribución del ingreso, complementando las encuestas con la información proveniente de otras fuentes, como los datos impositivos y de cuentas nacionales[9]. En virtud de esta información, se han ajustado los microdatos de las encuestas y se han estimado medidas corregidas de desigualdad. Si bien los resultados de estas metodologías todavía no pueden considerarse definitivos, permiten obtener una visión más amplia de la distribución del ingreso.

De Rosa, Flores y Morgan (2021) realizaron un ejercicio preliminar de medición de la desigualdad mediante la combinación de datos de encuestas con otras fuentes para diez países de la región en el marco de World Inequality Database (WID.world)[10]. En este análisis, que se acotó a los ingresos antes de impuestos, se complementó la información de las encuestas estandarizadas y compiladas por la CEPAL en el Banco de Datos de Encuestas de Hogares (BADEHOG) con la obtenida mediante los registros tributarios y de seguridad social y el sistema de cuentas nacionales[11]. En este ejercicio, los registros tributarios se usaron para obtener información sobre los perceptores más ricos no captados por las encuestas y las cuentas nacionales se emplearon como referencia sobre los ingresos totales de los hogares.

En la estimación de WID, la corrección de los microdatos de las encuestas se efectuó en las siguientes etapas: i) ajuste por la subcaptación de los perceptores de ingresos altos en las encuestas, usando la información proveniente de los registros tributarios y de la seguridad social; ii) corrección de la subestimación o la sobrestimación de los ingresos en las encuestas, ajustando los montos de las distintas partidas de ingreso a los agregados de cuentas nacionales, y iii) imputación de ingresos faltantes, como las utilidades no distribuidas (De Rosa, Flores y Morgan, 2020). En general, cada una de las tres correcciones incrementó los niveles de desigualdad, pero con diferencias entre los países (véase el gráfico I.10)[12].

---

9 En América Latina se han realizado estudios de este tipo en la Argentina (Alvaredo, 2007), el Brasil (Souza y Medeiros, 2015; Morgan, 2017), Chile (López, Figueroa y Gutiérrez, 2013; Flores y otros, 2019; Larrañaga, Echecopar y Grau, 2021), Colombia (Alvaredo y Londoño, 2013; Díaz-Bazán, 2015), México (Campos, Chávez y Esquivel, 2014; Cortés y Vargas, 2017) y el Uruguay (Burdín, Esponda y Vigorito, 2015).

10 La primera versión de este ejercicio se puede revisar en De Rosa, Flores y Morgan (2020). Para obtener más detalles sobre el proyecto WID.world, véase [en línea] https://wid.world/es/pagina-de-inicio/.

11 Las partidas de ingresos incluidas en el análisis fueron: salarios, ganancias del empleo independiente, pensiones y jubilaciones, dividendos y rentas, y alquiler imputado. No se incluyeron las transferencias del Estado.

12 Al examinar toda la serie 2000-2019, la corrección de los datos de encuestas con información tributaria es el paso que produce el mayor alza de la desigualdad (crecimiento mediano de un 10% en comparación con la estimación de encuestas). En segundo lugar está la imputación de las utilidades no distribuidas (aumento del 5% respecto de los coeficientes de Gini escalados a cuentas). El escalamiento a cuentas nacionales también incrementa la desigualdad, pero algo menos que la imputación de utilidades.

Gráfico I.10
América Latina (10 países): efecto en el coeficiente de Gini de la combinación de datos de encuestas de hogares con información de registros administrativos y de cuentas nacionales, alrededor de 2019

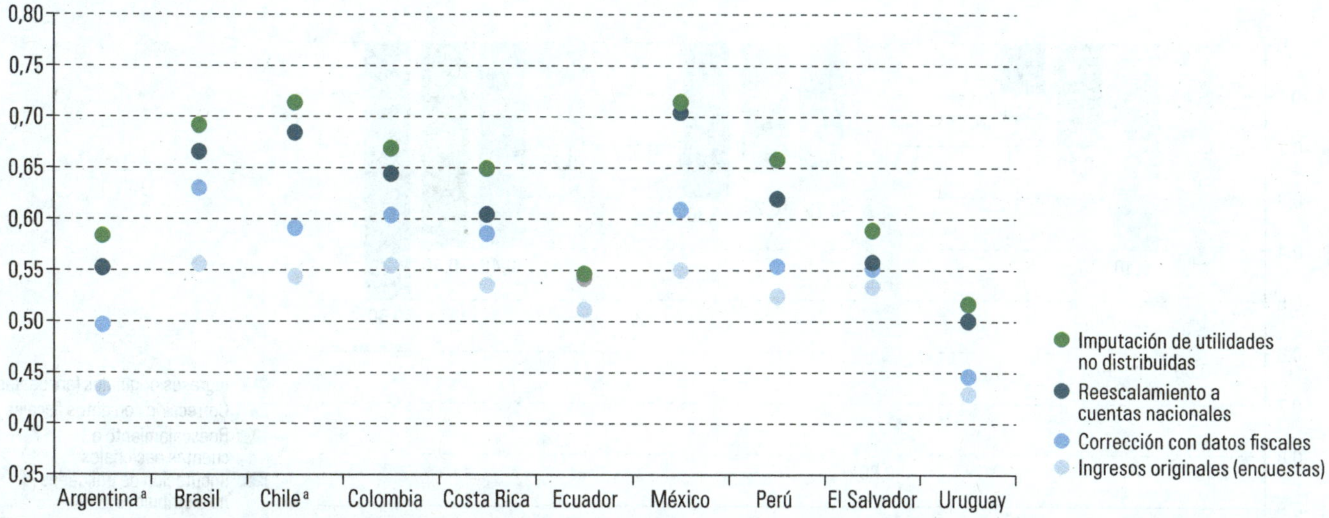

Fuente: Comisión Económica para América Latina y el Caribe (CEPAL), sobre la base de M. De Rosa, I. Flores y M. Morgan, "More Unequal or Not as Rich? Distributing the Missing Half of National Income in Latin America", 2021 [en línea] http://www.ecineq.org/wp-content/uploads/papers_EcineqLSE/EcineqLSE-357.pdf.

Nota: En cada una de las etapas se van agregando los procedimientos de corrección. La línea de base está definida por los ingresos captados por las encuestas. En la primera corrección se agrega a los ingresos de la encuesta la información tributaria y de los registros de la seguridad social, en la segunda corrección se añade la información de cuentas nacionales y en la tercera corrección se suma a las tres primeras fuentes la imputación de utilidades no distribuidas.

[a] Los datos de la Argentina y Chile corresponden a 2017.

Una de las preguntas al usar distintas etapas de corrección de los ingresos captados por las encuestas es si estos procedimientos modifican las tendencias estimadas respecto de la evolución de la desigualdad. Así, se analizaron las tendencias en la evolución de la desigualdad, medida a través del coeficiente de Gini, para diez países de la región, considerando las distintas etapas empleadas por WID y en tres períodos: 2002-2008, 2008-2014 y 2014-2019. Las tendencias en la concentración del ingreso se examinaron teniendo en cuenta su signo (alza o baja) y magnitud relativa.

En el agregado de países y para los tres subperíodos, la desigualdad disminuyó con todos los procedimientos utilizados por WID. La diferencia estuvo en la magnitud relativa de la disminución. Por ejemplo, en los períodos 2002-2008 y 2008-2014, la desigualdad se redujo mucho más en la estimación solo con encuestas que en las mediciones con datos corregidos con otras fuentes. Entre 2014 y 2019, en cambio, la asimetría distributiva cayó más en las estimaciones basadas en la combinación de fuentes que en las producidas exclusivamente con las encuestas de hogares (véase el gráfico I.11).

Al examinar las tendencias por países, se constata que solo en la Argentina y el Perú los resultados obtenidos con los cuatro procedimientos WID fueron similares para los tres subperíodos. En el resto de los países se registraron diferencias. Las mayores divergencias se apreciaron en Chile, México y el Uruguay, donde en dos de los tres períodos, el signo de la tendencia medida a través de los diferentes procedimientos fue distinto. En lo relativo a la situación observada por período, entre 2002 y 2008 las estimaciones de tendencias con los diferentes procedimientos fueron convergentes en cinco de nueve países. Entre 2008 y 2014 y entre 2014 y 2019, en tanto, hubo convergencia en el signo de la tendencia estimada para seis de diez países.

Gráfico I.11
América Latina (10 países)[a]: tendencias en la desigualdad con los distintos métodos de construcción de ingresos, 2002-2008, 2008-2014 y 2014-2019
(Tasas de variación anualizadas del coeficiente de Gini, medianas regionales)

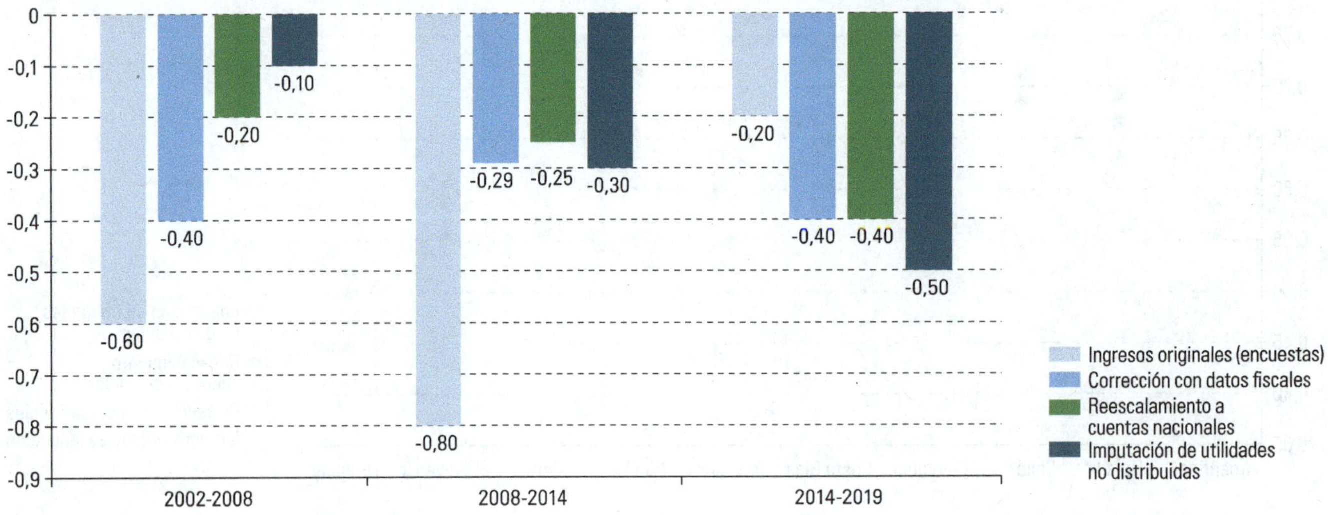

Fuente: Comisión Económica para América Latina y el Caribe (CEPAL), sobre la base de M. De Rosa, I. Flores y M. Morgan, "More Unequal or Not as Rich? Distributing the Missing Half of National Income in Latin America", 2021 [en línea] http://www.ecineq.org/wp-content/uploads/papers_EcineqLSE/EcineqLSE-357.pdf.
[a] Argentina, Brasil, Chile, Colombia, Costa Rica, Ecuador, El Salvador, México, Perú y Uruguay.

El uso de procedimientos de corrección de los ingresos captados por las encuestas puede entonces afectar las tendencias estimadas en la evolución de la desigualdad en períodos relativamente cortos de tiempo en varios países. En todo caso, el nivel de discrepancia entre las tendencias estimadas sobre la base de encuestas y las que corrigen encuestas con información de otras fuentes también está relacionado con el método y los datos seleccionados para medirla. Por ejemplo, en un ejercicio que compara la tendencia entre 2000 y 2019 en la evolución de la desigualdad estimada por los distintos métodos usados por WID, se aprecia una mayor convergencia que en la medición por períodos (véase el recuadro I.2).

Ahora bien, la constatación de que las tendencias no son siempre las mismas no resuelve el problema de cuál es la tendencia que está mejor estimada, ya que en el contexto regional no se puede garantizar que las estimaciones corregidas con registros tributarios y cuentas nacionales sean siempre mejores que las basadas solo en encuestas. En la región, los registros tributarios están afectados por la evasión de impuestos (Amarante y Jiménez, 2015), a lo que se agregan los problemas de comparabilidad derivados del uso de distintos conceptos y unidades tributarias entre países (CEPAL, 2021c). Con respecto a las cuentas nacionales, existen dificultades relacionadas con la debilidad de las estadísticas básicas de ingresos y gastos de los hogares utilizadas para su construcción (CEPAL, 2017). A su vez, es sabido que las estimaciones que combinan distintas fuentes son muy sensibles a los supuestos que se adoptan (Bricker y otros, 2016; Cortés y Vargas, 2017)[13].

[13] Los ingresos de cuentas nacionales no suelen estar desagregados por niveles de ingreso, con lo cual se deben hacer supuestos sobre la distribución de la subdeclaración por tramos de ingreso que pueden llevar a nuevos sesgos en las estimaciones. Esto es diferente de los datos tributarios, porque estos se usan para corregir la no captación de ingresos altos.

Recuadro I.2
Regresiones para analizar las tendencias en la desigualdad estimadas en las distintas etapas de corrección de ingresos de WID

Uno de los problemas para analizar la robustez de las tendencias estimadas con distintos procedimientos por períodos cortos es que la cantidad de observaciones es sumamente limitada, por lo que las estimaciones están muy expuestas a perturbaciones particulares que puedan ocurrir en esos períodos (por ejemplo, cambios en la calidad de la información de los registros administrativos —tributarios y de la seguridad social— o de las cuentas nacionales, o modificaciones en las encuestas). Otros problemas radican en la discrecionalidad en la selección de los años para construir los períodos y en la falta de criterios objetivos para determinar si las tendencias estimadas a través de distintos métodos son estadísticamente distintas.

Un procedimiento alternativo para comparar las tendencias de la desigualdad estimadas con las diferentes etapas de corrección de ingresos usadas por WID es emplear modelos de regresión OLS, donde la variable independiente es el tiempo (los años) y la variable dependiente es el coeficiente de Gini. Aun cuando este procedimiento no elimina el problema del bajo número de observaciones, al menos cumple, para casi todos los países, con una cantidad mínima de diez observaciones por predictor. A su vez, permite usar toda la información de la serie WID sin tener que seleccionar observaciones dentro de ella y facilita el uso de las pruebas de hipótesis estándar como un elemento objetivo para evaluar las tendencias.

América Latina (10 países): tendencias en la desigualdad en el tiempo estimadas con distintos métodos WID para construir los ingresos, 2000-2019

	Coeficientes beta				Significación de coeficientes			
	Encuestas	Encuestas corregidas con datos tributarios	Ajuste a cuentas nacionales	Imputación de utilidades no distribuidas	Encuestas	Encuestas corregidas con datos tributarios	Ajuste a cuentas nacionales	Imputación de utilidades no distribuidas
Argentina	-0.007	-0.004	-0.003	-0.003	0.000 (***)	0.000 (***)	0.029 (*)	0.036 (*)
Brasil	-0.001	-0.001	0.001	0.0003	0.360	0.400	0.052	0.393
Chile	-0.003	-0.002	0.000	0.001	0.000 (***)	0.000 (***)	0.942	0.256
Colombia	-0.003	-0.003	-0.002	-0.002	0.000 (***)	0.000 (***)	0.000 (***)	0.000 (***)
Costa Rica	0.0005	0.001	0.001	0.001	0.327	0.083	0.591	0.110
Ecuador	-0.005	-0.005	-0.005	-0.006	0.000 (***)	0.000 (***)	0.000 (***)	0.000 (***)
México	-0.001	0.002	0.002	0.002	0.088	0.160	0.039 (*)	0.039 (*)
Perú	-0.005	-0.005	-0.003	-0.002	0.000 (***)	0.000 (***)	0.002 (**)	0.005 (**)
El Salvador	-0.004	-0.003	-0.003	-0.002	0.000 (***)	0.002 (**)	0.007 (**)	0.007 (**)
Uruguay	-0.005	-0.005	-0.005	-0.005	0.000 (***)	0.000 (***)	0.000 (***)	0.000 (***)

Fuente: Comisión Económica para América Latina y el Caribe (CEPAL), sobre la base de M. De Rosa, I. Flores y M. Morgan, "More Unequal or Not as Rich? Distributing the Missing Half of National Income in Latin America", 2021 [en línea] http://www.ecineq.org/wp-content/uploads/papers_EcineqLSE/EcineqLSE-357.pdf.
Nota: ***significativo a un 99,9%; **significativo a un 99%; * significativo a un 95%.

Este análisis muestra que en la Argentina, Colombia, el Ecuador, El Salvador, el Perú y el Uruguay, la desigualdad se redujo significativamente con los cuatro procedimientos. En el promedio de estos seis países, la caída de la desigualdad tendió a debilitarse levemente con la corrección con datos tributarios y con el escalamiento a cuentas nacionales, en comparación con la estimación basada solo en encuestas. A su vez, en el Brasil y Costa Rica la desigualdad no varió significativamente entre 2000 y 2019 con ninguna de las cuatro estimaciones de WID.

En Chile y México hay divergencias en las tendencias observadas con distintos procedimientos. En Chile, la estimación basada en encuestas y la corregida solo con datos tributarios indican un descenso significativo de la desigualdad, mientras que con el escalamiento a cuentas nacionales y la imputación de utilidades no distribuidas, la desigualdad no varió significativamente. En México, con el ajuste a cuentas nacionales y la imputación de utilidades se aprecia un aumento significativo de la desigualdad, tendencia que no se verifica al utilizar la medición limitada a las encuestas y la que corrige la información de estas fuentes con los datos tributarios.

Fuente: Comisión Económica para América Latina y el Caribe (CEPAL).

Una cuestión que debe tenerse en cuenta es que las estimaciones de desigualdad basadas en medidas de ingresos antes de impuestos, entre las que se encuentran las desarrolladas por WID, no son estrictamente comparables con indicadores distributivos construidos a partir del ingreso personal disponible, como es el caso de las mediciones de desigualdad históricamente desarrolladas por la CEPAL sobre la base de encuestas de hogares. Esta última noción se aproxima a las posibilidades efectivas de consumo y toma en cuenta los reordenamientos generados por la política fiscal (CEPAL, 2021c). Esto no quiere decir que una perspectiva sea superior a la otra. Simplemente se trata de subrayar que son medidas basadas en conceptos distintos.

Pese a su carácter preliminar, este tipo de estudios proporciona insumos para discutir de modo más completo las relaciones entre crecimiento y desigualdad en el contexto regional, puesto que visibiliza una parte de los ingresos que no están siendo lo suficientemente captados por las encuestas, en especial los percibidos por los grupos más ricos de la población, lo que permite ampliar de manera considerable el alcance de los estudios distributivos (Amarante y Jiménez, 2015).

El uso de datos de registros administrativos y de cuentas nacionales para complementar la información de las encuestas también permite un mejor seguimiento de las rentas altas, lo que es muy relevante para determinar el potencial recaudatorio en los países. En todo caso, para explotar mejor esta veta es cada vez más necesario que los países de la región publiquen la información sobre la distribución de las declaraciones tributarias y pongan a disposición las cuentas de ingresos y gastos de los hogares, sin demasiado rezago temporal (CEPAL, 2017).

3. Evolución reciente de la riqueza extrema en América Latina

La pandemia de COVID-19 proporciona una oportunidad para analizar el impacto de la crisis económica en el patrimonio de los multimillonarios latinoamericanos. Una de las expresiones más importantes de la desigualdad es la diferencia en los recursos disponibles para afrontar las consecuencias negativas de las contracciones económicas y aprovechar las oportunidades que se abren durante los choques económicos.

La medición de la riqueza no solo importa por el efecto coyuntural de la pandemia, sino principalmente porque permite aproximarse a los factores estructurales que inciden en la reproducción de la desigualdad en el tiempo. La tenencia de riqueza depende, en parte, de la estructura social, puesto que las posiciones de afluencia tienden a heredarse de una generación a otra. La riqueza es menos sensible a las modificaciones en el mercado laboral que el ingreso y presenta una mayor permanencia en el tiempo (CEPAL, 2017).

Una concentración excesiva de la riqueza también puede afectar el crecimiento económico e incrementar la desconfianza ciudadana en las elites y en las instituciones[14]. Estos problemas pueden ser mayores cuando entre los multimillonarios existe una mayor cantidad de riqueza heredada, situación bastante prevalente en América Latina (Freund y Olivier, 2016) o cuando esta se ha obtenido o incrementado gracias a conexiones políticas o en el aparato del Estado (Salach y Brzeziński, 2019)[15].

---

14 Davies y otros (2008) observaron que la desigualdad en la riqueza tiene un efecto negativo sobre el crecimiento, Bagchi y Svejnar (2013) verificaron dicho efecto cuando la riqueza se obtuvo mediante influencias políticas, y Morck, Stangeland y Yeung (2000) encontraron que el PIB crece más rápido si la riqueza multimillonaria heredada es más baja.

15 Entre estas ventajas se encuentran el acceso a información privilegiada, el tratamiento preferencial en negocios con el aparato público, el logro de entornos fiscales y regulatorios más propicios, y la obstrucción de la competencia (Bagchi y Svejnar, 2013).

Una razón adicional para monitorear la extrema riqueza se relaciona con el potencial recaudatorio. En América Latina, los más ricos no han tenido cargas tributarias acordes a su nivel de riqueza y los impuestos directos a la propiedad (bienes inmuebles, herencias, transacciones financieras) tradicionalmente han sido poco importantes. Sin embargo, la alta concentración del patrimonio en la región provee una oportunidad para generar un flujo más o menos estable de recursos fiscales con progresividad (Amarante y Jiménez, 2015).

Debido a las insuficiencias de las fuentes oficiales para captar la extrema riqueza en América Latina, se utilizó la información de la lista anual de milmillonarios de Forbes[16]. Aunque la información de Forbes tiene limitaciones, es la fuente de datos abiertos sobre la extrema riqueza con mayor cobertura en la región[17]. La lista de Forbes incluye a todas las personas del mundo con un patrimonio neto igual o superior a 1.000 millones de dólares, sin incluir a quienes obtienen renta de actividades ilegales. El patrimonio neto personal es la suma de los activos financieros y no financieros menos la deuda, y se determina a precios corrientes. Los valores de 2021 se estiman sobre la base de los precios y tipos de cambio vigentes al 5 de marzo de dicho año.

La información de Forbes indica que en 2021 existen en América Latina 104 milmillonarios, con un patrimonio total de 446.600 millones de dólares. Este patrimonio representa aproximadamente el 11 % del PIB proyectado por la CEPAL para los siete países en los que viven dichos milmillonarios en 2021. Los mayores pesos relativos de los superricos se aprecian en Chile, el Brasil y México, en ese orden (véase el gráfico I.12). Aun cuando provee una aproximación a los recursos controlados por los multimillonarios respecto del tamaño de las economías de sus países, este indicador no es una medida directa de distribución de la riqueza, ya que no relaciona el patrimonio de los milmillonarios con el del resto de la población.

Gráfico I.12
América Latina (7 países): patrimonio de los milmillonarios, 2021[a]
(En porcentajes del PIB)

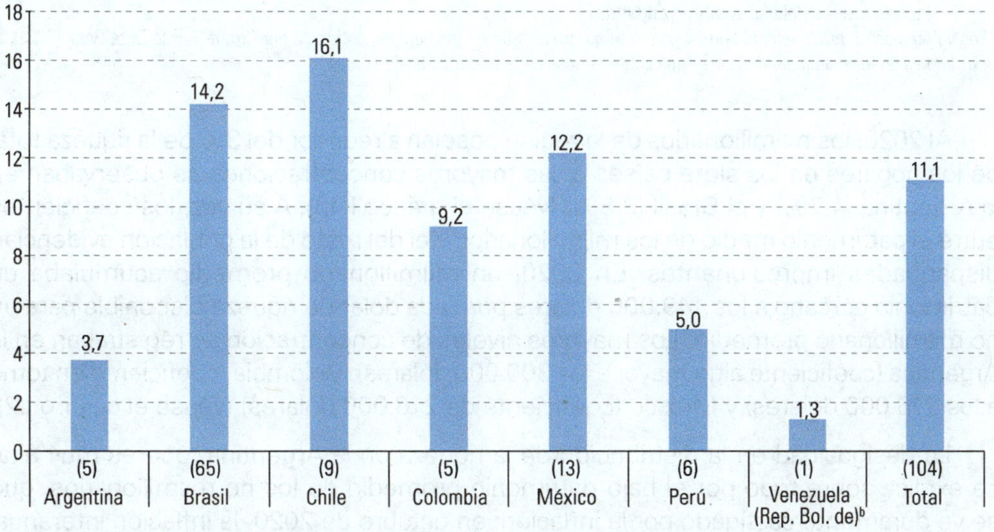

Fuente: Comisión Económica para América Latina y el Caribe (CEPAL), sobre la base de Forbes [en línea] https://www.forbes.com/billionaires/, y CEPAL, *Balance Preliminar de las Economías de América Latina y el Caribe, 2020* (LC/PUB.2020/17-P/Rev.1), Santiago, 2021.

[a] El indicador relaciona la riqueza total anual de los milmillonarios en el país, expresada en dólares corrientes, con el PIB total del país proyectado por la CEPAL para 2021, en dólares corrientes. El valor entre paréntesis en el eje horizontal indica el número de milmillonarios considerados en cada país y en el total de países.

[b] El PIB de la República Bolivariana de Venezuela corresponde a 2014.

[16] Véase [en línea] https://www.forbes.com/billionaires/.

[17] Otras fuentes de datos sobre grandes patrimonios son Bloomberg (véase [en línea] https://www.bloomberg.com/billionaires/) y Wealth-X (véase [en línea] https://www.wealthx.com/). Bloomberg tiene menos cobertura que Forbes, dado que se limita a los 500 mayores milmillonarios del mundo, lo que hace que su utilidad para América Latina sea menor. En Wealth-X, el acceso a la información individual de los multimillonarios no es libre.

Una forma de visualizar la parte que representa la riqueza de los milmillonarios respecto del resto de la población es compararla con las estimaciones del patrimonio nacional de los hogares elaboradas por Credit Suisse (2021)[18]. Sin embargo, la información más reciente de Credit Suisse corresponde a 2020, con lo que una medición basada en el patrimonio de los milmillonarios en 2021 sobrestimará la fracción de la riqueza nacional que poseen, ya que la riqueza de los hogares se desplomó en la región durante 2020[19]. A su vez, en el patrimonio de los milmillonarios se consideran activos que no necesariamente están contabilizados en la riqueza nacional.

Gráfico I.13
América Latina (7 países): patrimonio de los milmillonarios, 2020[a]
(En porcentajes de la riqueza nacional)

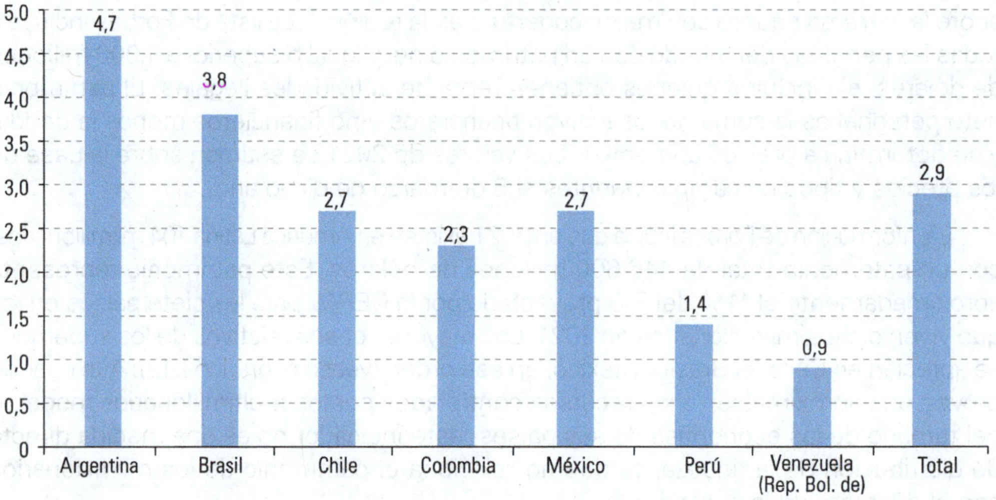

Fuente: Comisión Económica para América Latina y el Caribe (CEPAL), sobre la base de Forbes [en línea] https://www.forbes.com/billionaires/ y Credit Suisse Data Book Global Wealth Report 2021 [en línea] https://www.credit-suisse.com/about-us/en/reports-research/global-wealth-report.html.

[a] Los valores de riqueza nacional corresponden a la riqueza total de los hogares estimada por Credit Suisse Data Book (2021). El patrimonio de los milmillonarios se estima sobre la base de la información de Forbes.

Al 2020, los milmillonarios de la región poseían alrededor del 3% de la riqueza total de los hogares en los siete países, y las mayores concentraciones se observaban en la Argentina (4,7%) y el Brasil (3,8%) (véase el gráfico I.13). A su vez, los coeficientes entre el patrimonio medio de los milmillonarios y el del resto de la población evidencian disparidades impresionantes. En 2020, un milmillonario promedio acumulaba un patrimonio cercano a los 149.000 dólares por cada dólar de riqueza disponible para un no milmillonario promedio. Los mayores niveles de concentración se registraban en la Argentina (coeficiente algo mayor a los 300.000 dólares), Colombia (coeficiente en torno a los 276.000 dólares) y México (coeficiente de 216.000 dólares) (véase el cuadro I.2).

La desigualdad en la distribución de la riqueza en la Argentina, que es muy alta, se explica sobre todo por el bajo patrimonio promedio de los no milmillonarios, que se ve duramente castigado por la inflación: en octubre de 2020, la inflación interanual acumulada era del 43,5%, guarismo que, aunque menor al de 2019 (promedio del 53,5%), seguía siendo altísimo (CEPAL, 2021a). A su vez, Chile aparece como el país con el menor nivel de desigualdad entre el patrimonio de los milmillonarios y el resto de la población, lo que se explica porque los adultos no milmillonarios poseen una riqueza media mayor que el resto de los países considerados en el análisis (véase el cuadro I.2).

[18] Hay otras estimaciones de riqueza basadas en la reserva de capital, como las de la Universidad de Groningen, Penn World Table [base de datos en línea] https://www.rug.nl/ggdc/productivity/pwt/. En la medición de PWT se cuenta todo el capital público y privado, en manos de nacionales y extranjeros, que está disponible en el país. En este caso, se optó por emplear la medición de Credit Suisse, por su mayor cercanía conceptual con la medida de Forbes y también porque no hay datos de PWT para 2020.

[19] En 2020, América Latina fue la región del mundo donde la riqueza de los hogares se vio más afectada por la pandemia (Credit Suisse, 2021).

Cuadro I.2

América Latina (7 países): riqueza promedio de los milmillonarios frente a riqueza promedio del resto de la población, 2020

(En dólares corrientes de 2020)

País	Riqueza promedio de los milmillonarios[a]	Riqueza promedio del resto de la población adulta[b]	Razones de riqueza de milmillonarios /población adulta
Argentina	2 080 000 000	6 870	302 750
Brasil	2 422 727 000	17 580	137 849
Chile	3 000 000 000	52 110	57 573
Colombia	4 566 667 000	16 550	275 968
México	8 972 728 000	41 530	216 079
Perú	2 600 000 000	16 770	155 050
Venezuela (República Bolivariana de)	3 400 000 000	20 840	163 149
Total	3 550 000 000	23 860	148 788

Fuente: Comisión Económica para América Latina y el Caribe (CEPAL), sobre la base de Forbes [en línea] https://www.forbes.com/billionaires/ y Credit Suisse Data Book *Global Wealth Report 2021* [en línea] https://www.credit-suisse.com/about-us/en/reports-research/global-wealth-report.html.

[a] En esta estimación, se trata a cada una de las fortunas incluidas en el listado de Forbes como si fuera un patrimonio estrictamente individual, lo que no se da en todos los casos.

[b] Estos valores se obtienen extrayendo del total de la riqueza nacional de los hogares (personas) el patrimonio de los milmillonarios.

En lo que refiere a la evolución del patrimonio de los superricos latinoamericanos, y controlando la inflación, se constata que estos experimentaron una baja del 19% en su patrimonio entre 2019 y 2020 y un alza del 41% entre 2020 y 2021[20]. Esto redundó en un saldo positivo para los multimillonarios de la región, que incrementaron su patrimonio un 14% entre 2019 y 2021 (véase el cuadro I.3).

Cuadro I.3

América Latina (7 países): evolución del patrimonio de los milmillonarios, 2019, 2020 y 2021[a]

(En millones de dólares de 2021 y porcentajes[b])

País	Años			Variación		
	2019	2020	2021	2019-2020	2020-2021	2019-2021
Argentina	12 425	10 635	15 300	-14	44	23
Brasil	152 204	120 058	182 400	-21	52	20
Chile	36 550	26 077	42 700	-29	64	17
Colombia	17 705	14 010	17 100	-21	22	-3
México	122 281	103 696	136 100	-15	31	11
Perú	11 597	11 045	11 400	-5	3	-2
Venezuela (República Bolivariana de)	3 935	3 477	3 200	-12	-8	-19
Total	356 696	288 998	408 200	-19	41	14

Fuente: Comisión Económica para América Latina y el Caribe (CEPAL), sobre la base de Forbes [en línea] https://www.forbes.com/billionaires/.

[a] Todos los casos contienen información para 2021 y al menos un año entre 2020 y 2019. En los casos con falta de datos se imputa el valor según el siguiente criterio: si el dato faltante es de 2020, se imputa el valor de 2019; si el dato faltante es de 2019, se imputa el valor de 2020.

[b] Inflación en dólares 2019-2020= 1,25%; inflación en dólares 2020-2021= 2,26%.

20 Forbes solo provee acceso público a la lista ampliada de todos los milmillonarios del mundo para 2021. Para cada uno de ellos, se entrega información sobre su patrimonio en los años previos, siempre y cuando este haya sido igual o mayor a 1.000 millones de dólares. No se tiene, entonces, información completa sobre las personas que entraron a la lista de milmillonarios en 2021 ni tampoco hay datos sobre quienes salieron de dicha lista en el mismo año. Debido a estas limitaciones de datos, los análisis de tendencias se acotaron a los superrricos latinoamericanos con información para 2021 y con al menos un dato para los dos años previos.

Las fluctuaciones en el patrimonio de los superricos —abultadas pérdidas en el primer año de pandemia y grandes ganancias en el segundo— fueron muy marcadas en Chile y el Brasil. Chile presentó la mayor reducción relativa en la riqueza de los multimillonarios entre 2019 y 2020 (-29%) y la mayor alza entre 2020 y 2021 (64%). El Brasil, por su parte, fue el segundo país con la mayor caída en la riqueza de los multimillonarios en el primer año de pandemia (-21%) y el segundo mayor crecimiento del patrimonio de los superricos en el segundo año (52%). También hubo importantes fluctuaciones en los activos de los supermillonarios de la Argentina y México[21].

En cuanto a la composición del patrimonio de los superricos por sector de actividad, en 2021 los sectores predominantes son: otros (19%), minería y metales (17%), alimentos y bebidas (17%), y finanzas e inversiones (13%)[22]. Entre 2019 y 2021, los patrimonios que más crecieron fueron los de sectores sin mucho peso en el portafolio total de los milmillonarios latinoamericanos, como salud (109%), Internet (81%) y energía (55%). En los casos de salud e Internet, esta variación era esperable. Los milmillonarios del sector de alimentos y bebidas solamente recuperaron en 2021 lo que perdieron en 2020 (véase el gráfico I.14), y los superricos del sector financiero vieron caer un 3% su patrimonio entre 2021 y 2019.

Gráfico I.14

América Latina (7 países)[a]: evolución del patrimonio de los milmillonarios por sector de actividad, 2019, 2020 y 2021[b]

(En millones de dólares de 2021[c])

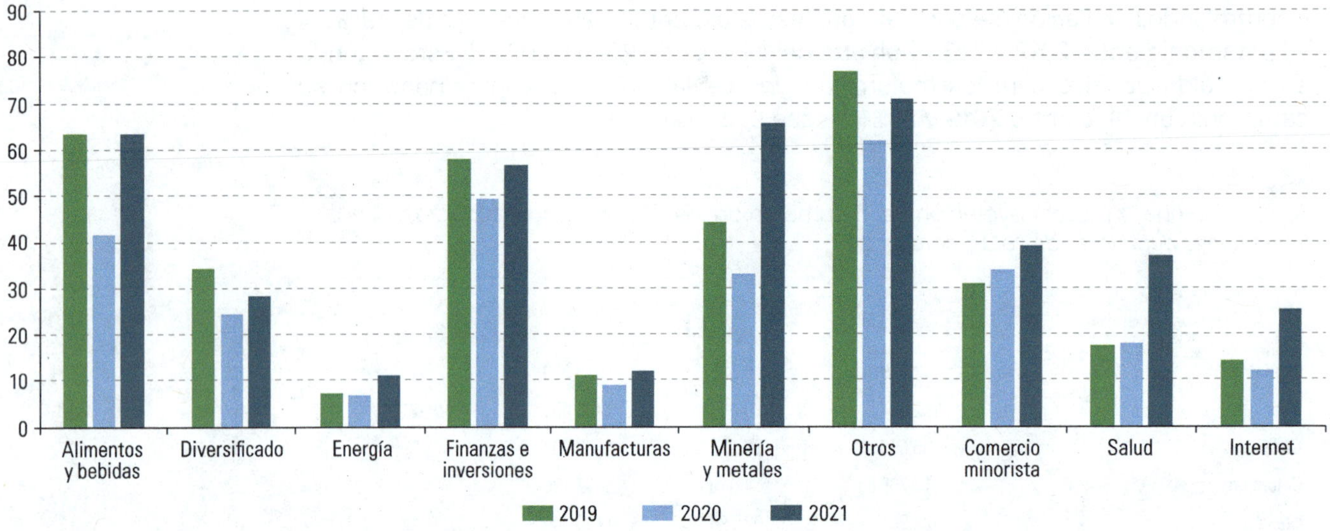

Fuente: Comisión Económica para América Latina y el Caribe (CEPAL), sobre la base de Forbes [en línea] https://www.forbes.com/billionaires/.

[a] Argentina, Brasil, Chile, Colombia, México, Perú, Venezuela (República Bolivariana de).

[b] Todos los casos contienen información para 2021 y al menos un año entre 2020 y 2019. En los casos con falta de datos se imputa el valor según el siguiente criterio: si el dato faltante es de 2020, se imputa el valor de 2019; si el dato faltante es de 2019, se imputa el valor de 2020.

[c] Inflación en dólares 2019-2020= 1,25%; inflación en dólares 2020-2021= 2,26%.

En suma, se ha visto que la medición de la extrema riqueza aporta a la caracterización de la desigualdad, complementando la información obtenida a través del ingreso. Ahora bien, la valoración del patrimonio de los más ricos no está exenta de dificultades: por ejemplo, la estimación de Forbes tiene limitaciones para captar el patrimonio en carteras

21 La caída en los patrimonios de los superricos en América Latina entre 2019 y 2020 se ha explicado porque en los primeros meses de 2020, los precios de los activos se vieron afectados por una baja generalizada en la actividad económica y por pérdidas en los mercados accionarios, especialmente en los de renta variable (Wealth-X, 2021). La implementación de fuertes paquetes de transferencias de ingreso y el recorte de las tasas de interés en las economías avanzadas en la segunda parte de 2020 recuperaron la confianza en los mercados financieros e inmobiliarios y promovieron la actividad económica (Credit Suisse, 2021). En la región, las medidas de política fiscal y monetaria ayudaron a paliar los efectos de la crisis, aun cuando se debe considerar la heterogeneidad en los tamaños de los paquetes fiscales de ayuda implementados por los países.

22 Carlos Slim posee alrededor del 89% del patrimonio total de los milmillonarios incluidos en la categoría "otros".

diversificadas de acciones y bonos para las que no hay información pública (Sáez y Zucman, 2020). Otra dificultad reside en la unidad de análisis: Forbes prefiere el informe de los multimillonarios como individuos, excepto cuando no es claro el desglose de la propiedad entre los miembros de una familia. Esto implica que, para algunos años, las fortunas de los mismos individuos se agregan en una familia, y en otros, se presentan separadas (Freund y Olivier, 2016).

Por último, es evidente la necesidad de contar con información sobre la riqueza de toda la población, y no solo de quienes tienen un patrimonio sumamente alto. En la actualidad, la riqueza de los hogares está lejos de ser medida regularmente por las oficinas nacionales de estadística de los países de América Latina. Como muestra, en el estudio mundial elaborado por Credit Suisse (2021) se utilizan datos directos sobre la distribución de la riqueza de 37 países, de los que solo 2 son latinoamericanos.

B. Evolución de la pobreza extrema y la pobreza y contribución de las transferencias de emergencia

El año 2020 se caracterizó por un aumento generalizado de la pobreza extrema y la pobreza en la región. La pobreza extrema alcanzó niveles similares o mayores a los que se registraron en 2014 en diez países y en algunos de ellos incluso llegó a niveles superiores a los de 2008. Si bien el número de países en los que el incremento de la pobreza implicó un retroceso tan marcado es menor, la cantidad de personas en situación de pobreza superó los 200 millones por primera vez en más de diez años. El deterioro en estos indicadores se produce a consecuencia de una pronunciada caída de los ingresos laborales, que fue parcialmente compensada por las transferencias de ingresos recibidas por los hogares, sin las cuales las cifras de pobreza habrían alcanzado niveles aún más altos.

1. Cambios en la pobreza extrema y la pobreza en la región

En 2020, el 33,0% de la población de América Latina se encontraba en situación de pobreza y un 13,1% vivía en condiciones de pobreza extrema (véase el gráfico I.15). Esto significa que aproximadamente 204 millones de personas no tuvieron ingresos suficientes para cubrir sus necesidades básicas y que, de ellas, 81 millones de personas carecieron de los recursos incluso para adquirir una canasta básica de alimentos[23].

La región experimentó un notorio retroceso en 2020. La tasa de pobreza se ubicó en un nivel similar al de finales de la década de 2000, mientras que la pobreza extrema se elevó a niveles registrados 20 años atrás. A nivel regional, estos incrementos marcan la consolidación de una tendencia al aumento que empezó a manifestarse a partir de 2015, sobre todo en el caso de la pobreza extrema. Como se muestra más adelante, el aumento de la pobreza habría sido mayor de no haberse implementado medidas para transferir ingresos de emergencia a los hogares.

En un contexto de recuperación económica en 2021, cabe esperar que tanto la pobreza extrema como la pobreza disminuyan y que se recupere parte del retroceso observado en 2020. En virtud de la información disponible acerca del crecimiento esperado

[23] La tasa de pobreza de 2020 es 0,7 puntos porcentuales más baja que la proyectada en el *Panorama Social de América Latina, 2020* (CEPAL, 2021c); mientras que la pobreza extrema es 0,6 puntos porcentuales más elevada.

del PIB, el comportamiento del mercado laboral y los programas de transferencia de ingresos implementados en el contexto de la pandemia, cabe esperar que la pobreza se sitúe en un 32,1% lo que supone una rebaja respecto de las cifras de 2020, pero también un alza frente a los niveles observados antes de la pandemia[24]. A su vez, la pobreza extrema se situaría en el 13,8%, como consecuencia de una reducción de las transferencias de ingresos de emergencia en algunos países, que no alcanzaría a ser compensada por el incremento esperado de los ingresos del empleo.

Gráfico I.15
América Latina (18 países)[a]: tasas de pobreza y pobreza extrema y personas en situación de pobreza y pobreza extrema, 1990-2021[b]
(En porcentajes y millones de personas)

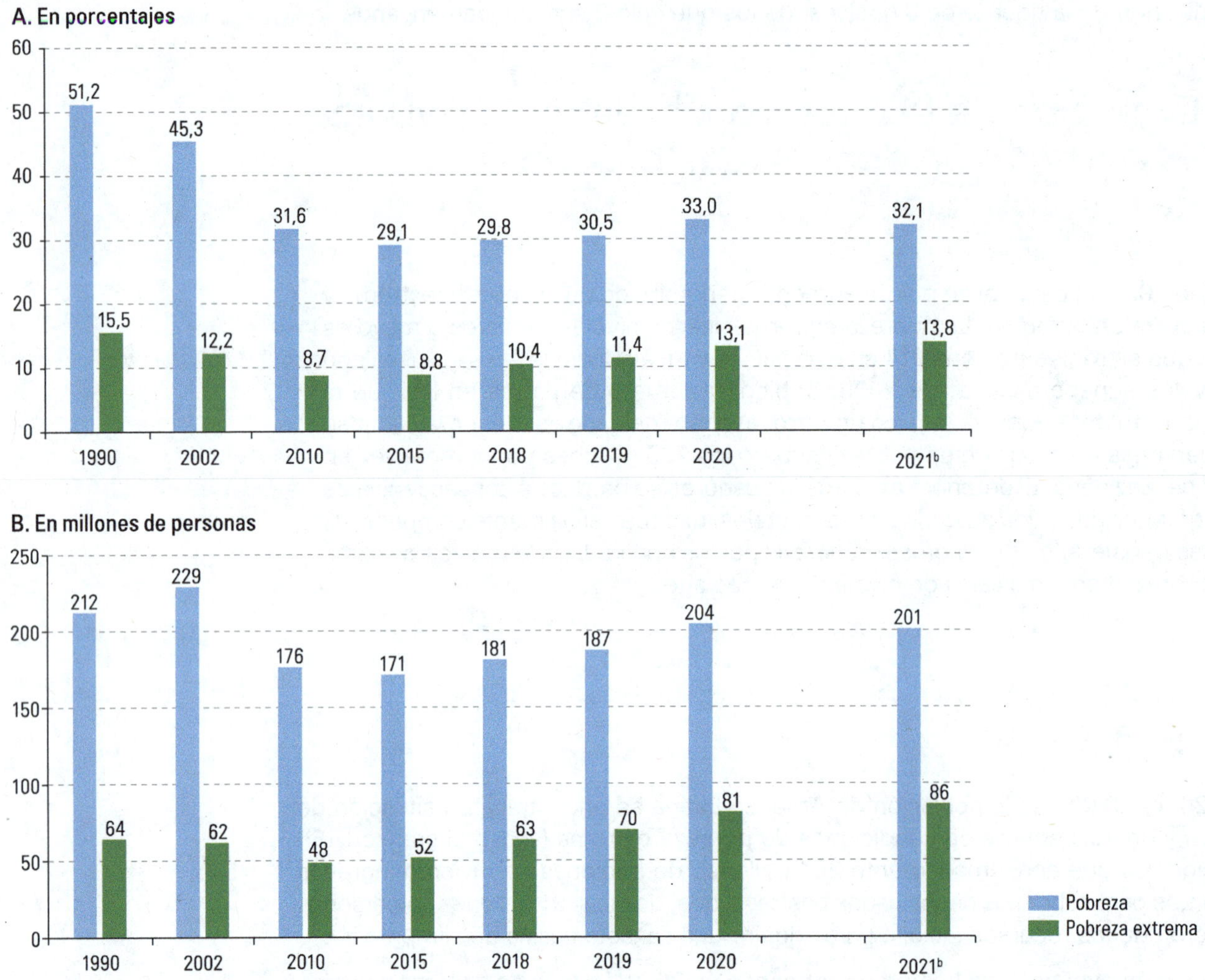

Fuente: Comisión Económica para América Latina y el Caribe (CEPAL), sobre la base de Banco de Datos de Encuestas de Hogares (BADEHOG).
[a] Promedio ponderado de: Argentina, Bolivia (Estado Plurinacional de), Brasil, Chile, Colombia, Costa Rica, Ecuador, El Salvador, Guatemala, Honduras, México, Nicaragua, Panamá, Paraguay, Perú, República Dominicana, Uruguay y Venezuela (República Bolivariana de).
[b] Los valores de 2021 corresponden a proyecciones.

A diferencia de años previos, en los que las variaciones anuales de la pobreza se manifestaban de manera heterogénea entre países, 2020 se caracterizó por un aumento generalizado de los indicadores de insuficiencia de ingresos. De los 13 países con datos disponibles a ese año, en 9 se registraron aumentos de la tasa de pobreza extrema de al menos un punto

[24] Las proyecciones a 2021 asumen una continuidad parcial de las transferencias monetarias implementadas para hacer frente a los efectos económicos de la pandemia de acuerdo con las mediciones informadas por los países y compiladas por la CEPAL en el Observatorio COVID-19 en América Latina y el Caribe. Véase [en línea] https://www.cepal.org/es/temas/covid-19.

porcentual y en 11 países los aumentos de la pobreza fueron superiores a dicho umbral. Los mayores incrementos de la pobreza tuvieron lugar en la Argentina, Colombia y el Perú, donde alcanzaron o excedieron los 7 puntos porcentuales. Por su parte, la tasa de pobreza creció entre 3 y 5 puntos porcentuales en Chile, Costa Rica, el Ecuador y el Paraguay. Todos estos países también registraron aumentos de al menos 2 puntos porcentuales en la pobreza extrema. Las excepciones son Costa Rica, donde la pobreza extrema varió 0,6 puntos porcentuales, y el Paraguay, donde el indicador se mantuvo prácticamente sin cambios.

Entre los países con menores aumentos de la pobreza extrema y la pobreza están Bolivia (Estado Plurinacional de), México y la República Dominicana, donde estos indicadores crecieron menos de 2 puntos porcentuales, y El Salvador, donde el aumento de la pobreza extrema excedió los 2 puntos porcentuales, pero la tasa de pobreza prácticamente no varió. El único país de la región que experimentó una disminución de la pobreza y la pobreza extrema en 2020 fue el Brasil. La pobreza disminuyó 1,8 puntos porcentuales y la pobreza extrema, 0,7 puntos porcentuales. Como se muestra más adelante, las transferencias desempeñaron un papel preponderante en este resultado (véase el gráfico I.16).

Gráfico I.16

América Latina (13 países): variación de las tasas de pobreza extrema y pobreza, 2020

(En puntos porcentuales)

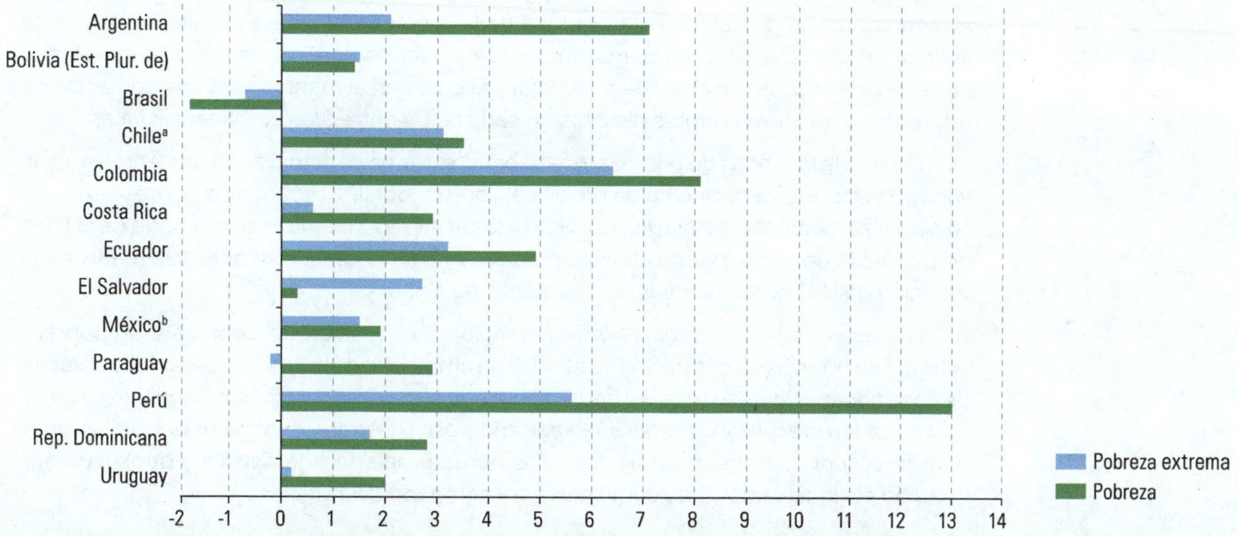

Fuente: Comisión Económica para América Latina y el Caribe (CEPAL), sobre la base de Banco de Datos de Encuestas de Hogares (BADEHOG) y cifras oficiales.

[a] La variación abarca el período 2017-2020, por lo que el cambio no corresponde directamente al impacto de la pandemia.

[b] La variación abarca el período 2018-2020, por lo que el cambio no corresponde directamente al impacto de la pandemia.

Las variaciones descritas, con base en las estimaciones de la CEPAL, son similares a las que se obtienen a partir de las estimaciones oficiales de pobreza. Al considerar los 12 países en los que se cuenta con ambas estimaciones para 2020, estas coinciden en signo en todos los casos (véase una explicación de la metodología utilizada por la CEPAL en el anexo I.A1 y el recuadro I.3).

En un contexto de mayor plazo, las cifras de 2020 implican un retroceso importante para varios países de la región. En la Argentina, el Brasil, Chile, Costa Rica, Colombia, el Ecuador y México, las tasas de pobreza extrema de 2020 son cercanas o mayores a las observadas 12 años atrás, en 2008[25]. Si se considera un punto de comparación más

[25] En el caso de México, las estimaciones de pobreza basadas en la Encuesta Nacional de Ingresos y Gastos de los Hogares (ENIGH) de 2015 en adelante no son comparables con los años previos. Entre 2015 y 2018, el Instituto Nacional de Estadística y Geografía (INEGI) publicó el Modelo Estadístico para la continuidad del MCS-ENIGH, que permitía obtener estimaciones comparables de pobreza con la serie 2008-2016. Dado que dicho modelo no se publicó para 2020, para poner la cifra de ese año en el contexto de las estimaciones de 2008 y 2014 se aplicó un factor de corrección de 1.377 a la pobreza extrema y de 1.169 a la pobreza, con base en la diferencia obtenida en 2018 entre los datos de la ENIGH y el Modelo Estadístico 2018 para la continuidad del MCS-ENIGH.

cercano, como 2014, el Perú y el Uruguay se unen al grupo de países con retrocesos en materia de pobreza extrema. Por el contrario, las tasas de pobreza extrema de Bolivia (Estado Plurinacional de), El Salvador, el Paraguay y la República Dominicana en 2020 son menores a las observadas tanto en 2008 como en 2014.

Recuadro I.3
Mediciones de pobreza por ingresos de la Comisión Económica para América Latina y el Caribe (CEPAL)

La CEPAL calcula las cifras de pobreza y de pobreza extrema presentadas en este capítulo sobre la base de una metodología común, que tiene por objeto proporcionar una mirada regional lo más comparable posible, dentro de la heterogeneidad que presentan los instrumentos de medición y los procedimientos de recopilación de datos propios de cada país.

El enfoque utilizado por la CEPAL para estimar la pobreza consiste en clasificar a una persona como "pobre" cuando el ingreso por habitante de su hogar es inferior al valor de la línea de pobreza. Las líneas de pobreza representan el nivel de ingreso que permite a cada hogar satisfacer las necesidades básicas de todos sus miembros. La canasta básica para la medición de la pobreza se construye sobre la base de una selección de alimentos que abarca los bienes necesarios para cubrir las necesidades nutricionales de la población, tomando en cuenta su nivel de actividad física, los hábitos de consumo, la disponibilidad efectiva de alimentos y los precios en cada país y zona geográfica.

Al valor de esta canasta básica de alimentación, denominada "línea de pobreza extrema", se agrega el monto que necesitan los hogares para satisfacer las necesidades básicas no alimentarias, a fin de calcular el valor total de la línea de pobreza. Para ello, se multiplica la línea de pobreza extrema por un factor (denominado coeficiente de Orshansky), que corresponde al cociente entre el gasto total y el gasto en alimentos para una población de referencia, y que toma valores distintos en cada país y entre áreas urbanas y rurales.

El valor de las líneas de pobreza y de pobreza extrema se actualiza anualmente según la variación acumulada del índice de precios al consumidor (IPC): la línea de pobreza extrema se actualiza mediante la variación del IPC de los alimentos, mientras que la parte de la línea de pobreza que corresponde al gasto en bienes no alimentarios se actualiza mediante la variación del IPC correspondiente a los bienes no alimentarios.

Los porcentajes de hogares y de población en situación de pobreza y de pobreza extrema se obtuvieron contrastando el valor de ambas líneas con el ingreso total per cápita de cada hogar. El ingreso total del hogar se obtiene sumando los ingresos percibidos por sus miembros (en efectivo y en especie) y abarca ingresos del trabajo, ingresos por jubilaciones, pensiones y otras transferencias, ingresos por la propiedad de activos y otros ingresos (incluido el alquiler imputado como parte del agregado de ingresos).

Fuente: Comisión Económica para América Latina y el Caribe (CEPAL), *Medición de la pobreza por ingresos: actualización metodológica y resultados*, Metodologías de la CEPAL, N° 2 (LC/PUB.2018/22-P), Santiago, 2018.

La evaluación de la incidencia de la pobreza de 2020 en el contexto de los últimos 12 años presenta un panorama menos desalentador. Las cifras de 2020 son similares o mayores a las de 2008 solo en el caso de la Argentina y México, por lo que el retroceso en este indicador no es tan generalizado como en la pobreza extrema. En la comparación con 2014, no obstante, las cifras de el Brasil, Colombia, Costa Rica, el Ecuador, el Perú y el Uruguay muestran un retroceso en el objetivo de reducción de la pobreza (véase el gráfico I.17).

Gráfico I.17
América Latina (13 países): tasas de pobreza extrema y pobreza, 2008, 2014 y 2020[a]
(En porcentajes)

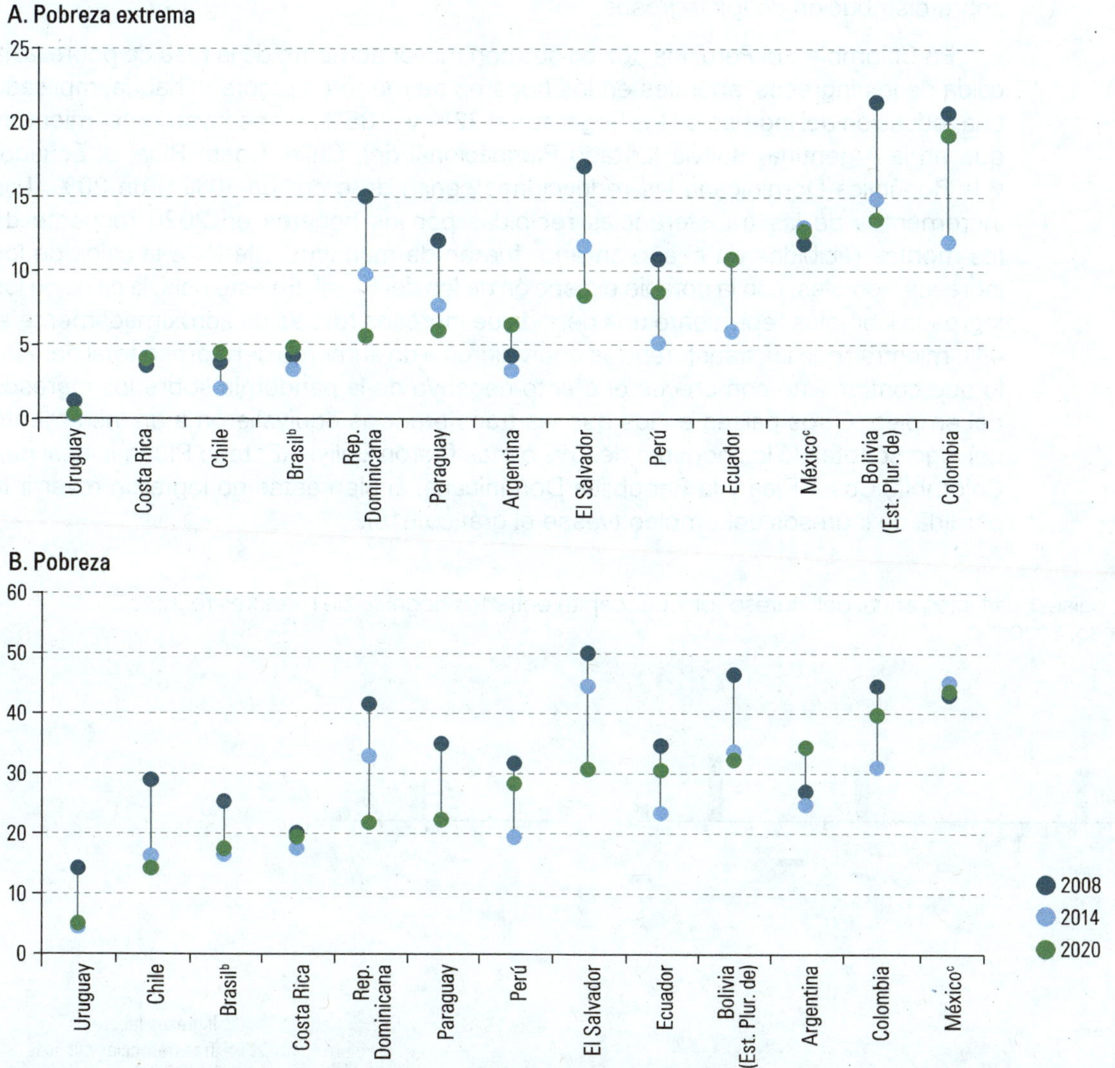

Fuente: Comisión Económica para América Latina y el Caribe (CEPAL), sobre la base de Banco de Datos de Encuestas de Hogares (BADEHOG) y cifras oficiales.
[a] Las cifras corresponden al año más cercano a 2008, 2014 y 2020 con información disponible.
[b] En el caso del Brasil, las estimaciones de pobreza de 2016 en adelante no son comparables con las de los años anteriores. Para situar la cifra de 2020 en el contexto de las estimaciones de 2008 y 2014, se aplicó un factor de corrección de 0,948 a la pobreza extrema y de 0,950 a la pobreza, que corresponde al efecto de los nuevos factores de expansión en la Encuesta Nacional de Hogares (PNAD Continua) de 2019.
[c] En el caso de México, las estimaciones de pobreza de 2016 en adelante no son comparables con los años previos. Para poner la cifra de 2020 en el contexto de las estimaciones de 2008 y 2014 se aplicó un factor de corrección de 1.377 a la pobreza extrema y de 1.169 a la pobreza, con base en la diferencia obtenida en 2018 entre los datos de la Encuesta Nacional de Ingresos y Gastos de los Hogares (ENIGH) y el Modelo Estadístico 2018 para la continuidad del MCS-ENIGH del Instituto Nacional de Estadística y Geografía (INEGI).

2. Descomposición de las variaciones por fuentes de ingreso

Una de las formas de analizar las variaciones de la pobreza es a través de la evolución de cada una de las fuentes de ingreso en los hogares de menores recursos[26]. En 2020, el grupo de hogares de menores ingresos experimentó un proceso similar en

[26] Se utiliza el mismo porcentaje de hogares en el año inicial y final. Para definir el punto de corte de la distribución en cada país, se utilizó la tasa de pobreza del año —inicial o final— en que esta fue más alta y se añadieron 5 puntos porcentuales para contemplar a los hogares que se ubican apenas por encima de la línea de pobreza.

prácticamente todos los países de la región: una pronunciada caída de los ingresos laborales, parcialmente contrarrestada por un aumento en los ingresos por transferencias monetarias del Estado, en concordancia con la información presentada en la sección I.A, sobre distribución de los ingresos.

En Colombia y el Perú, los dos países con mayor aumento de la tasa de pobreza, la caída de los ingresos laborales en los hogares de menores recursos habría implicado una reducción del ingreso de los hogares del 22% y el 35%, respectivamente, mientras que en la Argentina, Bolivia (Estado Plurinacional de), Chile, Costa Rica, el Ecuador y la República Dominicana las reducciones serían de entre un 10% y un 20%. Los incrementos de las transferencias recibidas por los hogares en 2020 respecto de los montos recibidos en el año anterior fueron de magnitud inferior a la caída de los ingresos laborales, con la notable excepción de los del Brasil. En este país, la caída de los ingresos laborales representó una pérdida de ingresos totales de aproximadamente el 4%, mientras que las transferencias equivalieron a un aumento del ingreso total del 7%, lo que contrarrestó con creces el efecto negativo de la pandemia sobre los ingresos del empleo. Otros países en los que las transferencias equivalieron a un incremento del ingreso total de los hogares del 5% o más fueron Bolivia (Estado Plurinacional de), Colombia, Costa Rica y la República Dominicana, si bien estas no lograron revertir la pérdida de ingresos del empleo (véase el gráfico I.18).

Gráfico I.18
América Latina (13 países): variación anual del ingreso total per cápita entre los hogares de menores recursos, por fuente de ingreso, 2020[a]
(En porcentajes)

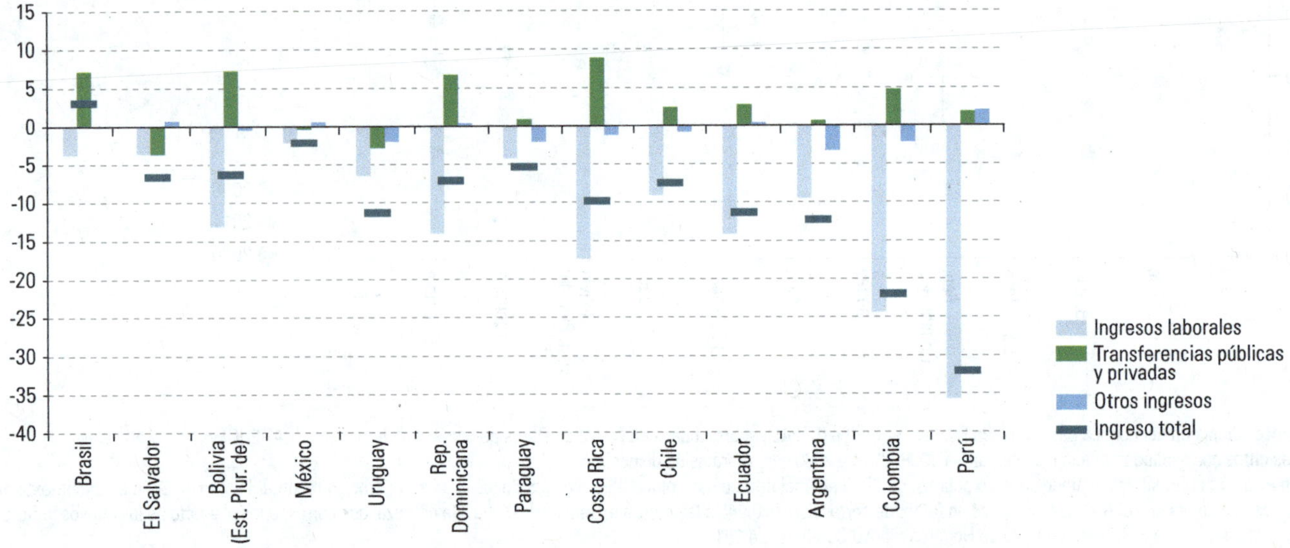

Fuente: Comisión Económica para América Latina y el Caribe (CEPAL), sobre la base de Banco de Datos de Encuestas de Hogares (BADEHOG).
[a] Países ordenados por la intensidad del aumento de la pobreza total.

Pese a su menor participación respecto del ingreso laboral, las transferencias no contributivas fueron muy relevantes para evitar un mayor aumento de la pobreza en la región. Se dispone de información de siete países de América Latina en cuyas encuestas se incluyeron preguntas que identifican los ingresos recibidos por los programas de transferencias de ingresos implementados en 2020 para contrarrestar los efectos de la pandemia. Si esos países no hubieran contado con las transferencias de emergencia, la pobreza extrema habría sido alrededor de 1,8 puntos porcentuales más alta y la pobreza habría sido 2,9 puntos más elevada (véase el gráfico I.19)[27].

27 No se incluye al Brasil en el análisis, dado que su encuesta de 2020 no permite identificar con precisión las transferencias de emergencia.

Gráfico I.19
América Latina (7 países): incidencia de la pobreza extrema y la pobreza, sin y con transferencias de emergencia por COVID-19, 2020[a]
(En porcentajes)

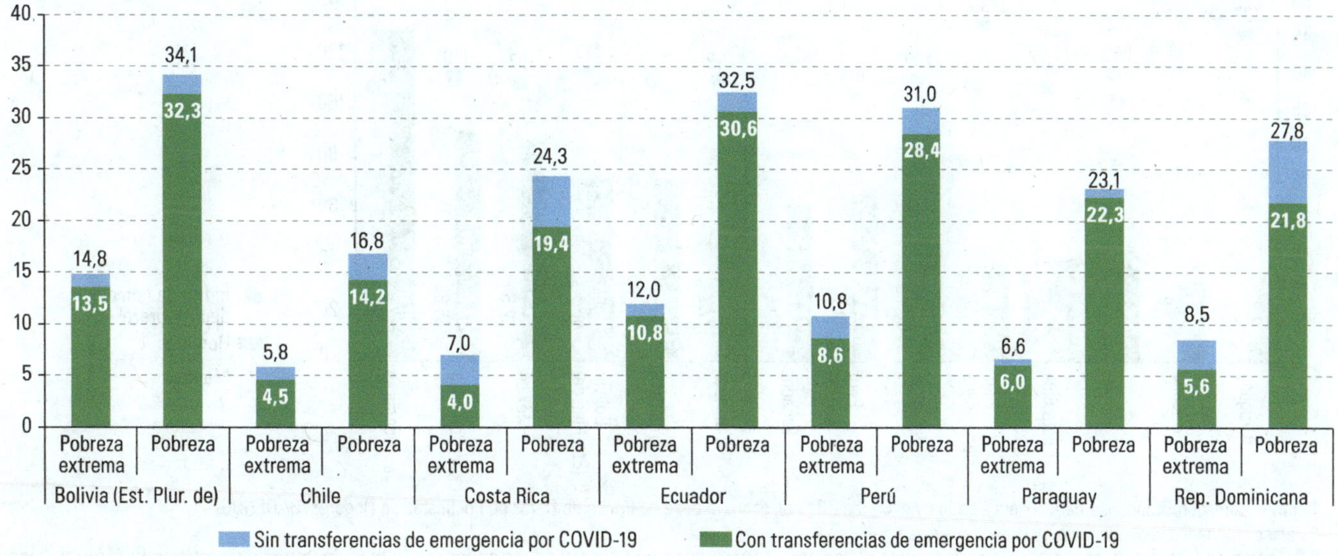

Fuente: Comisión Económica para América Latina y el Caribe (CEPAL), sobre la base de Banco de Datos de Encuestas de Hogares (BADEHOG).
[a] Países que en la encuesta de hogares incluyeron preguntas que permiten identificar las transferencias de emergencia implementadas ante la pandemia de COVID-19.

3. La pobreza en distintos grupos de población

La incidencia de la pobreza es heterogénea no solo entre los países de la región, sino también entre los grupos de la población que reside en ellos. Atributos personales como el sexo, la edad, la pertenencia a un grupo étnico o racial o el área de residencia pueden ser determinantes en la probabilidad de que una persona no cuente con los recursos suficientes para satisfacer sus necesidades básicas.

Las cifras más recientes corroboran las brechas entre grupos de población que se han venido constatando históricamente en la región. Las mujeres de entre 25 y 59 años tienen tasas más altas de pobreza que los hombres del mismo rango etario en todos los países de la región. El índice de feminidad de la pobreza (el cociente entre las tasas de pobreza de mujeres y hombres multiplicado por 100) toma valores que van desde 100 en Honduras (lo que implica una ausencia de brecha) hasta 128 en la República Dominicana (véase el gráfico I.20).

La edad de las personas es un factor relevante en la determinación de la probabilidad de vivir en un hogar en situación de pobreza por ingresos, particularmente en lo que concierne a niños, niñas y adolescentes y personas mayores. Las tasas de pobreza de las personas menores de 15 años son entre 1,3 y 1,8 veces más altas que las del siguiente grupo etario (15 a 39 años). Las mayores brechas se presentan en países con bajas tasas de pobreza, como el Brasil, Chile, la República Dominicana y el Uruguay. En los países donde la incidencia de la pobreza es mayor, la brecha entre grupos de edad tiende a reducirse.

Gráfico I.20
América Latina (14 países): tasas de pobreza por sexo e índice de feminidad de la pobreza, personas de 20 a 59 años, alrededor de 2020[a]
(En porcentajes y valor del índice de feminidad de la pobreza)

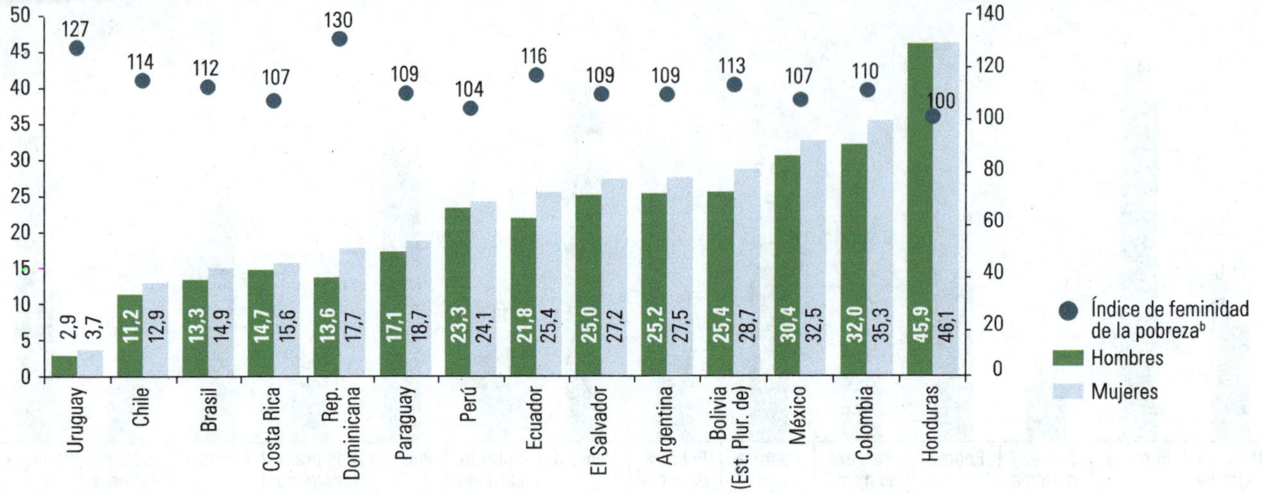

Fuente: Comisión Económica para América Latina y el Caribe (CEPAL), sobre la base de Banco de Datos de Encuestas de Hogares (BADEHOG).
[a] Países ordenados según la incidencia de la pobreza total.
[b] El índice de feminidad de la pobreza corresponde al cociente entre la tasa de pobreza de las mujeres y la tasa de pobreza de los hombres multiplicado por 100, para las personas de 20 a 59 años.

A su vez, las personas de 65 años y más tienen menos probabilidades que el resto de la población de vivir en hogares en situación de pobreza monetaria, sobre todo en países con sistemas de pensiones más consolidados, como la Argentina, el Brasil, Chile, Costa Rica y el Uruguay. En cambio, en Bolivia (Estado Plurinacional de), El Salvador, Honduras y el Paraguay no se evidencia una diferencia significativa entre la tasa de pobreza de las personas mayores y el grupo etario inmediatamente anterior (véase el gráfico I.21)[28].

Gráfico I.21
América Latina (14 países): tasas de pobreza por grupos de edad, alrededor de 2020[a]
(En porcentajes)

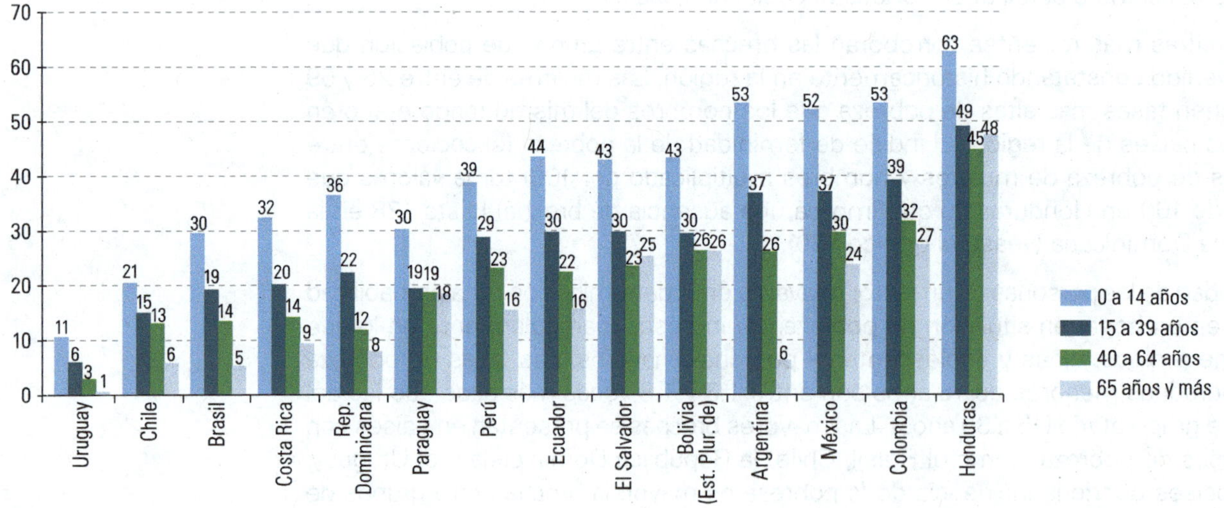

Fuente: Comisión Económica para América Latina y el Caribe (CEPAL), sobre la base de Banco de Datos de Encuestas de Hogares (BADEHOG).
[a] Países ordenados según la incidencia de la pobreza total.

28 Cabe tener en cuenta que el método de medición de la pobreza utilizado define un umbral de suficiencia (o línea de pobreza) promedio, que adopta el mismo valor para todas las personas de un hogar. Por tanto, no se toman en consideración aspectos como las economías de escala del consumo o ciertos gastos específicos de cada grupo etario. En el caso de las personas mayores, la línea de pobreza no considera los posibles costos adicionales para enfrentar problemas de salud.

Los pueblos indígenas tienen una mayor probabilidad de encontrarse en situación de pobreza que el resto de la población. En seis de los siete países en los que se cuenta con información sobre la condición étnica o racial, los pueblos indígenas tienen tasas de pobreza considerablemente mayores que las de la población no indígena ni afrodescendiente. Por su parte, la población afrodescendiente también presenta mayores tasas de pobreza que la población no indígena ni afrodescendiente, aunque las brechas suelen ser un poco menores. Solo en el Uruguay, la pobreza entre los afrodescendientes es mayor que entre los indígenas (véase el gráfico I.22).

Gráfico I.22
América Latina (7 países): tasas de pobreza según condición étnica y racial, alrededor de 2020[a]
(En porcentajes)

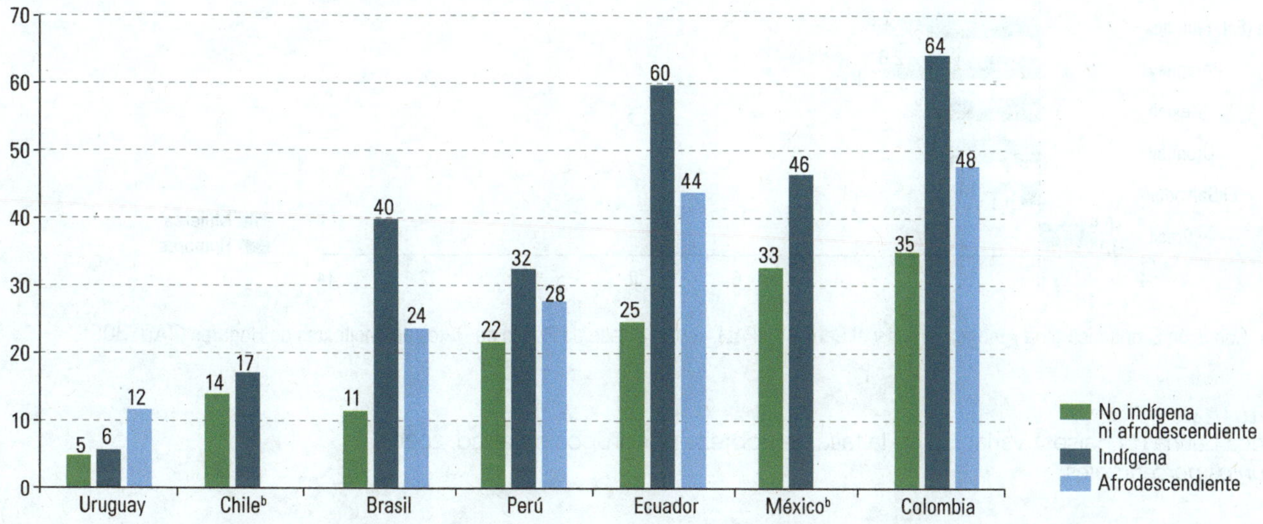

Fuente: Comisión Económica para América Latina y el Caribe (CEPAL), sobre la base de Banco de Datos de Encuestas de Hogares (BADEHOG).
[a] Países ordenados según la incidencia de la pobreza total.
[b] En Chile y México, la información disponible en la encuesta de hogares no permite identificar a las personas afrodescendientes.

El importante aumento de la pobreza extrema y la pobreza observado en 2020 afectó a todos los grupos de población de manera generalizada. En lo que respecta a las brechas de género, si bien entre las personas de 20 a 59 años se registraron más casos en los que la situación de las mujeres empeoró más que la de los hombres, en la mayoría de los casos estas diferencias no fueron estadísticamente significativas. La evolución similar entre hombres y mujeres se constata también en el Brasil, donde la pobreza disminuyó en 2020 (véase el gráfico I.23).

La falta de diferencias apreciables en la evolución de la pobreza por sexo se debe en parte a que la medición de la pobreza monetaria se basa en los hogares como unidad de observación, lo que impide capturar las diferencias entre los individuos dentro del hogar. Tal como se analiza más adelante en el capítulo IV, las mujeres vieron muy limitada su posibilidad de participar en el mercado de trabajo y recibir ingresos laborales, ya que la pandemia aumentó su carga de trabajo doméstico no remunerado.

En el caso de la evolución de la pobreza por grupos etarios, no se observaron diferencias significativas entre los grupos, salvo en el caso de las personas de 65 años y más, cuyos incrementos en la tasa de pobreza fueron menores que los del resto de los grupos etarios en algunos países (véase el gráfico I.24).

Gráfico I.23
América Latina (13 países): variación de la tasa de pobreza por sexo, personas de 20 a 59 años, 2020
(En puntos porcentuales)

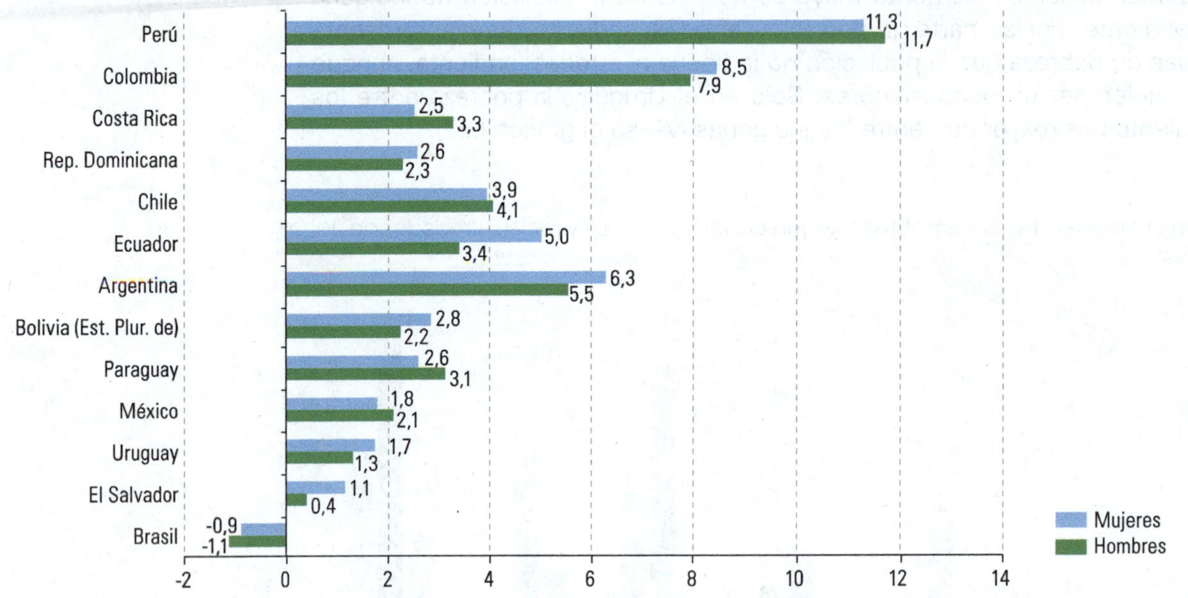

Fuente: Comisión Económica para América Latina y el Caribe (CEPAL), sobre la base de Banco de Datos de Encuestas de Hogares (BADEHOG).

Gráfico I.24
América Latina (13 países): variación de la tasa de pobreza por grupos de edad, 2020
(En puntos porcentuales)

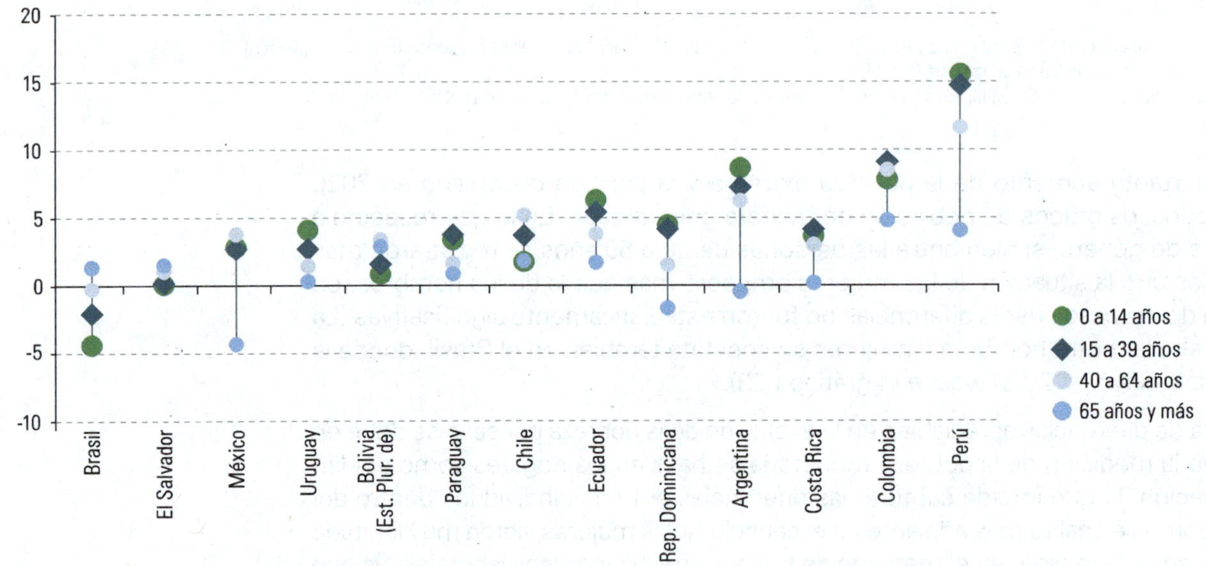

Fuente: Comisión Económica para América Latina y el Caribe (CEPAL), sobre la base de Banco de Datos de Encuestas de Hogares (BADEHOG).

C. Estratificación socioeconómica en el contexto de la pandemia de COVID-19

La crisis a consecuencia de la pandemia de COVID-19 significó un empobrecimiento generalizado de la mayor parte de la población de América Latina, lo que se tradujo en una movilidad descendente en los estratos socioeconómicos. La incipiente recuperación registrada en 2021 no fue suficiente para retrotraer la situación a los estadios previos a la pandemia. Como consecuencia, se observa una mayor participación de los estratos de ingresos bajos y medio bajos en la población, en detrimento de los estratos de ingresos medio altos y altos.

1. Aumento en la participación de los estratos bajos y medios

El impacto socioeconómico de la pandemia no solo se tradujo en un aumento de las personas en situación de pobreza y un deterioro de la distribución del ingreso, sino que afectó a todos los estratos de la población de distintas formas. Para analizar y caracterizar esos efectos, se revisa la distribución del ingreso en el conjunto de la población siguiendo los criterios expuestos en CEPAL (2020). Sobre la base del ingreso de los hogares se identificaron tres estratos: i) estrato bajo, con ingresos per cápita del hogar inferiores a 1,8 líneas de pobreza; ii) estrato medio, entre el estrato bajo y hasta 10 líneas de pobreza, y iii) estrato alto, con ingresos per cápita por encima de este último umbral. A su vez, los estratos bajo y medio se subdividen en tres subestratos: el estrato de ingresos bajos se compone de personas en situación de pobreza extrema, personas pobres que no están en situación de pobreza extrema y personas no pobres, mientras que el estrato de ingresos medios distingue entre personas de ingreso medio bajo, intermedio y alto[29].

En 2020, el porcentaje de personas con ingresos bajos aumentó 2,8 puntos porcentuales, en tanto que el de personas de ingresos medios cayó 2,4 puntos y el de las personas de ingresos altos se redujo 0,3 puntos. Esto significó que ese año hubo un saldo neto respecto de 2019 de 20,4 millones de personas más en los estratos de ingresos bajos, al tiempo que se dio un saldo neto negativo de 14,6 millones de personas en los estratos de mayores ingresos: 12,9 millones de personas menos en los estratos medios y 1,8 millones de personas menos en los estratos altos[30].

Las proyecciones a 2021, realizadas sobre la base de la información disponible acerca del crecimiento esperado del PIB y otras variables, muestran una recuperación en la participación de los estratos medios y altos, aunque en niveles inferiores a los observados antes de la pandemia. Se proyecta una caída de 1,8 puntos porcentuales en la participación de las personas de ingresos bajos, que se compensaría mayoritariamente con un incremento de la de las personas de ingresos medios (1,3 puntos porcentuales). En términos del número de personas, esto corresponde a

29 Téngase presente que el análisis sobre los estratos socioeconómicos guarda similitudes con el de la desigualdad del ingreso, aun cuando no son equivalentes, debido a que los estratos están definidos en función de su distancia absoluta respecto de la línea de pobreza y no de manera relativa con respecto al ingreso de los hogares.

30 Cabe destacar que el crecimiento poblacional en 2020 fue de 5,7 millones de personas de acuerdo con las proyecciones de población.

la salida de 7,8 millones de personas del estrato de ingresos bajos y a un incremento de 13,4 millones de personas en los estratos de ingresos medios y altos (con un aumento estimado de 5,6 millones de personas según las proyecciones de población). Sin embargo, en 2021 las personas en estratos vulnerables —de ingresos bajos y medio-bajos— representarían el 75,8% de la población según la proyección, un nivel similar al observado en 2019 (cuando representaban un 76,1%) (véanse los gráficos I.25 y I.26).

Gráfico I.25
América Latina: distribución de la población según estrato de ingreso, 2019-2021[a]
(En porcentajes y millones de personas)

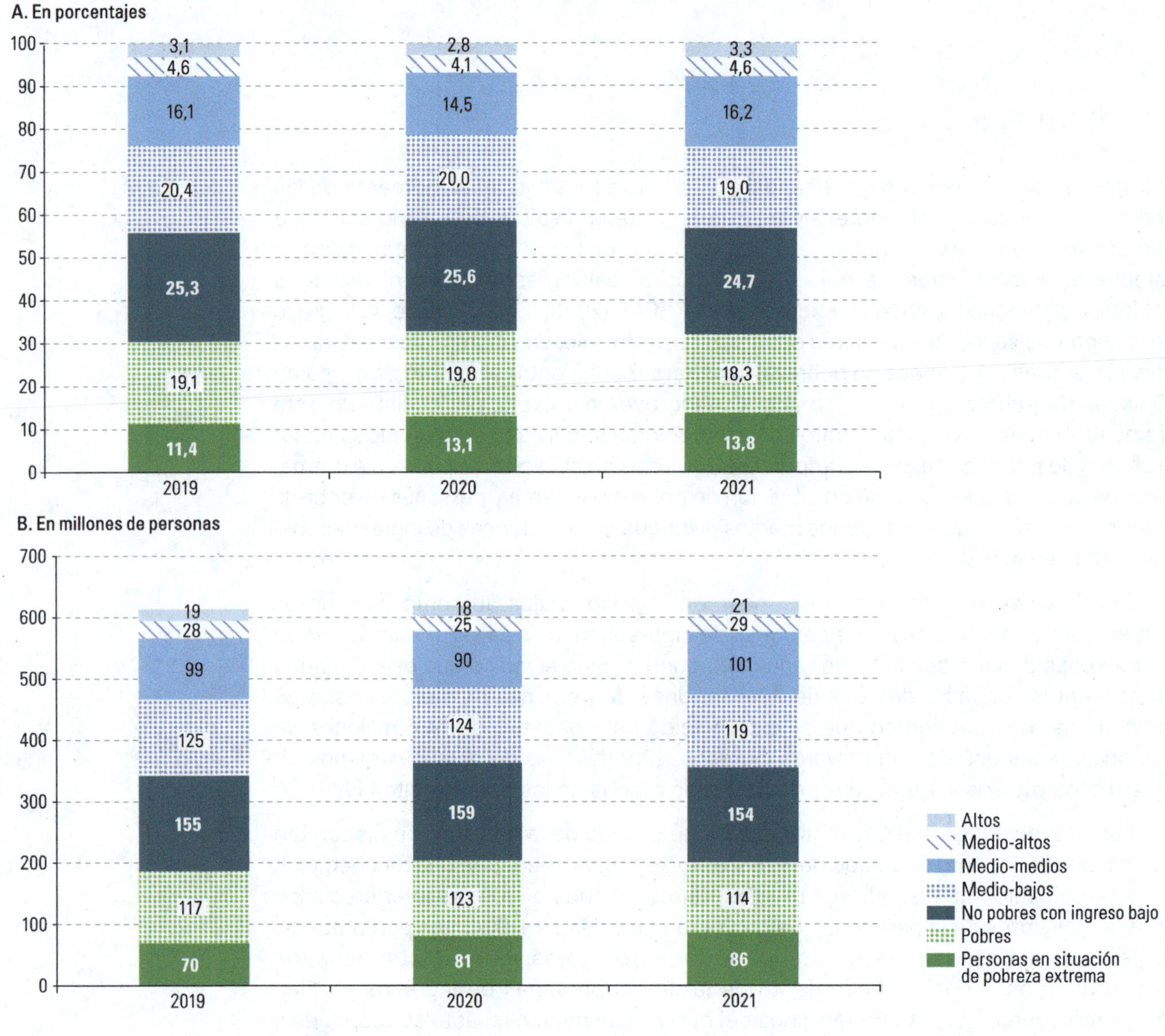

Fuente: Comisión Económica para América Latina y el Caribe (CEPAL), sobre la base de Banco de Datos de Encuestas de Hogares (BADEHOG).
[a] Los valores de 2021 corresponden a una proyección.

Gráfico I.26

América Latina: variación anual de la población según estrato de ingreso, 2020 y 2021[a]

(En millones de personas)

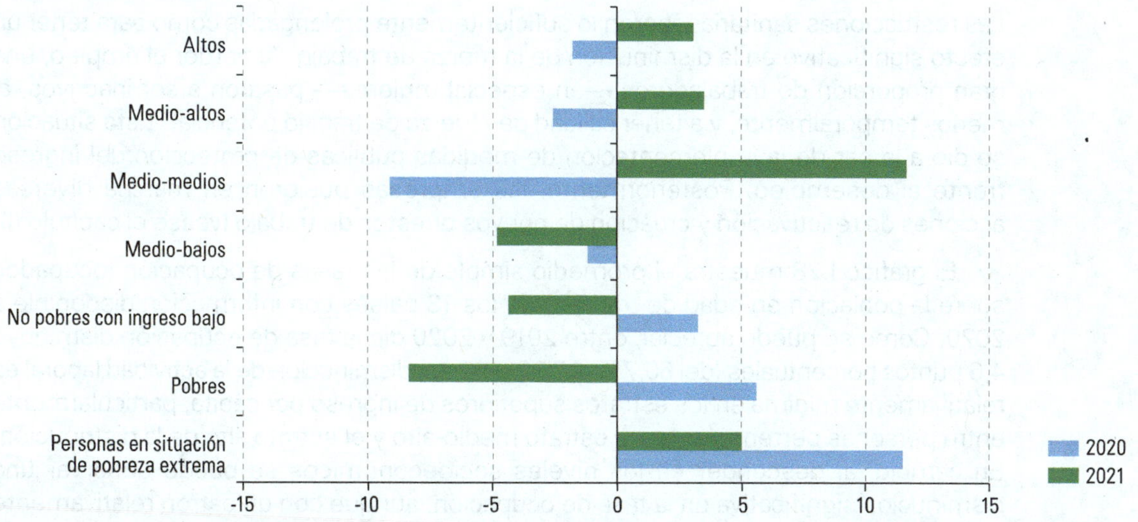

Fuente: Comisión Económica para América Latina y el Caribe (CEPAL), sobre la base de Banco de Datos de Encuestas de Hogares (BADEHOG).

[a] Los valores de 2021 corresponden a una proyección.

La información sobre 13 países disponible a 2020 permite constatar en forma individual este patrón de reducción de la participación de los estratos de ingresos medios y altos en favor de los estratos de ingresos bajos. Los cambios más notorios se registraron en el Perú, donde el 15% de la población pasó a ser parte del estrato de ingresos bajos, seguido por Colombia y el Ecuador, donde el incremento de los hogares del estrato bajo fue de 7 puntos porcentuales, y por la Argentina, con un aumento de 6 puntos porcentuales (véase el gráfico I.27).

Gráfico I.27

América Latina (13 países): variación de la participación por estrato de ingresos, 2020

(En porcentajes)

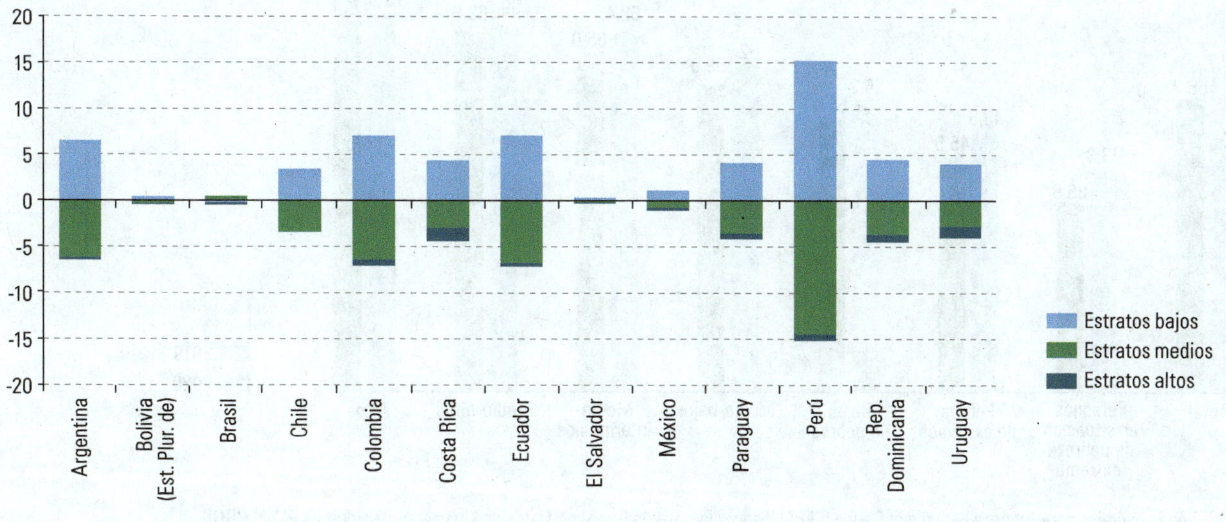

Fuente: Comisión Económica para América Latina y el Caribe (CEPAL), sobre la base de Banco de Datos de Encuestas de Hogares (BADEHOG).

2. Cambios en el acceso al mercado de trabajo según estratos socioeconómicos en 2020

Las restricciones sanitarias fueron lo suficientemente prolongadas como para tener un efecto significativo en la disminución de la fuerza de trabajo. Al perder el empleo, una gran proporción de trabajadores —en especial mujeres— pasaron a ser inactivos, al menos temporalmente, y a tener calidad de "fuerza de trabajo potencial". Esta situación se dio a la par de la implementación de medidas públicas de protección del ingreso frente al desempleo. Posteriormente, las empresas pusieron en marcha diversas acciones de reactivación y creación de nuevos puestos de trabajo (véase el capítulo II).

El gráfico I.28 muestra el promedio simple de las tasas de ocupación (ocupados sobre la población en edad de trabajar) de los 13 países con información disponible a 2020. Como se puede apreciar, entre 2019 y 2020 dicha tasa de ocupación disminuyó 4,6 puntos porcentuales (del 60,7% al 55,2%). Esta disminución de la actividad laboral es relativamente mínima en los estratos superiores de ingreso per cápita, particularmente entre personas pertenecientes al estrato medio-alto y el estrato alto de la distribución. En cambio, al descender en los niveles socioeconómicos se puede observar una disminución significativa en la tasa de ocupación, aunque con un patrón relativamente estable en los estratos de personas en situación de pobreza no extrema, estratos bajos no pobres, estratos medio-bajos y estratos medio-intermedios: en todos estos grupos, la disminución de la tasa de ocupación se redujo entre 3,4 y 4,2 puntos porcentuales. Si bien esta reducción fue más o menos homogénea, partió de niveles de ocupación diferentes: en 2019, la tasa de ocupación del estrato medio-intermedio alcanzaba al 68,4%, disminuía al 62,7% en el estrato medio-bajo y caía al 56,2% en el estrato bajo no pobre y a poco menos del 50% en el estrato en situación de pobreza no extrema. Las personas del estrato en situación de pobreza extrema, en cambio, registraron una caída de mayor magnitud, de casi 7 puntos porcentuales, ya que su tasa de ocupación pasó del 43,3% en 2019 al 36,5% en 2020.

Gráfico I.28

América Latina (13 países)[a]: tasa de ocupación de la población de 15 años y más según estrato socioeconómico, alrededor de 2019 y 2020

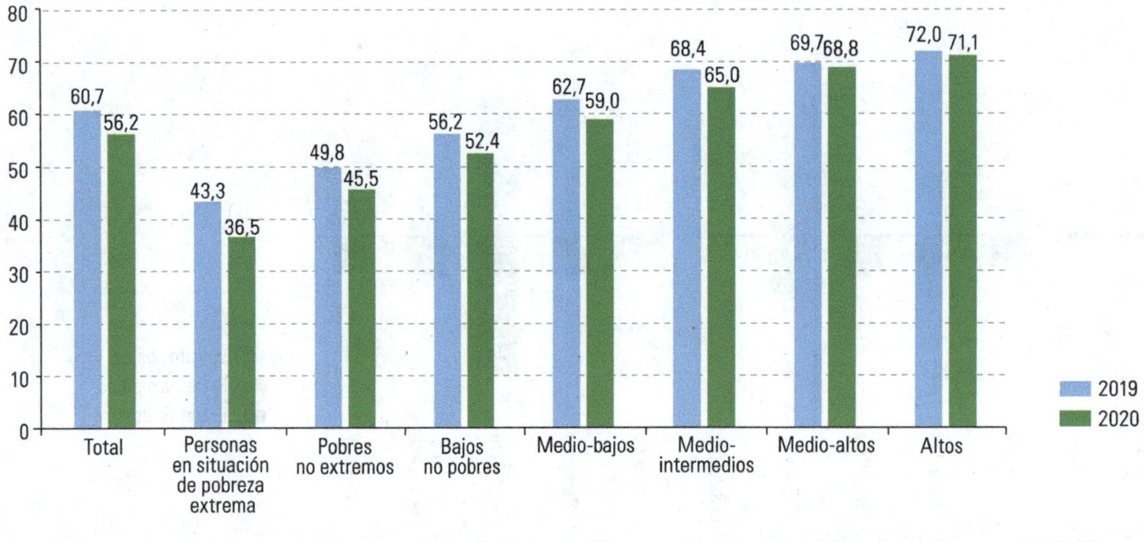

Fuente: Comisión Económica para América Latina y el Caribe (CEPAL), sobre la base de Banco de Datos de Encuestas de Hogares (BADEHOG).

[a] Promedio simple de: Argentina, Bolivia (Estado Plurinacional de), Brasil, Chile, Colombia, Costa Rica, Ecuador, El Salvador, México, Paraguay, Perú, República Dominicana y Uruguay.

Conviene tener presente que las caídas en los ingresos familiares asociadas a la pérdida del empleo se tradujeron en una movilidad socioeconómica descendente, que en algunos casos implicó un desplazamiento hacia estratos socioeconómicos inferiores. Esto significa que la información de 2020 para un estrato cualquiera que no esté en los extremos de la distribución de ingresos está afectada tanto por la incorporación de población que antes pertenecía a un estrato superior como por la caída de hogares a estratos inferiores. El efecto es que los estratos superiores tuvieron un saldo negativo en términos de su gravitación (disminución de tamaño) y los estratos inferiores registraron un crecimiento en ese período (véase el gráfico I.25).

Asociado al proceso de desmovilización temporal de la fuerza de trabajo, se registró una contracción en la tasa de participación laboral. En promedio, esta disminuyó 2,8 puntos porcentuales (del 65,1% alrededor de 2019 al 62,1% en 2020) (véase el gráfico I.29). Las disminuciones fueron cercanas a medio punto porcentual en el estrato alto y medio-alto, cuyos trabajadores en general se encontraban en mejores condiciones para teletrabajar y tenían empleos más protegidos. Las reducciones promediaron los 2,5 puntos porcentuales en los estratos medio-intermedio, medio-bajo, bajo no pobre y pobre no extremo, y la rebaja alcanzó un nivel significativo en el estrato en situación de pobreza extrema (-5,5 puntos porcentuales). Como resultado, entre las personas en situación de pobreza extrema que forman parte de la población en edad de trabajar (15 años y más), solo algo más de la mitad trabajaba o buscaba trabajo en 2020, promedio inferior al 68,7% registrado entre las personas que no se encuentran en situación de pobreza. En los estratos medio-intermedio y superiores, en tanto, la tasa de participación alcanzaba el 71,7%. Es precisamente esta alta participación la que favorece su mantenimiento en posiciones superiores de la distribución y permite que tengan una mayor capacidad de resiliencia frente a la crisis sanitaria. Esto se da de no mediar altas tasas de desempleo (y salida de la fuerza de trabajo), que fueron significativamente más bajas en los estratos superiores, en parte por la posibilidad de teletrabajar en ocupaciones de alta calificación o por inserciones laborales caracterizadas por una mayor protección social.

Gráfico I.29
América Latina (13 países)[a]: tasa de participación de la población de 15 años y más según estrato socioeconómico, alrededor de 2019 y 2020

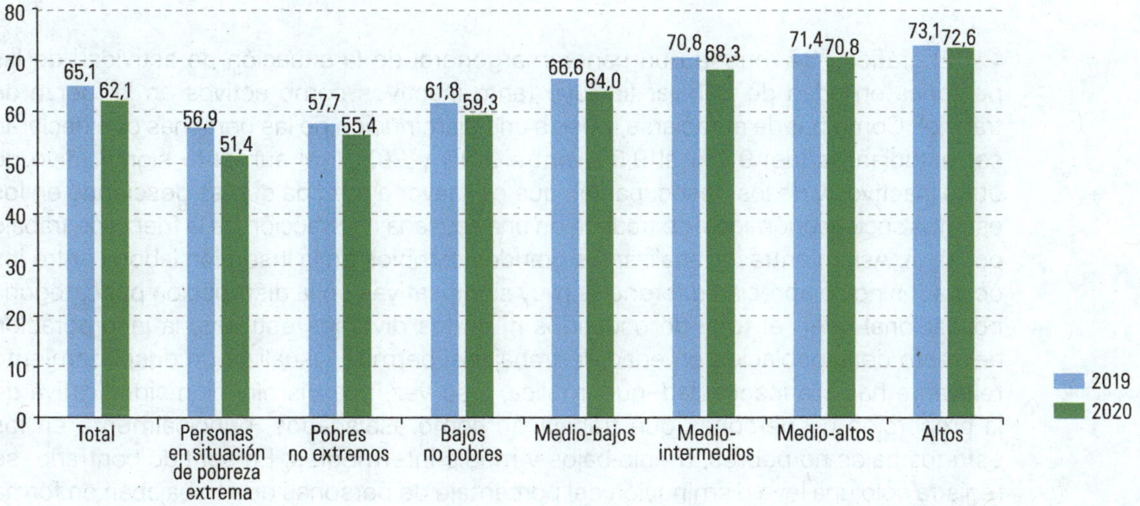

Fuente: Comisión Económica para América Latina y el Caribe (CEPAL), sobre la base de Banco de Datos de Encuestas de Hogares (BADEHOG).
[a] Promedio simple de: Argentina, Bolivia (Estado Plurinacional de), Brasil, Chile, Colombia, Costa Rica, Ecuador, El Salvador, México, Paraguay, Perú, República Dominicana y Uruguay.

Como se puede apreciar en el gráfico I.30, mientras a nivel general la tasa de desempleo aumentó del 6,8% al 9,8% en los 12 países considerados, tanto el nivel como el incremento de esta tasa en los estratos superiores fue mínimo (menor a un punto porcentual). Ya en el estrato medio-intermedio se aprecia un incremento mayor en el desempleo de 1,6 puntos porcentuales, valor que sube aún más al descender en la escala socioeconómica. Así, en el estrato medio-bajo el incremento fue de 2,3 puntos porcentuales, para situarse en un 8,1%. La tasa de desempleo se elevó al 12,0% en el estrato bajo no pobre y al 18,7% entre las personas en situación de pobreza no extrema. Por último, entre las personas en situación de pobreza extrema, casi 3 de cada 10 trabajadores se encuentran desempleados.

Gráfico I.30
América Latina (13 países)[a]: tasa de desocupación de la población activa de 15 años y más según estrato socioeconómico, alrededor de 2019 y 2020

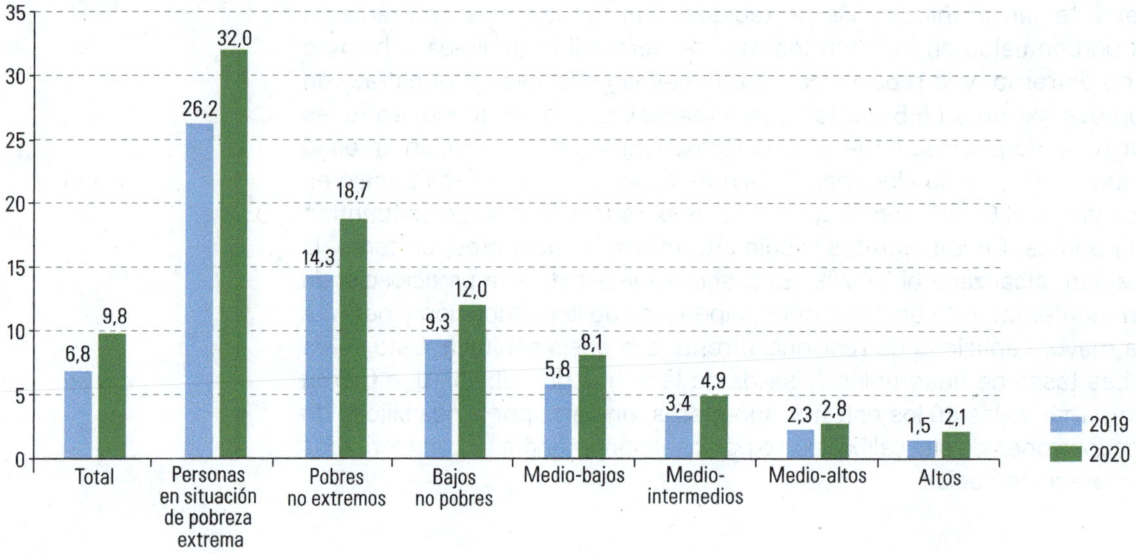

Fuente: Comisión Económica para América Latina y el Caribe (CEPAL), sobre la base de Banco de Datos de Encuestas de Hogares (BADEHOG).
[a] Promedio simple de: Argentina, Bolivia (Estado Plurinacional de), Brasil, Chile, Colombia, Costa Rica, Ecuador, El Salvador, México, Paraguay, Perú, República Dominicana y Uruguay.

El gráfico I.31 muestra un panorama general de la situación de actividad de las personas en edad de trabajar (incluye tanto inactivos como activos en la fuerza de trabajo). Como puede apreciarse, pese a una disminución de las personas que declaran ser estudiantes (del 9,7% al 9,3% entre 2019 y 2020), el aumento significativo de otros inactivos y de los desocupados, que es mayor a medida que se desciende en los estratos socioeconómicos, se traduce en una acusada contracción de la fuerza de trabajo ocupada. Así, mientras al analizar los grandes cambios en la inserción laboral entre los ocupados no se aprecian diferencias muy significativas en la distribución por categoría ocupacional ni en el total de ocupados ni en los diversos estratos, la incorporación del resto de la población en edad de trabajar sí permite visualizar un desplazamiento relevante hacia la inactividad, que implica, a su vez, una disminución significativa de la proporción de personas que trabajaban como asalariados, principalmente en los estratos bajos no pobres, medio-bajos y medio-intermedios. En sentido contrario, se registra solo una leve disminución del porcentaje de personas que trabajaban en forma independiente, salvo en el estrato de personas en situación de pobreza extrema, donde se reduce del 31,8% al 26,1%.

Gráfico I.31
América Latina (13 países)[a]: actividad de la población de 15 años y más según estrato socioeconómico, alrededor de 2019 y 2020

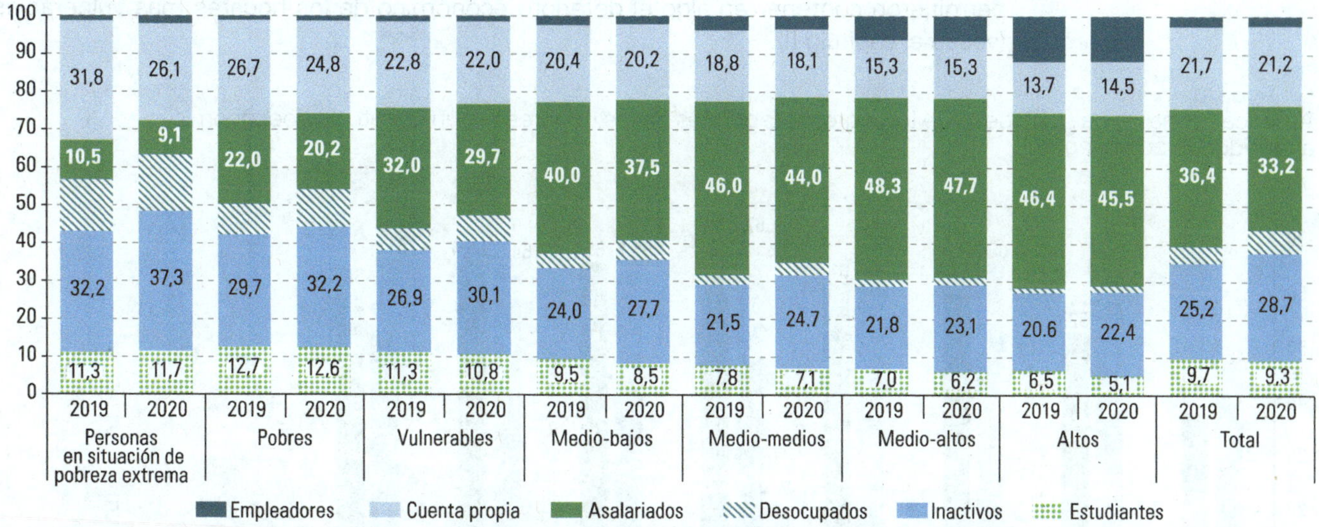

Fuente: Comisión Económica para América Latina y el Caribe (CEPAL), sobre la base de Banco de Datos de Encuestas de Hogares (BADEHOG).
[a] Promedio simple de: Argentina, Bolivia (Estado Plurinacional de), Brasil, Chile, Colombia, Costa Rica, Ecuador, El Salvador, México, Paraguay, Perú, República Dominicana y Uruguay.

Naturalmente, la contracción de los mercados de trabajo de la región implicó que se redujera el promedio de perceptores de ingresos por trabajo en todos los estratos de ingreso per cápita. Esta reducción ha sido mucho más marcada al descender en la escala socioeconómica: mientras en los hogares pertenecientes a los estratos altos el promedio de perceptores de ingreso del trabajo disminuyó de 1,36 a 1,33 ocupados, en los estratos medio-altos esta disminución fue de 1,44 a 1,40 ocupados, en los medio-intermedios se redujo de 1,57 trabajadores en promedio a 1,45 trabajadores, y en los estratos medio-bajos el descenso fue aún mayor, de 1,59 a 1,46 trabajadores por familia[31]. Esta disminución fue menor en los estratos inferiores, en parte debido a que antes de la pandemia los promedios de perceptores de ingresos laborales eran más bajos. Sin embargo, cabe notar que la disminución del promedio de perceptores entre los hogares que en 2020 se encontraban en situación de pobreza extrema (de 0,86 a 0,69) implica que casi uno de cada tres hogares de este estrato no cuenta con ingresos que provengan de dicha fuente.

El gráfico I.32 ilustra lo expuesto: en el conjunto de los hogares, los ingresos del trabajo pasaron de tener una gravitación del 64,8% en el ingreso total del hogar a un 59,4%. Mientras en los estratos de mayores ingresos (altos y medio-altos) este peso permaneció prácticamente inalterado, en los estratos inferiores se registró una disminución, cada vez más significativa al descender en la escala socioeconómica: en los estratos medio-intermedios, la participación de los ingresos laborales se situó en un 63,8% en 2020, con una caída de 3,5 puntos porcentuales respecto de 2019; en los estratos medio-bajos se ubicó en un 61,5%, con una disminución de más de 5 puntos porcentuales frente a 2019; en los estratos bajos no pobres y pobres no extremos la contracción fue en promedio de 6,2 puntos porcentuales, aunque con gravitaciones de los ingresos laborales en 2020 del 59,3% y el 52,1%, respectivamente. La caída más significativa, de 8,5 puntos porcentuales en la participación de los ingresos del trabajo en el total, la registraron precisamente los estratos en situación de pobreza extrema, donde el ingreso laboral pasó de ser cerca del 46% de los exiguos ingresos de estos hogares a representar solo algo más del 37%. Esto destaca la extrema importancia de

[31] Conviene tener presente, como se mostró en el *Panorama Social de América Latina, 2018*, que el número promedio de perceptores de ingresos por trabajo es más alto, precisamente, en los estratos de ingreso medio, y, de hecho, esa situación es la que les permite pertenecer a dichos estratos. La contracción de la ocupación no solo significa un descenso del promedio de trabajadores por hogar, sino también que una proporción de dichos hogares baja de estrato.

las diversas medidas de protección social no contributiva, entre las que se destacan las transferencias de ingresos de emergencia, que tomaron los Gobiernos para enfrentar la crisis económica derivada de la pandemia. Si bien estas medidas resultan insuficientes, permitieron contener en algo el deterioro económico de los hogares más vulnerables (véase el capítulo II).

Gráfico I.32
América Latina (13 países)[a]: peso de los ingresos laborales en los hogares según estrato socioeconómico, alrededor de 2019 y 2020

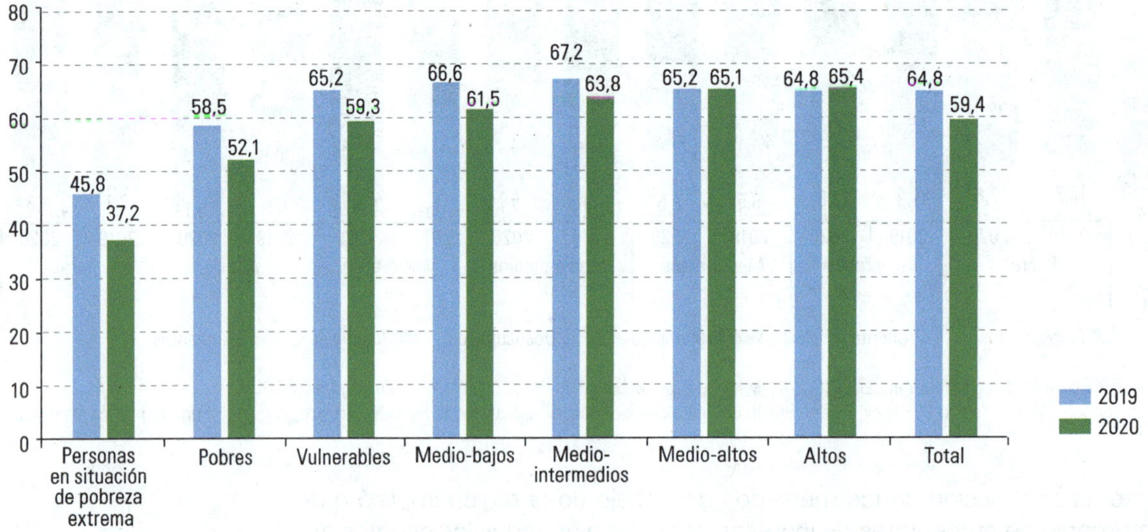

Fuente: Comisión Económica para América Latina y el Caribe (CEPAL), sobre la base de Banco de Datos de Encuestas de Hogares (BADEHOG).
[a] Promedio simple de: Argentina, Bolivia (Estado Plurinacional de), Brasil, Chile, Colombia, Costa Rica, Ecuador, El Salvador, México, Paraguay, Perú, República Dominicana y Uruguay.

Los indicadores analizados permiten observar que el deterioro en la inserción en el mercado de trabajo y la consiguiente pérdida de ingresos laborales afectó proporcionalmente más a los sectores medio-bajos y bajos, en este último caso, pauperizando principalmente a sectores de la población que antes de la pandemia ya vivían con niveles de bienestar económico insuficientes y presentaban una alta vulnerabilidad laboral asociada a inserciones laborales informales o, cuando eran formales, con un acceso deficiente a mecanismos de protección social contributiva (bajos salarios y, en consecuencia, bajos costos de indemnización en caso de despido, baja antigüedad en el empleo y ausencia de seguros de desempleo, entre otras características).

D. Comentarios finales

La pandemia de COVID-19 y las medidas adoptadas para hacerle frente en 2020 tuvieron un notorio impacto en el nivel y la distribución del ingreso de los hogares. El ingreso promedio de las personas disminuyó considerablemente en la mayoría de los países, siguiendo la tendencia esperada en virtud de la notable caída del PIB y la disminución de las posibilidades de participar en el mercado de trabajo. Además de la contracción en el ingreso promedio, varios países enfrentaron un deterioro en la forma en que dichos ingresos se distribuyen. La suma de ambos efectos llevó a que la pobreza extrema y la pobreza aumentaran visiblemente en la región. Además, se constató que la pandemia también provocó una pérdida de recursos económicos en 2020 para los estratos medios y altos a nivel regional, así como una reducción en el patrimonio de los milmillonarios, aun cuando este se recuperó sustancialmente en 2021.

Una mirada conjunta a cuatro de los indicadores utilizados a lo largo de este capítulo —el ingreso medio, el coeficiente de Gini, la tasa de pobreza extrema y la tasa de pobreza— revela que la forma en que los distintos elementos se manifestaron en cada país es diversa. Colombia y el Perú, con las mayores caídas del ingreso medio por persona (un 13% y un 21%, respectivamente), tuvieron deterioros apreciables tanto en la distribución del ingreso como en la situación de la pobreza. Junto con ellos, el Ecuador y el Uruguay también presentaron deterioros en los cuatro indicadores, aunque en magnitudes un poco inferiores. Por otra parte, si bien la Argentina, Costa Rica, el Paraguay y la República Dominicana tuvieron una contracción del ingreso medio de los hogares de entre un 10% y un 12%, el coeficiente de Gini no varió en el primer país y disminuyó en los otros tres. De este grupo, solo la Argentina registró un aumento mayor a 3 puntos porcentuales en la pobreza. En México se observó una situación similar a la de estos países, de mejora distributiva y leve aumento de la pobreza, aunque con una caída menos pronunciada en el ingreso de las personas (5%). Con una una caída del ingreso per cápita de magnitud similar a la de México y una mejora distributiva, el Brasil fue el único país en el que se registró una disminución de los indicadores de pobreza extrema y pobreza. Por último, Bolivia (Estado Plurinacional de), Chile y El Salvador no tuvieron caídas apreciables en el ingreso per cápita, pero sí fuertes deterioros distributivos, equivalentes a aumentos en el entorno del 4% del coeficiente de Gini (véase el cuadro I.4).

Cuadro I.4
América Latina (13 países): variación del ingreso medio por persona, el coeficiente de Gini, la tasa de pobreza extrema y la tasa de pobreza total, 2020

País	Variación de			
	Ingreso per cápita *(en porcentajes)*	Coeficiente de Gini *(en porcentajes)*	Pobreza extrema *(en puntos porcentuales)*	Pobreza *(en puntos porcentuales)*
Argentina	-12,7	0,0	2,1	7,1
Bolivia (Estado Plurinacional de)	0,6	4,4	1,5	1,4
Brasil	-5,3	-3,5	-0,7	-1,8
Chile[a]	-1,3	4,6	3,1	3,5
Colombia	-13,4	4,3	6,4	8,1
Costa Rica	-10,4	-1,0	0,6	2,9
Ecuador	-10,5	2,2	3,2	4,9
El Salvador	0,3	3,7	2,7	0,3
México[b]	-5,3	-2,6	1,5	1,9
Paraguay	-12,1	-4,4	-0,2	2,9
Perú	-20,9	8,2	5,6	13,0
República Dominicana	-12,0	-6,2	1,7	2,8
Uruguay	-7,1	1,3	0,2	2,0

Fuente: Comisión Económica para América Latina y el Caribe (CEPAL), sobre la base de Banco de Datos de Encuestas de Hogares (BADEHOG).
[a] Variación entre 2017 y 2020.
[b] Variación entre 2018 y 2020.

Después de que en 2020 se registrara un deterioro apreciable en las condiciones de vida de la región, las proyecciones de crecimiento económico hacen prever que el ingreso promedio de los hogares aumentará en 2021. Es menos viable inferir el posible cambio de la distribución de los ingresos, y los escasos datos disponibles a la fecha apuntan en distintas direcciones. No obstante, no parece haber razones para esperar una mejora distributiva en los ingresos laborales, y es posible que otras fuentes puedan sufrir un leve deterioro, tanto debido a la disminución de las transferencias de emergencia en 2021, como a la rápida recuperación observada en el patrimonio de los milmillonarios. Si bien este capítulo proyecta un descenso del porcentaje de personas en situación de pobreza extrema y pobreza, así como un crecimiento de los estratos de ingreso medio y alto, cabe inferir que la deseada recuperación en las condiciones de vida en 2021 será solo parcial y que para alcanzar los Objetivos de Desarrollo Sostenible, como el de erradicar la pobreza extrema para 2030, se necesitará un esfuerzo considerablemente mayor.

Bibliografía

Alvaredo, F. (2007), "The rich in Argentina over the twentieth century: from the conservative republic to the Peronist experience and beyond 1932–2004", *Working Paper*, N° 2007-02, París, Paris School of Economics.

Alvaredo, F. y J. Londoño (2013), "High incomes and personal taxation in a developing economy: Colombia 1993-2010", *CEQ Working Paper*, N° 12, Nueva Orleans.

Amarante, V. y J. P. Jiménez (2015), "Desigualdad, concentración y rentas altas en América Latina", *Desigualdad, concentración del ingreso y tributación sobre las altas rentas en América Latina*, J. P. Jiménez (ed.), Libros de la CEPAL, N° 134 (LC/G.2638-P), Santiago, Comisión Económica para América Latina y el Caribe (CEPAL).

Bricker, J. y otros (2016), "Measuring income and wealth at the top using administrative and survey data", *Brookings Papers on Economic Activity*, vol. 47, N° 1.

Burdín, G., F. Esponda y A. Vigorito (2015), "Desigualdad y altas rentas en el Uruguay: un análisis basado en los registros tributarios y las encuestas de hogares del período 2009-2011", *Desigualdad, concentración del ingreso y tributación sobre las altas rentas en América Latina*, J.P. Jiménez (ed.), Libros de la CEPAL, N° 134 (LC/G.2638-P), Santiago, Comisión Económica para América Latina y el Caribe (CEPAL).

Campos, M., E. Chávez y G. Esquivel (2014), "Los ingresos altos, la tributación óptima y la recaudación posible" [en línea] http://www.cefp.gob.mx/portal_archivos/convocatoria/pnfp2014/primerlugarpnfp2014.pdf.

CEPAL (Comisión Económica para América Latina y el Caribe) (2022), *Balance Preliminar de las Economías de América Latina y el Caribe, 2021* (LC/PUB.2022/1-P), Santiago.

___(2021a), *Balance Preliminar de las Economías de América Latina y el Caribe, 2020* (LC/PUB.2020/17-P), Santiago.

___(2021b), *Estudio Económico de América Latina y el Caribe, 2021* (LC/PUB.2021/10-P), Santiago.

___(2021c), *Panorama Social de América Latina, 2020* (LC/PUB.2021/2-P/Rev.1), Santiago.

___(2020), *Panorama Social de América Latina, 2019* (LC/PUB.2021/22-P/Rev.1), Santiago.

___(2017), *Panorama Social de América Latina, 2016* (LC/PUB.2017/12-P), Santiago.

CEPAL/OIT (Comisión Económica para América Latina y el Caribe/Organización Internacional del Trabajo) (2021), "Trabajo decente para los trabajadores de plataformas en América Latina", *Coyuntura Laboral en América Latina y el Caribe*, N° 24 (LC/TS.2021/71), Santiago.

Cortés, F. y D. Vargas (2017), "La evolución de la desigualdad en México: viejos y nuevos resultados", *Revista de Economía Mexicana. Anuario UNAM*, N° 2.

Credit Suisse (2021), *Global Wealth Report 2021* [en línea] https://www.credit-suisse.com/about-us/en/reports-research/global-wealth-report.html.

Davies, J. B. y otros (2008), "The world distribution of household wealth", *Working Paper*, N° DP2008/03, Instituto Mundial de Investigaciones de Economía del Desarrollo (WIDER).

De Rosa, M., I. Flores y M. Morgan (2021), "More Unequal or Not as Rich? Distributing the Missing Half of National Income in Latin America" [en línea] http://www.ecineq.org/wp-content/uploads/papers_EcineqLSE/EcineqLSE-357.pdf.

___(2020), "Inequality in Latin America revisited: insights from distributional national accounts", *World Inequality Lab – Technical Note*, N° 2020/02.

Díaz-Bazán, T.V. (2015), "Measuring inequality from top to bottom", *World Bank Policy Research Working Paper*, N° 7237 [en línea] http://ssrn.com/abstract=2594082.

Flores. I. y otros (2019), "Top incomes in Chile: a historical perspective on income inequality, 1964-2017", *Review of Income and Wealth.*

Freund, C. y S. Olivier (2016), "The origins of the superrich: the billionaire characteristics database", *Peterson Institute for International Economics Working Paper*, No. 16-1.

Larrañaga, O., B. Echecopar y N. Grau (2021), "Una nueva estimación de la desigualdad de ingresos en Chile", *serie de Documentos de Trabajo,* N° SDT 523, Facultad de Economía y Negocios, Universidad de Chile.

López Calva, L. (2021), "COVID-19 y la riqueza en la cima: más multimillonarios y más ricos en ALC tras la crisis", 27 de mayo [en línea] https://www.latinamerica.undp.org/content/rblac/es/home/presscenter/director-s-graph-for-thought/covid-19-and-wealth-at-the-top--more-and-wealthier-billionaires-.html.

López R., E. Figueroa y P. Gutiérrez (2013), "La parte del león: nuevas estimaciones de la participación de los súper ricos en el ingreso de Chile", *serie Documentos de Trabajo*, N° SDT 379 Facultad de Economía y Negocios, Universidad de Chile.

Maurizio, R. (2021), "Transitando la crisis laboral por la pandemia: hacia una recuperación del empleo centrada en las personas", *Serie Panorama Laboral en América Latina y el Caribe 2021*, Organización Internacional del Trabajo (OIT).

Morck, R., D. Stangeland y B. Yeung (2000), "Inherited Wealth, Corporate Control, and Economic Growth: The Canadian Disease?", Concentrated Corporate Ownership, R. Morck (ed.), Chicago, University of Chicago Press.

Morgan, M. (2017), "Falling inequality beneath extreme and persistent concentration: new evidence for Brazil combining national accounts, surveys and fiscal data, 2001-2015", *WID.world Working Paper*, N° 2017/12.

OIT (Organización Internacional del Trabajo) (2021a), *Observatorio de la OIT: la COVID-19 y el mundo del trabajo. Séptima edición. Estimaciones actualizadas y análisis* [en línea] https://www.ilo.org/wcmsp5/groups/public/—dgreports/—dcomm/documents/briefingnote/wcms_767045.pdf.

___(2021b), *Working from Home: From Invisibility to Decent Work*, Ginebra.

Sáez, E. y G. Zucman (2020), "The rise of income and wealth inequality in America", *The Journal of Economic Perspectives*, vol. 34, N° 4.

Salach, K. y M. Brzeziński (2019), "Do the super-rich benefit from political connections? Evidence from Poland" [en línea] http://www.ecineq.org/ecineq_paris19/papers_EcineqPSE/paper_287.pdf.

Souza, P. y M. Medeiros (2015), "Top income shares and inequality in Brazil, 1928-2012", *Sociologies in Dialogue*, vol. 1, N° 1.

Wealth-X (2021), "World ultra wealth report 2021" [en línea] https://go.wealthx.com/world-ultra-wealth-report-2021.

Anexo I.A1

Cuadro I.A1.1
América Latina (18 países): encuestas de hogares utilizadas para la estimación de la desigualdad y la pobreza

País	Encuesta	Cobertura geográfica	Años	Período de levantamiento
Argentina	Encuesta Permanente de Hogares (EPH)	Área Urbana	2000-2020	4º trimestre
Bolivia (Estado Plurinacional de)	Encuesta de Hogares	Nacional	2002	Noviembre a diciembre
	Encuesta Continua de Hogares (ECH)	Nacional	2004 a 2020	Noviembre
Brasil	Encuesta Nacional de Hogares (PNAD)	Nacional	2001 a 2015	Septiembre
	Encuesta Nacional de Hogares (PNAD Continua)	Nacional	2016 a 2020	Anual
Chile	Encuesta de Caracterización Socioeconómica Nacional (CASEN)	Nacional	2003 a 2020	Noviembre a enero
Colombia	Encuesta Continua de Hogares	Nacional	2002 a 2008	Anual
	Gran Encuesta Integrada de Hogares (GEIH)	Nacional	2008 a 2020	Anual
Costa Rica	Encuesta de Hogares de Propósitos Múltiples	Nacional	2000 a 2009	Julio
	Encuesta Nacional de Hogares (ENAHO)	Nacional	2010 a 2020	Julio
Ecuador	Encuesta Nacional de Empleo, Desempleo y Subempleo (ENEMDU)	Nacional	2001 a 2020	Diciembre
El Salvador	Encuesta de Hogares de Propósitos Múltiples	Nacional	2001 a 2020	Anual
Guatemala	Encuesta Nacional de Condiciones de Vida (ENCOVI)	Nacional	2002, 2006 y 2014	Distintos períodos
Honduras	Encuesta Permanente de Hogares de Propósitos Múltiples	Nacional	2001 a 2019	Mayo o junio
México	Encuesta Nacional de Ingresos y Gastos de los Hogares (ENIGH)	Nacional	2002 a 2006	3º trimestre
	Módulo de Condiciones Socioeconómicas de la MCS-ENIGH	Nacional	2008 a 2014	Agosto a noviembre
	Encuesta Nacional de Ingresos y Gastos de los Hogares (ENIGH) Nueva serie	Nacional	2016 a 2020	Agosto a noviembre
Nicaragua	Encuesta Nacional de Hogares sobre Medición de Niveles de Vida	Nacional	2005, 2009 y 2014	Distintos períodos
Panamá	Encuesta de Mercado Laboral	Nacional	2001 a 2013	Agosto
	Encuesta de Propósitos Múltiples	Nacional	2014 a 2019	Marzo
Paraguay	Encuesta Integrada de Hogares	Nacional	2001 y 2002	Nov-Dic.
	Encuesta Permanente de Hogares	Nacional	2003 a 2016	Octubre a diciembre
	Encuesta Permanente de Hogares	Nacional	2017 a 2020	Anual
Perú	Encuesta Nacional de Hogares – Condiciones de Vida y Pobreza	Nacional	2001 a 2003	4º trimestre
	Encuesta Nacional de Hogares – Condiciones de Vida y Pobreza	Nacional	2004 a 2020	Anual
República Dominicana	Encuesta de Fuerza de Trabajo (EFT)	Nacional	2001 a 2015	Octubre
	Encuesta Nacional Continua de Fuerza de Trabajo (ENCFT)	Nacional	2016 a 2020	Anual
Uruguay	Encuesta Continua de Hogares (ECH)	Área Urbana	2001 a 2005	Anual
	Encuesta Continua de Hogares (ECH)	Nacional	2007 a 2020	Anual
Venezuela (República Bolivariana de)	Encuesta de Hogares por Muestreo	Nacional	2001 a 2014	2º semestre

Fuente: Comisión Económica para América Latina y el Caribe (CEPAL), sobre la base de Banco de Datos de Encuestas de Hogares (BADEHOG).

Cuadro I.A1.2

América Latina (15 países): tasa de pobreza extrema y tasa de pobreza según estimaciones de la Comisión Económica para América Latina y el Caribe (CEPAL) y cifras oficiales nacionales, 2017 a 2020[a]

(En porcentajes)

	Estimaciones de la CEPAL							
	Pobreza extrema				Pobreza total			
	2017	2018	2019	2020	2017	2018	2019	2020
Argentina[b]	2,8	3,6	4,2	6,3	18,7	24,4	27,2	34,3
Bolivia (Estado Plurinacional de)	16,4	14,8	12,1	13,5	34,9	33,1	31,0	32,3
Brasil	5,7	5,6	5,8	5,1	21,2	20,4	20,2	18,4
Chile	1,4	…	…	4,5	10,7	…	…	14,2
Colombia	10,9	10,8	12,8	19,2	29,8	29,9	31,7	39,8
Costa Rica	3,3	4,0	3,4	4,0	15,4	16,1	16,5	19,4
Ecuador	7,0	6,5	7,6	10,8	23,6	24,2	25,7	30,6
El Salvador	8,3	7,6	5,6	8,3	37,8	34,5	30,4	30,7
Honduras	…	19,4	20,0	…	…	55,7	52,3	…
México	…	7,7	…	9,2	…	35,5	…	37,4
Panamá	6,9	6,8	6,6	…	15,6	14,6	14,6	…
Paraguay	6,0	6,5	6,2	6,0	21,6	19,5	19,4	22,3
Perú	5,0	3,7	3,0	8,6	18,9	16,8	15,4	28,4
República Dominicana	5,7	4,6	3,9	5,6	23,5	20,9	19,0	21,8
Uruguay	0,1	0,1	0,1	0,3	2,6	2,9	3,0	5,0
	Estimaciones oficiales de los países							
	Pobreza extrema				Pobreza total			
	2017	2018	2019	2020	2017	2018	2019	2020
Argentina[b]	4,8	6,7	8,0	10,5	25,7	32,0	35,5	42,0
Bolivia (Estado Plurinacional de)	18,4	15,3	12,9	13,7	42,2	39,9	37,2	39,0
Brasil[c]	6,4	6,5	6,5	…	26,0	25,3	24,7	…
Chile	2,3	…	…	4,3	8,6	…	…	10,8
Colombia	8,4	8,2	9,6	15,1	35,2	34,7	35,7	42,5
Costa Rica[d]	5,7	6,3	5,8	7,0	20,0	21,1	21,0	26,2
Ecuador	7,9	8,4	8,9	15,4	21,5	23,2	25,0	33,0
El Salvador[d]	6,2	5,7	4,5	8,6	29,2	26,3	22,8	26,2
Honduras[d]	40,7	38,7	36,7	…	64,3	61,9	59,3	…
México[e]	…	14,0	…	17,2	…	49,9	…	52,8
Panamá	9,8	9,9	10,0	…	20,7	21,4	21,5	…
Paraguay	4,4	4,8	4,0	3,9	26,4	24,2	23,5	26,9
Perú	3,8	2,8	2,9	5,1	21,7	20,5	20,2	30,1
República Dominicana	3,8	2,9	2,7	3,5	25,6	22,8	21,0	23,4
Uruguay	0,1	0,1	0,1	0,4	7,9	8,1	8,8	11,6

Fuente: Comisión Económica para América Latina y el Caribe (CEPAL), sobre la base de Banco de Datos de Encuestas de Hogares (BADEHOG) y cifras oficiales; para el Brasil: Instituto Brasileño de Geografía y Estadística (IBGE), "Síntese de indicadores sociais: uma análise das condições de vida da população brasileira 2020", *Estudos e Pesquisas*, Nº 43, Río de Janeiro, 2020.

[a] Países para los que se dispone de estimaciones de pobreza de la CEPAL de 2017 en adelante.

[b] Las estimaciones de la CEPAL corresponden al cuarto trimestre de cada año. Las estimaciones oficiales corresponden al segundo semestre de cada año. Datos para áreas urbanas.

[c] El Brasil no tiene una estimación oficial de pobreza. Los datos corresponden a estimaciones del Instituto Brasileño de Geografía y Estadística (IBGE) indicadas en la fuente sobre la base de las líneas utilizadas por el Banco Mundial para países de renta baja y media baja.

[d] Medición oficial nacional informada en porcentajes de hogares.

[e] La medición oficial de México corresponde a una medición multidimensional de la pobreza. Por ello, se toman como referencia nacional no oficial las estimaciones publicadas por el Consejo Nacional de Evaluación de la Política de Desarrollo Social (CONEVAL), denominadas "población por debajo de la línea de bienestar mínimo", que aquí se asimila a "pobreza extrema", y "población por debajo de la línea de bienestar", como referencia para la "pobreza total".

Cuadro I.A1.3
América Latina (18 países): indicadores de pobreza y pobreza extrema, 2000-2020[a]
(En unidades de los índices correspondientes)

País	Año	Pobreza[b]				Pobreza extrema			
		Hogares	Personas			Hogares	Personas		
		Incidencia (H)	Incidencia (H)	Brecha (PG)	Brecha al cuadrado (FGT2)	Incidencia (H)	Incidencia (H)	Brecha (PG)	Brecha al cuadrado (FGT2)
Argentina[c]	2002	52,8	62,4	31,0	21,3	17,3	21,1	12,1	9,4
	2008	19,5	27,1	8,6	4,4	3,3	4,3	1,8	1,2
	2014	17,5	24,9	7,2	3,4	3,0	3,3	1,4	1,0
	2018	17,6	24,4	7,6	3,8	2,9	3,6	1,6	1,1
	2019	19,3	27,2	8,4	4,1	3,4	4,2	1,7	1,1
	2020	25,1	34,3	11,2	5,8	4,8	6,3	2,8	1,9
Bolivia (Estado Plurinacional de)	2002	59,9	66,8	37,7	26,5	29,8	35,1	19,2	13,6
	2008	39,6	46,5	21,4	13,2	17,0	21,4	9,7	6,2
	2014	28,6	33,7	13,9	8,1	12,5	14,9	6,5	4,0
	2018	27,7	33,1	13,3	7,5	12,3	14,8	6,1	3,5
	2019	24,8	30,9	11,2	6,0	9,2	12,0	4,6	2,6
	2020	27,5	32,3	12,7	7,2	11,0	13,5	5,6	3,3
Brasil	2002	30,1	37,8	14,4	7,6	4,8	6,2	2,7	1,9
	2008	19,4	25,3	8,9	4,7	3,8	4,3	2,0	1,5
	2014	12,6	16,5	5,5	2,9	3,0	3,3	1,4	1,0
	2018[d]	16,0	20,4	7,8	4,5	5,2	5,6	2,6	1,9
	2019[d]	16,0	20,2	7,8	4,6	5,3	5,8	2,7	1,9
	2020[d]	14,5	18,4	7,0	4,3	4,8	5,1	2,8	2,3
Chile	2003	33,4	40,0	15,3	8,1	4,6	5,6	2,2	1,4
	2009	23,7	29,0	9,6	4,9	3,6	3,8	1,8	1,3
	2013	12,8	16,2	4,8	2,3	1,9	2,0	0,9	0,6
	2015	10,7	13,7	3,9	1,8	1,6	1,8	0,8	0,5
	2017	8,4	10,7	3,0	1,5	1,5	1,4	0,7	0,6
	2020	12,4	14,2	5,8	3,8	4,9	4,5	2,8	2,2
Colombia	2002[e]	46,3	53,8	25,2	15,4	19,8	23,8	10,1	6,0
	2008	37,3	44,6	20,3	12,5	16,8	20,7	9,1	5,7
	2014	25,4	31,1	12,4	6,9	9,9	12,0	4,7	2,7
	2018	24,2	29,9	11,5	6,3	8,9	10,8	4,2	2,5
	2019	25,7	31,7	12,7	7,1	10,6	12,8	5,0	2,9
	2020	34,0	39,8	18,3	11,7	16,9	19,2	9,1	6,2
Costa Rica	2002	25,2	28,0	10,3	5,9	4,9	5,4	2,8	2,2
	2008	17,7	20,1	6,6	3,4	3,5	3,6	1,7	1,2
	2014	14,4	17,5	6,4	3,6	3,7	4,1	1,9	1,2
	2018	13,1	16,1	6,0	3,4	3,4	4,0	1,8	1,2
	2019	13,0	16,5	5,6	2,9	2,8	3,4	1,3	0,8
	2020	15,4	19,4	6,8	3,7	3,3	4,0	1,8	1,3
Ecuador	2001	48,0	53,5	21,8	11,9	18,0	20,2	6,7	3,6
	2008	29,4	34,7	12,1	6,1	9,0	10,8	3,6	1,9
	2014	19,2	23,4	7,0	3,1	4,7	5,9	1,7	0,8
	2018	18,6	24,2	7,4	3,4	4,8	6,5	2,0	1,0
	2019	19,4	25,7	8,1	3,7	5,4	7,6	2,1	1,0
	2020	23,8	30,6	10,5	5,1	7,6	10,8	3,3	1,5
El Salvador	2001	44,2	50,6	23,2	14,1	15,8	19,1	8,0	4,9
	2009	43,0	50,1	20,8	11,4	13,5	17,1	5,5	2,6
	2014	38,0	44,5	16,4	8,1	9,1	11,7	3,3	1,3
	2018	28,9	34,5	11,6	5,5	5,6	7,6	1,9	0,8
	2019	25,3	30,4	9,6	4,3	4,4	5,6	1,4	0,6
	2020	27,2	30,7	11,3	6,2	7,8	8,3	3,4	2,1
Guatemala	2000	46,9	53,6	28,9	19,8	14,4	16,9	8,8	5,9
	2006	34,9	42,7	19,5	11,6	7,7	10,4	3,4	1,7
	2014	43,1	50,5	22,4	13,0	11,8	15,4	5,3	2,7

País	Año	Pobreza[b]				Pobreza extrema			
		Hogares		Personas		Hogares		Personas	
		Incidencia (H)	Incidencia (H)	Brecha (PG)	Brecha al cuadrado (FGT2)	Incidencia (H)	Incidencia (H)	Brecha (PG)	Brecha al cuadrado (FGT2)
Honduras	2001	51,3	57,4	26,3	15,3	23,6	27,3	9,5	4,8
	2009	44,8	51,0	21,0	11,2	16,1	19,6	5,7	2,4
	2014	50,0	55,3	22,9	12,3	17,1	19,2	5,5	2,5
	2016	48,3	53,2	22,5	12,6	16,7	18,8	6,4	3,2
	2018	51,1	55,7	23,6	13,2	17,3	19,4	6,4	3,3
	2019	48,0	52,3	23,7	13,9	18,9	20,0	7,0	4,0
México	2002	38,2	46,4	18,1	9,4	7,3	10,4	2,8	1,2
	2008	36,1	43,1	17,2	9,4	9,2	11,8	4,0	2,0
	2014	38,1	45,2	17,6	9,3	10,2	13,0	4,2	2,0
	2016[f]	30,5	37,6	12,9	6,2	6,3	8,5	2,4	1,1
	2018[f]	28,6	35,5	11,8	5,6	5,8	7,7	2,2	1,0
	2020[f]	29,9	37,4	12,9	6,3	6,9	9,2	2,7	1,3
Nicaragua	2001	57,4	65,1	33,0	21,0	29,3	35,8	15,2	9,1
	2009	51,0	58,3	24,8	13,9	18,6	23,1	8,1	4,1
	2014	40,9	46,3	18,7	10,2	16,1	18,3	6,6	3,5
Panamá	2002	27,7	34,0	15,7	9,5	12,2	16,2	6,7	3,8
	2008	20,5	26,8	11,5	6,6	8,8	12,8	5,0	2,6
	2014	13,5	18,5	7,1	3,8	5,2	8,0	2,9	1,5
	2018	10,6	14,6	5,7	3,2	4,3	6,8	2,5	1,3
	2019	10,4	14,6	5,6	3,0	4,4	6,6	2,3	1,2
Paraguay	2002	39,9	47,9	22,3	13,6	13,2	17,6	7,2	4,2
	2008	28,1	35,0	13,2	6,9	9,2	12,1	3,8	1,9
	2014	18,5	22,3	8,2	4,2	6,3	7,7	2,4	1,2
	2018	16,3	19,5	6,6	3,2	5,3	6,5	1,8	0,8
	2019	16,2	19,4	6,4	3,0	5,0	6,2	1,5	0,6
	2020	18,5	22,3	7,1	3,2	5,0	6,0	1,6	0,7
Perú	2002	37,4	43,3	18,2	10,2	12,1	14,9	5,6	3,0
	2008	27,5	31,8	12,4	6,6	9,1	10,8	3,6	1,7
	2014	16,7	19,5	6,4	3,1	4,2	5,1	1,5	0,6
	2018	14,3	16,8	5,1	2,3	2,9	3,7	1,0	0,4
	2019	13,1	15,4	4,6	2,0	2,4	3,0	0,8	0,4
	2020	23,9	28,4	10,8	5,9	7,0	8,6	3,3	1,9
República Dominicana	2002	28,0	33,6	13,2	7,3	9,2	11,5	4,1	2,4
	2008	34,2	41,6	16,0	8,2	11,5	15,0	4,4	1,9
	2014	27,0	32,9	11,5	5,6	7,4	9,7	2,8	1,3
	2018[g]	15,6	20,9	6,0	2,5	3,3	4,6	1,1	0,4
	2019[g]	14,0	19,0	5,4	2,3	2,7	3,9	1,0	0,5
	2020[g]	16,1	21,8	6,5	2,9	4,0	5,6	1,6	0,8
Uruguay	2002	13,9	20,7	8,2	4,8	3,3	4,3	2,4	1,8
	2008	8,6	14,2	3,9	1,5	0,7	1,1	0,2	0,1
	2014	2,6	4,5	1,0	0,3	0,2	0,2	0,1	0,0
	2018	1,7	2,9	0,5	0,2	0,1	0,1	0,0	0,0
	2019	1,8	3,0	0,6	0,2	0,1	0,1	0,1	0,1
	2020	3,1	5,0	1,0	0,3	0,2	0,3	0,1	0,1
Venezuela (República Bolivariana de)	2002	45,3	51,7	19,9	10,6	6,8	7,2	3,5	2,6
	2008	20,8	24,7	7,6	3,6	4,5	4,7	1,6	1,0
	2014	24,0	28,3	9,3	4,6	10,3	12,0	3,7	2,0

Fuente: Comisión Económica para América Latina y el Caribe (CEPAL), sobre la base de Banco de Datos de Encuestas de Hogares (BADEHOG).

[a] H = Índice de recuento; PG = Brecha de pobreza; FGT2 = Índice de Foster, Greer y Thorbecke elevado al cuadrado.

[b] Incluye a las personas y los hogares en situación de pobreza extrema.

[c] Total urbano.

[d] A partir de 2016, los datos corresponden a la Encuesta Nacional de Hogares (PNAD Continua) y no son comparables con los de años anteriores (basados en la Encuesta Nacional de Hogares (PNAD)).

[e] Datos no comparables con los años posteriores.

[f] Datos no comparables con los años anteriores, corresponden a una nueva serie de la Encuesta Nacional de Ingresos y Gastos de los Hogares (ENIGH).

[g] Datos anuales, basados en la Encuesta Nacional Continua de Fuerza de Trabajo (ENCFT), no comparables con los de años anteriores, basados en la Encuesta Nacional de Fuerza de Trabajo (ENFT).

Cuadro I.A1.4
América Latina (18 países): líneas de pobreza extrema y pobreza, 2000-2020
(En moneda nacional y dólares corrientes)

País	Año	Moneda nacional				Tipo de cambio[a]	Dólares			
		Área urbana		Área rural			Área urbana		Área rural	
		Pobreza extrema	Pobreza	Pobreza extrema	Pobreza		Pobreza extrema	Pobreza	Pobreza extrema	Pobreza
Argentina	2002	89,2	263,3	...	...	3,06	29,2	86,0	...	...
	2008	206,5	519,5	...	...	3,14	65,8	165,5	...	...
	2014	900,0	2 061,1	...	...	8,08	111,4	255,1	...	...
	2018	2 655,0	6 439,0	...	...	28,09	94,5	229,2	...	...
	2019	4 018,0	9 714,0	...	...	48,15	83,5	201,7	...	...
	2020	5 553,0	13 288,0	...	...	70,54	78,7	188,4	...	...
Bolivia (Estado Plurinacional de)	2002	148,7	381,9	135,5	259,4	7,17	20,8	53,3	18,9	36,2
	2008	253,6	542,9	230,9	384,8	7,24	35,0	75,0	31,9	53,1
	2014	375,0	746,6	341,5	539,1	6,91	54,3	108,1	49,4	78,0
	2018	435,0	842,0	396,0	612,0	6,91	63,0	121,9	57,3	88,6
	2019	468,0	878,0	426,0	644,0	6,91	67,7	127,1	61,7	93,2
	2020	443,0	859,0	403,0	625,0	6,91	64,1	124,3	58,3	90,5
Brasil	2002	59,8	155,9	49,1	110,9	2,92	20,5	53,4	16,8	38,0
	2008	94,3	233,7	77,5	167,1	1,83	51,6	127,7	42,4	91,3
	2014	147,3	333,8	121,0	240,9	2,35	62,7	142,0	51,5	102,5
	2018	183,6	420,9	150,9	303,3	3,65	50,3	115,3	41,3	83,1
	2019	192,6	437,7	158,2	315,8	3,94	48,9	111,1	40,2	80,2
	2020	210,0	459,1	172,6	332,7	5,16	40,7	89,0	33,4	64,5
Chile	2003	23 532,0	72 249,0	21 421,0	50 840,0	691,40	34,0	104,5	31,0	73,5
	2009	32 853,0	87 327,0	29 904,0	62 801,0	560,86	58,6	155,7	53,3	112,0
	2013	42 049,0	97 665,0	38 275,0	71 862,0	495,27	84,9	197,2	77,3	145,1
	2015	48 246,0	108 305,0	43 917,0	80 186,0	654,12	73,8	165,6	67,1	122,6
	2017	51 309,0	113 958,0	46 705,0	84 538,0	648,83	79,1	175,6	72,0	130,3
	2020	57 572,0	124 593,0	52 406,0	92 879,0	792,73	72,6	157,2	66,1	117,2
Colombia	2002	62 812,0	142 057,0	54 352,0	93 220,0	2 504,24	25,1	56,7	21,7	37,2
	2008	96 929,0	201 745,0	83 873,0	135 283,0	1 967,71	49,3	102,5	42,6	68,8
	2014	117 571,0	242 075,0	101 735,0	162 802,0	2 001,78	58,7	120,9	50,8	81,3
	2018	147 169,0	296 845,0	127 346,0	200 760,0	2 955,70	49,8	100,4	43,1	67,9
	2019	154 229,0	308 841,0	133 455,0	209 290,0	3 280,83	47,0	94,1	40,7	63,8
	2020	162 634,0	320 565,0	140 728,0	218 191,0	3 694,85	44,0	86,8	38,1	59,1
Costa Rica	2002	11 053,0	30 018,0	9 981,0	24 552,0	359,82	30,7	83,4	27,7	68,2
	2008	25 676,0	58 642,0	23 186,0	48 514,0	526,24	48,8	111,4	44,1	92,2
	2014	35 085,0	80 709,0	31 682,0	66 736,0	538,32	65,2	149,9	58,9	124,0
	2018	36 802,0	83 985,0	33 232,0	69484,0	576,97	63,8	145,6	57,6	120,4
	2019	37 357,0	85 794,0	33 734,0	70 949,0	587,29	63,6	146,1	57,4	120,8
	2020	37 119,0	85 562,0	33 519,0	70 738,0	584,90	63,5	146,3	57,3	120,9
Ecuador	2001	26,9	55,4	23,6	43,5	1,00	26,9	55,4	23,6	43,5
	2008	40,6	77,8	35,6	61,6	1,00	40,6	77,8	35,6	61,6
	2014	54,6	100,2	47,9	79,7	1,00	54,6	100,2	47,9	79,7
	2018	57,9	106,3	50,8	84,6	1,00	57,9	106,3	50,8	84,6
	2019	57,9	106,5	50,8	84,7	1,00	57,9	106,5	50,8	84,7
	2020	58,3	106,6	51,2	84,9	1,00	58,3	106,6	51,2	84,9
El Salvador	2001	32,4	74,1	28,8	62,7	1,00	32,4	74,1	28,8	62,7
	2009	44,7	98,1	39,8	83,2	1,00	44,7	98,1	39,8	83,2
	2014	50,5	108,8	44,9	92,4	1,00	50,5	108,8	44,9	92,4
	2018	51,4	110,7	45,8	93,9	1,00	51,4	110,7	45,8	93,9
	2019	52,0	111,0	46,3	94,3	1,00	52,0	111,0	46,3	94,3
	2020	52,9	111,2	47,1	94,5	1,00	52,9	111,2	47,1	94,5

Cuadro I.A1.4 (conclusión)

País	Año	Moneda nacional				Tipo de cambio[a]	Dólares			
		Área urbana		Área rural			Área urbana		Área rural	
		Pobreza extrema	Pobreza	Pobreza extrema	Pobreza		Pobreza extrema	Pobreza	Pobreza extrema	Pobreza
Guatemala	2000	92,0	326,3	79,2	284,0	7,76	11,9	42,1	10,2	36,6
	2006	164,4	491,2	141,5	427,2	7,60	21,6	64,6	18,6	56,2
	2014	295,3	725,7	254,1	630,4	7,73	38,2	93,9	32,9	81,6
Honduras	2001	485,1	975,0	388,0	759,5	15,48	31,3	63,0	25,1	49,1
	2009	872,0	1 775,2	697,5	1382,3	18,90	46,1	93,9	36,9	73,1
	2014	1 075,0	2 301,9	859,9	1 790,1	20,99	51,2	109,7	41,0	85,3
	2018	1 183,9	2 615,9	947,0	2 032,8	23,90	49,5	109,5	39,6	85,1
	2019	1 214,0	2 734,1	971,1	2 123,7	24,51	49,5	111,6	39,6	86,7
México	2002	498,6	1282,2	409,1	948,3	9,66	51,6	132,7	42,4	98,2
	2008	699,9	1665,0	574,3	1 238,3	11,13	62,9	149,6	51,6	111,3
	2014	986,2	2177,9	809,1	1 629,1	13,29	74,2	163,9	60,9	122,6
	2016	1 078,6	2 339,6	885,0	1 752,6	18,66	57,8	125,4	47,4	93,9
	2018	1 194,0	2 578,4	979,7	1 932,2	19,24	62,1	134,0	50,9	100,4
	2020	1 342,0	2 787,0	1 101,0	2 095,0	21,49	62,5	129,7	51,2	97,5
Nicaragua	2001	357,0	736,4	295,7	536,5	13,37	26,7	55,1	22,1	40,1
	2009	777,7	1670,2	644,2	1210,5	20,34	38,2	82,1	31,7	59,5
	2014	1183,1	2371,0	979,9	1733,8	25,96	45,6	91,3	37,8	66,8
	2002	32,6	74,1	31,0	55,5	1,00	32,6	74,1	31,0	55,5
Panamá	2008	44,0	93,6	41,8	71,1	1,00	44,0	93,6	41,8	71,1
	2014	59,0	117,9	56,0	90,9	1,00	59,0	117,9	56,0	90,9
	2018	61,6	121,4	58,4	93,8	1,00	61,6	121,4	58,4	93,8
	2019	62,0	121,3	58,9	93,9	1,00	62,0	121,3	58,9	93,9
	2002	80 444,0	213 012,0	76 903,0	170 186,0	5 716,26	14,1	37,3	13,5	29,8
Paraguay	2008	165 287,0	349 528,0	158 010,0	287 654,0	4 363,29	37,9	80,1	36,2	65,9
	2014	221 069,0	452135,0	211 337,0	373 930,0	4 462,19	49,5	101,3	47,4	83,8
	2018	264 999,0	526 639,0	253 333,0	437 439,0	5 732,10	46,2	91,9	44,2	76,3
	2019	268 709,0	536 487,0	256 880,0	445 306,0	6 240,72	43,1	86,0	41,2	71,4
	2020	274 254,0	546 425,0	262 180,0	453 697,0	6 771,10	40,5	80,7	38,7	67,0
Perú	2002	83,1	203,9	69,1	132,7	3,52	23,6	57,9	19,6	37,7
	2008	101,6	237,6	84,5	156,1	2,92	34,8	81,4	29,0	53,5
	2014	128,8	283,4	107,2	188,6	2,84	45,4	99,8	37,7	66,4
	2018	144,6	316,8	120,3	211,0	3,29	44,0	96,3	36,6	64,1
	2019	147,1	323,4	122,4	215,2	3,34	44,0	96,8	36,6	64,4
	2020	149,9	329,3	124,7	219,2	3,49	42,9	94,4	35,7	62,8
República Dominicana	2002	651,8	1 400,6	631,6	1 183,4	17,59	37,1	79,6	35,9	67,3
	2008	1 779,2	3 582,1	1 724,0	3 052,6	34,53	51,5	103,7	49,9	88,4
	2014	2 354,1	4 611,7	2 281,2	3 944,7	43,55	54,1	105,9	52,4	90,6
	2018	2 703,7	4 994,1	2 620,1	4 307,7	49,51	54,6	100,9	52,9	87,0
	2019	2 791,0	5 096,8	2 703,8	4 403,3	51,29	54,4	99,4	52,7	85,9
	2020	2 967,1	5 327,0	2 874,3	4 613,1	56,52	52,5	94,3	50,9	81,6
Uruguay	2002	557,4	1 444,1	,	,	21,26	26,2	67,9	,	,
	2008	1 109,6	2 534,5	1 162,1	2 474,5	20,95	53,0	121,0	55,5	118,1
	2014	1 808,4	4 016,6	1 893,9	3 927,9	23,25	77,8	172,8	81,5	168,9
	2018	2 517,3	5 482,5	2 636,3	5 367,5	30,73	81,9	178,4	85,8	174,7
	2019	2 722,9	5 912,6	2 851,7	5 789,7	35,26	77,2	167,7	80,9	164,2
	2020	3 064,6	6 503,5	3 209,4	6 377,1	42,01	73,0	154,8	76,4	151,8
Venezuela (República Bolivariana de)[b]	2002	33,3	93,8	…	…	1,16	28,7	80,9	…	…
	2008	156,1	309,4	…	…	2,15	72,6	143,9	…	…
	2014	1309,0	2014,0	…	…	6,28	208,4	320,7	…	…

Fuente: Comisión Económica para América Latina y el Caribe (CEPAL) y Fondo Monetario Internacional (FMI).

[a] Tipo de cambio promedio anual.

[b] Las líneas de pobreza extrema y pobreza se aplican a nivel nacional.

Cuadro I.A1.5
América Latina (18 países): indicadores de distribución del ingreso de las personas, 2001-2020[a]
(En unidades correspondientes a cada índice y porcentajes)

País	Año	Coeficiente de Gini[b]	Índice de Theil[c]	Índice de Atkinson[c]			Población con ingresos inferiores al 50% de la mediana *(en porcentajes)*
				(e=0,5)	(e=1,0)	(e=1,5)	
Argentina[d]	2002	0.498	0.405	0.178	0.321	0.444	25,8
	2008	0.413	0.292	0.134	0.250	0.357	13,8
	2014	0.391	0.264	0.121	0.224	0.317	12,8
	2018	0.396	0.286	0.127	0.233	0.329	13,3
	2019	0.400	0.284	0.128	0.236	0.333	13,2
	2020	0.400	0.282	0.129	0.239	0.343	12,1
Bolivia (Estado Plurinacional de)	2002	0.612	0.734	0.314	0.552	0.740	29,2
	2008	0.513	0.492	0.219	0.402	0.567	24,2
	2014	0.471	0.403	0.185	0.350	0.507	22,7
	2018	0.438	0.334	0.159	0.309	0.458	21,5
	2019	0.430	0.326	0.152	0.288	0.421	18,3
	2020	0.449	0.358	0.167	0.318	0.460	20,5
Brasil	2002	0.570	0.650	0.262	0.432	0.548	21,7
	2008	0.536	0.574	0.234	0.394	0.510	21,1
	2014	0.514	0.526	0.217	0.370	0.486	21,6
	2018[e]	0,540	0,575	0,237	0,404	0,530	22,8
	2019[e]	0,538	0,574	0,236	0,403	0,529	23,4
	2020[e]	0,519	0,535	0,219	0,371	0,489	20,8
Chile	2003	0.507	0.514	0.211	0.359	0.478	18,7
	2009	0.478	0.453	0.188	0.323	0.434	15,8
	2013	0.466	0.424	0.178	0.306	0.408	14,2
	2015	0.453	0.408	0.170	0.293	0.392	14,1
	2017	0.454	0.417	0.172	0.295	0.394	14,1
	2020	0.475	0.427	0.182	0.324	0.461	16,5
Colombia	2002	0.567	0.663	0.266	0.447	0.586	23,5
	2008	0.572	0.652	0.268	0.456	0.600	25,1
	2014	0.540	0.577	0.240	0.412	0.547	23,0
	2018	0.520	0.537	0.224	0.386	0.516	21,8
	2019	0.529	0.549	0.230	0.398	0.530	22,6
	2020	0.552	0.588	0.245	0.424	0.569	23,9
Costa Rica	2002[f]	0.497	0.462	0.198	0.349	0.475	20,0
	2008[f]	0.491	0.461	0.195	0.339	0.451	18,7
	2014	0.498	0.440	0.197	0.356	0.488	21,1
	2018	0.493	0.430	0.193	0.348	0.478	20,5
	2019	0.495	0.443	0.196	0.350	0.475	20,4
	2020	0.490	0.424	0.190	0.342	0.468	20,0
Ecuador	2001	0.538	0.643	0.244	0.395	0.502	18,1
	2008	0.496	0.461	0.196	0.340	0.452	18,9
	2014	0.449	0.391	0.165	0.288	0.387	16,5
	2018	0.454	0.386	0.167	0.296	0.401	17,8
	2019	0.456	0.382	0.167	0.297	0.404	18,1
	2020	0.466	0.434	0.181	0.313	0.418	16,8
El Salvador	2001	0.514	0.481	0.209	0.371	0.503	23,3
	2009	0.478	0.428	0.186	0.327	0.440	19,9
	2014	0.434	0.340	0.151	0.273	0.373	17,6
	2018	0.405	0.289	0.132	0.244	0.340	16,9
	2019	0.406	0.298	0.134	0.245	0.338	16,1
	2020	0.421	0.305	0.141	0.267	0.391	17,5
Guatemala	2000	0.636	0.883	0.341	0.558	0.714	27,0
	2006	0.558	0.608	0.253	0.432	0.567	25,5
	2014	0.535	0.664	0.248	0.407	0.533	22,2
Honduras	2001	0.532	0.526	0.226	0.392	0.519	23,2
	2009	0.502	0.480	0.204	0.353	0.467	21,3
	2014	0.481	0.428	0.185	0.325	0.435	19,0
	2016	0.480	0.424	0.187	0.336	0.462	20,9
	2018	0.481	0.427	0.187	0.334	0.457	21,0
	2019	0.494	0.406	0.185	0.339	0.471	23,2

Cuadro I.A1.5 (conclusión)

País	Año	Coeficiente de Gini[b]	Índice de Theil[c]	Índice de Atkinson[c]			Población con ingresos inferiores al 50% de la mediana *(en porcentajes)*
				(e=0,5)	(e=1,0)	(e=1,5)	
México	2002	0.506	0.489	0.209	0.362	0.476	20,7
	2008	0.513	0.535	0.219	0.376	0.498	20,8
	2014	0.502	0.511	0.209	0.357	0.475	19,1
	2016[g]	0.491	0.448	0.186	0.320	0.425	16,8
	2018[g]	0.464	0.444	0.182	0.312	0.415	16,5
	2020[g]	0.452	0.401	0.169	0.297	0.401	16,6
Nicaragua	2001	0.568	0.536	0.231	0.408	0.561	22,5
	2009	0.463	0.400	0.175	0.314	0.440	19,9
	2014	0.495	0.511	0.207	0.355	0.476	19,9
Panamá	2002	0.572	0.622	0.270	0.472	0.623	27,3
	2008	0.528	0.518	0.229	0.410	0.553	24,9
	2014	0.502	0.465	0.206	0.372	0.511	24,2
	2018	0.501	0.457	0.206	0.377	0.522	23,7
	2019	0.506	0.459	0.206	0.374	0.516	23,8
Paraguay	2002	0.584	0.648	0.259	0.439	0.584	24,7
	2008	0.516	0.564	0.224	0.377	0.494	21,1
	2014	0.522	0.542	0.219	0.372	0.493	21,5
	2018	0.474	0.421	0.183	0.324	0.437	20,1
	2019	0.473	0.412	0.180	0.320	0.432	20,3
		0.452	0.371	0.165	0.298	0.411	19,6
Perú	2002	0.544	0.610	0.248	0.422	0.560	24,4
	2008	0.495	0.450	0.201	0.364	0.500	24,7
	2014	0.446	0.369	0.165	0.303	0.424	21,5
	2018	0.439	0.345	0.157	0.290	0.406	20,0
	2019	0.429	0.332	0.151	0.278	0.390	19,6
		0.464	0.396	0.178	0.329	0.469	21,2
República Dominicana	2002	0.498	0.461	0.197	0.342	0.453	20,5
	2008	0.489	0.452	0.193	0.335	0.445	20,0
	2014	0.449	0.351	0.160	0.293	0.404	18,3
	2018[h]	0.442	0.351	0.150	0.262	0.353	15,1
	2019[h]	0.432	0.346	0.149	0.263	0.355	15,4
	2020[h]	0.405	0.297	0.133	0.240	0.331	14,4
Uruguay	2002	0.474	0.393	0.177	0.322	0.448	21,1
	2008	0.453	0.382	0.166	0.295	0.397	18,7
	2014	0.392	0.271	0.124	0.229	0.319	16,3
	2018	0.391	0.269	0.123	0.225	0.311	15,6
	2019	0.392	0.270	0.123	0.226	0.314	16,2
	2020	0.397	0.277	0.127	0.233	0.323	16,9
Venezuela (República Bolivariana de)	2002	0.418	0.317	0.140	0.253	0.355	13,7
	2008	0.379	0.248	0.114	0.212	0.298	13,9
	2014	0.378	0.242	0.112	0.210	0.300	14,8

Fuente: Comisión Económica para América Latina y el Caribe (CEPAL), sobre la base de Banco de Datos de Encuestas de Hogares (BADEHOG).

[a] Calculados a partir de la distribución del ingreso per cápita de las personas del conjunto del país.

[b] Incluye a las personas con ingreso igual a 0.

[c] Los índices de Theil y Atkinson se calcularon sin incluir los valores cercanos a 0 ni los tres mayores ingresos per cápita (para atenuar el efecto de los valores extremos).

[d] Total urbano.

[e] A partir de 2016, los datos corresponden a la Encuesta Nacional de Hogares (PNAD Continua) y no son comparables con los de años anteriores (basados en la Encuesta Nacional de Hogares (PNAD)).

[f] Datos de 2002 y 2008 no comparables con los de años posteriores.

[g] Datos no comparables con los años anteriores, corresponden a una nueva serie de la Encuesta Nacional de Ingresos y Gastos de los Hogares (ENIGH).

[h] Datos anuales, basados en la Encuesta Nacional Continua de Fuerza de Trabajo (ENCFT), no comparables con los de años anteriores, basados en la Encuesta Nacional de Fuerza de Trabajo (ENFT).

CAPÍTULO

II

Los sistemas de salud y de protección social frente a una crisis sanitaria prolongada: el impacto en la salud y el bienestar de las personas

Introducción

La pandemia de enfermedad por coronavirus (COVID-19) ha tenido un impacto multidimensional en América Latina y el Caribe y ha puesto de relieve la interdependencia entre las dimensiones sanitaria, social y económica, uno de los aspectos fundamentales para la recuperación transformadora planteada por la Comisión Económica para América Latina y el Caribe (CEPAL, 2021a). La región ha mostrado una gran vulnerabilidad frente a la crisis sanitaria, económica y social generada por la pandemia, con una sobrerrepresentación en el porcentaje de su población en términos de contagios y muertes por COVID-19 que se ha prolongado en el tiempo. A pesar de que América Latina y el Caribe solo concentra el 8,4% de la población mundial, a fines de diciembre 2021 había acumulado el 16,8% de los casos y cerca del 30% de las muertes por COVID-19 a nivel mundial (véase el gráfico II.1). A finales de diciembre de 2021, se habían identificado en la región las cinco variantes de SARS-Cov-2 clasificadas como variantes preocupantes por la Organización Mundial de la Salud (OMS) (OMS, 2021a), siendo la variante delta la predominante hasta finales de octubre (OPS, 2021a). La variante ómicron, por su parte, se ha detectado ya en 21 de los 33 países de América Latina y el Caribe tan solo un mes después de haberse identificado el primer caso en la región, lo que demuestra su alto grado de contagiosidad (OMS, 2021b).

Gráfico II.1
América Latina y el Caribe (33 países[a]): población total, contagios y muertes acumuladas por COVID-19 a diciembre de 2020 y diciembre de 2021
(En porcentajes del total mundial)

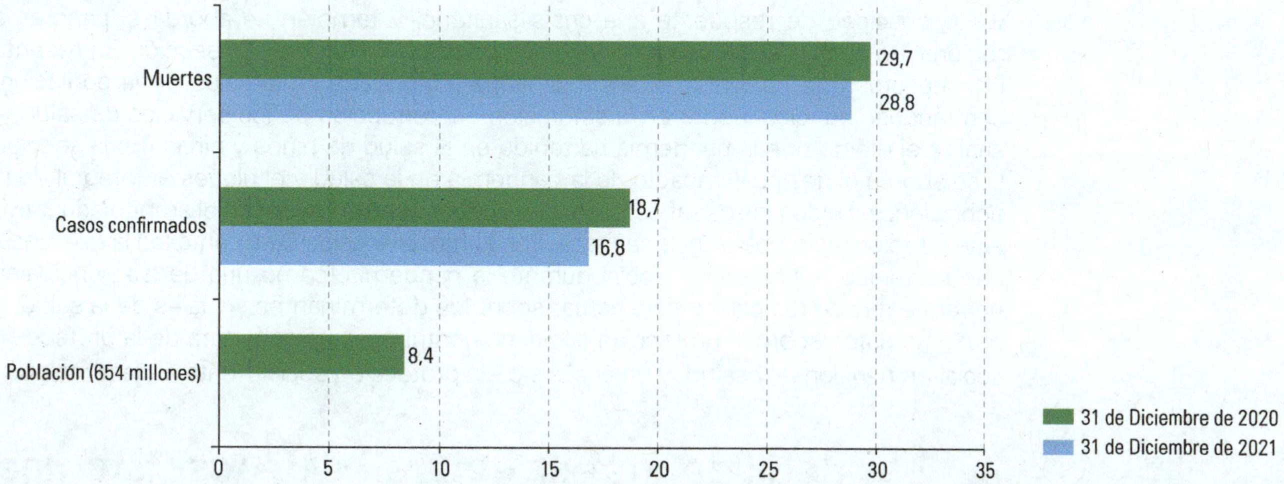

Fuente: Comisión Económica para América Latina y el Caribe (CEPAL), sobre la base de Organización Mundial de la Salud (OMS), "WHO Coronavirus (COVID-19) Dashboard" [en línea] https://covid19.who.int/, y Naciones Unidas, *World Population Prospects 2019* [en línea] https://population.un.org/wpp/.

[a] Los países considerados son: Antigua y Barbuda, Argentina, Bahamas, Barbados, Belice, Bolivia (Estado Plurinacional de), Brasil, Chile, Colombia, Costa Rica, Cuba, Dominica, Ecuador, El Salvador, Granada, Guatemala, Guyana, Haití, Honduras, Jamaica, México, Nicaragua, Panamá, Paraguay, Perú, República Dominicana, Saint Kitts y Nevis, San Vicente y las Granadinas, Santa Lucía, Suriname, Trinidad y Tabago, Uruguay y Venezuela (República Bolivariana de).

Los países de la región debieron enfrentar la pandemia con sistemas de salud subfinanciados, que se encuentran agrupados en segmentos desvinculados entre sí, de tal forma que condicionan el acceso a la atención de salud a los ingresos de la población. A su vez, se trata de sistemas marcados por una alta fragmentación de la atención. Todo ello redunda en problemas de suficiencia en el acceso, ineficiencia, dificultades de coordinación, ausencia de solidaridad y situaciones de desigualdad. Los sistemas de protección social, por su parte, han mostrado ser débiles e insuficientes frente a la crisis sanitaria (CEPAL, 2021a), en un contexto de profundas desigualdades sociales y económicas que tienen un impacto directo sobre la salud de la población a través de los determinantes sociales de la salud. Dichos factores son condiciones sociales, económicas y políticas que determinan la condición socioeconómica de las personas sobre la base de su ingreso, educación, ocupación o empleo, género y condición étnico-racial, y que tienen repercusiones sobre el bienestar individual (OMS, 2010), y se encuentran estrechamente relacionados con la matriz de desigualdad social de la región (CEPAL, 2016). Al estar distribuidos de manera desigual, estos determinantes producen una gradiente social que se caracteriza por peores resultados en materia de salud a medida que empeora la situación socioeconómica de las personas (Marmot y Wilkinson 2006).

La persistencia de la crisis sanitaria ha profundizado esas brechas, marcadas por los ejes estructurantes de la desigualdad y por la cultura del privilegio, y ha hecho que se asimilara a una sindemia, es decir, una pandemia en que las dimensiones biológicas y socioeconómicas interactúan y aumentan la susceptibilidad de las personas en situación de vulnerabilidad a experimentar un deterioro en su salud (Horton, 2020; Bambra, Lynch y Smith, 2021). En este contexto, y ante la desigualdad y lentitud con que han avanzado los procesos de vacunación contra el COVID-19 en la región, con la excepción de algunos países, los sistemas de protección social, tanto en su dimensión contributiva como no contributiva, y las diversas medidas implementadas han sido fundamentales para mitigar el impacto de la crisis provocada por la pandemia sobre los determinantes sociales de la salud y permitir que las personas puedan satisfacer sus necesidades básicas. Esto pone de relieve el carácter central de las políticas integrales que puedan crear sinergias entre los sistemas de salud y de protección social, atendiendo las necesidades de la población en aquellas dimensiones de mayor vulnerabilidad y promoviendo la garantía del derecho a la salud y la erradicación de desigualdades en esta área (Abramo, Cecchini y Ullmann, 2020).

El presente capítulo se divide en cuatro secciones, además de esta introducción. En la sección A se analiza el estado de los sistemas de salud previo al inicio de la pandemia y su capacidad de respuesta a la crisis sanitaria, y también se aborda el panorama regional en cuanto al acceso a las vacunas contra el COVID-19. La sección B presenta los impactos que ha tenido la crisis sanitaria prolongada en la salud de la población, centrándose principalmente en la saturación e interrupción de los servicios de salud, y analiza el efecto que la pandemia ha tenido en la salud de niños y niñas. En la sección C se aborda el desigual impacto de la pandemia en la salud y el bienestar integral de la población, incluidos los desafíos que se han debido enfrentar desde el ámbito educativo ante la prolongación de la crisis sanitaria. Por último, la sección D se centra en la relevancia que ha tenido la protección social durante la pandemia, como una de las principales herramientas de los países para actuar sobre los determinantes sociales de la salud, y presenta datos sobre la protección social no contributiva, la cobertura de la protección social en pensiones y salud, y un análisis de la protección social frente al desempleo.

A. Las debilidades estructurales de los sistemas de salud y la urgencia de avanzar en la vacunación masiva

Las debilidades históricas de los sistemas de salud de la región se han hecho patentes ante la pandemia de COVID-19, quedando en evidencia el subfinanciamiento crónico, marcado por un muy bajo gasto público en salud y altos niveles de gasto privado, principalmente de bolsillo. A su vez, se trata de sistemas fragmentados y segmentados, lo que genera dificultades de coordinación y problemas de eficiencia que se traducen en desigualdades que comprometen el acceso universal, la calidad y el financiamiento de la salud. En el marco de la pandemia, ello ha sido acompañado por un proceso de vacunación que ha avanzado lentamente y de manera muy heterogénea entre los países de la región. La mayor parte de los países de América Latina y el Caribe no alcanzó a vacunar al 70% de su población en 2021, siendo esta situación más preocupante para la subregión del Caribe.

1. Los sistemas de salud ante la crisis sanitaria prolongada

Previo a la crisis provocada por el COVID-19, los sistemas de salud de América Latina y el Caribe ya presentaban un financiamiento deficiente y problemas de disponibilidad de recursos clave y de organización de los servicios de atención. La falta de cobertura y la desigualdad en el acceso a ella[1] son consecuencia de la existencia de sistemas de salud subfinanciados, segmentados y fragmentados, con problemas en la organización de los servicios, en la rectoría y conducción sectorial, y en las capacidades para abordar los determinantes sociales[2]. Con la llegada de la pandemia a la región, los problemas de capacidad se hicieron patentes, con muestras de fortalezas institucionales de dirección y coordinación desiguales, así como diferencias en las directrices y el posicionamiento político de los Gobiernos frente a la crisis.

Esta subsección se centra en detallar la situación de los sistemas de la salud previo a la pandemia, para después dar paso a los desafíos y las desigualdades que surgieron entre los países con la emergencia sanitaria y su prolongación. El apartado finaliza con un análisis sobre las respuestas de los países y recomendaciones para la resiliencia, sostenibilidad y transformación de los sistemas de salud.

a) El subfinanciamiento crónico de los sistemas de salud: la desigual combinación de bajo gasto público y alto gasto de bolsillo de las personas

Los sistemas de salud son entidades complejas con estructuras determinadas a nivel nacional y fuertes influencias económicas, políticas y culturales. Su marco de acción es relativamente amplio debido a la naturaleza del proceso de cuidado de la salud y la acción multidimensional de los determinantes sociales de la salud sobre el estado de salud de las personas y las comunidades. En América Latina y el Caribe se caracterizan por presentar una serie de problemas, como el subfinanciamiento público crónico y la segmentación en varios subsistemas estancos que estratifican a las poblaciones, así como los problemas de fragmentación que sufre la población en el acceso a la atención de salud, con escaso desarrollo de la estrategia de atención primaria de salud.

Las dificultades de financiamiento y de baja prioridad fiscal para el sector de la salud que ello supone se reflejan en la región en un gasto total en salud que, en promedio, es un 6,8% del PIB, un 3,8% del cual corresponde a gasto público (a nivel de gobierno general), con una gran variabilidad entre los países (véase el gráfico II.2)[3]. La otra parte corresponde a gasto privado en salud, principalmente gasto de bolsillo de los hogares, aunque en algunos países el aseguramiento privado también es importante. De esta forma, poco más de la mitad del total del gasto en salud proviene de fuentes públicas (56%), lo que marca una notable diferencia con otras regiones que cuentan con sistemas de salud más desarrollados como, por ejemplo, los países de la Organización de Cooperación y Desarrollo Económicos (OCDE), donde el 76% del gasto es de origen público (OCDE, 2019).

---

1 Se entiende por acceso la capacidad de utilizar servicios de salud adecuados y de calidad. El acceso universal es la ausencia de barreras de cualquier tipo y se logra a través de la eliminación progresiva de dichas barreras para que todas las personas usen los servicios de manera equitativa. La cobertura sanitaria se define como la capacidad del sistema de salud para responder a las necesidades de la población, lo que incluye la disponibilidad adecuada de los elementos clave de la oferta, como los recursos humanos, la infraestructura y las tecnologías. La cobertura universal implica que los mecanismos de organización y financiamiento son suficientes para cubrir a toda la población (OPS, 2014).

2 La segmentación es la coexistencia de subsistemas con distintas modalidades de financiamiento, afiliación y provisión de servicios de salud, cada uno de ellos "especializado" en diferentes segmentos de la población de acuerdo con su inserción laboral, nivel de ingreso y otras características. La fragmentación del sistema de provisión de servicios de salud es la coexistencia de varias unidades o establecimientos no integrados dentro de la red sanitaria asistencial, que operan de una forma desintegrada que no permite la adecuada normalización de los contenidos, la calidad y el costo de la atención, y conduce a la formación de redes de provisión de servicios que no funcionan de manera coordinada, coherente o sinérgica, sino que tienden a ignorarse o competir entre sí, lo que genera incrementos en los costos de transacción y promueve una asignación ineficiente de los recursos en el sistema como un todo (Levcovitz y Costa Cuoto, 2018).

3 Es conveniente señalar que con "gasto público" se está haciendo referencia al gasto corriente en salud, lo que significa que no se incluye el gasto de capital o inversión.

Gráfico II.2
América Latina y el Caribe (33 países): gasto en salud[a] público y privado, 2018
(En porcentajes del PIB)

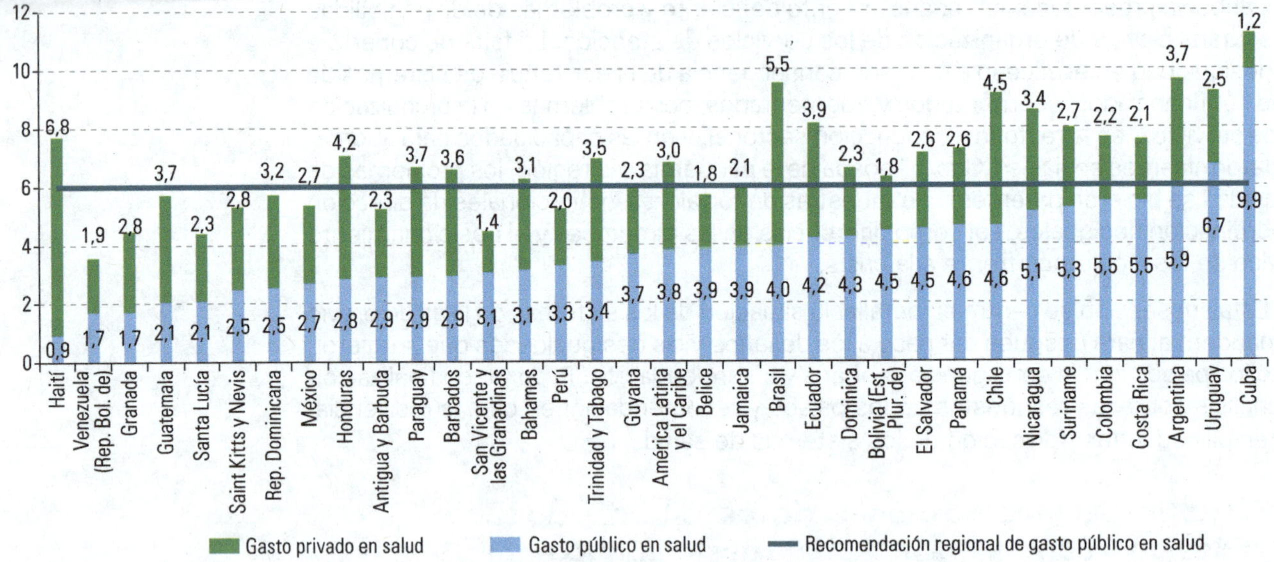

Fuente: Comisión Económica para América Latina y el Caribe (CEPAL), sobre la base de Organización Mundial de la Salud (OMS), Global Health Expenditure Database [en línea] https://apps.who.int/nha/database/Select/Indicators/en [fecha de consulta: 20 de agosto de 2021].

[a] El gasto público en salud corresponde al gasto en salud del gobierno general en la nomenclatura de cuentas nacionales de salud y se refiere al gobierno general, gobierno estatal/provincial, gobierno local/municipal, y fondos de seguridad social (véase Organización de Cooperación y Desarrollo Económicos (OCDE)/Organización Mundial de la Salud (OMS)/Eurostat, *A System of Health Accounts: 2011 Edition,* Paris, OECD Publishing, 2011).

En este escenario de muy bajo gasto público en salud, solo dos países (Cuba y Uruguay) superaban en 2018 el 6% del PIB, que es la recomendación regional de gasto público en salud en el marco de la Estrategia para el Acceso Universal a la Salud y la Cobertura Universal de Salud de la Organización Panamericana de la Salud (OPS) acordada por los países en 2014 (OPS, 2014). En años anteriores, también la Argentina y Costa Rica han ingresado al grupo de países con más del 6% del PIB asignado al gasto público en salud y han salido de él. Con todo, no hay duda de que un sector del Estado con una participación total —pública y privada— en el PIB cercana al 7% (el promedio regional es un 6,8% del PIB), y que en algunos países como la Argentina, el Brasil y Cuba llega a cerca del 10%, es un sector relevante en la economía, más aún si es relativamente intensivo en trabajo y tiene una mayor participación de mujeres (CEPAL, 2021d).

En muchos países de América Latina y el Caribe, el gasto de bolsillo en salud representa el componente principal del gasto y en promedio es más de un tercio del gasto total en salud (33,6%), equivalente a un 76,2% del gasto privado en salud (véase el gráfico II.3). Solo unos pocos países están por debajo del 20% de gasto de bolsillo en salud como porcentaje del gasto total en salud: a los que ya se han mencionado (Cuba y el Uruguay), cuyo gasto público en salud, a su vez, supera el 6% del PIB, se suman Colombia y Jamaica. Cabe mencionar que la mayor parte del gasto privado de bolsillo corresponde a gastos en medicamentos (Cid Pedraza y otros, 2021). Los gastos de bolsillo altos no solo generan desigualdad, sino que aumentan el riesgo de los hogares de enfrentar catástrofes financieras y de caer en la pobreza o exacerbarla, de manera que, a la larga, limitan los niveles de salud que las poblaciones pueden alcanzar. En 2015, por ejemplo, 94 millones de personas (15,1%) en la región incurrían en gastos catastróficos en salud y cerca de 12 millones de personas (1,8%) se empobrecían por el gasto de bolsillo en salud (OMS/Banco Mundial, 2019).

Gráfico II.3

América Latina y el Caribe (33 países): gasto privado en salud como porcentaje del gasto total en salud[a], según gasto de bolsillo y otro gasto privado

(En porcentajes)

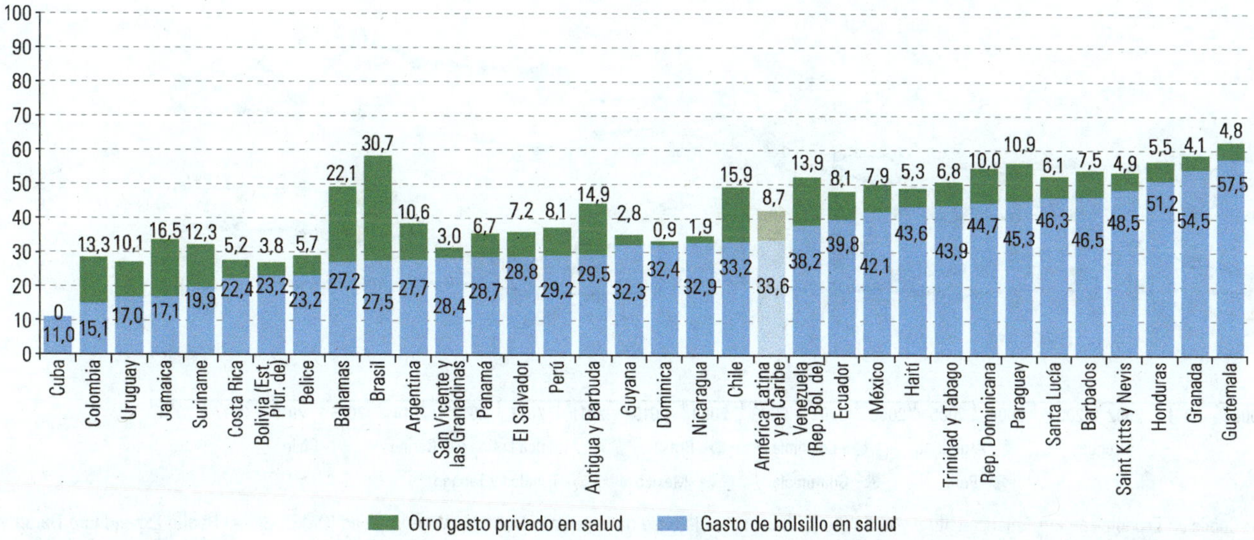

Fuente: Comisión Económica para América Latina y el Caribe (CEPAL), sobre la base de Organización Mundial de la Salud (OMS), Global Health Expenditure Database [en línea] https://apps.who.int/nha/database/Select/Indicators/en [fecha de consulta: 20 de agosto de 2021].

[a] El gasto total en salud incluye el gasto público y privado en salud. El gasto público en salud corresponde al gasto en salud del gobierno general en la nomenclatura de cuentas nacionales de salud y se refiere al gobierno general, gobierno estatal/provincial, gobierno local/municipal, y fondos de seguridad social (véase Organización de Cooperación y Desarrollo Económicos (OCDE)/Organización Mundial de la Salud (OMS)/Eurostat, *A System of Health Accounts: 2011 Edition*, París, OECD Publishing, 2011).

Las características que se han reseñado han sido persistentes en el tiempo (véase el gráfico II.4). De hecho, de 2000 en adelante, el gasto público en salud, en promedio, solo ha aumentado 1 punto porcentual su participación en el PIB. Mientras que en otras regiones del mundo el aumento del gasto es constante o superior al crecimiento, en muchos países de América Latina y el Caribe, la elasticidad del gasto público en relación con el crecimiento del PIB ha sido menor que 1 durante grandes períodos de tiempo (Cid Pedraza, Matus-López y Báscolo, 2018). Por su parte, como se ha anotado en varios análisis, el gasto de bolsillo es bastante rígido (OPS, 2017), de tal forma que, en casi 20 años, su participación en el gasto total en salud en los países ha disminuido apenas 6 puntos porcentuales, en promedio.

El bajo nivel y la heterogeneidad de los recursos dedicados al sector de la salud que se registra entre los países también se evidencia al medirlos en términos absolutos, observándose grandes diferencias de gasto per cápita. En promedio, tanto el gasto público como el gasto total en salud equivalen a la cuarta parte de los de los países de la OCDE (CEPAL/OPS, 2021).

Los esfuerzos por avanzar en materia de sostenibilidad financiera en el sistema de salud pasan por factores como la recuperación económica, la prioridad fiscal en salud, la búsqueda de fuentes tributarias progresivas y novedosas y la equiparación con estándares internacionales (CEPAL, 2021e). Los impuestos a los bienes nocivos para la salud, así como el control de los gastos tributarios y de la evasión y la elusión fiscales son ejemplos de instrumentos a tal fin. También debe procurarse la eficiencia del gasto y, en algunos casos, resulta muy relevante la continuidad del apoyo externo en el financiamiento mediante préstamos y ayudas. Estas son algunas de las fuentes de espacio fiscal que el sector de la salud debe explorar en los países.

Gráfico II.4
América Latina y el Caribe (9 países): gasto público en salud[a], 2000 a 2018
(En porcentajes del PIB)

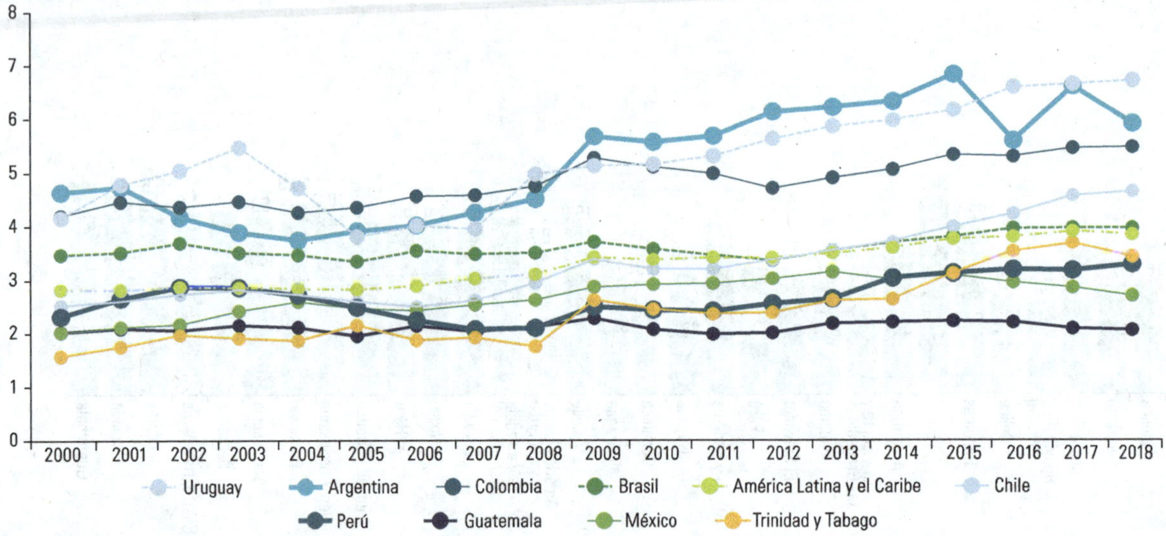

Fuente: Comisión Económica para América Latina y el Caribe (CEPAL), sobre la base de Organización Mundial de la Salud (OMS), Global Health Expenditure Database [en línea] https://apps.who.int/nha/database/Select/Indicators/en [fecha de consulta: 20 de agosto de 2021].

[a] Corresponde al gasto en salud del gobierno general en la nomenclatura de cuentas nacionales de salud y se refiere al gobierno general, gobierno estatal/provincial, gobierno local/municipal, y fondos de seguridad social (véase Organización de Cooperación y Desarrollo Económicos (OCDE)/Organización Mundial de la Salud (OMS)/Eurostat, *A System of Health Accounts: 2011 Edition*, París, OECD Publishing, 2011).

b) La segmentación y fragmentación de la salud: ineficiencia del financiamiento y problemas de coordinación

La mancomunación o agrupación de los recursos se asocia con la estructura de los sistemas de salud y revela cómo se organiza, acumula y administra el financiamiento para la salud (Kutzin, Yip y Cashin, 2016; OMS, 2010). Los sistemas de salud de la región cuentan con varios nichos de mancomunación de recursos y, a la vez, tienen subsistemas segmentados y prácticamente estancos, lo que genera problemas de falta de solidaridad e ineficiencia estructural que se traducen en desigualdades que comprometen el acceso universal, la calidad y el financiamiento de la salud. Se trata de subsistemas con distintas modalidades de financiamiento, afiliación y provisión, cada uno de ellos especializado en diferentes estratos de la población, de acuerdo con su inserción laboral, nivel de ingreso, capacidad de pago y nivel socioeconómico. Por otra parte, las formas en que los recursos se reúnen o acumulan para ser gestionados y cubrir los riesgos sanitarios, en particular si las entidades financiadoras o aseguradoras constituyen uno o más fondos de salud en el mismo país, presentan una asociación directa con las estructuras y la organización del sistema de salud en su conjunto (Mathauer, Saksena y Kutzin, 2019).

De este modo, la segmentación se refleja en el financiamiento de manera que en la mayoría de los países los recursos se encuentran mezclados producto de los distintos subsistemas existentes (véase el gráfico II.5). Mientras que en pocos países predomina el aporte fiscal que caracteriza a los sistemas denominados "servicios nacionales de salud", los recursos de la seguridad social de salud están presentes en casi todos los países, pero son especialmente relevantes en Costa Rica, Colombia y el Uruguay. Por otra parte, el gasto privado de aseguramiento y de bolsillo, analizados anteriormente, también son relevantes.

Los problemas de segmentación suelen reflejarse en la existencia de: i) un sistema público para los grupos que acceden a prestaciones no contributivas y por lo general son los de mayor vulnerabilidad, ii) un sector de seguridad social de salud que cubre a grupos de trabajadores formalizados y sus familias, que suelen ser una fracción minoritaria de la población, dados los altos niveles de informalidad laboral que se registran, y iii) una provisión o aseguramiento privado (voluntario) para sectores de mayores ingresos que expresan disposición a pagar. Esto se traduce en gastos per cápita diferenciales, en servicios de salud con diferencias en cuanto a calidad e indicadores de resultados sanitarios, y en falta de solidaridad y desperdicio de ganancias de eficiencia asociadas al funcionamiento de fondos amplios, universales y únicos.

Gráfico II.5
América Latina y el Caribe (33 países): participación de los segmentos del sistema de salud en el gasto total en salud[a], 2018
(En porcentajes)

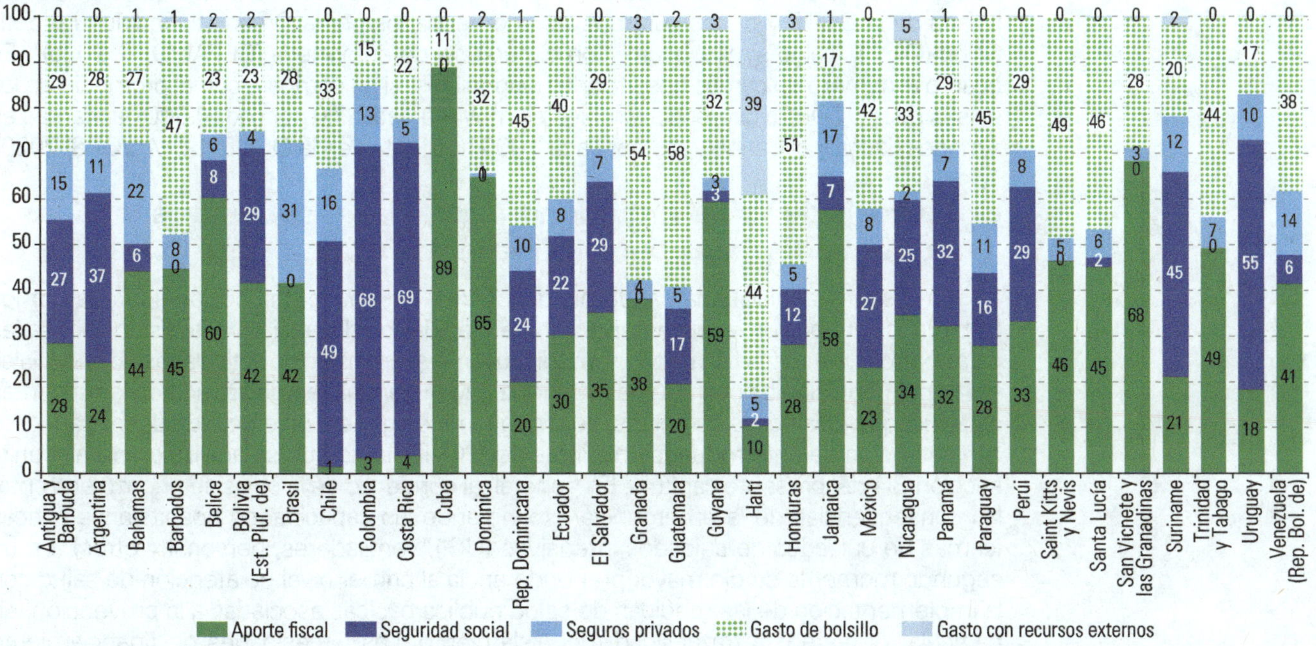

Fuente: Comisión Económica para América Latina y el Caribe (CEPAL), sobre la base de Organización Mundial de la Salud (OMS), Global Health Expenditure Database [en línea] https://apps.who.int/nha/database/Select/Indicators/en [fecha de consulta: 20 de agosto de 2021].

Nota: En Chile, el aporte fiscal aparece registrado como gasto de seguridad social y parte del gasto privado aparece como seguridad social, por lo que no resulta comparable con el resto.

[a] El gasto total en salud incluye el gasto público y privado en salud. El gasto público corresponde al gasto en salud del gobierno general en la nomenclatura de cuentas nacionales de salud y se refiere al gobierno general, gobierno estatal/provincial, gobierno local/municipal, y fondos de seguridad social (véase Organización de Cooperación y Desarrollo Económicos (OCDE)/Organización Mundial de la Salud (OMS)/Eurostat, A System of Health Accounts: 2011 Edition, Paris, OECD Publishing, 2011).

Los países mejor posicionados en cuanto al desempeño de las funciones asociadas a los sistemas de salud y a los indicadores de resultados sanitarios, como los de mortalidad maternoinfantil y esperanza de vida, presentan menos segmentación (OPS, 2017). Países como Costa Rica, Cuba y el Uruguay se destacan por estar cerca o haber superado la meta de gasto público salud (a nivel de gobierno general) del 6% del PIB y por un bajo gasto de bolsillo en salud, lo que, a su vez, se refleja en sistemas de salud más avanzados, prácticamente únicos y universales, con grandes fondos de administración de los recursos financieros y con una organización de servicios en redes que impulsan la estrategia de atención primaria de salud. Estos países se acercan a sistemas del tipo de servicios nacionales de salud o seguros nacionales de salud (Cuadrado y otros, 2019).

Por otra parte, la fragmentación que puede apreciarse a nivel de la organización de los servicios implica desigualdades en la cantidad, calidad y distribución de los recursos, con sistemas de salud que no cuentan con una estrategia de desarrollo definida, lo que, sumado a los problemas de financiamiento, genera situaciones de ineficiencia y desigualdad. La asignación de recursos en sistemas fragmentados se caracteriza por estar basada en presupuestos históricos, que generalmente están alejados de los costos efectivos y presentan un escaso desarrollo de sistemas de compra estratégica de prestaciones y medicamentos (Cid Pedraza, 2020). Esto redunda en una escasa capacidad de coordinación y continuidad del proceso de atención, con una concentración en la atención curativa especializada y con un primer nivel de atención precario, de baja prioridad y capacidad resolutiva, destinatario de una baja proporción de los recursos públicos (Cid Pedraza y otros, 2020). Los sistemas de pago no contribuyen a establecer redes integradas de atención y se observa una falta de acceso oportuno a la atención de salud, con marcadas barreras de acceso y listas de espera como forma habitual de racionamiento. Todo esto redunda en una baja capacidad de coordinación y una falta de integración, con servicios de atención de salud insuficientes y de baja calidad.

Los recursos clave de la oferta de servicios (como la infraestructura, los recursos humanos y la tecnología) se ven limitados por la escasez y el desarrollo desregulado, de modo que presentan déficits respecto de las normas y los niveles de otras regiones más avanzadas. La disponibilidad promedio de 20 médicos por cada 10.000 habitantes en la región está muy por debajo de la cifra promedio de 35 médicos por cada 10.000 habitantes que alcanzan los países de la OCDE y de los parámetros recomendados por la Organización Mundial de la Salud (OMS), y algo similar ocurre con el personal de enfermería (CEPAL/OPS, 2020)[4]. En cuanto al número de camas hospitalarias disponibles, si se compara con el promedio de los países de la OCDE, la diferencia también es muy marcada: 2,0 por cada 1.000 habitantes en América Latina y el Caribe y 4,8 por cada 1.000 habitantes en la OCDE (CEPAL/OPS, 2020).

c) La crisis de salud prolongada: diversas respuestas sanitarias gubernamentales para enfrentar la pandemia de COVID-19

La respuesta inicial a la pandemia de COVID-19 supuso una acción liderada por los Gobiernos centrada en la implementación de medidas de distanciamiento físico necesarias para controlar la transmisión del virus, que incluyen la suspensión de actividades no esenciales y la implementación de cuarentenas. A su vez, tuvo lugar una reorganización de los sistemas de salud, que focalizó los esfuerzos, pero que también generó un efecto de desplazamiento de la atención de enfermedades distintas del COVID-19, lo que se analiza en detalle en la sección B.1 del presente capítulo. En general, al comienzo de la crisis se priorizó enfrentar las consecuencias de la emergencia expandiendo las capacidades hospitalarias críticas (camas de unidades de cuidados intensivos (UCI), ventiladores, personal y otros). En un segundo momento se dio mayor preponderancia al primer nivel de atención de salud con la implementación de las medidas de salud pública básicas asociadas a la prevención, en particular el testeo, la trazabilidad y el aislamiento. Las necesidades de financiamiento asociadas a ello hicieron que los países respondieran con una expansión del presupuesto y del gasto en el sector de la salud en virtud del endeudamiento con préstamos específicos de las instituciones financieras internacionales, de tal manera que el gasto público en salud al menos se mantuvo en la mayoría de los casos (Kurowski y otros, 2021).

Las medidas específicas de salud pública vinculadas al control, como la detección, el aislamiento y el tratamiento rápido de los casos, orientadas a suprimir la transmisión comunitaria y reducir la mortalidad, garantizando la continuidad de los servicios sociales y de salud esenciales, se aplicaron en los países de la región con distinto grado de simultaneidad y efectividad, y con distintos resultados. Estos últimos también dependieron de la situación socioeconómica concreta y la capacidad de adecuar e implementar medidas de protección social en cada país. Durante la ausencia de tratamiento y vacunas, y ante el lento proceso de vacunación, estas medidas debieron mantenerse, al menos en un nivel en el que los casos nuevos no excedieran la capacidad de los servicios de salud.

El gráfico II.6 presenta el índice de acción de los Gobiernos, que registra la adopción y profundidad de las políticas de salud pública para la contención de la pandemia, que principalmente restringen el comportamiento de las personas y promueven el distanciamiento físico, a lo largo de la pandemia y con relación a los casos de COVID-19[5]. Los datos muestran una variación general y continua entre los países respecto del carácter estricto de la respuesta de política pública y su duración, con una alta variación en relación con las tasas diarias de casos. Se observan tendencias particulares: países con alta y baja rigurosidad respecto de las políticas adoptadas, otros que adoptaron políticas más rigurosas en los momentos de más casos, durante el invierno o cuando surgieron olas de contagios, algunos donde las políticas mantuvieron un rigor invariable o incluso decreciente, y otros que mantuvieron políticas relativamente exigentes, aun cuando los casos permanecían relativamente bajos.

---

4 La OMS recomienda un mínimo de 30 médicos por cada 10.000 habitantes y 23 médicos, enfermeras y parteras como mínimo para atender de modo razonable la salud maternoinfantil.

5 Las políticas para la contención de la pandemia incluyeron el cierre de escuelas y de lugares de trabajo, la cancelación de eventos públicos, restricciones sobre el tamaño de las reuniones, en el transporte público y en los viajes internacionales, además de cuarentenas en el hogar y campañas de información pública sobre salud y medidas de salud pública.

Gráfico II.6

América Latina y el Caribe (28 países): casos diarios de COVID-19 (azul) e índice de acción del gobierno (naranja)

(En porcentajes)

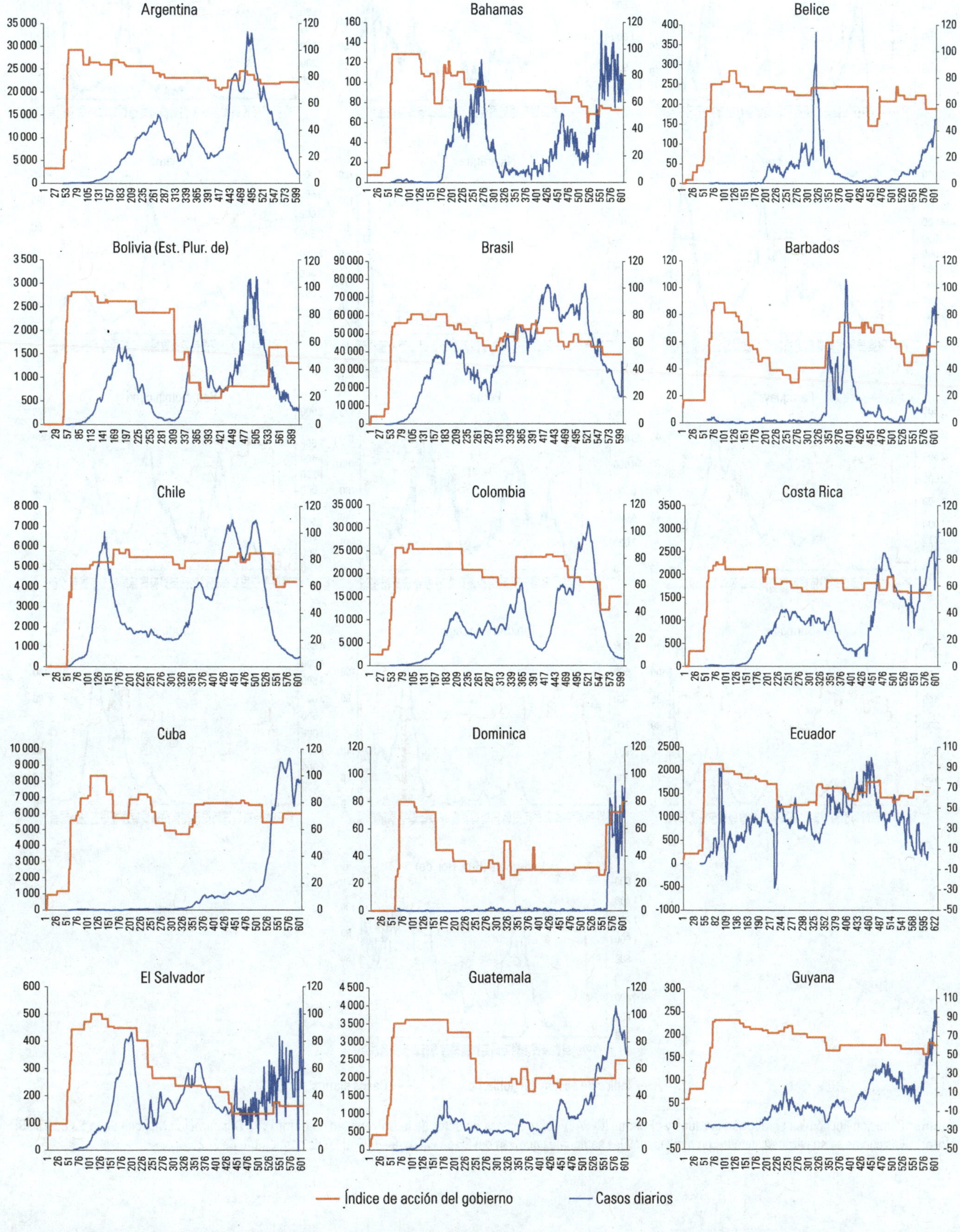

Gráfico II.6 (conclusión)

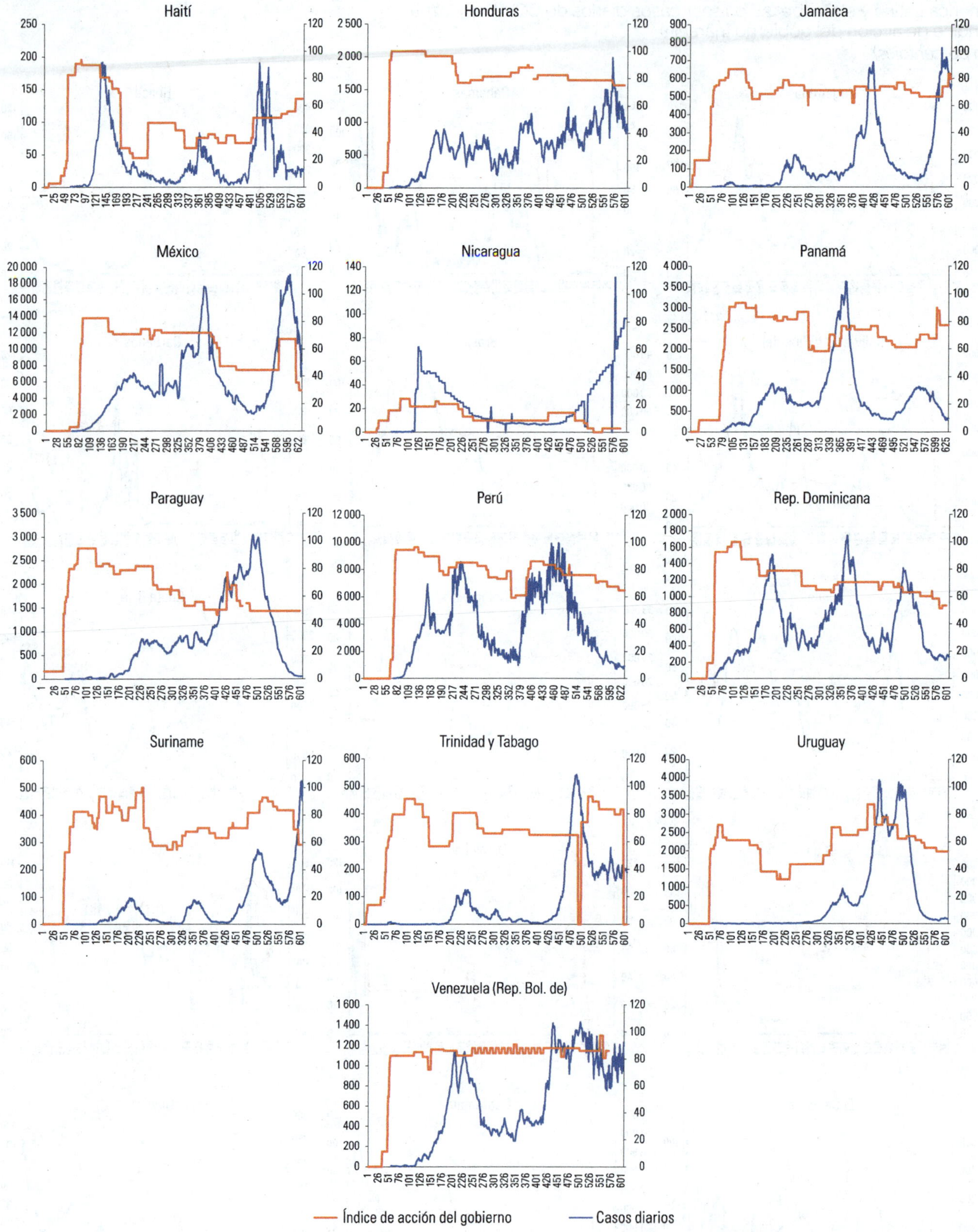

Fuente: Comisión Eocnómica para América Latina y el Caribe (CEPAL), sobre la base de datos de la Universidad de Oxford y la Organización Mundial de la Salud (OMS).
Nota: Las curvas se suavizan usando los promedios móviles semanales que van del 25 de enero de 2020 al 20 de septiembre de 2021.

En el gráfico II.6 se aprecian países con medidas de salud pública relativamente más estrictas y persistentes, como la Argentina y Honduras, o, en un segundo término, Cuba y el Perú. Otros, como Bolivia (Estado Plurinacional de), el Brasil, El Salvador, Guatemala, México y el Paraguay, presentan fases de medidas estrictas que, pasado cierto período, se relajan, aun con la aparición de nuevas olas importantes de la pandemia. Algunos de estos países, como Bolivia (Estado Plurinacional de) y México, exhiben rectificaciones al final del período. Otros países demoraron en tomar medidas relativamente más estrictas, unos por la baja curva de contagios que exhibieron en un comienzo, como el Uruguay, y otros a pesar de la curva epidemiológica, como Chile, donde, además, se registró una alta variabilidad. Solo en el caso de Nicaragua las medidas han sido relativamente menores, con una curva epidemiológica moderada, pero con alzas comparables solo con las de Haití y algunos países del Caribe, como las Bahamas, Barbados y Belice, que, en cambio, sí han mantenido medidas relativamente más exigentes.

En un segundo momento de la crisis sanitaria prolongada, surgió la necesidad de enfrentar varios frentes simultáneos con gran esfuerzo por parte del primer nivel de atención de salud. Ello incluyó el despliegue de la vacunación y la continuidad del enfrentamiento de la pandemia en tanto medidas de salud pública, así como la respuesta curativa o de tratamiento que involucra al nivel hospitalario. A esto se suma la demanda por la morbilidad regular y corriente, no vinculada al COVID-19, y la morbilidad regular acumulada a raíz del efecto de desplazamiento. En general, las medidas presupuestarias extraordinarias tomadas para 2020 se agotaron en el período presupuestario, por lo que debieron renovarse, aunque no en los mismos niveles. Esto quiere decir que, a pesar de la prioridad de la vacunación masiva y del mantenimiento de la emergencia sanitaria, es muy probable que el gasto público en salud respecto del PIB caiga en 2021 en comparación con el año anterior.

La crisis sanitaria que ha generado la pandemia de COVID-19 constituye una oportunidad para que la región pueda fortalecer y transformar los sistemas de salud. En este sentido, la crisis sanitaria prolongada deja en evidencia la urgencia de aumentar los recursos públicos destinados a los sistemas de salud y avanzar en la sostenibilidad financiera del sector, con el objeto de priorizar el primer nivel de atención y la estrategia de atención primaria de salud. Se necesita aumentar la inversión pública en salud de modo que la mayor cantidad de recursos disponibles se distribuya hacia la organización de los servicios y sus proveedores, para que produzcan servicios, intervenciones y acciones de salud necesarios, que permitan dar sostenibilidad financiera al acceso a servicios de salud de calidad y así disminuir de manera significativa la morbilidad y la mortalidad, y aumentar la protección financiera de los hogares.

2. Las vacunas contra el COVID-19: un panorama marcado por la desigualdad

Las vacunas contra el COVID-19 constituyen una herramienta fundamental para el control de la crisis sanitaria, así como de la crisis social y económica desencadenadas por la pandemia. A pesar de su centralidad, los países de América Latina y el Caribe tuvieron un lento acceso a las vacunas en 2021, marcado por la desigualdad ante la concentración de dosis en los países desarrollados que, si bien concentran el 13% de la población mundial, comprometieron el 39% de las vacunas, y por los obstáculos que han enfrentado las iniciativas multilaterales para cumplir con las expectativas de los países de menores ingresos (CEPAL/OPS, 2021; CEPAL, 2021f). Ello ha dejado en evidencia un serio problema de distribución. La baja velocidad de los procesos de vacunación en la región podría traducirse en una prolongación aún mayor de la pandemia, sumada al riesgo de la aparición de nuevas variantes del virus que podrían poner en jaque la efectividad de las vacunas.

Al 31 de diciembre de 2021, un 59,4% de la población de América Latina y el Caribe, el equivalente a cerca de 389,4 millones de personas, contaba con un esquema de vacunación completo, mientras que aproximadamente 69 millones de personas esperaban la segunda dosis[6]. Ello implica que 28 de los 33 países de la región no lograron vacunar al 70% de su población en 2021. De acuerdo con las estimaciones sobre los avances de la vacunación realizadas por la CEPAL a fines de 2021, en las que se considera tanto el acceso a las vacunas como las capacidades institucionales de los países en términos de organización de los procesos de vacunación, los países pueden clasificarse en tres grupos: un primer grupo de 14 países podría vacunar al 70% de su población con el esquema completo a mediados de 2022, y un segundo grupo de 7 países podría lograrlo a finales de 2022. El tercer grupo, compuesto por 12 países, estaría en condiciones de hacerlo en 2023. Se trata de países cuya institucionalidad ha enfrentado grandes desafíos logísticos, dificultades relacionadas con el acceso a insumos básicos y una importante resistencia por parte de la población.

El gráfico II.7 presenta un panorama de la vacunación en la región que está marcado por una gran desigualdad entre los países. Si bien destacan los casos de Chile, Cuba y el Uruguay donde más del 75% de la población ya cuenta con el esquema de vacunación completo, pueden observarse casos como los de Jamaica y San Vicente y las Granadinas, donde menos del 25% de la población cuenta con el esquema completo de la vacuna contra el COVID-19. El caso de Haití es el más preocupante de la región.

Gráfico II.7

América Latina y el Caribe (33 países): población con esquema completo o parcial de vacunación contra el COVID-19, 31 de diciembre de 2021

(En porcentajes)

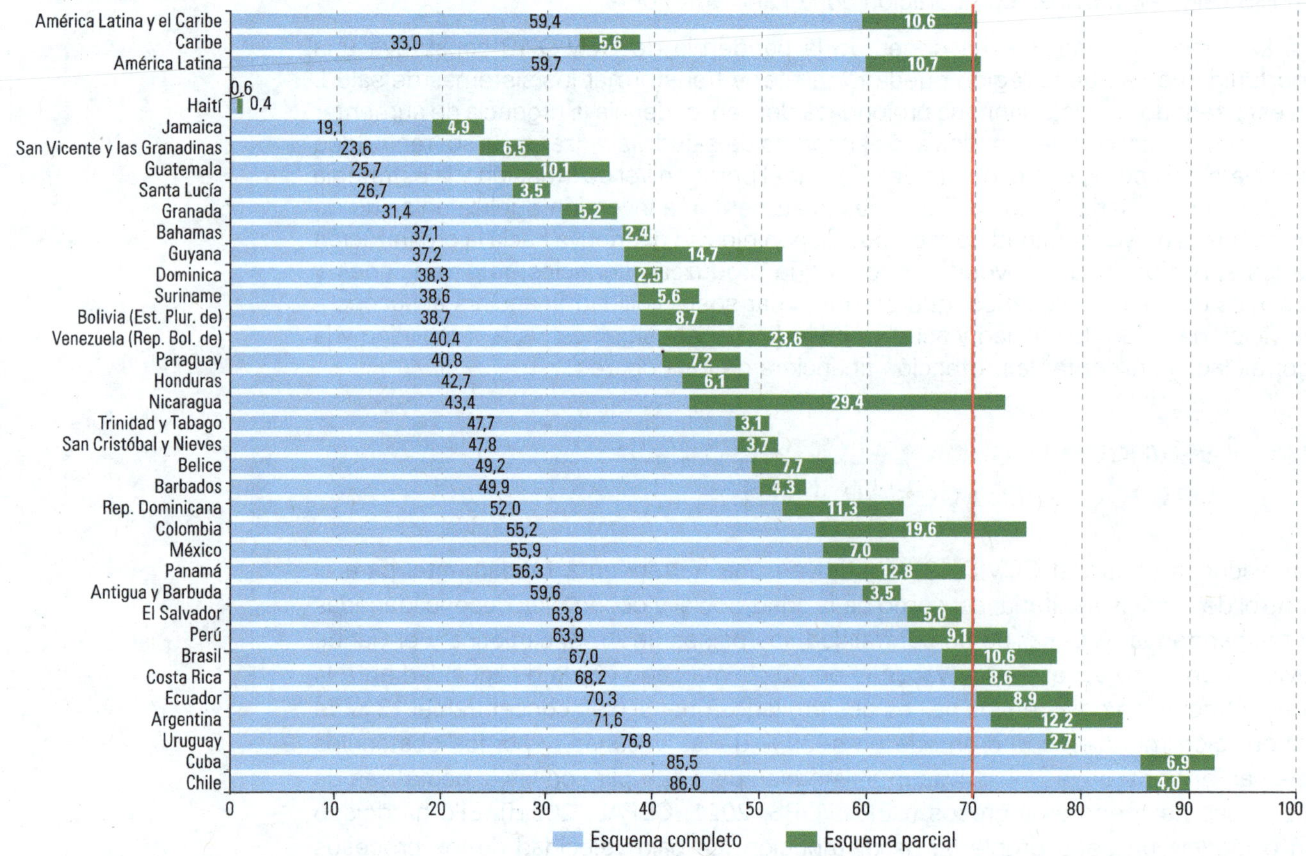

Fuente: Comisión Económica para América Latina y el Caribe (CEPAL), sobre la base de CEPAL, Observatorio COVID-19 en América Latina y el Caribe [base de datos en línea] https://www.cepal.org/es/temas/covid-19 y E. Mathieu y otros, "A global database of COVID-19 vaccinations", *Nature Human Behaviour*, 2021 [en línea] https://ourworldindata.org/covid-vaccinations-nature.

6 De acuerdo con la OMS (2021e), la mayoría de las vacunas que han sido utilizadas en América Latina y el Caribe deben ser administradas en dos dosis para alcanzar su eficacia.

Los países debieron definir grupos prioritarios para recibir las vacunas en virtud de los riesgos de mortalidad o enfermedad grave a causa del contagio de COVID-19, como las personas mayores y quienes padecen comorbilidades, y las personas que desempeñan tareas esenciales para el funcionamiento de la sociedad y la atención de la emergencia, como los trabajadores de la salud, los funcionarios del Estado y los docentes. De acuerdo con la Organización de las Naciones Unidas para la Educación, la Ciencia y la Cultura (UNESCO, 2021), este proceso de priorización se ha basado en una justificación científico-epidemiológica, que en muchos casos no consideró el mayor riesgo de contagio o muerte que experimentan las poblaciones en situación de vulnerabilidad, como las personas afrodescendientes, los pueblos indígenas, las personas en situación de calle o los migrantes (véase la sección II.C).

Los procesos de vacunación han sido acompañados por campañas de información y comunicación orientadas a fortalecer la confianza de la población en la efectividad y seguridad de las vacunas y, con ello, la adhesión a estas. La mayoría de los países de la región informan tasas de aceptación de la vacunación superiores al 65%, por encima de regiones como América del Norte y Europa (UNESCO, 2021). Sin embargo, se ha observado que en ocasiones dichas campañas no han sido inclusivas y han dejado de lado a grupos de la población que suelen experimentar obstáculos para acceder a la información, como las personas con discapacidad y los pueblos indígenas (véanse los recuadros II.1 y II.2).

Recuadro II.1
Los obstáculos que enfrentan las personas con discapacidad para acceder a la vacuna contra el COVID-19

Las personas con discapacidad tienen mayores tasas de pobreza, menor acceso a la educación y niveles más altos de informalidad laboral, entre otros determinantes sociales de su salud. A su vez, se trata de una población con mayor riesgo de contagio de COVID-19 debido a sus necesidades como, por ejemplo, la dificultad de mantener distancia al necesitar apoyos o usar las manos en medios de locomoción o al interactuar con el entorno. Además, algunos grupos de personas con discapacidad tienen menor tolerancia a largos períodos de confinamiento, que han sido frecuentes en la mayoría de los países de la región. Sumado a ello, según un estudio realizado en el Reino Unido, las personas con discapacidad tienen un mayor riesgo de muerte producto de otras enfermedades preexistentes asociadas con los efectos negativos del COVID-19 (Oficina de Estadísticas Nacionales, 2020), por lo que urge darles prioridad en los planes de vacunación.

En una investigación realizada recientemente por Ferreyra y Alvarado (2021) se identificaron cuatro fases relevantes del proceso de vacunación contra el COVID-19: i) información, que hace referencia a las vacunas, sus características y cómo acceder a ellas; ii) registro, correspondiente a la necesidad de inscribirse en plataformas de citas, la recepción de la confirmación y la posterior notificación de la cita; iii) vacunación, referente al momento de la recepción de la vacuna, y iv) monitoreo, es decir, el seguimiento posterior a la aplicación de la vacuna. El estudio menciona que las personas con discapacidad han experimentado distintas barreras en estas cuatro fases, debido principalmente a la ausencia o insuficiencia de protocolos específicos para esta población.

Si bien las personas con discapacidad han estado entre los grupos considerados en las primeras fases de vacunación en la mayoría de los países de la región (UNESCO, 2021), es fundamental garantizar que la implementación de los planes de vacunación sea inclusiva, con un enfoque que tome en cuenta las diferencias y considere protocolos ajustados a la población con discapacidad. A partir del estudio de Ferreyra y Alvarado (2021), en primer lugar, se recomendó asegurar la participación de las personas con discapacidad durante todo el proceso de vacunación y en la toma de decisiones para evitar reproducir situaciones de discriminación o exclusión. En segundo término, se confirmó la necesidad de garantizar la accesibilidad de la información sobre la vacunación y las campañas preventivas, considerando los diversos tipos de discapacidad, así como también la adecuación y los ajustes razonables necesarios para la accesibilidad de los centros de vacunación. De igual manera, se señala la necesidad de avanzar en registros estadísticos y de seguimiento de las vacunas desagregados por discapacidad, a fin de que en el futuro se conozca tanto la aceptación como la cobertura del proceso de vacunación de esta población. También se recomienda incluir directrices más precisas que visualicen a las personas con discapacidad como una población en situación de alto riesgo y vulnerabilidad, que podría correr más riesgo al enfrentarse a los efectos negativos del COVID-19. Por último, es necesario considerar la urgente necesidad de reducir la brecha digital que enfrentan las personas con discapacidad, dada la indudable importancia del papel de las tecnologías digitales durante la pandemia.

Fuente: Oficina de Estadísticas Nacionales, "Coronavirus (COVID-19) related deaths by disability status, England and Wales: 2 March to 14 July 2020", 2020 [en línea] https://www.ons.gov.uk/peoplepopulationandcommunity/birthsdeathsandmarriages/deaths/articles/coronaviruscovid19relateddeathsbydisabilitystatusenglandandwales/2marchto14july2020; Organización de las Naciones Unidas para la Educación, la Ciencia y la Cultura (UNESCO), *COVID-19 y vacunación en América Latina y el Caribe: desafíos, necesidades y oportunidades*, París/Montevideo, 2021; M. Ferreyra y H. Alvarado, "El acceso de las personas con discapacidad a las vacunas contra COVID-19 en América Latina", *Nota Técnica*, 2021, inédito.

Recuadro II.2
Los pueblos indígenas y la inequidad en el acceso a las vacunas contra el COVID-19

La Comisión Interamericana de Derechos Humanos (CIDH) ha instado a los Gobiernos a planificar la distribución de la vacuna desde un enfoque de derechos humanos y equidad, y, en ese marco, a prestar especial atención a los pueblos indígenas en las campañas de inmunización, debido a su mayor vulnerabilidad frente a la pandemia (OEA, 2021). Pese a ello, y a los múltiples datos que confirman la mayor vulnerabilidad de los pueblos indígenas en términos de salud, hasta ahora han sido escasamente considerados en los planes nacionales de vacunación. Si bien se mencionan como población objetivo en 11 países de la región (Argentina, Bolivia (Estado Plurinacional de), Brasil, Colombia, Ecuador, Guatemala, México, Panamá, Paraguay, Perú y Venezuela (República Bolivariana de)), en muchos de ellos no se establece con claridad en qué fase de las campañas se incluirán ni se definen estrategias específicas para garantizar su acceso equitativo a la vacuna (OPS, 2021; UNESCO, 2021; FILAC/FIAY, 2021). En el Brasil, por ejemplo, no se garantiza la cobertura de la población indígena residente fuera de los territorios tradicionales (independientemente de su categoría jurídica) que es atendida por el Subsistema de Salud Indígena (*Subsistema de Atenção à Saúde Indígena*). Panamá, por su parte, considera en su planificación a las comarcas indígenas, pero no adopta ninguna medida especial para los indígenas que residen fuera de ellas. En el Perú, las estrategias del Ministerio de Salud han puesto especial énfasis en las comunidades nativas amazónicas y desatendido la atención de planificación de la población indígena residente en comunidades campesinas, centros poblados y otras localidades indígenas andinas (Defensoría del Pueblo, 2021), así como de la población indígena asentada en las ciudades. Solo el Ecuador, a través de lineamientos operativos específicos para la implementación de la campaña entre pueblos y nacionalidades indígenas, afroecuatorianos y montubios, considera a las poblaciones indígenas residentes en zonas urbanas (Ministerio de Salud Pública, 2021).

El estancamiento de los procesos de inclusión del enfoque étnico en los registros de salud se ha hecho aún más evidente en el marco de la pandemia (CEPAL y otros, 2020), pues no se cuenta con información sistemática, exhaustiva y de acceso público sobre el impacto del COVID-19 en los pueblos indígenas de la región, y esto incluye la cobertura de las vacunas. La desigualdad en los avances de las campañas de inmunización entre los países de América Latina y la escasa inclusión de los pueblos indígenas en los planes nacionales de vacunación, sin embargo, permiten suponer que han quedado a la zaga en este proceso, dado que los cuatro países que concentran más del 80% de la población indígena de Abya Yala (Guatemala, Bolivia (Estado Plurinacional de), México y Perú) han logrado vacunar a entre un 26% y un 64% del total de la población, mientras que dos de los tres países que informan los mayores avances (Chile y Uruguay) concentran solo al 5% de la población indígena de la región y el tercero (Cuba) no tiene población indígena (véase el gráfico II.7).

Ante este panorama, es imprescindible redoblar los esfuerzos para garantizar el acceso de los pueblos indígenas a las vacunas, considerando sus dinámicas sociodemográficas, incorporando plenamente sus organizaciones en la planificación e implementación de las estrategias, definiendo estrategias de comunicación culturalmente pertinentes y mejorando los sistemas de información sobre cobertura, entre otras medidas.

Fuente: Comisión Económica para América Latina y el Caribe (CEPAL), sobre la base de CEPAL y otros, "El impacto del COVID-19 en los pueblos indígenas de América Latina-Abya Yala: entre la invisibilización y la resistencia colectiva", *Documentos de Proyectos* (LC/TS.2020/171), Santiago, 2020; Organización Panamericana de la Salud (OPS), *El impacto de la COVID-19 en los pueblos indígenas de la Región de las Américas: perspectivas y oportunidades. Informe de la reunión regional de alto nivel, 30 de octubre del 2020*, Washington, D.C., 2021; Organización de las Naciones Unidas para la Educación, la Ciencia y la Cultura (UNESCO), *COVID-19 y vacunación en América Latina y el Caribe: desafíos, necesidades y oportunidades*, París/Montevideo, 2021; Fondo para el Desarrollo de Pueblos Indígenas de América Latina y el Caribe (FILAC)/Foro Indígena de Abya Yala (FIAY), *Pueblos indígenas y vacunación contra COVID-19: cuarto informe regional*, La Paz, 2021; Organización de los Estados Americanos (OEA), "Las vacunas contra el COVID-19 en el marco de las obligaciones interamericanas de derechos humanos. Resolución 1/2021", abril de 2021; Defensoría del Pueblo, "Oficio Nº 123-2021-DP/AMASPPI/PPI", Lima, junio de 2021; Ministerio de Salud Pública, *Vacunación contra la COVID-19 en pueblos y nacionalidades indígenas, afroecuatorianos y montubios del Ecuador: lineamientos operativos*, Quito, 2021.

Asimismo, es fundamental considerar los recursos necesarios para la implementación de los planes nacionales de vacunación contra el COVID-19. De acuerdo con CEPAL/OPS (2021), la implementación de dichos planes, incluidos los componentes centrales, como las dosis, los recursos humanos, las cadenas de frío necesarias y otros insumos, correspondería, en promedio, a un 7,5% del gasto público en salud, identificándose casos en que dicho porcentaje supera el 10%. De este modo, la vacunación contra el COVID-19 debe integrarse en los procesos presupuestarios y de planificación de salud, los planes nacionales de inmunización y los planes sectoriales y las actividades de salud regulares.

La desigualdad en la distribución de las vacunas conlleva riesgos, como la aparición de nuevas variantes que amenazan su efectividad, tal como apuntan los primeros estudios exploratorios sobre la variante ómicron (Callaway, 2021), lo que constituye un problema a escala mundial y exige esfuerzos internacionales. A su vez, estas brechas se traducen en la imposibilidad de garantizar el derecho humano a la salud a toda la población, sin importar su lugar de residencia (Beyrer y otros, 2021).

Frente a esta situación, el Grupo de los 20 (G20, 2021), reconociendo que las vacunas son una de las herramientas más importantes para controlar la crisis sanitaria y reafirmando que la inmunización contra el COVID-19 es un bien público global, propuso ayudar a avanzar hacia los objetivos mundiales de vacunar al menos al 40% de la población en todos los países para fines de 2021 y el 70% para mediados de 2022, según lo recomendado en la estrategia mundial de vacunación de la OMS (2021e)[7]. Para ello recomendó tomar medidas para impulsar el suministro de vacunas y productos e insumos médicos esenciales en los países en desarrollo e instó a que los ministros de salud monitoreen el progreso hacia esta meta y que exploren las formas de acelerar la vacunación mundial. Al 31 de diciembre de 2021, 11 de los 33 países de América Latina y el Caribe no alcanzaron a vacunar al 40% de su población. Para lograr vacunar al 70% de la población de cada uno de los países de la región, será necesario completar el esquema de 40,4 millones de personas que ya han recibido su primera dosis y vacunar a 34,7 millones de personas que aún no han iniciado su esquema de vacunación, lo que implica contar con acceso a aproximadamente 110 millones de dosis, así como con la capacidad necesaria para administrarlas, en los países en los que la cobertura es inferior al 70%. Ello requerirá fortalecer los planes de vacunación en un esfuerzo especial de los sistemas de salud nacionales para que puedan distribuir de forma efectiva las vacunas entre la población en un período muy limitado de tiempo.

Teniendo en cuenta este objetivo, es pertinente observar el ritmo de los procesos de vacunación en la región. En el gráfico II.8 se muestra una aceleración significativa en los países latinoamericanos, a nivel subregional, en la administración de vacunas entre julio y octubre, con un aumento de aproximadamente 10 puntos porcentuales por mes, seguido por una disminución de la velocidad en noviembre y diciembre. Hay países, como Bolivia (Estado Plurinacional de), Guatemala y Haití, en que un avance más lento ha supuesto que no se llegara a vacunar completamente al 40% de la población a finales de 2021. Por lo tanto, tendrán que hacer un esfuerzo especial para alcanzar el objetivo fijado por la OMS y el Grupo de los 20. El gráfico también muestra que la tasa de vacunación en el Caribe es menor, con un retraso de aproximadamente más de tres meses en comparación con América Latina. Se estima que los países de la subregión que se enfrentarán a los mayores desafíos en 2022 debido a su lento progreso en la vacunación en 2021 son, Granada, Jamaica, Santa Lucía y San Vicente y las Granadinas.

---

7 El documento describe resumidamente las acciones urgentes requeridas por la comunidad mundial para vacunar al 70% de la población mundial contra el COVID-19 a mediados de 2022, para aumentar la inmunidad de la población a nivel mundial y proteger a las personas y al sistema de salud, así como reiniciar completamente las economías, restaurar la salud de la sociedad y reducir el riesgo de nuevas variantes. Se propone, además, vacunar al 40% de la población en todos los países a finales de 2021.

Gráfico II.8
América Latina y el Caribe (33 países): porcentaje de la población con esquema completo de vacunación contra el COVID-19, 30 de enero a 31 de diciembre de 2021
(En porcentajes)

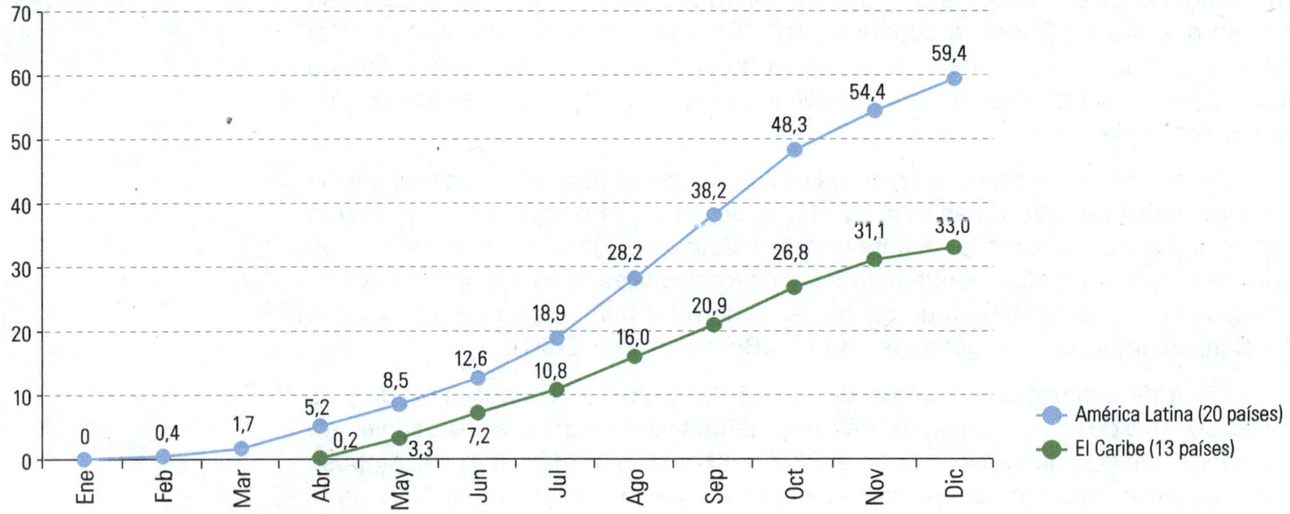

Fuente: Comisión Económica para América Latina y el Caribe (CEPAL), sobre la base de E. Mathieu y otros, "A global database of COVID-19 vaccinations", *Nature Human Behaviour*, 2021 [en línea] https://ourworldindata.org/covid-vaccinations-nature.

La CEPAL hace el llamado a los países de América Latina y el Caribe a incrementar los esfuerzos realizados hasta el momento, de tal manera que, a mediados de 2022, todos los países de la región hayan vacunado el 70% del total de su población con un esquema completo. Ante el desafío que esta situación significa para los países en términos del desarrollo de capacidades productivas y tecnológicas que permitan fortalecer los sistemas locales de producción de vacunas y medicamentos para la región, México, en ejercicio de la Presidencia pro témpore de la Comunidad de Estados Latinoamericanos y Caribeños (CELAC) solicitó apoyo a la CEPAL para el desarrollo de un plan integral de autosuficiencia sanitaria, específicamente enfocado al fortalecimiento de las capacidades de producción y distribución de vacunas y medicamentos (CEPAL, 2021f). Los lineamientos elaborados por la CEPAL tienen como objetivo en el corto plazo acelerar los procesos de vacunación que permitan controlar la crisis sanitaria actual y, en el mediano y largo plazo, fortalecer y generar capacidades tecnológicas y productivas, de tal modo que la región esté mejor preparada para futuras crisis. La propuesta aprobada por unanimidad en la Cumbre de Jefes Estado y de Gobierno de la CELAC (septiembre de 2021) establece un conjunto de líneas de acción, entre las cuales se destacan mecanismos inmediatos de compras de vacuna a nivel regional, la coordinación entre las entidades reguladoras nacionales y la implementación de una plataforma de ensayos clínicos. Esta iniciativa consiste en medidas concretas que están tomando los países de América Latina y el Caribe bajo la lógica de la solidaridad y la cooperación regional, buscando superar la fragmentación con que se ha respondido para superar la pandemia.

B. Más allá del COVID-19: la crisis sanitaria prolongada ha generado nuevos obstáculos de acceso y situaciones de riesgo para la salud

La pandemia de COVID-19 y la crisis sanitaria prolongada han tenido diversos efectos en la salud de la población, que van más allá del contagio o la muerte por el virus. La saturación de los sistemas de salud ha traído aparejados nuevos obstáculos para acceder a la atención sanitaria, asociados tanto al efecto de desplazamiento y a las interrupciones en servicios de salud esenciales, como al temor de las personas a ser contagiadas. Esta situación ha tenido efectos negativos sobre la mortalidad y la calidad de vida de la población en el largo plazo. Ello es de particular preocupación en el caso de niñas y niños, toda vez que la disrupción de los servicios de salud ha interrumpido esquemas de vacunación de rutina, la asistencia a controles de salud y el monitoreo alimentario y nutricional, lo que dificulta la obtención de diagnósticos y derivaciones oportunas en una etapa clave del desarrollo.

1. El efecto de desplazamiento de la pandemia y el exceso de muertes

Al igual que en brotes epidémicos previos, durante la pandemia de COVID-19 se han observado cambios en los servicios esenciales de salud y se ha identificado una reducción de las atenciones vinculadas a programas de vacunación, consultas ambulatorias, consultas en unidades de emergencia hospitalaria, atención por enfermedades graves como accidentes cerebrovasculares y atención del cáncer, entre otras (Cuadrado y otros, 2021). Ello se tradujo en que, en promedio, un 8,6% de los hogares de la región no pudieron acceder a una atención de salud cuando lo necesitaron[8]. Esta cifra llegó al 18,9% en el caso del Ecuador, seguido por el Perú, Colombia y Bolivia (Estado Plurinacional de), con un 12,9%, un 11,1% y un 10,3%, respectivamente, durante los primeros cuatro meses de la pandemia (Cuadrado y otros, 2021).

Los datos recogidos por el Banco Mundial (2020b) muestran que los países de América Latina y el Caribe más afectados por la pandemia de COVID-19 en términos de exceso de muertes acumulado durante 2020 también son los que tienen niveles más altos de demanda de salud insatisfecha (véase el gráfico II.9)[9]. Los países que presentan mayor proporción de ambas situaciones son el Perú, el Ecuador y Bolivia (Estado Plurinacional de), mientras que Guatemala y Costa Rica están en el extremo opuesto.

El descenso de la atención sanitaria durante la crisis actual combina factores asociados a la demanda y otros provenientes de la oferta. Desde la perspectiva de la demanda, es decir, de la población que busca y necesita atención sanitaria, se observa un temor a contagiarse en los centros de atención a la salud, que resulta en una demanda de salud insatisfecha y se asocia a un aumento en el exceso de la mortalidad proyectada (véase el gráfico II.10.B). A su vez, a raíz de la reorganización de los servicios de salud y la reconversión de recursos que los países de América Latina y el Caribe han debido realizar para atender la pandemia, junto con la saturación de servicios sanitarios, aspectos como la falta de personal médico también han resultado en la falta de atención médica necesaria y un aumento en el exceso de la mortalidad proyectada, como se observa en el gráfico II.10.A.

8 El dato corresponde al promedio del Ecuador, el Perú, Colombia, Bolivia (Estado Plurinacional de), El Salvador, la República Dominicana, el Paraguay, Chile, Honduras, Guatemala, Santa Lucía y Costa Rica, sobre la base de datos del Banco Mundial (2020b).

9 Los datos provienen del COVID-19 Household Monitoring Dashboard del Banco Mundial y fueron recogidos a través de una encuesta a hogares realizada en junio de 2020 para Colombia, El Salvador, Honduras y el Paraguay, y en mayo de 2020 para Bolivia (Estado Plurinacional de), Chile, Costa Rica, el Ecuador, Guatemala, el Perú, la República Dominicana y Santa Lucía.

Gráfico II.9
América Latina (11 países): hogares con demanda de salud insatisfecha y su relación con el exceso de muertes acumulado por cada 100.000 habitantes en 2020[a]
(En porcentajes)

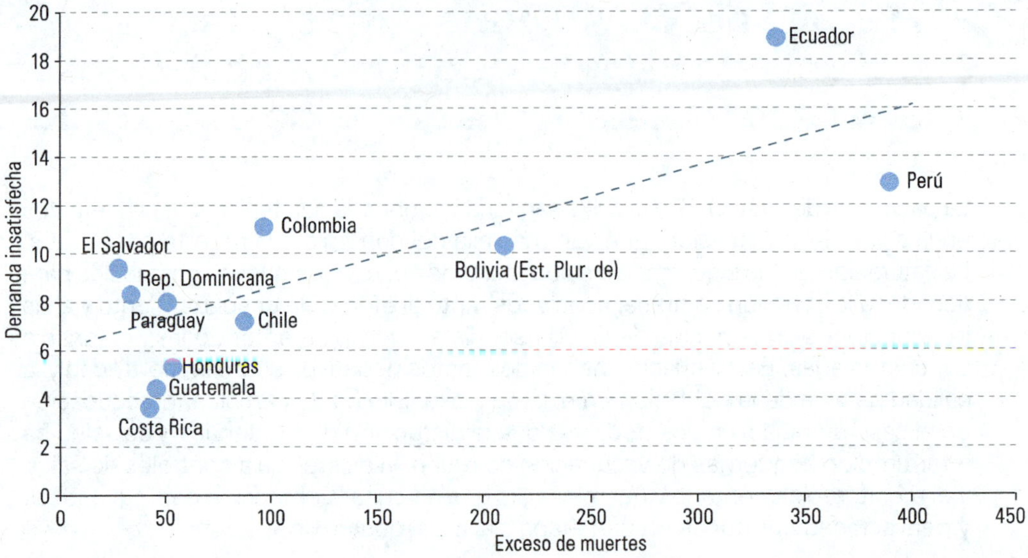

Fuente: Comisión Económica para América Latina y el Caribe, sobre la base de Banco Mundial, "COVID-19 Household Monitoring Dashboard" [en línea] https://www.worldbank.org/en/data/interactive/2020/11/11/covid-19-high-frequency-monitoring-dashboard; Institute for Health Metrics and Evaluation (IHME), "COVID-19 projections" [en línea] https://covid19.healthdata.org/global?view=cumulative-deaths&tab=trend (para datos sobre el exceso de muertes acumuladas estimadas).

Nota: La encuesta de hogares se realizó en junio de 2020 para Colombia, El Salvador, Honduras y el Paraguay, y en mayo de 2020 para el resto de los países.

[a] El exceso de muertes acumulado corresponde a una estimación del exceso de mortalidad por todas las causas acumulada por cada 100.000 habitantes.

Gráfico II.10
América Latina (11 países): hogares con demanda de salud insatisfecha según causa y su relación con el exceso de muertes acumulado por cada 100.000 habitantes en 2020
(En porcentajes)

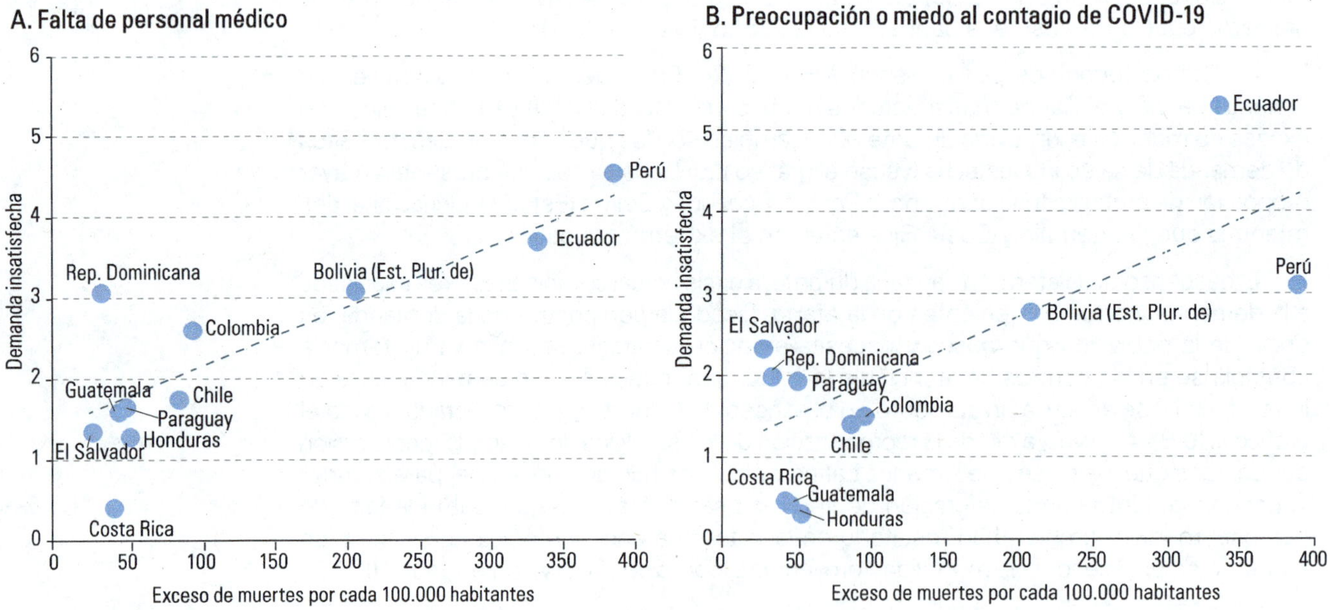

Fuente: Económica para América Latina y el Caribe, sobre la base de Banco Mundial, "COVID-19 Household Monitoring Dashboard" [en línea] https://www.worldbank.org/en/data/interactive/2020/11/11/covid-19-high-frequency-monitoring-dashboard; Institute for Health Metrics and Evaluation (IHME), "COVID-19 projections" [en línea] https://covid19.healthdata.org/global?view=cumulative-deaths&tab=trend.

Al analizar los datos de la encuesta realizada por la OMS sobre el tipo de servicio de salud con disrupción, se observa que más del 30% de los países de la región informan algún grado de disrupción en todos los tipos de servicios de salud, excepto en las urgencias y los cuidados críticos (OMS, 2021c). Los programas de inmunización presentaron un importante grado de disrupción en 2020 (véase la sección B.2), superando a los servicios de rehabilitación, cuidados paliativos y de atención a largo plazo. Es importante mencionar que el servicio de atención de salud mental también ha presentado interrupciones, a pesar de los efectos negativos que han tenido en la población factores como el encierro, la pérdida de trabajo, la angustia de enfermarse y la pérdida de familiares a causa del COVID-19 (CEPAL, 2021b). De igual modo, también se observan cambios en las funciones y actividades de salud pública, y más de la mitad de los países de América Latina y el Caribe informan haber limitado o suspendido los programas de prevención de enfermedades, la investigación de salud pública y las estrategias de protección y promoción de la salud. A su vez, los servicios de salud sexual y reproductiva también se han visto interrumpidos durante la crisis sanitaria, lo que constituye una amenaza para la garantía de los derechos sexuales y reproductivos (véase el recuadro II.3).

Recuadro II.3
La disrupción de los servicios de salud sexual y reproductiva en América Latina y el Caribe durante la pandemia de enfermedad por coronavirus (COVID-19): una amenaza para la garantía de los derechos reproductivos

El acceso universal a la salud sexual y reproductiva, así como el cumplimiento de los derechos reproductivos, planteados en la Agenda 2030 para el Desarrollo Sostenible, la Agenda Regional de Género y el Consenso de Montevideo sobre Población y Desarrollo, se han visto afectados por la pandemia de COVID-19 por varias vías, tales como quiebres en la cadena de suministro de anticonceptivos, restricciones para el funcionamiento de los establecimientos que ofrecen estos servicios y prestaciones, decisiones sanitarias de reasignación de recursos humanos y financieros para la contención de la pandemia, reducción de la oferta por carencia de personal y de equipos de protección personal, como mascarillas, escudos faciales y guantes contra el COVID-19 para el personal de estos servicios, y retracción de la demanda.

De acuerdo con las encuestas levantadas por la Organización Mundial de la Salud (OMS) sobre el impacto del COVID-19 en los servicios de salud, se observa que el 64% de los países de América Latina y el Caribe declararon interrupciones en los servicios de planificación familiar y anticoncepción en enero y marzo de 2021, y que son varios los que declaran una disrupción grave (merma del 50% o más del suministro) (OMS, 2021). Asimismo, los servicios de prevención y respuesta a la violencia sexual y de pareja y los servicios de aborto seguro y atención posaborto también registraron discontinuaciones masivas (un 50% y un 33%, respectivamente). Por su parte, las encuestas dirigidas a potenciales usuarios de servicios de salud sexual y reproductiva también muestran discontinuidad y pérdida de acceso a dichos servicios. A su vez, un 3,1% de las personas jóvenes de América Latina y el Caribe que participaron en una encuesta no probabilística realizada por Internet entre mayo y el 15 de junio de 2020, declaró que había dejado de contar con acceso a anticonceptivos gratuitos a causa de la pandemia (Grupo de trabajo sobre juventud de la Plataforma de Colaboración Regional para América Latina y el Caribe, 2021). Este retroceso es aún mayor si se considera solo al grupo que recibía tal prestación antes de la pandemia. Por otra parte, un 17% de las personas encuestadas afirma que le gustaría recibir asesoramiento sobre salud sexual y reproductiva. Además, debe considerarse que las disrupciones producto del COVID-19 se suman a la exclusión histórica de algunos grupos de adolescentes y jóvenes respecto del acceso a la educación, el asesoramiento y los servicios relacionados con la salud sexual y reproductiva, tales como las personas jóvenes lesbianas, gais, bisexuales, transgénero, *queer* e intersexuales (LGBTQI), las que tienen VIH, las personas con discapacidad, las migrantes, las que están fuera del sistema educativo y las que se encuentran en situación de calle.

Respecto del impacto de estas interrupciones, existe una diversidad de estimaciones que muestran un aumento de embarazos no deseados, abortos y muertes maternas debido a la falta de acceso a métodos anticonceptivos, en comparación con los datos previos a la pandemia. En el caso de América Latina, un informe publicado por el Fondo de Población de las Naciones Unidas (UNFPA, 2020) concluyó que, considerando la menor adquisición en el sector privado, el desabastecimiento en el sector público y la reducción de la demanda en el sector público causados por la pandemia sobre la prestación de servicios de salud sexual y reproductiva, y asumiendo que los países no incorporarían medidas correctivas, se prevén 1,7 millones de embarazos no planeados, cerca de 800.000 abortos y casi 3.000 muertes maternas.

Fuente: Organización Mundial de la Salud (OMS), *Second Round of the National Pulse Survey on Continuity of Essential Health Services during the COVID-19 Pandemic: January - March 2021. Interim Report*, Ginebra, 22 de abril de 2021; Grupo de trabajo sobre juventud de la Plataforma de Colaboración Regional para América Latina y el Caribe, "Las juventudes latinoamericanas y caribeñas y la Agenda 2030 para el Desarrollo Sostenible: una mirada desde el sistema de las Naciones Unidas" (LC/TS.2021/74), Santiago, Naciones Unidas, 2021; Fondo de Población de las Naciones Unidas (UNFPA), *El impacto de COVID-19 en el acceso a los anticonceptivos en América Latina y el Caribe: informe técnico*, 2020.

Otro indicador sobre la disminución en el acceso de la población a la salud proviene del análisis de los datos de egresos hospitalarios durante la pandemia, en comparación con años anteriores (enero de 2017 frente a febrero de 2020)[10]. De acuerdo con los datos disponibles para el Brasil, Chile, Colombia, el Ecuador y el Perú[11], en marzo de 2020, al inicio de la pandemia de COVID-19, se produjo un pronunciado descenso en los egresos hospitalarios vinculados a episodios cardiovasculares agudos (accidente cerebrovascular isquémico e infarto agudo de miocardio) y cáncer (véase el cuadro II.1)[12]. Estas caídas estarían relacionadas con la suspensión de servicios ambulatorios, como consultas médicas y procedimientos diagnósticos, así como de las cirugías electivas, incluso aquellas relacionadas a tratamientos oncológicos. A su vez, serían un reflejo de la profunda disrupción que han sufrido los servicios de salud de los países, combinando factores asociados a la oferta y la demanda de servicios. Además, de los cinco países analizados, se observa que la disminución en los egresos hospitalarios es mayor en aquellos con menor gasto en salud y número de camas por cada 1.000 habitantes, lo que indica un incremento en las desigualdades entre países producto de la pandemia y ratifica el diagnóstico de debilidad de los sistemas de salud al aparecer el COVID-19 que se ha señalado anteriormente. Es importante destacar que la falta de atención médica oportuna puede dar lugar a cuadros agudos de salud con una letalidad elevada y posibles secuelas importantes a largo plazo.

Cuadro II.1
América Latina (5 países): reducción acumulada estimada de egresos hospitalarios en 2020 en comparación con las tendencias de años previos para cada país y diagnóstico[a]
(En porcentajes)

País	Accidente cerebrovascular	Cáncer	Infarto agudo de miocardio
Brasil	13,6	14,7	12,3
Chile	19,2	23,8	19,8
Colombia	27,1	27,3	30,5
Ecuador	35,7	37,2	27,2
Perú	43,4	56,1	47,9

Fuente: Comisión Económica para América Latina y el Caribe, sobre la base de datos oficiales del Departamento de Informática del Sistema Único de Salud (DATASUS) del Ministerio de Salud del Brasil, el Departamento de Estadísticas e Información de Salud (DEIS) del Ministerio de Salud de Chile, la Bodega de Datos del Sistema Integrado de Información de la Protección Social (SISPRO) del Ministerio de Salud y Protección Social de Colombia, el Instituto Nacional de Estadística y Censos (INEC) del Ecuador y el Ministerio de Salud del Perú.

[a] Se consideró el período entre enero de 2017 y diciembre de 2020.

De este modo, los datos muestran que la prolongación de la crisis sanitaria y la saturación de los sistemas de salud, sumadas al temor de las personas, se han traducido en un menor acceso a la atención sanitaria cuando es necesaria, incluso en casos muy graves, como los infartos. La postergación de las atenciones sanitarias esenciales ha tenido efectos negativos sobre la mortalidad y la calidad de vida de la población en el largo plazo. Esto puede llevar a un retroceso en los indicadores sanitarios y a una profundización de las marcadas desigualdades sanitarias y sociales en la región.

---

10 Se trabaja bajo la hipótesis de que se trata de tendencias relativamente estables en el tiempo, por lo que los cambios observados durante 2020 responderían a los impactos de la pandemia en la oferta y la demanda de atención de salud.

11 Datos procedentes del Departamento de Informática del Sistema Único de Salud (DATASUS) del Ministerio de Salud del Brasil, el Departamento de Estadísticas e Información de Salud (DEIS) del Ministerio de Salud de Chile, la Bodega de Datos del Sistema Integrado de Información de la Protección Social (SISPRO) del Ministerio de Salud y Protección Social de Colombia, el Instituto Nacional de Estadística y Censos (INEC) del Ecuador y el Ministerio de Salud del Perú para el período comprendido entre enero de 2017 y diciembre de 2020.

12 Se seleccionaron estos diagnósticos debido a su frecuencia y gravedad, y a que su pronóstico depende de la oportunidad de atención (Cuadrado y otros, 2021).

2. La salud de las niñas y los niños en riesgo: urge retomar la atención de sus necesidades de desarrollo

La persistencia de la crisis sanitaria, la saturación de los sistemas de salud y las medidas sanitarias implementadas por los países para contener la propagación del virus han comenzado a tener impactos significativos sobre la salud y el bienestar de los niños y las niñas de la región. La reorientación de servicios de salud desde el primer nivel de atención hacia los niveles de mayor complejidad como respuesta a la pandemia, junto con la interrupción de servicios analizada anteriormente, ha tenido efectos en la posibilidad de que niños y niñas accedan a programas de alimentación y vacunación de rutina, a controles de salud y monitoreo alimentario-nutricional, y a diagnósticos y derivaciones oportunas.

Si bien no existe un alto riesgo de contagio del virus entre niñas y niños, se han dado casos de niñas y niños de entre 3 y 12 años con COVID-19. En América Latina y el Caribe estos casos llegaron a aproximadamente un millón y se informaron 2.276 casos de síndrome inflamatorio multisistémico pediátrico (SIM-P) en niñas, niños y adolescentes, 98 de los cuales terminaron en muerte. El Brasil fue el país con más casos (OPS, 2021b). Los principales efectos de la pandemia en niños y niñas de 3 a 12 años se asocian a la suspensión de los controles regulares de salud y a la dificultad de acceso a dichos controles, lo que limita el acceso oportuno a tratamientos y rehabilitación, a acciones preventivas y a la detección temprana de situaciones de riesgo, al tiempo que aumenta la incidencia y gravedad de patologías prevenibles o tratables (Castillo, 2021). De acuerdo con un seguimiento realizado por el Fondo de las Naciones Unidas para la Infancia (UNICEF) a los países de América Latina y el Caribe hasta agosto de 2020, 11 de los 32 países consultados informaron caídas en la cobertura de las campañas de inmunización. Los datos muestran que tanto Colombia como el Ecuador registraron una caída de entre el 75% y el 100% de la cobertura. Respecto de los servicios de apoyo a la salud mental, psicosocial y de adicciones, 15 países informaron descensos en las coberturas en comparación con el mismo período del año anterior, y los más importantes fueron los de Belice (entre un 75% y un 100%) y el Brasil (del 50% al 74%). Por último, los datos informados por UNICEF muestran que 11 países registraron caídas de hasta un 49% en la cobertura de los servicios de atención a recién nacidos en comparación con el mismo período del año anterior, mientras que la mayoría de los países no informó cambios en este ámbito.

La interrupción en los esquemas de inmunización de rutina de niños y niñas es sumamente preocupante, ya que ello puede traducirse en la reaparición de enfermedades controladas en términos epidemiológicos y, en algunos casos, erradicadas. Al considerar dos casos de vacunas de rutina para niños y niñas, se observa que, en 2020, 2,3 millones de niños y niñas en la región no recibieron la vacuna DTP3 (contra difteria, tétanos y tos ferina) y 1,8 millones no recibieron la MCV1 (primera dosis contra el sarampión), lo que corresponde a una disminución estimada del 6,6% en el caso de la vacuna DTP3 y del 9,2% en el de la MCV1 (Causey y otros, 2021). Como puede observarse en el gráfico II.11, existe una alta heterogeneidad entre los países y territorios de la región en esta materia. Los más afectados son las Bermudas, Costa Rica, el Ecuador, El Salvador, Haití, Panamá, el Paraguay y el Perú, con más de un 15% de interrupción, lo que vuelve a mostrar las desigualdades existentes en la región en materia de salud.

Gráfico II.11
América Latina y el Caribe (32 países): estimación de la interrupción relativa de las vacunas DTP3 y MCV1, enero a diciembre de 2020
(En porcentajes)

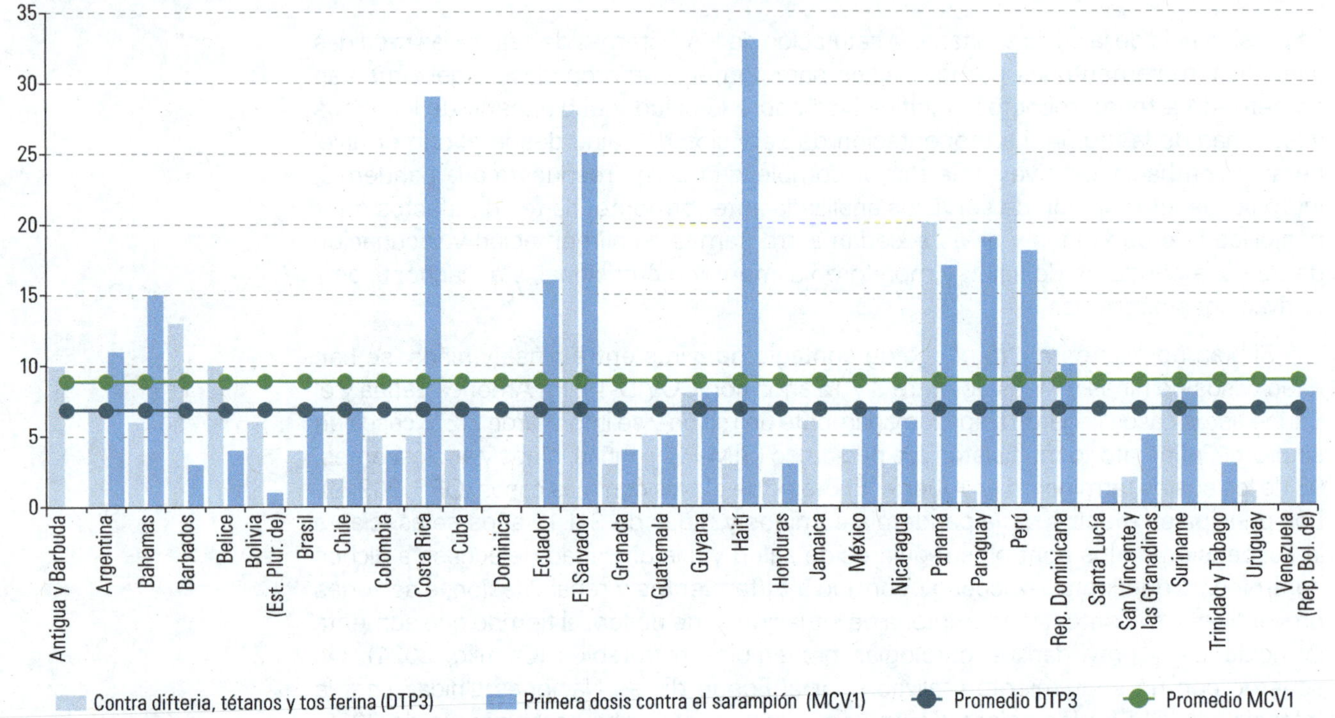

Fuente: Comisión Económica para América Latina y el Caribe, sobre la base de Institute for Health Metrics and Evaluation (IHME), "Global COVID-19 Routine Childhood Vaccination Disruption 2020", Seattle, 2021 [en línea] http://ghdx.healthdata.org/record/ihme-data/global-covid-19-routine-childhood-vaccination-disruption-2020.

Nota: La vacuna DTP3 protege contra difteria, tétanos y tos ferina, y se aplica a niños y niñas menores de 7 años. La vacuna MCV1 corresponde a la primera dosis de la vacuna contra el sarampión y se aplica entre los 12 y los 15 meses.

Es indudable que la pandemia ha generado retrocesos en materia de seguridad alimentaria y nutricional, que no se restringen solamente a este grupo de la población (véase el recuadro II.4). De hecho, se estima un aumento de la malnutrición, con un incremento de su doble carga —desnutrición y sobrepeso—, lo que agrava la situación (Osendarp y otros, 2021). De acuerdo con el seguimiento realizado por UNICEF con respecto a la detección precoz de la emaciación, de 32 países que informaron sobre su situación en 2020, 4 registraron caídas en la cobertura, 2 de ellos (Haití y Perú) de entre un 50% y un 74%. Sobre el tratamiento de la emaciación infantil, en agosto de 2020, 4 países informaban de una disminución en la cobertura respecto del mismo período del año anterior, mientras que 19 de 31 países informaron de un descenso en la cobertura de los programas de nutrición en las escuelas, tanto de alimentación escolar como de raciones para llevar, y 15 de esos 19 países señalaron que registraban una disminución de gran efecto (de entre un 75% y un 100%) en relación con el mismo período del año anterior.

El sobrepeso y la obesidad en niños y niñas ya era un factor preocupante antes de la pandemia de COVID-19 y la OMS estimó un aumento considerable de la prevalencia de ambas afecciones en niños, niñas y adolescentes de 5 a 19 años, del 4% en 1975 a más del 18% en 2016 (OMS, 2021d). Los datos de 2019 para América Latina y el Caribe mostraban que un 6,2% de los niños menores de 5 años presentaba sobrepeso y un 15,5% tenía retraso en el crecimiento (OPS, 2019).

Recuadro II.4
La pandemia de enfermedad por coronavirus (COVID-19) y la inseguridad alimentaria y nutricional

Previo a la pandemia de COVID-19, el mundo no iba camino al logro de los objetivos nutricionales de la Agenda 2030 para el Desarrollo Sostenible. El progreso para eliminar la desnutrición era insuficiente y las prevalencias de sobrepeso y obesidad estaban estancadas o empeorando, situación que se ha visto agravada por la crisis sanitaria. La persistencia de la crisis y la incertidumbre respecto de su duración hacen difícil estimar su impacto en los sistemas alimentarios, de salud y de protección social. La interrupción de otros servicios de salud no relacionados con el COVID-19 durante los confinamientos comprometerá aún más la salud y la mortalidad maternoinfantil (Roberton y otros, 2020), lo que, junto con la profundización de la crisis económica y de los sistemas alimentarios, se espera que aumente la inseguridad alimentaria y la malnutrición en todas sus formas.

La trayectoria de los próximos años es difícil de prever, pues los datos sobre el impacto de estos dos años en la región todavía son escasos. No obstante, de acuerdo con los cálculos del grupo de estimaciones en malnutrición del Fondo de las Naciones Unidas para la Infancia (UNICEF), la Organización Mundial de la Salud (OMS) y el Banco Mundial, en la región se observa un leve aumento del sobrepeso y un estancamiento en la reducción de la desnutrición crónica, que ya se venía registrando desde 2017 (véase el siguiente gráfico). Por otra parte, las estimaciones de la Organización de las Naciones Unidas para la Alimentación y la Agricultura (FAO) y otros (2021) en relación con la seguridad alimentaria y nutricional revelan que 59 millones de personas en la región estarían subnutridas (9,1% de la población), lo que implica un aumento del 28% en relación con 2019 y del 56% con respecto a la estimación para 2015. La subregión más afectada es el Caribe, donde el 16,1% de la población presentaría subnutrición en 2020. Entre las estimaciones que se han realizado durante la pandemia, Egger y otros (2021) hicieron una encuesta representativa en ocho países en desarrollo y encontraron que en Colombia, el país de la muestra con el PIB per cápita más alto y, por lo tanto, posiblemente la mayor cantidad de recursos financieros para hacer frente a la crisis, la mayoría de los encuestados informaron de un aumento en la inseguridad alimentaria (59%). En Chile, la Junta Nacional de Auxilio Escolar y Becas (JUNAEB) estimó un incremento de la desnutrición en la población preescolar, del 1,7% en prekínder y el 1,3% en kínder, entre 2019 y 2020, sumado a un aumento del sobrepeso y la obesidad en escolares de hasta 9° grado del 23,5% al 25,4%, entre 2019 y 2020 (JUNAEB, 2021).

América Latina y el Caribe (33 países[a]): estimación promedio de la desnutrición crónica y el sobrepeso en niños y niñas menores de 5 años, 2005 y 2010-2020
(En porcentajes)

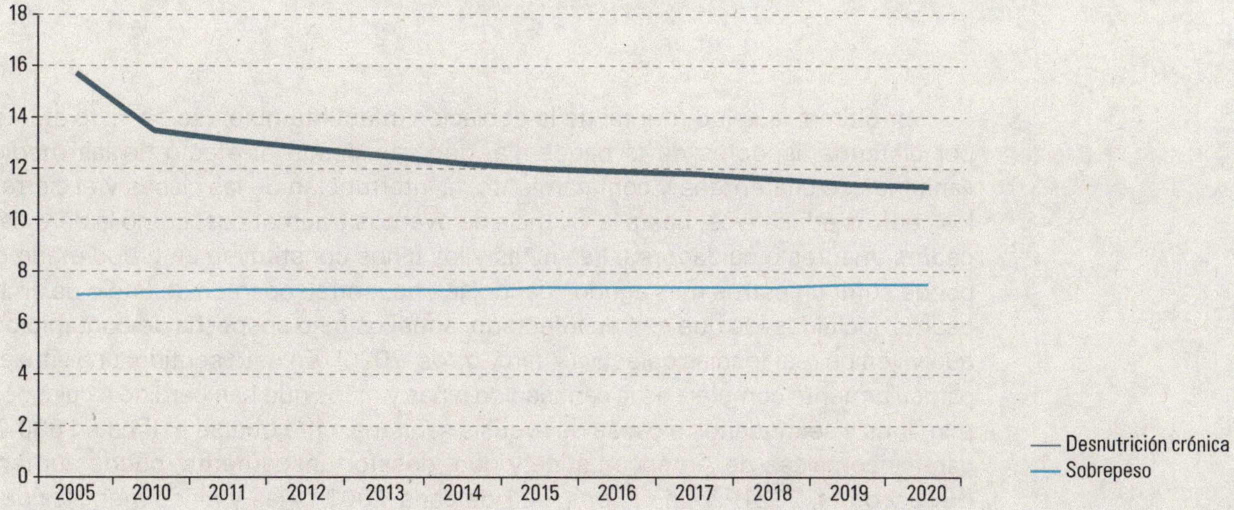

Fuente: Comisión Económica para América Latina y el Caribe (CEPAL), sobre la base de Fondo de las Naciones Unidas para la Infancia (UNICEF)/Organización Mundial de la Salud (OMS)/Banco Mundial, "Joint Child Malnutrition Estimates 2021", abril de 2021 [en línea] https://datatopics.worldbank.org/child-malnutrition/.

[a] Los países considerados son: Antigua y Barbuda, Argentina, Bahamas, Barbados, Belice, Bolivia (Estado Plurinacional de), Brasil, Chile, Colombia, Costa Rica, Cuba, Dominica, República Dominicana, Ecuador, El Salvador, Granada, Guatemala, Guyana, Haití, Honduras, Jamaica, México, Nicaragua, Panamá, Paraguay, Perú, Saint Kitts y Nevis, Santa Lucía, San Vicente y las Granadinas, Suriname, Trinidad y Tabago, Uruguay, Venezuela (República Bolivariana de).

Recuadro II.4 (conclusión)

Un estudio reciente de Headey y Ruel (2020) muestra que la elasticidad de la desnutrición aguda con respecto a los cambios recientes en los ingresos es negativa y relativamente grande en magnitud, lo que implica que una disminución del 10% en el ingreso nacional predeciría un aumento del 14% en la desnutrición aguda moderada/grave. Por tanto, es probable que en los próximos años en la región se dé un aumento de la desnutrición aguda, según las estimaciones de caída del PIB per cápita.

Por su centralidad para proteger de la malnutrición en todas sus formas, e incluso de las enfermedades no transmisibles, una dimensión relevante a considerar es el costo de una dieta saludable. Según FAO y otros (2021), entre 2017 y 2019 dicho costo aumentó un 6,8% en la región, lo que implica que un 19,3% de la población no tendría los recursos necesarios para llevar adelante una dieta de ese tipo. Aun cuando no hay estimaciones para 2020 o 2021, la reducción en el ingreso de la población y el aumento de la pobreza hacen prever que esta prevalencia se incrementará y que un mayor número de personas no podrá acceder a una canasta saludable en los próximos años.

Para hacer frente a los desafíos de inseguridad alimentaria y nutricional, la Comisión Económica para América Latina y el Caribe (CEPAL) y la FAO (2020) han propuesto la implementación de un bono contra el hambre que complemente el ingreso básico de emergencia propuesto por la CEPAL. Este bono, que sería equivalente al 70% de una línea de pobreza extrema regional, se entregaría a toda la población en situación de pobreza extrema, lo que corresponde a 83,4 millones de personas (equivalente al 13,5% de la población), y tendría un costo estimado de 23.500 millones de dólares (equivalentes al 0,45% del PIB regional) (CEPAL/FAO, 2020). Se propone que la medida se pueda aplicar como una transferencia o una canasta de alimentos de valor equivalente. Sumado a ello, se proponen alternativas económicas como medidas para prevenir el aumento de los precios, la reducción de impuestos y los subsidios a la oferta, por ejemplo, a empresas agropecuarias y a la agricultura familiar (CEPAL/FAO, 2020).

Fuente: Comisión Económica para América Latina y el Caribe (CEPAL), sobre la base de CEPAL/Organización de las Naciones Unidas para la Alimentación y la Agricultura (FAO), “Cómo evitar que la crisis del COVID-19 se transforme en una crisis alimentaria: acciones urgentes contra el hambre en América Latina y el Caribe”, *Informe COVID-19 CEPAL-FAO*, Santiago, junio de 2020; D. Egger y otros, “Falling living standards during the COVID-19 crisis: quantitative evidence from nine developing countries”, *Science Advances*, vol. 7, Nº eabe0997, 2021; D. Headey y M. Ruel, “Economic shocks and child wasting”, *IFPRI Discussion Paper*, Nº 1941, Washington, D.C., Instituto Internacional de Investigación sobre Políticas Alimentarias (IFPRI), 2020; T. Roberton y otros, “Early estimates of the indirect effects of the COVID-19 pandemic on maternal and child mortality in low-income and middle-income countries: a modelling study”, *Lancet Global Health*, vol. 8, Nº 7, 2020; Organización de las Naciones Unidas para la Alimentación y la Agricultura (FAO) y otros, *The State of Food Security and Nutrition in the World 2021: transforming food systems for food security, improved nutrition and affordable healthy diets for all*, Roma, 2021; Junta Nacional de Auxilio Escolar y Becas (JUNAEB), “Mapa nutricional 2020”, 2021 [en línea] https://www.junaeb.cl/wp-content/uploads/2021/03/MapaNutricional2020_.pdf.

Por último, la salud mental de la población infantil también se ha visto afectada por distintos aspectos de la pandemia, que van desde el efecto de las medidas sanitarias de cuarentena y confinamiento, la interrupción de las clases y el cierre de los centros educativos, hasta la vivencia de eventos traumáticos, como la pérdida de padres, madres o cuidadores. Las niñas y los niños constituyen un grupo etario que puede sufrir un estrés más agudo cuando se encuentra separado de uno o de ambos padres, incluidos los que se han infectado, aquellos bajo sospecha de contagio o los que viven en residencias colectivas (Liu y otros, 2020). En este sentido, una situación particularmente compleja es la cantidad de niñas y niños que han perdido a cuidadores primarios y secundarios a causa de la crisis sanitaria, cifra que se estima en 600.000 para cinco países de América Latina y que, desafortunadamente, puede aumentar (Hillis y otros, 2021)[13]. En el Perú, 14,1 de cada 1.000 niñas y niños menores de 18 años perdieron un cuidador principal o secundario a causa del COVID-19, mientras que en México, 3,3 de cada 1.000 niñas y niños quedaron huérfanos. Ello muestra la importancia de considerar el vínculo que existe entre la salud, el bienestar integral y las políticas de cuidado de esta población.

13 Los datos disponibles corresponden a la Argentina, el Brasil, Colombia, México y el Perú.

En síntesis, los datos analizados muestran la urgencia de atender las necesidades sanitarias de las niñas y los niños de la región, ya que el de la infancia es un período fundamental para el desarrollo integral de las personas. Considerando la persistencia de la crisis sanitaria, el llamado es a aumentar la inversión en la infancia, con especial atención al resguardo de sus controles sanitarios y seguimientos médicos, así como a la consolidación de políticas de cuidado y sistemas de protección social sensibles a los derechos de la niñez (CEPAL, 2020b).

C. La pandemia discrimina: el desigual impacto en la salud y la educación

El impacto que ha tenido la pandemia en la salud y en el bienestar de la población de la región se ha visto potenciado por la matriz de la desigualdad social y la cultura del privilegio que caracterizan a los países de América Latina y el Caribe. Las desigualdades que existían antes de la llegada del COVID-19 a la región han condicionado el modo en que la crisis ha evolucionado, con un marcado impacto en la vida de las poblaciones en situación de vulnerabilidad. Por ejemplo, se han observado mayores niveles de contagio y vulnerabilidad entre quienes habitan en los municipios más vulnerables, así como también una mayor letalidad por COVID-19 en la población afrodescendiente e indígena. A su vez, América Latina y el Caribe es una de las regiones del mundo en que la interrupción de clases presenciales ha sido más prolongada, lo que se traducirá no solo en un retraso en términos de aprendizaje y agudización de las desigualdades, sino que, además, impide el acceso de niñas, niños y adolescentes a un espacio fundamental para la protección de un conjunto de derechos de la infancia.

1. El impacto de la pandemia en la salud ha sido mayor para la población que sufre desigualdad y exclusión

La pandemia ha tenido un impacto desigual en la salud de la población y ha afectado particularmente a los grupos más vulnerables, que en general tienen mayores dificultades para acceder a la atención de salud, tasas más altas de enfermedades no transmisibles y niveles de esperanza de vida más bajos (Behm Rosas, 1992; Haeberer, Noguer y Mújica, 2015). Ello ha configurado un escenario en el que los efectos de la pandemia se han visto amplificados por desigualdades preexistentes en materia de salud, que responden a factores sociales y se vinculan a las desiguales condiciones de salud que ya existían previo a la crisis sanitaria, así como a la inequidad en términos de capacidad de protección frente al contagio (Wachtler y otros, 2020; Vardavas y Nikitara, 2020; Sattar, McInnes y McMurray, 2020). Ello ha sido particularmente marcado en los países del Caribe, cuyos niveles de vacunación contra el COVID-19 son más bajos que en América Latina y donde se han visto impactos negativos en dimensiones esenciales para la salud, como la seguridad alimentaria y nutrición (véase recuadro II.5).

Recuadro II.5
La crisis sanitaria y la seguridad alimentaria en el Caribe

El Caribe es una de las regiones del mundo más propensas a los desastres, siendo altamente vulnerable al cambio climático y a los fenómenos meteorológicos extremos, con costos muy elevados en términos de vidas humanas, activos productivos, infraestructura física, oferta y demanda de productos, agricultura y turismo. Ello se combina con vulnerabilidades asociadas a los sistemas de salud, junto con una elevada deuda pública, sistemas de protección social débiles y altos niveles de pobreza, desigualdad y desempleo e informalidad laboral, lo que ha aumentado la vulnerabilidad de los países de la subregión ante futuros desastres (CEPAL, 2021a).

La crisis generada por la pandemia de COVID-19 se ha traducido en 357.180 casos confirmados y 8.609 muertes por Sars-Cov-2 en el Caribe, al 20 de noviembre de 2021. Junto con la interrupción de servicios esenciales de salud (OMS, 2021c), la subregión ha experimentado un mayor rezago con respecto al acceso a las vacunas contra el COVID-19, que se refleja en que apenas el 30,4% del total de la población cuenta con el esquema completo de vacunación, siendo este porcentaje muy inferior al de América Latina, que corresponde al 52,4%. Los países de América Latina y el Caribe han realizado importantes esfuerzos para garantizar el acceso a las vacunas mediante compromisos y contratos de compra, no obstante, el desafío de la implementación aún continúa. Considerando que la mayoría de las vacunas que están siendo aplicadas por los países de América Latina y el Caribe son de dos dosis (OMS, 2021e), para vacunar al 80% del total de la población de la región es preciso implementar cerca de 279,3 millones de dosis. De este total, alrededor de 6,9 millones serían necesarias para asegurar la vacunación completa del 80% del total de la población del Caribe, cantidad bastante menor a la necesaria para América Latina (véase gráfico). Ello deja en claro la necesidad de fortalecer los mecanismos de cooperación subregional, regional e internacional que permitan acelerar la vacunación masiva de la población caribeña y, por tanto, avanzar en el control de la crisis sanitaria.

Gráfico
América Latina y el Caribe (33 países): número de dosis necesarias para una vacunación completa contra el COVID-19, según distintos umbrales de población, al 20 de noviembre de 2021
(En millones de dosis y porcentajes de población)

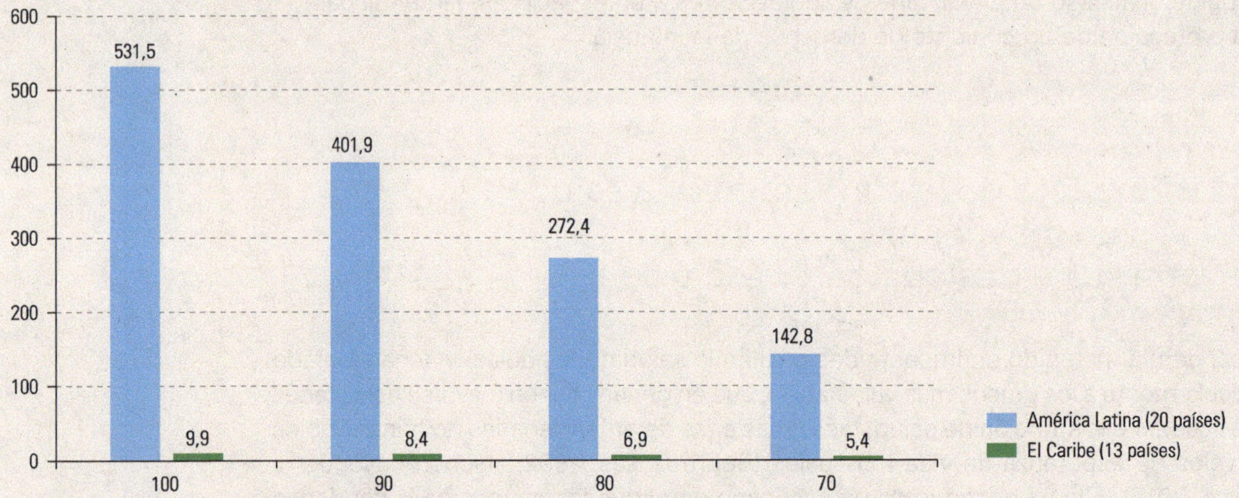

Fuente: Comisión Económica para América Latina y el Caribe (CEPAL), sobre la base de datos de Our World in Data.
[a] El cálculo del total de dosis necesarias considera dos dosis para quienes no han sido vacunados, más una dosis para quienes tienen un esquema de vacunación parcial.

Los efectos de la pandemia en el Caribe también pueden observarse en otras dimensiones clave para el bienestar de la población y el desarrollo social de la región. Con base en los resultados de una encuesta realizada en ocho países del Caribe (Antigua y Barbuda, Barbados, Belice, Guyana, Jamaica, Saint Kitts y Nevis, San Vicente y las Granadinas, y Trinidad y Tabago), un 15% de los hogares señaló que el impacto de la pandemia en sus medios de vida fue grave y un 41% lo calificó como moderado (Perry, Reid y Henry, 2021). El estudio señalado enfatiza que al ser los países del Caribe importadores netos de alimentos, la fluctuación de los precios de los alimentos ha tenido un impacto directo en la seguridad alimentaria de la población. Un 40% de los hogares caribeños estudiados experimentaron algún tipo de hambre y, de ellos, un 42% calificó el hambre como moderada o grave. El aumento de los precios de los alimentos, junto a la disminución del ingreso, ha

Recuadro II.5 (conclusión)

significado que un número significativo de hogares no ha tenido acceso a los alimentos para satisfacer sus necesidades nutricionales. Ello es particularmente preocupante para las personas mayores, niñas y niños, personas con enfermedades no transmisibles, y mujeres embarazadas o que están lactando, toda vez que la reducción de alimentos puede significar un deterioro en su salud o un aumento en la mortalidad si se contagian de COVID-19 (Perry, Reid y Henry, 2021).

De esta manera, junto con acelerar los procesos de vacunación de la población para controlar la crisis sanitaria, es preciso prestar especial atención a los diversos impactos de la pandemia en la salud de la población del Caribe, particularmente respecto de la seguridad alimentaria. Es necesario asegurar que los grupos más vulnerables de la población tengan acceso a sus requisitos nutricionales, de tal manera que puedan enfrentar de mejor manera los efectos de la crisis. Considerando la particularidad de los países del Caribe como importadores netos de alimentos agrícolas, es fundamental establecer o fortalecer los mecanismos de monitoreo de indicadores clave como los macroeconómicos, de precios y de disponibilidad de alimentos, junto con medidas de protección a familias agricultoras, estímulos para la compra pública de alimentos y entrega masiva de alimentos, entre otras medidas (FAO/CEPAL, 2020). Ello debe ir de la mano del avance hacia sistemas de protección social universales, integrales y sostenibles, articulados con sistemas de salud universales y resilientes.

Fuente: Comisión Económica para América Latina y el Caribe (CEPAL), *Desastres y desigualdad en una crisis prolongada: hacia sistemas de protección social universales, integrales, resilientes y sostenibles en América Latina y el Caribe* (LC/CDS.4/3), Santiago, 2021; Organización de las Naciones Unidas para la Alimentación y la Agricultura (FAO)/CEPAL, "Sistemas alimentarios y COVID-19 en América Latina y el Caribe: plan de contingencia ante una eventual crisis en el abastecimiento de alimentos", *Boletín*, N° 6, Santiago, 2020; Organización Mundial de la Salud (OMS), *Second Round of the National Pulse Survey on Continuity of Essential Health Services during the COVID-19 Pandemic: January - March 2021. Interim Report*, Ginebra, 22 de abril de 2021; OMS, "COVID-19 vaccine tracker and landscape", 16 de noviembre de 2021 [en línea] https://www.who.int/publications/m/item/draft-landscape-of-covid-19-candidate-vaccines; R. Perry, L. Reid y F. Henry, "Impact of COVID-19 on food security in the Caribbean", *Journal of Food Security*, vol. 9, N° 3, julio de 2021.

a) Desigualdades por nivel socioeconómico y territorio

La amplia heterogeneidad que existe en los niveles de exceso de defunciones por COVID-19 entre los países de América Latina y el Caribe (véase la introducción de esta sección) se refleja también al interior de cada uno de ellos. Las investigaciones sobre las desigualdades sociales y el impacto diferenciado de la pandemia en la región aún son escasas y fragmentarias, debido principalmente a que aún no se dispone de datos desagregados. No obstante, es posible identificar algunos estudios realizados en distintas ciudades de la región que presentan datos respecto de la existencia de una alta correlación entre vulnerabilidad socioeconómica y nivel de gravedad y muerte por COVID-19, así como también cifras a escala subnacional que muestran dicha desigualdad.

Ejemplo de ello son las investigaciones que confirman una mayor concentración de casos y muertes por COVID-19 en comunas o municipios más vulnerables en ciudades de América Latina, como São Paulo (Bermudi y otros, 2021), Santiago, donde a menor nivel educativo y mayor hacinamiento se observan tasas de mortalidad más altas (Bilal, Alfaro y Vives, 2021; Mena y otros, 2021), y Buenos Aires, donde en los barrios marginales hubo una mayor concentración de casos y riesgo de muerte por COVID-19 (Macchia y otros, 2021). Estas investigaciones muestran un aumento de la desigualdad en materia de salud según el nivel socioeconómico y también, en el caso del Brasil, según la condición étnico-racial de la población (Werneck y otros, 2021).

El tamaño de la población y la mayor interconectividad local e internacional de los centros urbanos densamente poblados hacen que puedan ser más vulnerables a la transmisión y el contagio del virus (Naciones Unidas, 2020). En este sentido, se ha mostrado que en América Latina y el Caribe existe una alta concentración de casos de contagio y muerte en las grandes ciudades (CEPAL, 2021b). Estas se caracterizan por un elevado nivel de segregación residencial y desigualdades respecto de importantes factores de riesgo frente a la pandemia, como el hacinamiento, la falta de acceso a servicios de agua y saneamiento, de electricidad y de Internet, la informalidad laboral, y la precariedad y saturación del transporte público (CEPAL, 2021b). Los datos presentados en el gráfico II.12 muestran que en cuatro capitales de la región, los municipios[14] que concentran una mayor cantidad de población con necesidades básicas insatisfechas (Feres y Mancero, 2001) han tenido mayores niveles de exceso de mortalidad durante la pandemia[15].

Gráfico II.12
América Latina (4 ciudades capitales): exceso de defunciones en 2020 y proporción de personas con al menos una necesidad básica insatisfecha en los municipios que conforman las ciudades de Brasilia, Lima, San José y Santiago

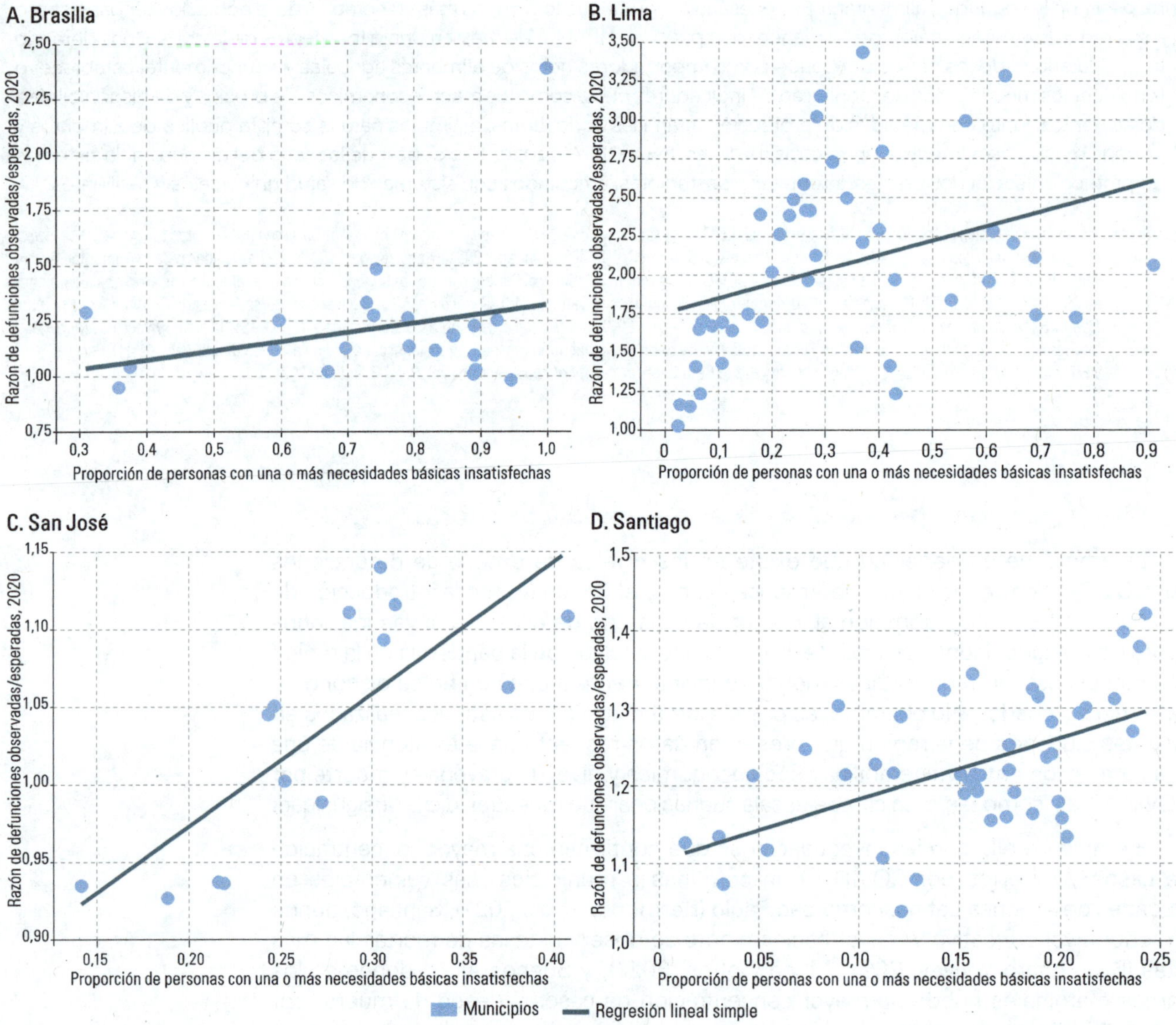

Fuente: Comisión Económica para América Latina y el Caribe (CEPAL), sobre la base de procesamientos especiales de los microdatos censales por medio de REDATAM y fuentes oficiales.

---

14 Los municipios se refieren a las divisiones administrativas menores (DAME) de cada país.

15 El exceso de defunciones refleja la mortalidad asociada directa o indirectamente con la pandemia y se calcula en este capítulo como la razón entre el número de defunciones observadas en 2020 y el número de defunciones esperadas en 2020 en virtud de la tendencia registrada en períodos anteriores a la pandemia. El número esperado de defunciones mensuales se estimó con el siguiente modelo de regresión lineal: $log(Defunciones^m(t)) = \alpha^m + \beta^m t + \epsilon^m$. Así, para cada municipio m del año t se estiman los coeficientes α y β y el error aleatorio ε. Con los parámetros α y β se calculan las defunciones esperadas en 2020 de acuerdo con la tendencia de cada municipio en años anteriores. El exceso de defunciones estimado es, entonces, la razón entre el número de defunciones observadas y el número de defunciones esperadas sobre la base de la regresión, por lo que valores mayores que 1 representan defunciones observadas en 2020 por encima de las esperadas en virtud de la tendencia de años anteriores.

b) Desigualdades étnico-raciales

La falta de registros desagregados por pueblos de pertenencia es una seria limitación para visibilizar el impacto diferenciado del COVID-19 en los pueblos indígenas y las personas afrodescendientes de América Latina. No obstante, dado el impacto negativo que tienen en la salud de estas poblaciones los mayores niveles de pobreza que experimentan, así como las condiciones más precarizadas de vivienda, el menor acceso a agua potable y el limitado acceso a servicios de salud, entre otros factores, se ha asumido que enfrentan una mayor mortalidad por COVID-19 (CEPAL y otros, 2020; CEPAL, 2021g).

Dado que las poblaciones afrodescendientes presentan una mayor concentración en zonas urbanas, es posible brindar algunos datos a través de la relación entre su presencia y el exceso de mortalidad en las ciudades a escala municipal. Las cifras del cuadro II.2 muestran de manera general que los municipios que tienen una mayor proporción de personas afrodescendientes tienden a presentar mayores niveles en el exceso de mortalidad durante 2020, con la excepción de Cuba. Por ejemplo, en el Brasil, los afrodescendientes representan el 32% de la población en las municipalidades con una baja tasa de exceso de mortalidad, pero un 60,9% en aquellas donde el exceso de mortalidad se encuentra en niveles críticos. Cabe señalar que estos resultados no incluyen los municipios rurales ni aquellos que no conforman el sistema de ciudades de al menos 200.000 habitantes, y que, en este sentido, podrían esconder situaciones en las que el entrecruce de desigualdades étnicas y sociales puede tener un impacto más significativo[16].

Cuadro II.2
América Latina (5 países): personas autodeclaradas afrodescendientes según cuartiles de exceso de mortalidad a escala municipal, en ciudades de 200.000 habitantes y más, 2020
(En porcentajes)

Países	Bajo	Medio	Alto	Crítico	Total
Brasil	32,3	37	46,6	60,9	48,1
Costa Rica	5,7	6,1	7,6	9,2	7,5
Cuba	32,8	52,1	34,2	53,1	43,1
Ecuador	3,2	4,0	5,3	10,2	7,5
Perú	1,0	3,5	4,4	3,4	3,3

Fuente: Comisión Económica para América Latina y el Caribe (CEPAL), sobre la base de procesamientos especiales de los microdatos censales por medio de REDATAM y fuentes oficiales.

Nota: El exceso de mortalidad se clasifica en bajo, medio, alto o crítico de acuerdo con el cuartil de distribución del exceso de mortalidad entre municipios. El nivel bajo es el primer cuartil (un 25% de los valores más bajos de exceso de mortalidad) y el nivel crítico es el último cuartil (un 75% y más).

En el caso de los pueblos indígenas, es posible verificar las desigualdades frente a la muerte por COVID-19 de manera directa al menos en Colombia y México, puesto que los registros son accesibles y cuentan con la identificación. En México, al 7 de octubre de 2021, la letalidad en la población indígena era de 12,3 fallecidos por cada 100 casos confirmados de COVID-19, cifra que contrasta significativamente con la observable en el resto de la población, que es de 7,5 defunciones por cada 100 casos confirmados (véase el gráfico II.13). La letalidad más alta en el país se observa entre los hombres indígenas (14,6%), seguidos por las mujeres indígenas (9,9%). En tercer lugar, se sitúan los hombres no indígenas (9,4%) y las que presentan menos riesgo son las mujeres no indígenas (5,7%). Estas desigualdades interétnicas alcanzan expresiones aún más amplias en las entidades federativas que tienen una mayor proporción de población indígena, lo que viene a refrendar los patrones de vulnerabilidad territorial informados en estudios anteriores (CEPAL y otros, 2020; FILAC/FIAY, 2021). Los datos disponibles para Colombia, aunque menos elocuentes, también refieren a un mayor riesgo de mortalidad entre los pueblos indígenas que en el resto de la población. Al 9 de noviembre de 2021, la letalidad entre los pueblos indígenas era de 2,9 defunciones por cada 100 casos confirmados, cifra un 16% superior a la registrada para la población no indígena (2,5 defunciones por cada 100 casos confirmados), con una

16 Por ejemplo, en los cantones de Talamanca y de Matina (provincia de Limón, Costa Rica), que tienen menos de 200.000 habitantes, las personas afrodescendientes representan un 11% y un 9%, respectivamente, y las cifras en el exceso de mortalidad en estos cantones están entre las más elevadas a nivel nacional (segundo y tercer lugar).

gran heterogeneidad territorial (véase el gráfico II.14). Además, a medida que aumenta el peso relativo de la población indígena en las estructuras demográficas departamentales se verifica un sostenido incremento de las brechas interétnicas.

Gráfico II.13
México: letalidad por COVID-19 (defunciones por cada 100 casos confirmados) en población indígena y no indígena, por entidades federativas agrupadas según proporción de población indígena y brecha étnica, actualización al 7 de octubre de 2021
(En porcentajes y diferencia relativa[a])

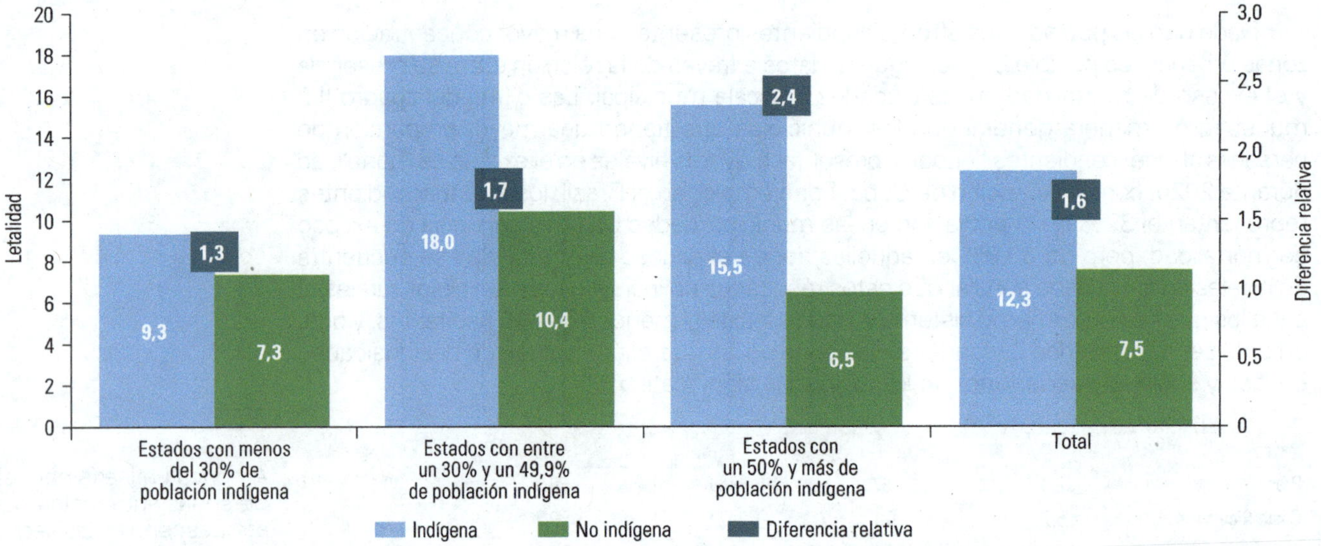

Fuente: Comisión Económica para América Latina y el Caribe (CEPAL), sobre la base de Secretaría de Salud, "Informe técnico diario COVID-19 México", 7 de octubre de 2021 [en línea] https://www.gob.mx/cms/uploads/attachment/file/672446/Comunicado_Tecnico_Diario_COVID-19_2021.10.07.pdf; y Secretaría de Salud, *Décimo sexto informe epidemiológico 2021 de COVID-19 en la población que se reconoce como indígena*, Epidemiological Information Department, 8 de octubre de 2021 [en línea] https://www.gob.mx/cms/uploads/attachment/file/674327/COVID-19_poblacion_indigena_2021.10.08.pdf.

[a] La diferencia relativa es el cociente entre la letalidad indígena y la letalidad no indígena.

Gráfico II.14
Colombia: letalidad por COVID-19 (defunciones por cada 100 casos confirmados) en población indígena y no indígena, por departamentos agrupados según proporción de población indígena y brecha étnica, actualización al 9 de noviembre de 2021
(Muertes por cada 100 casos confirmados y diferencia relativa)

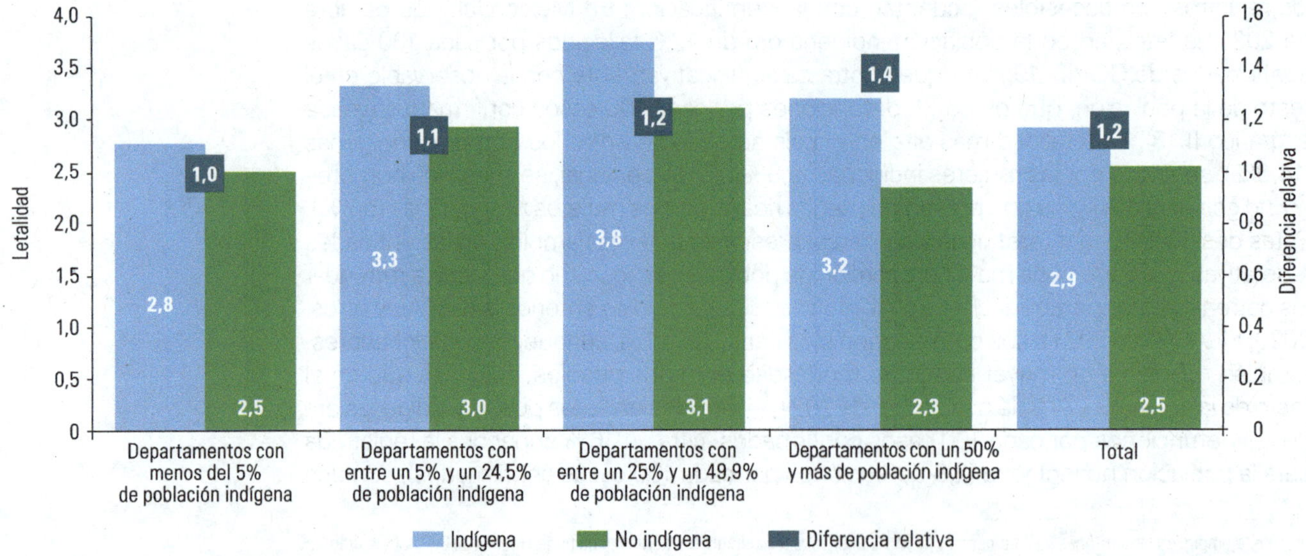

Fuente: Comisión Económica para América Latina y el Caribe (CEPAL), sobre la base de Instituto Nacional de Salud, "Casos positivos de COVID-19 en Colombia" [en línea] https://www.datos.gov.co/Salud-y-Protecci-n-Social/Casos-positivos-de-COVID-19-en-Colombia/gt2j-8ykr/data y procesamientos especiales de datos censales.

Aunque para Chile no se cuenta con información desagregada por pueblo de pertenencia, las cifras oficiales al 5 de noviembre de 2021 muestran que varios de los municipios que se superponen con zonas históricamente habitadas por pueblos indígenas registran tasas de letalidad más altas que el promedio del país (2,4%). Tal es el caso, por ejemplo, de las zonas habitadas por aimaras, como Camiña, Colchane y Huara, y las zonas habitadas por mapuches, como Ercilla, Traiguén y San Juan de la Costa, con tasas que superan entre un 30% y un 100% las estimaciones nacionales. Por último, en la República Bolivariana de Venezuela, a diciembre de 2020, la letalidad por COVID-19 entre la población indígena era de 2,2 defunciones por cada 100 casos confirmados, cifra notoriamente superior al promedio del país, que a esa fecha era del 0,9%. Las cifras más elevadas para la población indígena se registraban en los estados de Sucre y Zulia (Ministerio del Poder Popular para la Salud y otros, 2021).

Por último, debe mencionarse la necesidad de disponer de información estadística de manera oportuna y que es deseable la publicación de los microdatos de los registros. Los sistemas de registro civil e información sanitaria de la región, si bien han mostrado grandes progresos en las últimas décadas, aún presentan desafíos considerables respecto de la calidad, completitud y oportunidad de los registros de hechos vitales (Del Popolo y Bay, 2021). En principio, los avances tecnológicos y los desafíos detectados durante la pandemia ofrecen la oportunidad de mejorar los protocolos de gestión y control de calidad de los datos, así como también los procesos de recolección, procesamiento y divulgación de la información. La importancia de mejorar los sistemas estadísticos nacionales ha sido enfatizada tanto en el Consenso de Montevideo sobre Población y Desarrollo (véanse, por ejemplo, las medidas prioritarias 62 y 102) como en los Objetivos de Desarrollo Sostenible (meta 17.19) y en la Agenda Regional de Desarrollo Social Inclusivo.

2. El impacto de la pandemia en la educación: profundización de las desigualdades

La crisis generada por la pandemia de COVID-19 ha obligado a los sistemas educativos de la región a funcionar en modo de emergencia desde principios de 2020. América Latina y el Caribe es una de las regiones del mundo que lleva más tiempo de interrupción de clases presenciales: en promedio, cerca de 56 semanas de interrupción total o parcial (más de un año lectivo que corresponde aproximadamente a 40 semanas) (véase el gráfico II.15). La educación brinda herramientas a niños, niñas y adolescentes para que puedan participar plenamente en la comunidad, al tiempo que aporta habilidades cognitivas, digitales y socioemocionales que son fundamentales para el desarrollo de las personas y la vida en sociedad. La interrupción de este aprendizaje tendrá, indudablemente, consecuencias en la formación de habilidades en las distintas etapas del desarrollo. La escuela es, además, un espacio donde se protegen otros derechos fundamentales de la infancia, como la alimentación, la salud y la recreación, y se previenen y detectan de manera temprana las vulneraciones o violencias a las que pueden estar expuestos niños y niñas, por lo que se trata de un lugar fundamental para su bienestar integral.

Gráfico II.15
Tiempo de cierre completo o parcial del sistema educativo presencial (enseñanza primaria, secundaria y superior), del 16 de febrero de 2020 al 30 de septiembre de 2021
(En número de semanas)

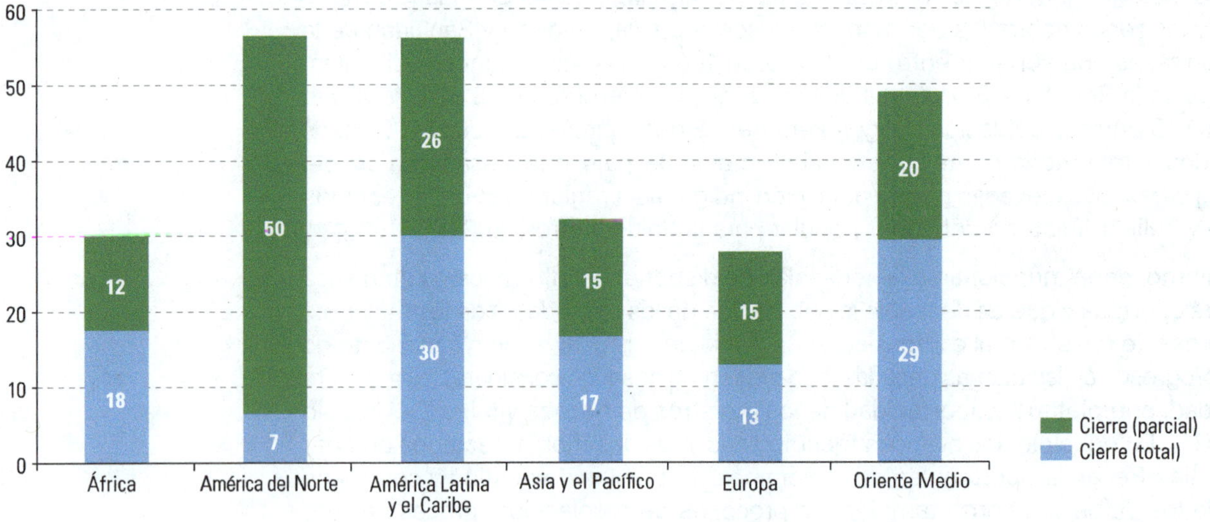

Fuente: Comisión Económica para América Latina y el Caribe (CEPAL), sobre la base de Organización de las Naciones Unidas para la Educación, la Ciencia y la Cultura (UNESCO), "Interrupción y respuesta educativa" [en línea] https://es.unesco.org/covid19/educationresponse.

El cierre de escuelas y las medidas de distanciamiento y de cuidado implementadas para contener la propagación del virus obligaron a los Estados y los centros educativos a efectuar una veloz transición a la educación a distancia, sin que en la gran mayoría de los casos se contara con las condiciones necesarias para ello. Dicha transición ha dejado en evidencia las brechas de acceso, conectividad y habilidades digitales en la región. La forma de conexión también afecta la calidad y las oportunidades que tienen los estudiantes en su proceso educativo, ya que no es lo mismo conectarse desde un teléfono que desde una computadora. Sumado a eso, la mayoría de los países no contaba con una estrategia nacional de educación digital sobre la cual poder desarrollar un modelo de educación a distancia que aproveche las tecnologías digitales (Álvarez Marinelli y otros, 2020).

Los obstáculos en la transición a la educación a distancia no se limitan al acceso a Internet y a dispositivos digitales. Estudios cualitativos han mostrado que, incluso cuando hay cobertura y estrategias de apoyo, es difícil contar con la participación activa y el compromiso de los estudiantes (CEPAL/UNICEF, 2021). El trabajo adicional que han debido asumir los docentes para diseñar estrategias de enseñanza no presenciales y el aumento de las labores de cuidado en el hogar producto de la pandemia han tenido un fuerte impacto en los términos y la carga de trabajo (CEPAL/UNESCO, 2020). Jóvenes y adolescentes de la región han comentado que los docentes responden a estos desafíos según sus posibilidades, por lo general sin un apoyo institucional de los sistemas educativos acorde a las circunstancias: algunos mantienen la conexión con el estudiante a toda costa y con mucha creatividad, mientras que otros desaparecen (Acosta, 2021).

Aún es muy difícil saber a ciencia cierta cuál ha sido el impacto del cierre de escuelas en América Latina y el Caribe. Sin embargo, distintas organizaciones han realizado proyecciones respecto de las posibles consecuencias de la crisis sanitaria en la educación, por ejemplo, sobre las brechas en el desarrollo de habilidades cognitivas y la pérdida de oportunidades de aprendizaje, el riesgo de aumento del abandono escolar y el impacto sobre la salud mental y el bienestar socioemocional de niños, niñas y adolescentes, como se ha planteado en la sección B de este capítulo. En lo que respecta a la adquisición de habilidades cognitivas de base, algunas estimaciones para América Latina y el Caribe prevén que 2 de cada 3 estudiantes no serán capaces de leer y comprender textos que estén acorde a su edad (Banco Mundial, 2021). Más aún, ya con cerca de un 50% de los estudiantes con niveles por debajo del mínimo en habilidades cognitivas básicas como lectura y matemáticas (García Jaramillo, 2020), las simulaciones realizadas por el Banco Mundial plantean que esta situación podría incrementarse más del 20% en la región, lo que supone un aumento aproximado de 7,6 millones de niños, niñas y adolescentes que estarían por debajo de dichos niveles (Banco Mundial 2021, pág. 9). Las estimaciones del Banco Interamericano de Desarrollo (BID) señalan que la brecha de aprendizaje entre los estudiantes más ricos y los más pobres aumentó un 25% debido a las desigualdades de acceso a educación no presencial de calidad en este período (Elacqua, Marotta y Méndez, 2020).

Otro de los graves riesgos asociados a las medidas adoptadas en el contexto de la pandemia y la crisis socioeconómica es el incremento del abandono escolar. Un informe de UNICEF estimó que, en promedio, ante un cierre de cinco o siete meses se perderán 0,6 y 0,9 años de escolaridad (ajustados por calidad), respectivamente, lo que generaría una caída en los ingresos promedio de los países de entre 9.750 dólares y 15.229 dólares por estudiante (García Jaramillo, 2020, pág. 14). En total, ante la ausencia de estrategias que recuperen el aprendizaje y prevengan el abandono, se prevé que las pérdidas para América Latina y el Caribe se situarán entre 800.000 millones y 1 billón de dólares (García Jaramillo, 2020, pág. 14). En este contexto, Neidhoefer, Lustig y Tommasi (2021, pág. 583) estiman que la probabilidad de completar la educación secundaria en América Latina como consecuencia de la pandemia cae del 56% al 42%, lo que, a su vez, presenta ciertos niveles de variación entre los países. Además, un riesgo asociado al abandono escolar es el incremento del trabajo infantil en la región, donde la pandemia amenaza con generar grandes retrocesos respecto del progreso obtenido en los últimos años (CEPAL, 2021e), así como sobre las brechas de género asociadas a las cargas del cuidado referidas en el capítulo IV.

La crisis también pone en riesgo el financiamiento de los sistemas educativos, no solo por la recesión económica y la demanda incremental de recursos públicos desde otros sectores (salud, protección social), sino también porque el sector de la educación necesita recursos adicionales para, entre otras cosas, la adecuación de las escuelas para cumplir con protocolos de salud en la reapertura, el fortalecimiento de estrategias de educación a distancia, el financiamiento de la atención de salud física y mental de los docentes, la contratación de nuevos docentes y la posibilidad de que se registre un aumento de la matrícula en el sector público (algo que se prevé por un desplazamiento desde el sector privado como resultado de la crisis económica).

Una serie de estudios cualitativos realizados entre 2019 y 2020 por la CEPAL, la Oficina para América Latina del Instituto Internacional de Planeamiento de la Educación (IIPE) de la Organización de las Naciones Unidas para la Educación, la Ciencia y la Cultura (UNESCO) y la Oficina Regional para América Latina y el Caribe del Fondo de las Naciones Unidas para la Infancia (UNICEF) sobre "Diversificación de la estructura de la escuela secundaria y segmentación educativa en América Latina", con estudiantes de enseñanza secundaria en seis países de la región (Argentina, Costa Rica, Ecuador, Honduras, México y Uruguay) ilustró algunos elementos de las vivencias de segmentación y obstáculos de inclusión en las trayectorias educativas de adolescentes y jóvenes, que se han visto exacerbadas durante la pandemia. En primer lugar, se destacan las dificultades que enfrentaron para la continuidad educativa, asociadas a tres factores: i) la transformación del contexto de transmisión (del aula al hogar, con las diferencias que ello implica en términos de desigualdad de condiciones), ii) las capacidades digitales diferenciales (conectividad, dispositivos y habilidades digitales) y iii) el desgano y la desmotivación que muchos enfrentaron por la ausencia de interacción presencial, independientemente de las condiciones materiales. Todo esto supone un aumento de las brechas sociales que se reproducen a partir de estas posibilidades en los procesos educativos. La transformación del contexto implica una capacidad de autoorganización y gestión del tiempo del propio estudiante, así como un fuerte apoyo familiar para llevar adelante las tareas. La pandemia ha dejado así al descubierto la importancia de las figuras de sostén, como la del docente y la familia, frente a las trayectorias educativas y su necesaria readecuación ante escenarios de cambio (Acosta, 2021).

"El salto hacia una 'escolarización sin escuela' mediada por el uso de otras tecnologías [...] instaló un escenario distinto al de los últimos 150 años, uno que podría cambiar la escolarización tal como la concebimos, o no" (Acosta, 2021, pág. 62). En esta crisis de casi dos años, los países han hecho grandes esfuerzos por adaptarse a las circunstancias, lograron importantes avances en materia de educación digital y generaron nuevas oportunidades para el futuro. Uno de los aspectos rescatables de esta experiencia, relatado por adolescentes y jóvenes, es que muchos estudiantes se vieron impulsados a desarrollar nuevas habilidades para cumplir con sus metas educativas, tales como la automotivación, la disciplina, la responsabilidad y la gestión del tiempo. Los largos procesos de confinamiento también llevaron a varios de ellos a aprovechar la mayor disponibilidad de tiempo para desarrollar habilidades no relacionadas directamente a las materias escolares, como cocinar o aprender nuevos idiomas y a tocar instrumentos musicales (CEPAL/UNICEF, 2021).

En tanto la pandemia no ha terminado —y lejos está de acabar—, es imperioso que todos los países de América Latina y el Caribe planifiquen y diseñen políticas a corto, mediano y largo plazo para mitigar las consecuencias en la educación y el bienestar de niños, niñas, adolescentes y jóvenes, mientras siguen adelante en medio de la incertidumbre de una crisis sanitaria prolongada. Los países de la región y de todo el mundo están llamados a reestructurarse para desarrollar sistemas educativos más resilientes e inclusivos y superar el funcionamiento en modo de emergencia. La intensidad y la extensión de la crisis provocaron una ruptura del sistema educativo que hace imposible volver atrás, pero la crisis también genera una oportunidad para reestructurar la educación y avanzar en reformas que enfrenten la desigualdad. Lo que se disponga en el futuro cercano seguramente será el punto de partida de un nuevo modo de pensar la educación y la formación a lo largo de la vida, y por eso es urgente crear espacios en los que se pueda reflexionar sobre hacia qué sistemas educativos se debe avanzar y qué pasos hay que dar para hacer efectivos esos sistemas. Asimismo, es imperativo contemplar el conjunto de las necesidades y brechas de bienestar que hoy enfrentan niños, niñas y adolescentes, lo que incluye generar mecanismos para garantizar un nivel de ingresos adecuado en los hogares donde estos crecen. Una de las líneas de acción de la Agenda Regional de Desarrollo Social Inclusivo (CEPAL, 2020b) es la necesidad de avanzar en la garantía de un nivel de ingreso básico universal, evaluando, entre los posibles instrumentos, una transferencia universal para la infancia, implementada de forma gradual y progresiva. Más allá de las medidas de emergencia, también es posible diseñar programas articulados entre las prestaciones monetarias regulares que se han puesto en marcha en la región y mecanismos de incentivo a la reinserción de niños, niñas, adolescentes y jóvenes en los procesos educativos. La integralidad y articulación con otros sectores es una de las claves que la pandemia puso en funcionamiento de un modo más dinámico e informal, y que debería haber llegado para quedarse.

D. La persistencia de la crisis sanitaria y los desafíos desde la protección social

Desde el inicio de la pandemia, los países han implementado medidas de protección social, que han incluido transferencias monetarias de emergencia, la extensión de la cobertura y montos de los seguros de desempleo y cuentas individuales de ahorro para el desempleo en los países donde existen. Al 31 de octubre de 2021, se habían anunciado 468 medidas de protección social no contributiva, que alcanzaron a 422 millones de personas; sin embargo, su cobertura experimentó un marcado descenso durante los diez primeros meses de 2021. A ello se suma un retroceso de casi 11 años en la cobertura de activos de los sistemas de pensiones y la caída considerable de la proporción de personas que están afiliadas o cotizan a los sistemas de salud. Urge consolidar sistemas universales, integrales y sostenibles de protección social que hagan frente a estas brechas y contribuyan a una recuperación transformadora con igualdad.

El mercado laboral ha sido una de las dimensiones más afectadas durante la pandemia. Ello se ha visto reflejado en pronunciadas caídas de la ocupación y la participación laboral, que se tradujeron en aumentos históricos de la desocupación (CEPAL, 2021a). Según estimaciones de la Organización Internacional del Trabajo (OIT) (2021), en 2020 se habría perdido en la región, que ha sido una de las más afectadas del mundo en esta materia, el equivalente a más de 30 millones de empleos debido a la desocupación, a la salida de personas de la fuerza de trabajo o a la reducción de horas trabajadas. A pesar de las medidas de apoyo a trabajadores y empresas, especialmente de los empleos formales, implementadas por los gobiernos, de los avances (desiguales) en la vacunación de la población y de una paulatina reversión de las medidas de confinamiento, los principales indicadores laborales aún no llegan a los niveles previos a la crisis, tal como se menciona en la introducción de este documento. Como se ha constatado en distintos informes de la CEPAL (2021b, 2021c y 2021d), el impacto de la crisis sanitaria en el empleo ha afectado de forma desigual a distintos grupos poblacionales, concentrándose principalmente en las mujeres, las personas jóvenes y los trabajadores informales. Además de exacerbar los problemas estructurales de la región, ello reproduce los patrones asociados a la desigual distribución de los determinantes sociales de la salud, así como de las brechas de protección social.

Ante este escenario, la protección social ha sido fundamental para que las personas puedan mantener cierto nivel de consumo y satisfacer sus necesidades básicas durante la persistente crisis. Las medidas de protección social implementadas por los países han permitido mitigar, aunque no contener por completo, el gran impacto que ha tenido la pandemia en América Latina y el Caribe, dejando en evidencia su potencial para influir en la desigual distribución de los determinantes sociales de la salud, como la pobreza y el desempleo (CEPAL, 2021e). En este sentido, en esta sección se presentan datos respecto del conjunto de medidas implementadas por los países de la región en materia de protección social no contributiva y las tendencias actuales en la cobertura de protección social en pensiones y salud, así como un análisis de las medidas de protección frente al desempleo implementadas a lo largo de la pandemia, con énfasis en los seguros de desempleo.

1. Las medidas de protección social no contributiva implementadas por los países frente a la pandemia han sido centrales para el bienestar de la población

Con la finalidad de mitigar los impactos económicos y sociales de la pandemia de COVID-19, los países de América Latina y el Caribe han desplegado distintas medidas de protección social dirigidas sobre todo a la población en situación de pobreza y vulnerabilidad, que se ha visto particularmente afectada durante este período de crisis. En esta sección se revisan los esfuerzos de los países de la región para proporcionar apoyo a los hogares y las personas en situación de vulnerabilidad frente a la crisis causada por la pandemia de COVID-19 y, en particular, a la reducción de los ingresos producto de las medidas sanitarias implementadas[17]. Si bien la mayoría de estas medidas se pusieron en marcha en 2020, dada la prolongación y profundidad de las consecuencias económicas y sociales de la pandemia, ha sido necesario extenderlas o implementar nuevas durante 2021. La sección pone énfasis en la cobertura y suficiencia de estas medidas, así como en su evolución durante los primeros diez meses de 2021. Asimismo, se destacan desafíos, innovaciones y aprendizajes de las respuestas de emergencia.

[17] En esta sección se informa de las medidas de protección social no contributiva y otros apoyos directos a las personas y los hogares en situación de pobreza y vulnerabilidad, anunciados por los gobiernos nacionales entre el 1 de marzo de 2020 y el 31 de octubre de 2021. No se incluyen medidas de los gobiernos subnacionales, ni medidas orientadas a las empresas u otros entes, que tienen un efecto indirecto en los hogares y las personas.

a) La protección social no contributiva para garantizar la satisfacción de las necesidades básicas de la población

De acuerdo con la información oficial, entre el 1 de marzo de 2020 y el 31 de octubre de 2021, 33 países de América Latina y el Caribe habían adoptado 468 medidas, de las cuales 230 se implementaron en América del Sur, 128 se pusieron en marcha en los países del Caribe de habla inglesa y 110 se concretaron en Centroamérica, México, Cuba, Haití y la República Dominicana[18].

En 33 países de América Latina y el Caribe se han implementado 378 medidas de protección social no contributiva de emergencia, principalmente de tres tipos: i) transferencias monetarias, ii) transferencias en especie, que incluyen la entrega de alimentos, medicamentos[19] y materiales educativos, como computadoras y otros dispositivos electrónicos (tabletas y celulares), así como apoyos para la inclusión laboral y productiva, como becas de capacitación en línea o formación y entrega de insumos para el emprendimiento, y iii) aseguramiento y facilitación del acceso a los servicios básicos (agua, energía, teléfono e Internet) mediante la prohibición del corte de servicios, la reconexión por falta de pago y la postergación o los acuerdos para el pago de las facturas[20]. Además, en 30 países se pusieron en marcha 90 medidas dirigidas a la contención y reducción del gasto de los hogares, tales como alivios tributarios (mediante exoneración de multas, suspensión de fechas de cobranza y remates por falta de pago, y postergación del pago de impuestos), medidas de fijación y control de precios de los productos de la canasta básica y alquileres, y facilidades de pago (por ejemplo, el aplazamiento del pago de cuotas de créditos e hipotecas, la readecuación y el refinanciamiento de préstamos, la exención de pagos o la suspensión de intereses de mora y multas) (véase el gráfico II.16).

El 85,7% de estas medidas se anunciaron e implementaron en 2020. De enero de 2021 al 31 de octubre de 2021 se implementaron 67 medidas adicionales, de las cuales el 49% corresponden a transferencias monetarias, el 34% a transferencias en especie, el 4% al acceso a servicios básicos y el 12% a otros apoyos para facilitar los pagos (véase el gráfico II.17)[21]. Por ser de carácter universal, se destaca el Ingreso Familiar de Emergencia (IFE) Universal de Chile, que ha llegado a 8,3 millones de hogares y que deja fuera a los hogares con un ingreso mensual por integrante mayor de 800.000 pesos chilenos (unos 1.000 dólares). La medida ha sido planificada para entregar un ingreso individual superior a la línea de pobreza y tiene un costo fiscal estimado de 2.700 millones de dólares mensuales.

---

18 Además, se anunciaron 64 medidas en 14 territorios no independientes del Caribe.

19 Por ejemplo, en Chile, El Salvador, Jamaica y Santa Lucía las transferencias han incluido productos de higiene y anticoncepción.

20 Véase más información sobre el acceso a servicios básicos en el contexto de la pandemia en Filgueira y otros (2020).

21 Son ejemplos de las transferencias monetarias el Apoyo Extraordinario "Cultura Solidaria", el subsidio extraordinario para jubiladas y jubilados, y el refuerzo de la Asignación Universal por Hijo (AUH) de la Argentina; el bono IFE COVID e IFE Ampliado, y el Subsidio de Arriendo 2021 de Chile; las fases III y IV del Bono de Protección Familiar del Ecuador; la compensación a trabajadores suspendidos por la pandemia del Paraguay; el Bono 600 del Perú, y los seis bonos de única entrega anunciados por Venezuela (República Bolivariana de).

Gráfico II.16

América Latina y el Caribe (33 países): medidas de protección social no contributiva de emergencia y otros apoyos para la población en situación de pobreza y vulnerabilidad, por tipo de medida, del 1 de marzo de 2020 al 31 de octubre de 2021[a]

(En número de países, medidas y porcentajes)

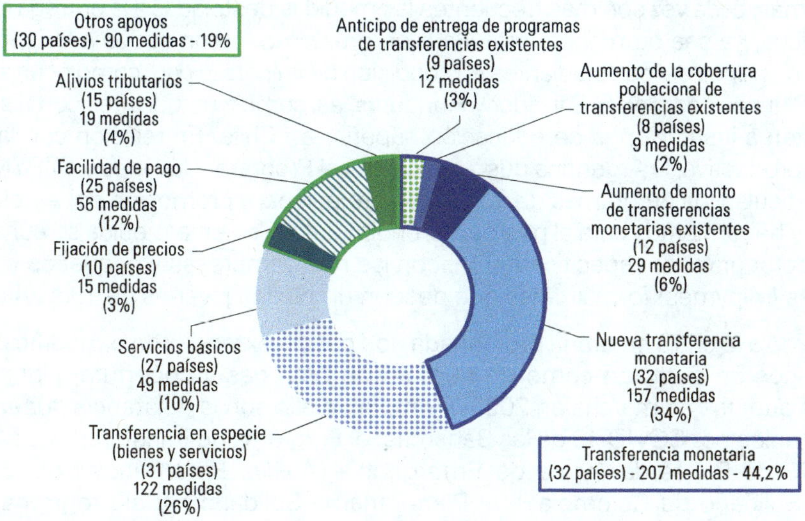

Fuente: Comisión Económica para América Latina y el Caribe (CEPAL), sobre la base de información oficial de los países; CEPAL, Observatorio COVID-19 en América Latina y el Caribe [base de datos en línea] https://www.cepal.org/es/temas/covid-19, y "Medidas de protección social para enfrentar el COVID-19", Desarrollo Social y COVID-19 en América Latina y el Caribe [base de datos en línea] https://dds.cepal.org/observatorio/socialcovid19/listamedidas.php.

[a] Se incluyen medidas anunciadas entre el 1 de marzo de 2020 y el 31 de octubre de 2021. Los países considerados son: Antigua y Barbuda, Argentina, Bahamas, Barbados, Belice, Bolivia (Estado Plurinacional de), Brasil, Chile, Colombia, Costa Rica, Cuba, Dominica, Ecuador, El Salvador, Granada, Guatemala, Guyana, Haití, Honduras, Jamaica, México, Nicaragua, Panamá, Paraguay, Perú, República Dominicana, Saint Kitts y Nevis, San Vicente y las Granadinas, Santa Lucía, Suriname, Trinidad y Tabago, Uruguay y Venezuela (República Bolivariana de).

Gráfico II.17

América Latina y el Caribe (33 países): número acumulado de medidas de protección social de emergencia para la población en situación de pobreza y vulnerabilidad anunciadas del 1 de marzo de 2020 al 31 de octubre de 2021, según cierre de mes[a]

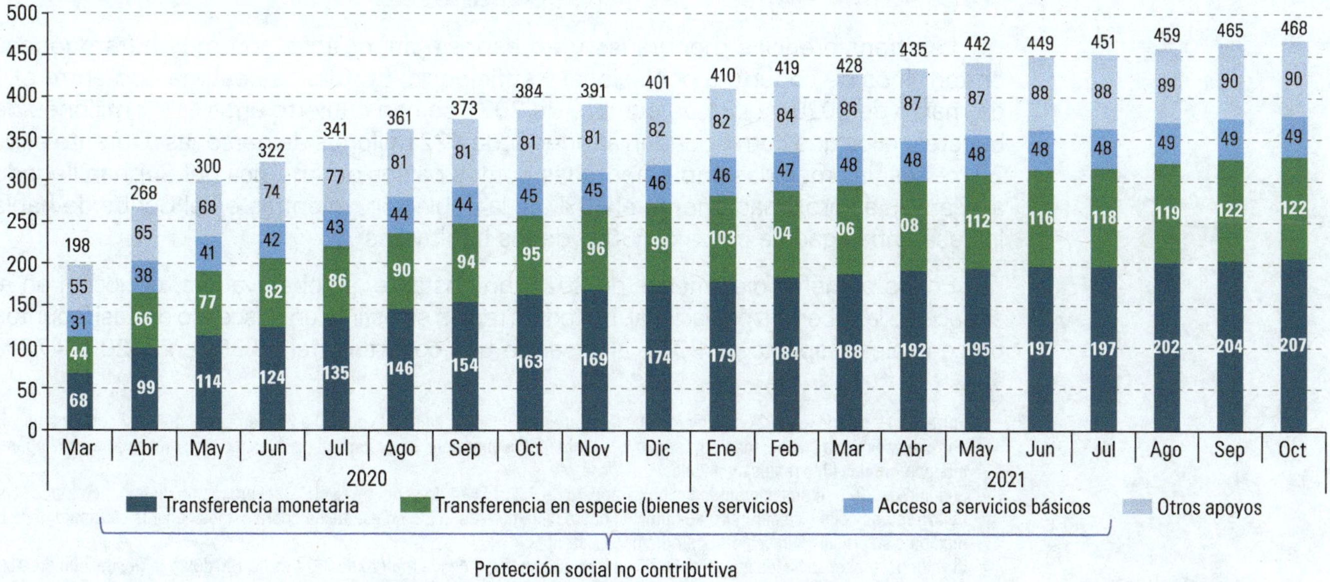

Fuente: Comisión Económica para América Latina y el Caribe (CEPAL), sobre la base de información oficial de los países; CEPAL, Observatorio COVID-19 en América Latina y el Caribe [base de datos en línea] https://www.cepal.org/es/temas/covid-19, "Medidas de protección social para enfrentar el COVID-19", Desarrollo Social y COVID-19 en América Latina y el Caribe [base de datos en línea] https://dds.cepal.org/observatorio/socialcovid19/listamedidas.php.

[a] Se incluyen medidas anunciadas entre el 1 de marzo de 2020 y el 31 de octubre de 2021. Los países considerados son: Antigua y Barbuda, Argentina, Bahamas, Barbados, Belice, Bolivia (Estado Plurinacional de), Brasil, Chile, Colombia, Costa Rica, Cuba, Dominica, Ecuador, El Salvador, Granada, Guatemala, Guyana, Haití, Honduras, Jamaica, México, Nicaragua, Panamá, Paraguay, Perú, República Dominicana, Saint Kitts y Nevis, San Vicente y las Granadinas, Santa Lucía, Suriname, Trinidad y Tabago, Uruguay y Venezuela (República Bolivariana de).

Además, cada vez son más frecuentes las medidas destinadas a la entrega de equipos electrónicos, ya sea de manera gratuita o en préstamo, como apoyo a los procesos de educación en línea de los estudiantes en condición de vulnerabilidad, como ocurre en Bolivia (Estado Plurinacional de), El Salvador y Honduras, así como a estudiantes con discapacidad que asisten a instituciones de educación superior en Chile. En relación con la inclusión laboral y productiva, la Argentina puso en marcha el Programa Jóvenes y MIPYMES, en el que se articulan los programas de formación profesional y promoción del empleo con las políticas y herramientas para el microemprendimiento. Con esta medida se aúnan fuerzas con el sector privado, específicamente, con las microempresas y pequeñas y medianas empresas (mipymes) formalizadas que deseen emplear a jóvenes de 18 a 24 años.

Debido a la crisis sanitaria prolongada, los países extendieron o modificaron, tanto en términos de duración como de número de entregas y cobertura, algunas de las medidas puestas en marcha en 2020. Ejemplo de ello son la Asistencia gubernamental de desempleo por COVID-19 de las Bahamas, el Programa de Transferencias Monetarias COVID-19 de Belice, la Ayuda de Emergencia (*Auxílio Emergencial*) del Brasil[22], el Ingreso Solidario de Colombia[23], el Plan Panamá Solidario[24] y el programa Quédate en Casa de la República Dominicana[25]. En México se ha seguido por el camino de la expansión y consolidación de los programas continuos de transferencias monetarias universales iniciado en 2019, y estos han jugado un importante papel como mecanismo de transmisión de ingreso a los hogares durante la crisis sanitaria (CEPAL, 2021b)[26]. No obstante, algunos programas no se han prolongado y persiste la preocupación respecto de la suficiencia de las medidas y la desprotección de la población. Sin la continuidad de los programas de protección social de emergencia, un gran número de personas no podrá satisfacer sus necesidades básicas a consecuencia de la insuficiente disponibilidad de empleos y los reducidos ingresos laborales, que se encontrarían en niveles inferiores a los observados antes de la pandemia (CEPAL, 2021b).

b) La centralidad de la cobertura y la suficiencia de las transferencias monetarias para mitigar el efecto negativo en la pobreza extrema

Las transferencias monetarias y en especie anunciadas son muy heterogéneas en términos de cobertura poblacional y suficiencia. En total, se estima que entre el 1 de marzo de 2020 y el 31 de octubre de 2021 se han cubierto unos 111,5 millones de hogares, a los que corresponden alrededor de 422 millones de personas. Durante esos 20 meses, las medidas implementadas por los países de América del Sur han llegado a alcanzar, a aproximadamente el 60% de la población, mientras en el Caribe de habla inglesa han llegado a cerca del 30% de los habitantes[27].

En los primeros diez meses de 2021, no obstante, se observa una reducción en el alcance de la cobertura poblacional. En toda la región se estima un descenso de casi 3 puntos porcentuales respecto de 2020, al pasar de una cobertura del 50,2% en 2020 al 47,2%

---

22 Entre abril y octubre de 2021 se hicieron nuevas entregas. El monto se redujo de 600 a 250 reales (47 dólares) por persona y la entrega se limita a una persona por familia. Sin embargo, se mantiene el diferencial para las mujeres proveedoras en hogares monoparentales (375 reales mensuales).

23 En junio de 2021 se anunciaron pagos hasta agosto de 2021. El 14 de septiembre de 2021, por medio de la denominada "Ley de Inversión Social", se garantizó su duración hasta diciembre de 2022. En esa fecha podrá establecerse la continuidad de la medida o su articulación con otros programas existentes.

24 El valor del monto se ha ido incrementando en forma paulatina y desde febrero de 2021 es de 120 dólares. Desde julio de 2021 esta medida ha sido reemplazada por el Nuevo Plan Panamá Solidario, que entrega los mismos montos.

25 El monto del programa se incrementó a partir de enero de 2021 y pasó de un pago quincenal de 2.500 pesos dominicanos (87 dólares mensuales) a 3.000 pesos dominicanos (105 dólares mensuales).

26 Por ejemplo, en el caso de la Pensión Universal de Adultos Mayores, que cuenta con un padrón de aproximadamente 8,2 millones de personas, desde el segundo semestre de 2021 se ha decidido ampliar la cobertura de los mayores de 68 años a los mayores de 65 años (CEPAL, 2021b).

27 Durante los primeros 20 meses de la pandemia, 23 países implementaron 45 transferencias monetarias y en especie dirigidas explícitamente a los trabajadores informales y a otros trabajadores vulnerables, como los que trabajan por cuenta propia, que, en su gran mayoría no están cubiertos por la seguridad social ni por programas sociales no contributivos. Estas transferencias consisten en un pago único o periódico (de 2 a 32 meses) y el monto transferido a cada persona u hogar varía considerablemente de un país a otro.

en 2021, y llegar, de esta manera, a 309,3 millones de personas en hogares receptores (16,6 millones de personas menos que en 2020). La misma tendencia se presenta en las subregiones analizadas, entre las que se incluye la conformada por Centroamérica, México, Cuba, Haití y la República Dominicana, que es la que presenta una mayor variación (véase el gráfico II.18). La cobertura de los programas de emergencia en los primeros diez meses de 2021 es más del doble de la de los programas de transferencias condicionadas y otros programas continuos de transferencias monetarias, cuyo valor regional, según los últimos datos disponibles, fue del 22,7% de la población.

Gráfico II.18

América Latina y el Caribe (32 países): personas en hogares receptores de transferencias monetarias y en especie de emergencia (marzo de 2020 a octubre de 2021) y de programas de transferencias condicionadas (último año disponible), por subregiones[a b c]

(En porcentajes de la población total)

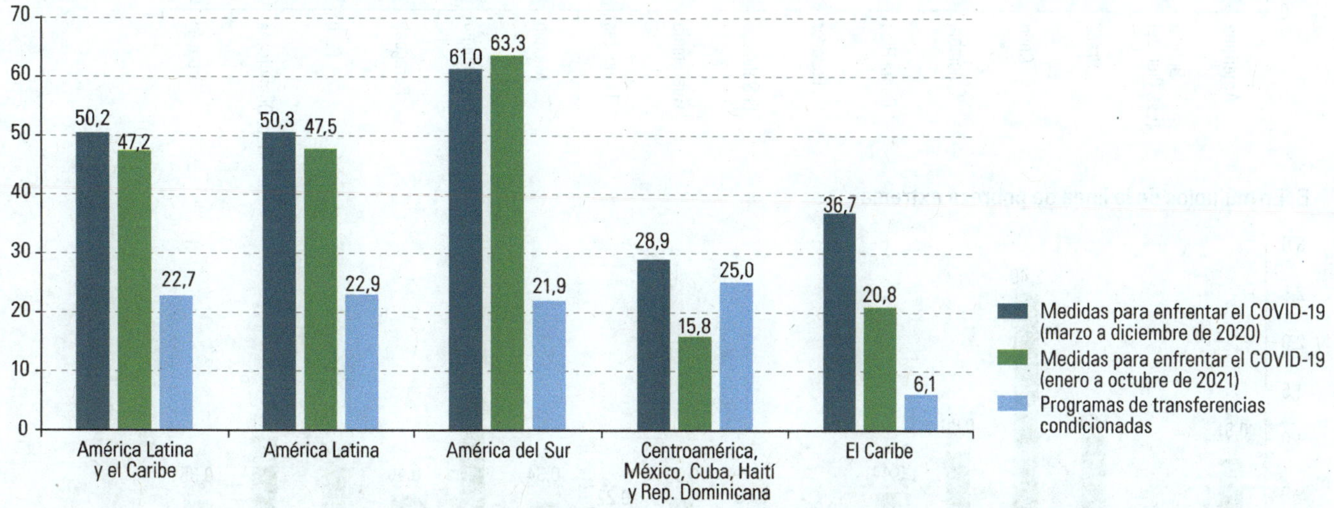

Fuente: Comisión Económica para América Latina y el Caribe (CEPAL), sobre la base de información oficial de los países; CEPAL, Observatorio COVID-19 en América Latina y el Caribe [base de datos en línea] https://www.cepal.org/es/temas/covid-19; "Medidas de protección social para enfrentar el COVID-19", Desarrollo Social y COVID-19 en América Latina y el Caribe [base de datos en línea] https://dds.cepal.org/observatorio/socialcovid19/listamedidas.php; CEPALSTAT [base de datos en línea] https://estadisticas.cepal.org/cepalstat/Portada.html; y Base de Datos de Programas de Protección Social No Contributiva en América Latina y el Caribe [en línea] https://dds.cepal.org/bpsnc/ptc.

[a] Se consideran las transferencias monetarias y en especie anunciadas entre el 1 de marzo de 2020 y el 31 de octubre de 2021. Esta estimación se construyó a partir de información oficial de los gobiernos (cobertura anunciada o efectiva, según disponibilidad), teniendo en cuenta la fecha de inicio y duración, así como la posible complementariedad entre las diferentes medidas anunciadas por cada país, con el fin de minimizar la duplicidad en el cálculo de la cobertura. La cobertura de personas en hogares receptores de las medidas de emergencia se estima multiplicando la cobertura estimada de hogares por el tamaño promedio de los hogares del primer quintil de ingresos, según el último dato disponible en CEPALSTAT. Para las medidas relacionadas con transferencias que se entregan por persona, en caso de no haber información disponible sobre el número promedio o máximo de receptores por hogar, se asumen dos receptores por hogar.

[b] Se considera la cobertura de los programas de transferencias condicionadas u otros programas permanentes de transferencias monetarias del último año con información disponible en la Base de Datos de Programas de Protección Social No Contributiva en América Latina y el Caribe.

[c] América del Sur incluye a: Argentina, Bolivia (Estado Plurinacional de), Brasil, Chile, Colombia, Ecuador, Paraguay, Perú, Uruguay y Venezuela (República Bolivariana de). Centroamérica incluye a: Costa Rica, El Salvador, Guatemala, Honduras y Panamá, además de México, Cuba, Haití y la República Dominicana. El Caribe incluye a: Antigua y Barbuda, Bahamas, Barbados, Belice, Dominica, Granada, Guyana, Jamaica, Saint Kitts y Nevis, San Vicente y las Granadinas, Santa Lucía, Suriname y Trinidad y Tabago.

Para que sean efectivas, las medidas de emergencia deberían cubrir por lo menos las necesidades básicas de todas las personas en los hogares receptores. Para analizar la suficiencia, es posible comparar los montos de las transferencias monetarias de emergencia, considerando los programas de mayor cobertura en los países, con las líneas de pobreza y pobreza extrema.

En el período de marzo a diciembre de 2021, el monto mensual promedio de las transferencias en Chile es el único que sobrepasa el valor de la línea de pobreza (véase el gráfico II.19). Con relación a la línea de pobreza extrema, solamente 4 de 16 países de América Latina (Brasil, Chile, Panamá y República Dominicana) otorgan transferencias monetarias por un monto promedio mensual superior a dicha línea. De acuerdo con las estimaciones presentadas en CEPAL (2021a), a diciembre de 2020, el monto de las transferencias en seis países era suficiente para cubrir las necesidades básicas de los receptores. Esta tendencia podría deberse a la discontinuidad de varias medidas.

Gráfico II.19

América Latina (16 países): monto promedio mensual de las transferencias monetarias para enfrentar la pandemia de COVID-19 en el período del 1 de marzo de 2020 al 31 de diciembre de 2021, según país[a b]

A. En múltiplos de la línea de pobreza[c]

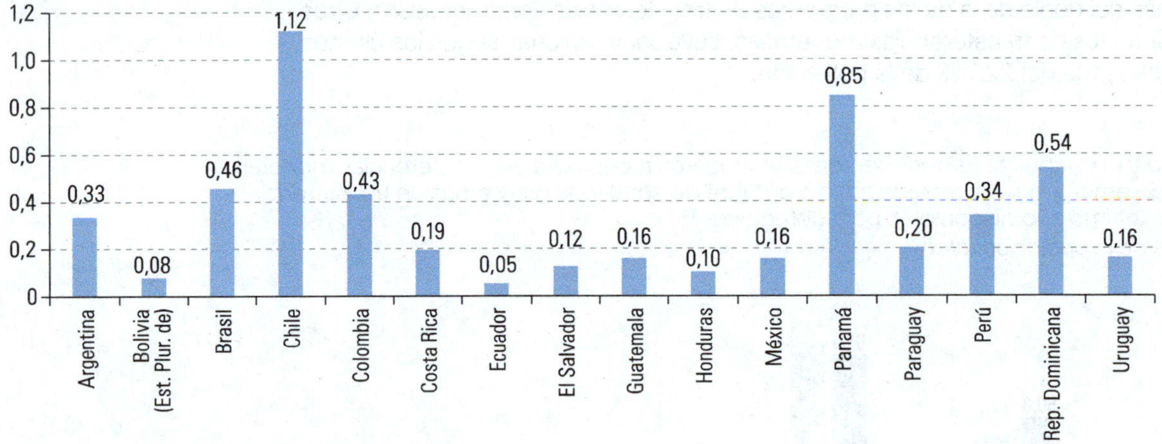

B. En múltiplos de la línea de pobreza extrema[c]

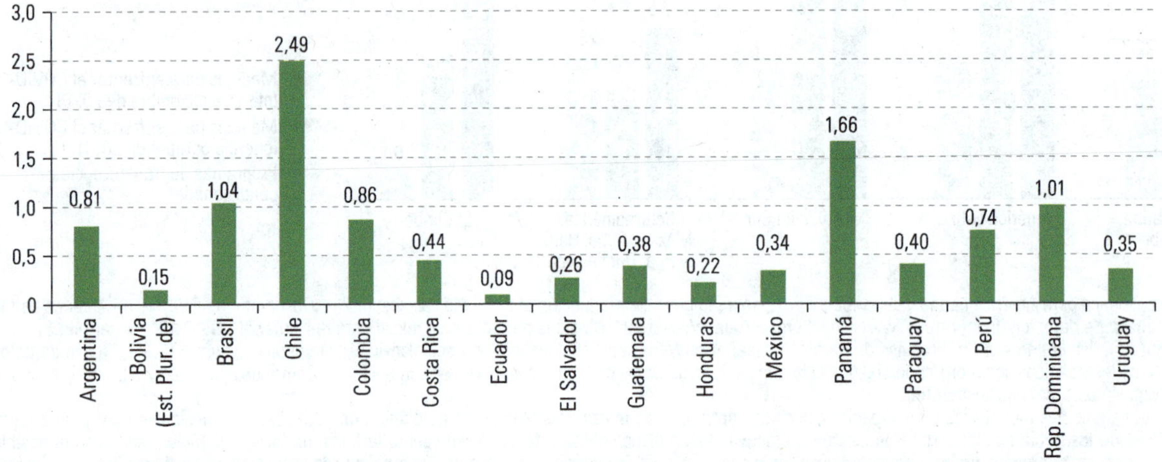

Fuente: Comisión Económica para América Latina y el Caribe (CEPAL), sobre la base de información oficial de los países; CEPAL, Observatorio COVID-19 en América Latina y el Caribe [base de datos en línea] https://www.cepal.org/es/temas/covid-19; "Medidas de protección social para enfrentar el COVID-19", Desarrollo Social y COVID-19 en América Latina y el Caribe [base de datos en línea] https://dds.cepal.org/observatorio/socialcovid19/listamedidas.php; CEPALSTAT [base de datos en línea] https://estadisticas.cepal.org/cepalstat/Portada.html; y Fondo Monetario Internacional (FMI), "Exchange rates selected indicators: national currency per U.S. dollar, period average", Washington, D.C., 2021 [en línea] https://data.imf.org/regular.aspx?key=61545862.

[a] El monto mensual de cada medida en el período que va de marzo de 2020 a diciembre de 2021 (22 meses) se calcula como el producto del monto mensual en dólares y la duración efectiva (entre marzo de 2020 y diciembre de 2021) dividido por 22, según la información anunciada por los países al 31 de octubre de 2021.

[b] Se consideran las siguientes medidas por país: Tarjeta Alimentar en la Argentina; Bono Universal y Bono contra el Hambre en Bolivia (Estado Plurinacional de); Ayuda de Emergencia (*Auxílio Emergencial*) en el Brasil; Ingreso Familiar de Emergencia (IFE 1.0 e IFE 2.0), Bono COVID Navidad, IFE Ampliado e IFE Universal en Chile; Ingreso Solidario en Colombia; Bono Proteger en Costa Rica; Bono de Protección Familiar por la Emergencia Sanitaria en el Ecuador; bono de 300 dólares en El Salvador; Bono Familia en Guatemala; Honduras Solidaria en Honduras; Programa para el Bienestar de las Personas Adultas Mayores (adelanto del pago equivalente a cuatro meses, es decir, dos bimestres) en México; Plan Panamá Solidario y Nuevo Plan Panamá Solidario en Panamá; programas Pytyvõ y Pytyvõ 2.0 en el Paraguay; Bono Familiar Universal, Segundo Bono Familiar Universal y Bono 600 en el Perú; programa Quédate en Casa en la República Dominicana, y canasta de emergencia alimentaria (Operativo Canasta) en el Uruguay.

[c] Se utiliza el valor mensual por persona de las líneas de pobreza y pobreza extrema de zonas urbanas de 2019 en dólares corrientes según CEPALSTAT. Las líneas de pobreza y pobreza extrema en zonas urbanas más recientes corresponden a 2017 para Chile, a 2014 para Guatemala, a 2016 para Honduras y a 2018 para México, razón por la cual los valores de estas líneas se llevaron a precios del año equivalente del último dato del monto de las transferencias de cada componente, según corresponda, ajustando por el índice de precios al consumidor (IPC) publicado por CEPALSTAT.

Es así como el análisis de la cobertura y suficiencia de las transferencias de emergencia implementadas por los países de la región para enfrentar la pandemia deja en evidencia una tendencia a la disminución durante 2021, lo que tendrá un efecto negativo en la pobreza extrema, ya que la crisis sanitaria se ha prolongado y no hay certezas respecto de cuándo se controlará la pandemia de manera definitiva (véase capítulo I). Hasta que ello no suceda, es fundamental mantener las transferencias monetarias, sin disminuir el porcentaje de la población que cubren ni el monto entregado, de modo de mitigar el impacto de la pandemia en el bienestar de la población.

c) Innovaciones, aprendizajes y desafíos

La crisis se instaló en la región y expuso la necesidad de contar con amplios registros sociales que sean lo suficientemente dinámicos para identificar los cambios en la situación socioeconómica de los hogares en el corto plazo (Berner y Van Hemelryck, 2020) y la flexibilidad para adaptar rápidamente la operación de los programas permanentes en momentos de emergencia. Si bien existe espacio de mejora, las respuestas de los países de América Latina y el Caribe se han caracterizado por tiempos de reacción rápidos y la adopción de múltiples innovaciones (Blofield, Giambruno y Filgueira, 2020).

Hay que reconocer los esfuerzos realizados y las innovaciones puestas en marcha para llegar en poco tiempo a grupos de la población que estaban excluidos de los registros del Estado (como los trabajadores informales e independientes, o los sectores medios, que también se vieron afectados por la emergencia) y lograr la inclusión financiera de quienes no estaban bancarizados (Berner y Van Hemelryck, 2020). De igual modo, ha sido necesario innovar en varios aspectos de las operaciones de los programas de transferencias monetarias, desde el mayor uso de medios de pago electrónico hasta la suspensión de las condicionalidades (en salud y educación)[28] y la implementación de adaptaciones relacionadas con las prestaciones y los servicios que ofrecen[29].

2. Las dinámicas de la protección social ante la crisis sanitaria prolongada: cambios en la cobertura de los sistemas de salud y pensiones

Ante el mencionado deterioro de los indicadores laborales, se ha documentado el grave impacto de la crisis en la cobertura de los sistemas de pensiones (CEPAL, 2021e). Al mismo tiempo, también es previsible que el acceso a los sistemas de salud se haya visto afectado en los contextos en donde se mantienen mecanismos de aseguramiento contributivo en esta dimensión. Ante este escenario, es clave analizar la situación de la cobertura en pensiones y salud, dado su papel medular en la expansión de sistemas universales, integrales y sostenibles de protección social, así como en la salud y el bienestar de la población. A continuación, se abordan ambas dimensiones, a partir de la información provista por las encuestas de hogares para los países que cuentan con información actualizada a 2020. En el caso de la cobertura de pensiones, esta información se complementa con la proveniente de los registros administrativos de los países.

---

28 La suspensión de las condicionalidades se ha hecho explícita en los siguientes programas: *Bolsa Família* del Brasil (con la excepción del control de las mujeres embarazadas), Familias en Acción de Colombia, Avancemos y Crecemos de Costa Rica, y el Bono Social de Guatemala.

29 Algunos ejemplos de ello son la continuidad del acompañamiento familiar vía telefónica puesto en marcha por el Programa Nacional de Apoyo Directo a los más Pobres (Juntos) del Perú y la subvención de datos de Internet para permitir el acceso a la enseñanza en línea de los destinatarios del Programa de Avance mediante la Salud y la Educación (PATH) de Jamaica. En el Programa de Pensión para el Bienestar de las Personas Adultas Mayores y el Programa de Pensión para el Bienestar de las Personas con Discapacidad Permanente de México, se permitió que en caso de que el usuario que recibe la transferencia en efectivo no pueda asistir presencialmente a un centro de pago, un familiar acuda en su lugar.

a) Un panorama preocupante de la evolución de la proporción de las personas que cotizan o están afiliadas a los sistemas de salud

La información provista por las encuestas de hogares permite caracterizar la trayectoria de la proporción de personas que cotizan o están afiliadas o declaran estar aseguradas por alguna vía, contributiva o no contributiva, para acceder a los sistemas de salud en la región[30]. Entre 2010 y 2020, en 12 países de América Latina que cuentan con información disponible, se aprecia un incremento de 2,8 puntos porcentuales, del 67,6% al 70,4%, en la proporción de personas ocupadas que están afiliadas o contribuyen a los sistemas de salud públicos o privados (véase el gráfico II.20). No obstante, al analizar la variación entre 2019 y 2020, es posible identificar un quiebre de tendencia con una disminución considerable, de casi 7 puntos porcentuales, del 77,1% al 70,4%.

Gráfico II.20
América Latina (12 países): afiliación o cotización a los sistemas de salud de la población ocupada de 15 años y más según sexo, área de residencia, edad, decil de ingresos per cápita y total, alrededor de 2010, 2014, 2019 y 2020[a b]
(En porcentajes)

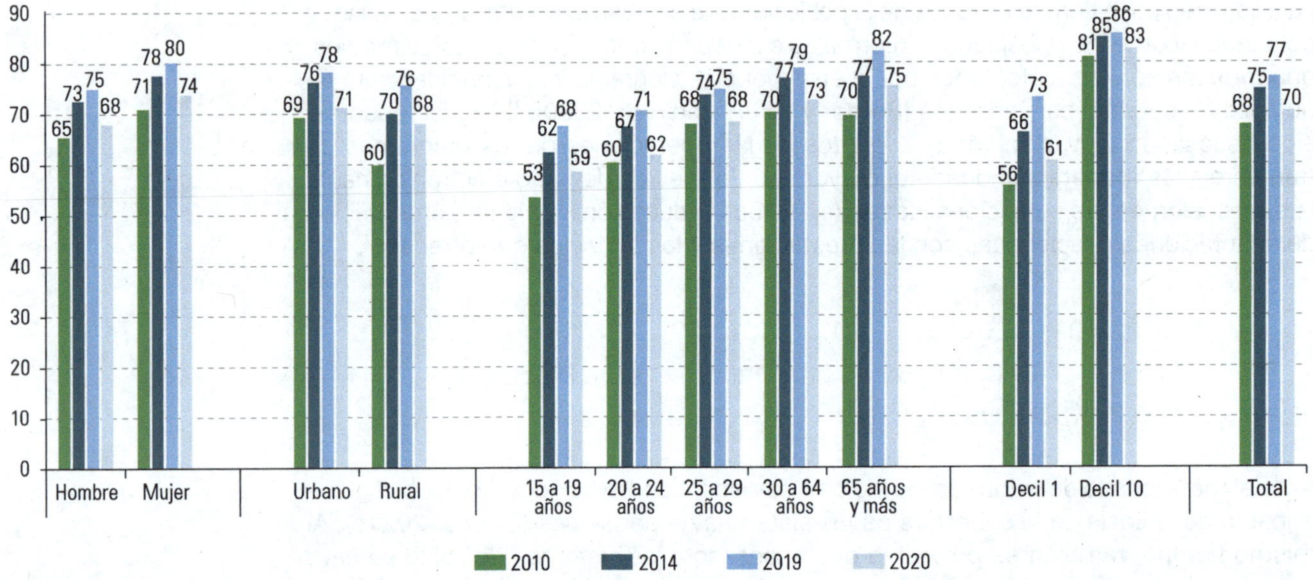

Fuente: Comisión Económica para América Latina y el Caribe (CEPAL), sobre la base de Banco de Datos de Encuestas de Hogares (BADEHOG).

[a] El promedio según área de residencia no incluye a la Argentina por presentar información solamente para áreas urbanas.

[b] Promedio ponderado de: Argentina (zonas urbanas), Bolivia (Estado Plurinacional de), Chile, Colombia, Costa Rica, Ecuador, El Salvador, México, Paraguay, Perú, República Dominicana y Uruguay.

30 Las preguntas incluidas en las encuestas de hogares analizadas varían entre los países e incluyen la consulta directa por la afiliación o cotización a sistemas o seguros de salud, registro en o contratación de algún seguro de salud o entidad prestadora de servicios de salud. En la Argentina, la Encuesta Permanente de Hogares (EPH) indaga en la cobertura médica sujeta a pagos o descuentos; en el Estado Plurinacional de Bolivia, la Encuesta de Hogares; en el Ecuador, la Encuesta Nacional de Empleo, Desempleo y Subempleo; en Perú, la Encuesta Nacional de Hogares, y en la República Dominicana, la Encuesta Nacional Continua de Fuerza de Trabajo, preguntan por el registro, cobertura o afiliación en determinados seguros de salud; en Chile, la Encuesta de Caracterización Socioeconómica Nacional (CASEN) pregunta por el sistema previsional al que se pertenece, los que exigen afiliación o cotización; en Colombia, la Gran Encuesta Integrada de Hogares pregunta por la cotización o estatus de beneficiario de alguna entidad de seguridad social en salud, así como por la afiliación a regímenes de seguridad social en salud; en Costa Rica, la Encuesta Nacional de Hogares, en El Salvador, la Encuesta de Hogares de Propósitos Múltiples, y en el Paraguay, la Encuesta Permanente de Hogares Continua, preguntan por el tipo de seguro o seguridad social (o seguro médico en el caso de El Salvador y el Paraguay) que se tiene; mientras que en México, la Encuesta Nacional de Ingresos y Gastos de los Hogares (ENIGH) consulta por la inscripción para recibir atención médica, en el Seguro Popular, contratos de seguros o el derecho a los servicios del Instituto de Salud para el Bienestar, y en el Uruguay, la Encuesta Continua de Hogares (ECH) pregunta si se tienen derechos médicos vigentes en alguna institución de salud.

Las desigualdades siguen siendo un factor preponderante en la cobertura sanitaria, aunque con matices y algunos elementos propios de la pandemia. Al analizar la afiliación o cotización a los sistemas de salud según grupos de edad, se aprecia el mayor impacto que ha tenido la pandemia en las personas jóvenes: entre 2019 y 2020, la cobertura en la población de 20 a 24 años se habría reducido 8,7 puntos porcentuales, mientras que en la población de 30 a 64 años el descenso habría sido de 6,4 puntos porcentuales. La caída también fue mayor en áreas rurales (7,6 puntos porcentuales) que en áreas urbanas (7 puntos) y en 2020 la brecha entre áreas urbanas y rurales llegaba a 3,1 puntos porcentuales. Al analizar esta cobertura según deciles de ingresos, por una parte, se constata el incremento en la brecha entre el decil de menores y mayores ingresos entre 2019 y 2020, la que habría crecido de 12,6 a 22,2 puntos porcentuales. Por otra parte, es importante considerar la caída en la cobertura que experimenta especialmente el decil de menores ingresos entre ambos años y que llega a 12,5 puntos porcentuales. Este descenso se suaviza en los tres deciles de mayores ingresos, en consonancia con el menor impacto laboral en estos grupos e indicando su menor exposición a una crisis de esta magnitud, y, por ende, su mayor cobertura en protección social[31]. Por último, cabe destacar que al aislar la cobertura contributiva de la cobertura no contributiva en salud para un grupo de diez países donde esto es posible (Argentina, Bolivia (Estado Plurinacional de), Colombia, Costa Rica, Ecuador, El Salvador, México, Paraguay, Perú y Uruguay), en 2020 la cobertura contributiva en salud llegaría al 58,6% de la población ocupada, con una caída de 2,6 puntos porcentuales respecto de 2019. En el primer decil de ingresos, cubriría tan solo al 30,7% de la población ocupada en 2020, frente al 79,4% de quienes se encuentran en el decil de mayores ingresos.

b) La pandemia ha provocado un retroceso de una década en la cobertura de activos (cotizantes) en los sistemas de pensiones

Según muestran los datos de registros administrativos para 15 países de América Latina, la cobertura efectiva de pensiones, es decir, la cobertura de pensiones de la población económicamente activa (PEA), tuvo un notable incremento en el período comprendido entre 2000 y 2009, al pasar del 35,4% al 43,5% (véase el gráfico II.21)[32]. Entre 2010 y 2019, esta cobertura también experimentó un leve aumento del 45,5% al 46,8% con un crecimiento considerablemente menor respecto del período anterior. De este modo, aunque la tendencia en estos 19 años ha sido al alza, con lo que se llegó casi a duplicar el número de personas cubiertas por esta prestación, ha perdido fuerza durante la segunda mitad del período analizado. La crisis causada por el COVID-19 ha intensificado la caída que ya se observaba en 2019, al registrarse una reducción de 2,1 puntos porcentuales en la cobertura, que llegó al 44,7% de la PEA en 2020.

La caída en la cobertura efectiva de los sistemas de pensiones ha implicado un retroceso de casi 11 años y las cifras se situaron entre los niveles porcentuales de 2009 y 2010. Este descenso, que representa una pérdida agregada de 4.182.304 cotizantes entre 2020 y 2019, no solo muestra la magnitud del impacto de la pandemia en el mercado laboral, sino que también anticipa sus consecuencias en el deterioro de la protección social de la población. Cabe destacar que la reducción en esta cobertura se puede constatar en todos los países para los que se dispone de información.

31 Según proyecciones realizadas por la CEPAL (2021a), entre 2019 y 2020, la proporción de personas sin ingresos laborales habría aumentado 0,7 puntos porcentuales en el quintil de mayores ingresos frente a un alza de 5,7 puntos porcentuales entre las personas en el primer quintil de ingresos.

32 Por falta de información para 2020, en este análisis no se incluyen datos de Bolivia (Estado Plurinacional de), Nicaragua ni Venezuela (República Bolivariana de).

Gráfico II.21
América Latina (15 países[a]): cobertura efectiva de la población económicamente activa (PEA) en los sistemas de pensiones, 2000-2020
(En porcentajes y millones de personas)

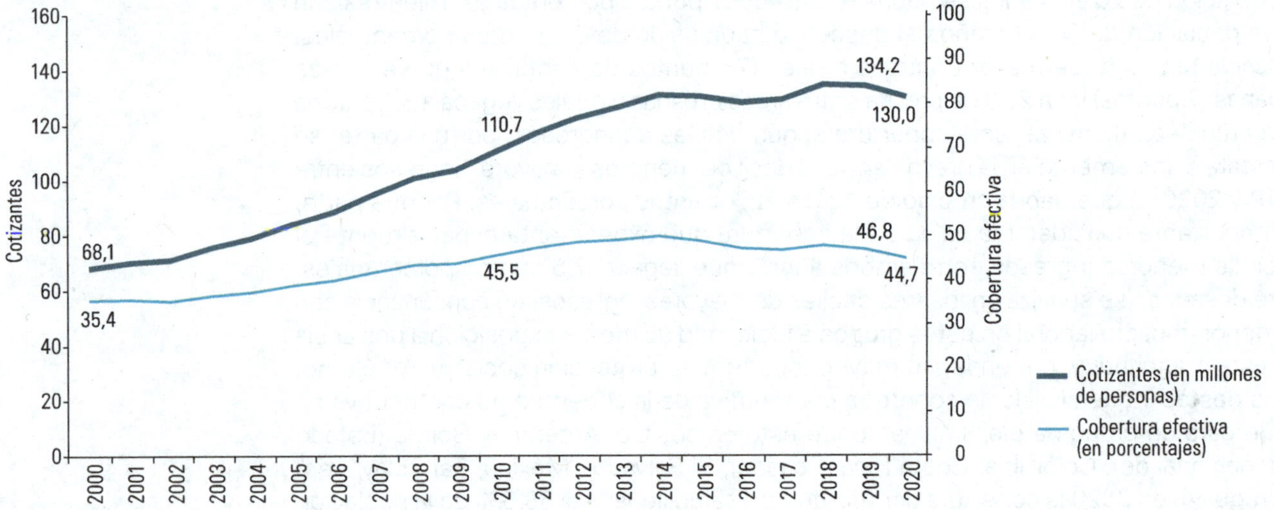

Fuente: Comisión Económica para América Latina y el Caribe (CEPAL), sobre la base de datos administrativos de cada país y CEPAL, "Estimaciones y proyecciones de población a largo plazo 1950-2010: revisión 2019" [en línea] https://www.cepal.org/es/temas/proyecciones-demograficas/estimaciones-proyecciones-excel.

[a] Promedio ponderado de: Argentina, Brasil, Chile, Colombia, Costa Rica, Ecuador, El Salvador, Guatemala, Honduras, México, Panamá, Paraguay, Perú, República Dominicana y Uruguay. Los datos son a diciembre de cada año, salvo en el caso del Brasil, que corresponden a las personas cotizantes dentro de cada año, y de Honduras y Panamá, donde la fuente no indica el mes de la información. En la Argentina y Guatemala, el dato corresponde al promedio mensual anual.

Dado que la percepción de pensiones en la región está muy marcada por las desigualdades de género, es relevante analizar los impactos que la crisis podría haber tenido sobre las personas cotizantes según el sexo. A partir de información administrativa disponible para un grupo de cinco países (Chile, Colombia, México, Perú y República Dominicana), entre el cuarto trimestre de 2019 y el cuarto trimestre de 2020, en tres de estos países (Chile, Colombia y la República Dominicana) se constata que la variación negativa en la cobertura efectiva (PEA) afecta más a las mujeres que a los hombres[33]. Esta reducción llegaría a 3,7 puntos porcentuales para las mujeres y 2,6 puntos porcentuales para los hombres en Chile, a 1,4 puntos porcentuales para las mujeres y 1,0 puntos porcentuales para los hombres en Colombia, y a 6,1 puntos porcentuales para las mujeres y 5,5 puntos porcentuales para los hombres en la República Dominicana.

Las encuestas de hogares permiten profundizar en el análisis de las desigualdades que permanecen vigentes en la región en cuanto a la proporción de personas ocupadas de 15 años y más que están afiliadas o cotizan a los sistemas de pensiones. Tal como muestra el gráfico II.22 para el subgrupo de 13 países con información disponible para 2020, las desigualdades territoriales y según niveles de ingresos persisten a lo largo de los años: en 2020, la brecha en la cobertura según área de residencia llegaba a 30,6 puntos porcentuales, y entre las personas del decil más rico y más pobre habría llegado a 61,2 puntos porcentuales de diferencia, tras haberse reducido menos de

33 En Chile, se considera información de la Superintendencia de Pensiones de Chile (2021), que incluye a cotizantes dependientes e independientes al régimen de capitalización individual y al sistema previsional de reparto. En Colombia se considera la información de la Superintendencia Financiera de Colombia (2021) para las personas cotizantes del Régimen de Ahorro Individual con Solidaridad (RAIS). En República Dominicana, se incluye la información de la Superintendencia de Pensiones de República Dominicana (2021) para cotizantes a Administradoras de Fondos de Pensiones (AFP), al Reparto Individualizado, al Ministerio de Hacienda y sin individualizar.

un punto porcentual desde 2010, cuando era de 61,7 puntos porcentuales. Al analizar la situación por grupos de edad, la brecha entre la población de 20 a 24 años y la de 30 a 64 años que estaba afiliada o cotizaba a estos sistemas llegaba en 2020 a 9,2 puntos porcentuales, mientras que si se compara la población de 30 a 64 años con la población de personas ocupadas de 15 a 19 años llegaba a 32,5 puntos porcentuales, lo que refleja la característica de la región en cuanto a que las primeras inserciones laborales se dan en condiciones de alta desprotección social. Al comparar los datos de 2019 y 2020, se aprecia nuevamente el grave impacto de la pandemia: las personas jóvenes experimentan una caída mayor, mientras que en el otro extremo del ciclo de vida se apreciaría un leve aumento en la proporción de afiliados y cotizantes entre las personas mayores que siguen estando ocupadas más allá de los 65 años.

Gráfico II.22
América Latina (13 países): afiliación o cotización a los sistemas de pensiones entre las personas ocupadas de 15 años y más, según sexo, área de residencia, grupo de edad y decil de ingresos, alrededor de 2010, 2014, 2019 y 2020 [a b c]
(En porcentajes)

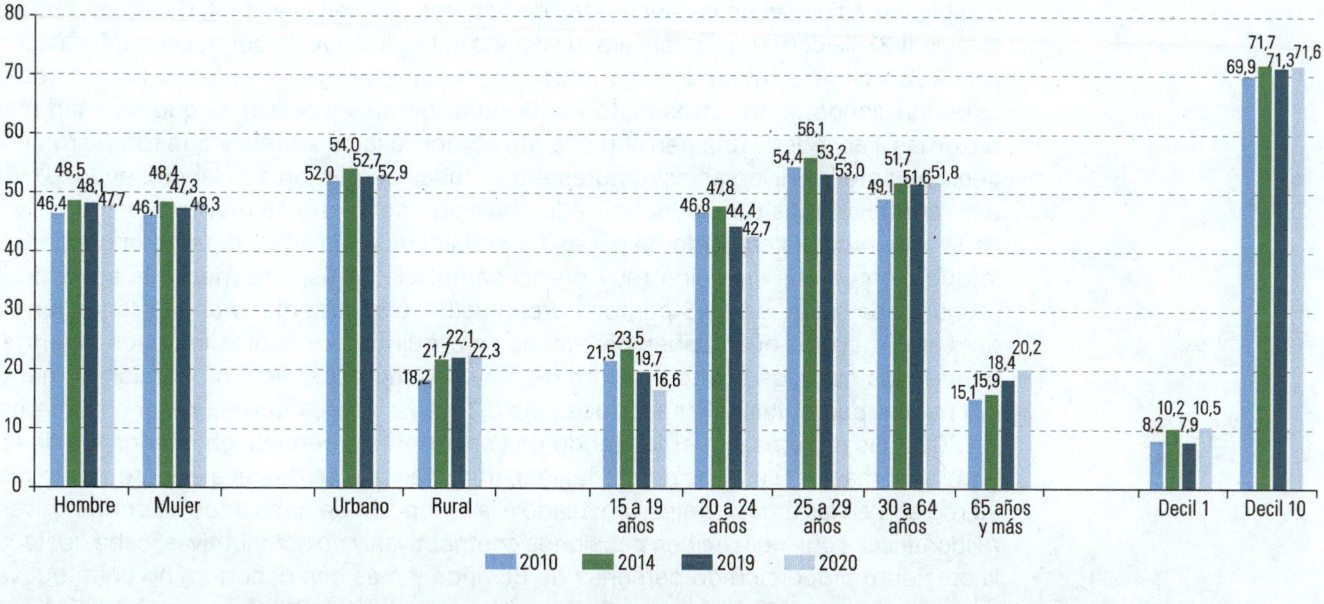

Fuente: Comisión Económica para América Latina y el Caribe (CEPAL), sobre la base de Banco de Datos de Encuestas de Hogares (BADEHOG).
[a] El promedio según área de residencia excluye a Argentina por presentar información solamente para áreas urbanas.
[b] Promedio ponderado de: Argentina (zonas urbanas), Bolivia (Estado Plurinacional de), Brasil, Chile, Colombia, Costa Rica, Ecuador, El Salvador, México, Paraguay, Perú, República Dominicana y Uruguay. En la Argentina y la República Dominicana se mide solo la cotización o afiliación a sistemas de pensiones de los trabajadores asalariados en los años considerados.
[c] En Bolivia (Estado Plurinacional de), el Ecuador, El Salvador y la República Dominicana se registra la afiliación a los sistemas de pensiones, mientras que en el resto de los países se pregunta por la cotización a estos sistemas o variables relacionadas.

Cabe destacar que, además de la caída en la cobertura, otra situación que se ha registrado en el contexto de la pandemia, y que podría tener consecuencias negativas en los resultados de los sistemas de pensiones, ha sido el retiro anticipado del ahorro en las cuentas individuales, como ha ocurrido en Chile y el Perú, y más recientemente, en Bolivia (Estado Plurinacional de)[34], ante la aprobación de medidas para retiros extraordinarios y

[34] En el Estado Plurinacional de Bolivia, el 8 de septiembre de 2021 se aprobó la Ley núm. 1392, que fue reglamentada por el Decreto Supremo núm. 4582, donde se establece que las personas aseguradas del Sistema Integral de Pensiones podrán solicitar por una vez, y de manera voluntaria y excepcional, con ciertas exclusiones y montos diferenciados según los saldos disponibles y la edad, la devolución parcial o total de aportes de su cuenta personal previsional.

voluntarios, y en El Salvador[35] y México[36], con instrumentos preexistentes que habrían permitido dicha acción bajo ciertas condiciones. Con estos retiros se ha buscado aportar liquidez para el consumo de los hogares ante las consecuencias sociales y económicas de la crisis. Si bien estas medidas se consideraban transitorias, Chile ya ha aprobado tres leyes de retiro de fondos de las cuentas individuales entre julio de 2020 y abril de 2021, mientras que en el Perú se han emitido dos decretos de urgencia y aprobado tres leyes entre 2020 y 2021, en que se precisan los alcances de estos retiros[37]. Se proyecta que esta situación conllevará una mayor desprotección social en el futuro, asociada al descenso del monto de las prestaciones, así como a una mayor dificultad para cumplir con los períodos necesarios para acceder a una pensión donde ello es requerido, especialmente para las personas que están más próximas al retiro.

c) Impactos de la pandemia en la cobertura de pasivos (pensionados) en los sistemas de pensiones

Por último, es relevante analizar la situación experimentada por la población de 65 años y más respecto de la percepción de pensiones en la vejez. Para ello, se analiza la percepción de pensiones contributivas y no contributivas, cuando es posible identificarlas en las encuestas de hogares, así como el total. Como muestra el gráfico II.23, la cobertura total para los países sobre los que se cuenta con información para 2020 habría disminuido 0,7 puntos porcentuales entre 2019 y 2020. En ello podría estar incidiendo, entre otros factores, la situación de las personas que estaban más próximas a acceder a una pensión cuando comenzó la pandemia y que retrasaron esa decisión ante las diversas coyunturas enfrentadas en el mercado laboral en 2020. En este contexto, más de un cuarto de la población de personas mayores en 13 países de la región habría carecido de acceso a pensiones en la vejez durante la pandemia, lo que plantea una situación muy preocupante. Llama especialmente la atención la pronunciada caída, de 10,3 puntos porcentuales, experimentada en la proporción de personas mayores que reciben pensiones en el quintil de menores ingresos, mientras que, en los quintiles cuarto y quinto de mayores ingresos, esta proporción aumenta 4,9 puntos porcentuales y se reduce solo 0,1 puntos porcentuales, respectivamente. En 2020, las mujeres siguen teniendo una cobertura de percepción inferior a la de los hombres (más de 3 puntos porcentuales), mientras que se destaca el incremento que se registra en las áreas rurales, vinculado a la recepción de pensiones no contributivas. Al identificar a quienes reciben pensiones contributivas y no contributivas, cabe destacar la creciente proporción de personas de 65 años y más con cobertura no contributiva, que se incrementa 3,2 puntos porcentuales entre 2019 y 2020, en comparación con un descenso de 0,9 puntos porcentuales en la cobertura contributiva. En este caso, nuevamente se destaca el papel medular que han tenido las políticas de protección social no contributiva en la pandemia.

---

35 El Decreto núm. 787 de El Salvador, publicado el 28 de septiembre de 2017, incorpora el artículo 110-A sobre anticipo de saldo a la Ley del Sistema de Ahorro para Pensiones. Cabe destacar que, en el caso del Perú, la Ley núm. 30425 de 2016 modifica la Ley del Sistema Privado de Administración de Fondos de Pensiones y autoriza a usar el 25% del fondo acumulado como garantía prevista para la cuota inicial de un crédito hipotecario para la adquisición de una primera vivienda, entre otras disposiciones.

36 El Decreto del 26 de mayo de 2009, que reforma diversas disposiciones de la Ley del Seguro Social de México, incorpora el artículo 165, que autoriza el retiro parcial de fondos como ayuda para gastos de matrimonio, y el artículo 191, que autoriza a retirar parcialmente, por situación de desempleo, los recursos de la Subcuenta de Retiro, Cesantía en Edad Avanzada y Vejez.

37 En Chile, estos retiros han sido aprobados por medio de la Ley núm. 21248, la Ley núm. 21295 y la Ley núm. 21330. En el caso del Perú, se han aprobado por medio de los Decretos de Urgencia núm. 034-2020 y núm. 038-2020 y las Leyes núm. 31017 del 30 de abril de 2020, núm. 31068 del 4 de noviembre de 2020 y núm. 31192 del 6 de mayo de 2021.

Gráfico II.23
América Latina (13 países): percepción de pensiones, contributivas y no contributivas entre las personas de 65 años y más, según sexo, área de residencia y quintil de ingresos, en 2019 y 2020[a]
(En porcentajes)

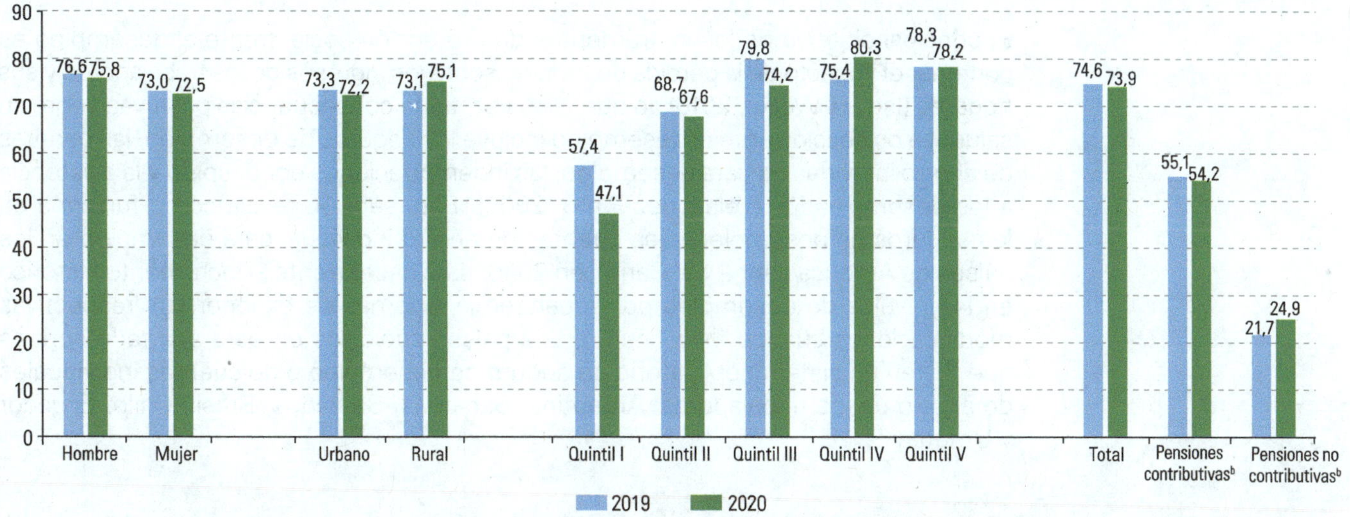

Fuente: Comisión Económica para América Latina y el Caribe (CEPAL), sobre la base de Banco de Datos de Encuestas de Hogares (BADEHOG).
[a] Promedio ponderado de: Argentina (zonas urbanas), Bolivia (Estado Plurinacional de), Brasil, Chile, Colombia, Costa Rica, Ecuador, El Salvador, México, Paraguay, Perú, República Dominicana y Uruguay. El promedio según área de residencia no incluye a la Argentina por presentar información solamente para áreas urbanas.
[b] La cobertura contributiva y no contributiva incluye información para los siguientes países donde es posible distinguirla en las encuestas de hogares: Bolivia (Estado Plurinacional de), Brasil, Chile, Colombia, Costa Rica, Ecuador, México, Paraguay y Perú.

Los datos presentados muestran el impacto que ha tenido la pandemia en la afiliación, cotización o registro en los sistemas de salud, así como en la cobertura de los sistemas de pensiones en la región, profundizando brechas preexistentes en materia de protección social que, de no tomarse acciones preventivas, pueden tener efectos duraderos en el bienestar y la salud de las personas. Ante estos desafíos, es esperable que algunos países deban impulsar reformas en el corto y mediano plazo para el fortalecimiento de los sistemas de salud y pensiones, con un papel central del Estado, avanzando hacia sistemas con mayor diversificación de riesgos, progresivos, sostenibles y con cobertura universal, solidaridad endógena y exógena, y en cuyo diseño se aborden explícitamente las desigualdades de género, en un contexto de alta incertidumbre. En el ámbito de los sistemas de pensiones, es fundamental encarar los retos que estos enfrentan, dada su contribución decisiva al ejercicio de derechos de las personas y la reducción de la pobreza en la región. Cabe destacar que, considerando la información de los 13 países sobre los que se cuenta con información en 2020, la recepción de pensiones habría impedido un aumento de 8,1 puntos porcentuales en la pobreza y de 5,3 puntos porcentuales en la pobreza extrema. Si se analiza el impacto entre la población de personas mayores, la recepción de pensiones habría mitigado un aumento de 34,9 puntos porcentuales en la pobreza y de 22,9 puntos porcentuales en la pobreza extrema. El papel de las pensiones no contributivas durante la pandemia ha sido relevante y se espera que la demanda de estos instrumentos se incremente en los próximos años, por lo que su diseño deberá examinarse cuidadosamente, de manera de integrarse con los sistemas contributivos actuales y colaborar con la consolidación de sistemas de protección social universales, integrales y sostenibles.

3. Medidas de protección social frente a la crisis del mercado laboral: los sistemas de apoyo a los desempleados durante la pandemia

El principal objetivo de los instrumentos de protección social frente al desempleo es contener el impacto de la pérdida de empleo sobre los ingresos de los trabajadores y sus hogares (Isgut y Weller, 2016), lo que, a su vez, tiene consecuencias positivas sobre su salud. La protección ante el desempleo incluye los seguros de desempleo, las cuentas de ahorro individuales para desempleo, las indemnizaciones por despido y la asistencia a los desempleados (Velásquez Pinto, 2005). Esta sección revisa cómo funcionaron los seguros de desempleo y las cuentas de ahorro individual para desempleo en los países de América Latina y el Caribe en 2020, para hacer frente al incremento histórico en los niveles de desempleo por la pandemia, además de exponer sus respectivas modificaciones cuando esto ocurrió. Los países cubiertos en este apartado son los que tienen un sistema obligatorio de seguro de desempleo o de cuentas individuales de ahorro de los trabajadores: Argentina, Bahamas, Barbados, Brasil, Chile, Ecuador y Uruguay[38].

a) La adaptación de los sistemas de apoyo a los desempleados ante la prolongación de la crisis sanitaria

Desde marzo de 2020, los países que cuentan con seguros de desempleo y cuentas individuales de ahorro para el desempleo fueron adaptando varios aspectos de sus sistemas para dar respuesta a una crisis que se veía más profunda y larga que las anteriores (OIT, 2020). Entre los siete países para los que se cuenta con información (Argentina, Bahamas, Barbados, Brasil, Chile, Ecuador y Uruguay) se observan adaptaciones de distintos tipos (véase el cuadro II.3).

Cuadro II.3
América Latina y el Caribe (7 países): modificaciones al seguro de desempleo y las cuentas de ahorro individual para desempleo en 2020

		Argentina	Bahamas	Barbados	Brasil	Chile	Ecuador	Uruguay
Requisitos	Reducción del número de cotizaciones mínimas exigidas para acceder a la prestación	X	X			X		
	Extensión del seguro para grupos antes excluidos		X			X		X
	Extensión del seguro para desempleo parcial				X	X		X
Prestaciones	Extensión de la duración de la prestación	X				X		
	Ampliación de los montos (porcentaje de las remuneraciones)					X		X
	Incremento de los montos mínimos y máximos	X				X		X
Otros	Retiro de fondos				X			
	Agilización de trámites	X	X	X		X	X	X
	Creación de programas de apoyo al seguro de desempleo	X			X			

Fuente: Comisión Económica para América Latina y el Caribe (CEPAL), sobre la base de información oficial.

---

38 En Colombia existen seguros de desempleo que son privados y voluntarios. En el caso de la República Bolivariana de Venezuela no se pudo acceder a la información sobre el seguro de desempleo. En el Paraguay, en 2020 se redactó un proyecto de ley para crear un seguro de desempleo, que en septiembre de ese año ingresó al Parlamento para su discusión (Ministerio de Trabajo, Empleo y Seguridad Social del Paraguay, 2020).

Algunos países incluyeron la flexibilización de requisitos para el acceso al seguro, como, por ejemplo, la extensión del apoyo a los desempleados y trabajadores por cuenta propia del sector del turismo, a los sobrevivientes del huracán Dorian que aún se encontraban desempleados o a las personas jóvenes de hasta 35 años en las Bahamas, y la inclusión de las personas trabajadoras de casa particular en Chile[39]. En este grupo de modificaciones también se destaca la flexibilización de los requisitos para acceder a las prestaciones en el caso de Chile, las modificaciones realizadas en el Brasil, que se traducen en el pago de una prestación de emergencia para preservar el empleo, la posibilidad de reducir la jornada laboral y, por ende, el salario pagado a los trabajadores, y la creación de un régimen especial de subsidio por desempleo parcial por la emergencia sanitaria en el Uruguay.

También se observan cambios que refieren específicamente a la extensión de las prestaciones y sus montos (véase la modificación de los montos en los casos de Chile y el Uruguay en el cuadro II.A1.3 del anexo). A este respecto, se destaca el aumento en la duración de las prestaciones y los montos a un 50% del promedio de remuneración de los últimos tres meses del trabajador a partir del sexto mes en Chile, y las modificaciones a los montos máximos y mínimos en la Argentina y el Uruguay. De igual modo, en el Uruguay se aplicó un régimen especial a trabajadores que hubiesen agotado su cobertura por el régimen general de subsidio por desempleo.

También se identifican otros tipos de modificaciones que han permitido a los trabajadores acceder a prestaciones durante la crisis sanitaria, como la autorización a los empleados del retiro de fondos de sus cuentas activas o inactivas vinculadas al fondo de cesantía (Fondo de Garantía del Tiempo de Servicio) en el Brasil y la creación de programas adicionales y al amparo del sistema del seguro de desempleo, específicamente en la Argentina[40] y el Brasil[41]. Por último, la mayoría de los países considerados fueron simplificando los trámites asociados a los seguros en el contexto de cuarentenas y movilidad reducida para la ciudadanía. En el Ecuador, por ejemplo, se agilizaron los trámites y se redujeron los días de cesantía mínimos necesarios para poder optar a las prestaciones para cobrar el seguro de desempleo del Instituto Ecuatoriano de Seguridad Social (IESS).

b) Incrementos en la cantidad de destinatarios y desembolsos durante la pandemia

De acuerdo con los datos disponibles, se observa que la cantidad de destinatarios por país que cobraron el seguro de desempleo y obtuvieron dinero de las cuentas de ahorro individual, así como los desembolsos totales por concepto de prestaciones de los seguros de desempleo, aumentaron durante 2020 con respecto a 2019 en todos los países como resultado de los altos niveles de desempleo alcanzados y de las modificaciones mencionadas anteriormente (véase el gráfico II.24). Algunos países registraron pronunciados aumentos de los destinatarios en 2020: en Barbados, por ejemplo, aumentaron un 360%, en el Uruguay se incrementaron un 145% y en Chile se elevaron un 61%. En el Brasil y la Argentina, en cambio, los aumentos fueron menos marcados: un 13% y un 19%, respectivamente. Esto repercute directamente sobre la

39 La Ley núm. 21269 (se puede consultar [en línea] https://www.bcn.cl/leychile/navegar?idNorma=1149644) modifica la Ley núm. 19728 del Seguro de Desempleo.

40 El Programa de Asistencia de Emergencia al Trabajo y la Producción (ATP), creado mediante el Decreto núm. 332/2020 el 1 de abril de 2020 para dar alivio económico a empresas y trabajadores, consiste en las siguientes medidas: postergación o reducción del pago de contribuciones patronales, salario complementario para los asalariados del sector privado, crédito a tasa cero y sistema integral de prestaciones por desempleo para los trabajadores.

41 El Programa de Emergencia para el Mantenimiento del Empleo y los Ingresos, que corresponde a la Medida Provisoria núm. 936/2020 promulgada el 1 de abril de 2020, se concreta en una transferencia monetaria e implica mantener el empleo con suspensión temporal del contrato de trabajo.

magnitud de los desembolsos de los sistemas. En cuanto a desembolsos, los casos de Barbados y el Uruguay son los más emblemáticos, ya que en 2020 alcanzaron el 1,2% del PIB. En el Ecuador, los desembolsos aumentaron del 0,34% del PIB en 2019 al 0,75% del PIB en 2020.

Gráfico II.24
América Latina y el Caribe (6 países): seguros de desempleo y cuentas de ahorro individual para desempleo, 2010-2020

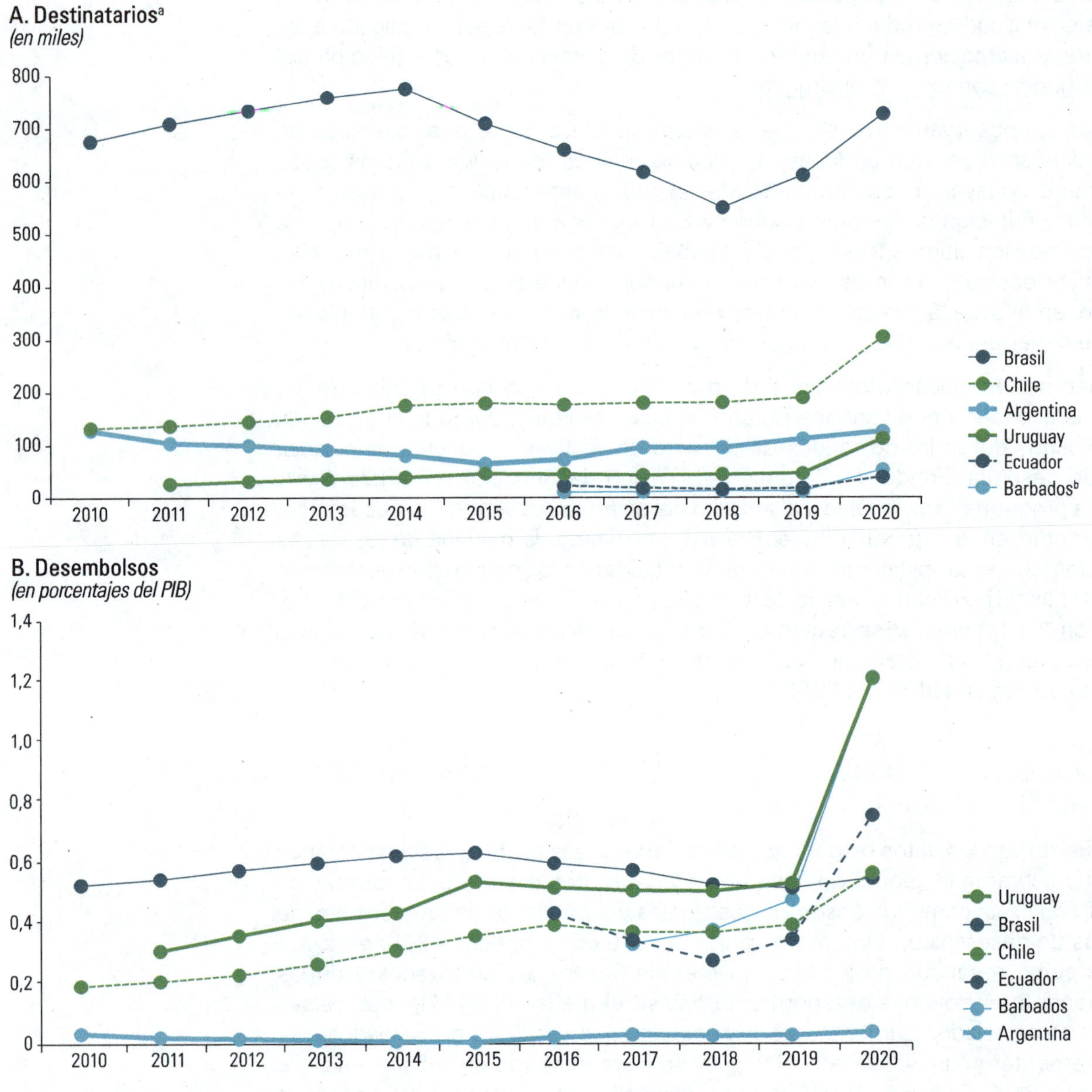

Fuente: Comisión Económica para América Latina y el Caribe (CEPAL), sobre la base de información oficial de los países.
[a] Promedios mensuales de destinatarios.
[b] Corresponde al número de solicitudes recibidas cada año.

En los casos de Chile y el Ecuador el análisis de la información desagregada por sexo, deja en evidencia, una vez más, las brechas de género que existían previo a la pandemia en los sistemas de protección social frente al desempleo. En Chile, las mujeres destinatarias del seguro de desempleo representan el 38% de los destinatarios totales en 2020 (véase gráfico II.25.A), mientras que en el Ecuador las mujeres representan un 37% en 2019 (véase gráfico II.25.C). En 2020, en Chile no hubo un aumento relativo de la cantidad de mujeres que hicieron uso de sus cuentas de ahorro individual para desempleo, por lo que habrá que analizar con detenimiento el impacto que ha tenido la Ley núm. 21269 sobre las trabajadoras domésticas. En cuanto a los desembolsos recibidos por las mujeres, estos representan 1/3 del total (véanse los gráficos II.25.B y II.25.D).

Gráfico II.25
Chile y Ecuador: seguros de desempleo y cuentas de ahorro individual para desempleo, según sexo 2003-2020

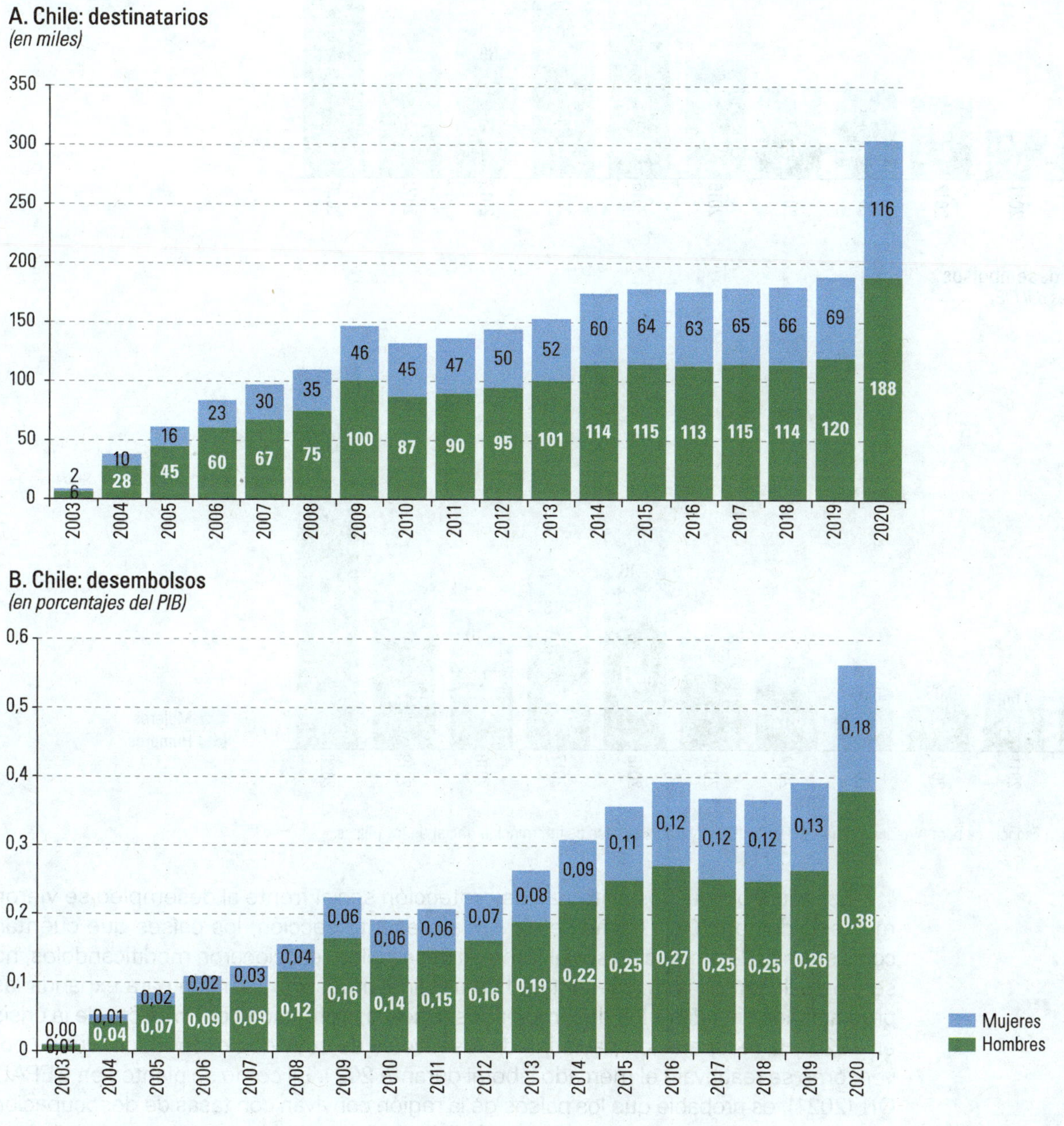

C. Ecuador: destinatarios
(en miles)

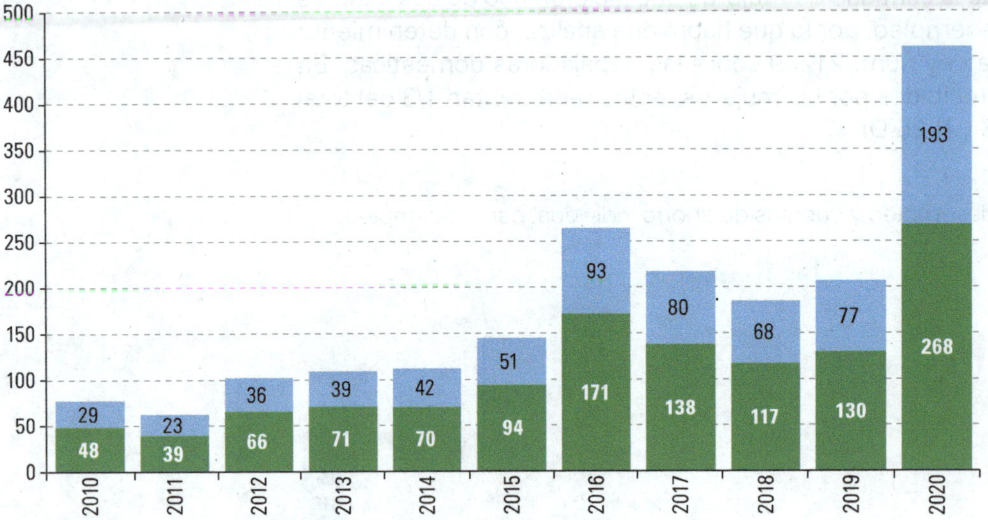

D. Ecuador: desembolsos
(En porcentajes del PIB)

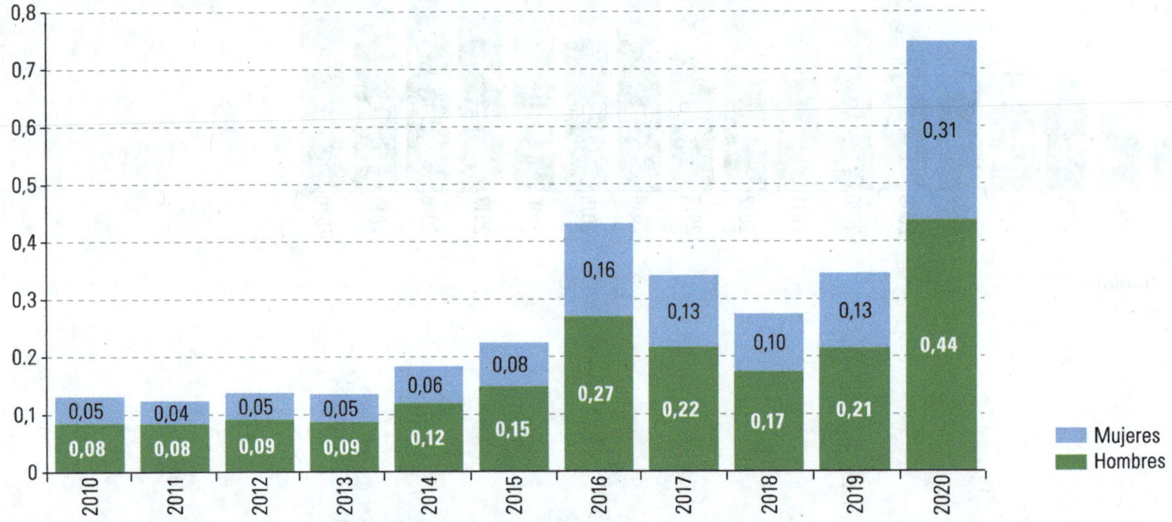

Fuente: Comisión Económica para América Latina y el Caribe (CEPAL), sobre la base de información oficial de los países.

Es indudable que los sistemas de protección social frente al desempleo se vieron muy exigidos en 2020. Como se vio en la presente sección, los países que cuentan con sistemas de protección social frente al desempleo reaccionaron modificándolos, no solo para llegar a una mayor cantidad de destinatarios, sino también para expandir las prestaciones dirigidas a los desempleados. Dada la profundidad del impacto de la crisis en 2020 y la recuperación paulatina de los niveles de actividad económica, queda por ver cómo se reactivará el mercado laboral durante 2021. Tal como se plantea en CEPAL/OIT (2021), es probable que los países de la región convivan con tasas de desocupación más altas que las observadas antes del inicio de la pandemia. Las proyecciones de la CEPAL indicarían que la tasa de desocupación aumentaría de un 8% en 2019 al 11% en 2021 (CEPAL, 2021c).

Recuadro II.6
Protección a los trabajadores formales en la Ciudad de México

A pesar de que México no cuenta con un sistema de desempleo a nivel nacional (Avila, 2018), en la Ciudad de México existe un seguro de desempleo, creado en 2008, al que tienen acceso todos los trabajadores que residan en esa ciudad e involuntariamente pierdan su empleo. Los destinatarios tienen acceso al seguro durante un plazo no mayor a seis meses cada dos años y tienen la obligación de participar en programas federales de empleo o en acciones de promoción, formación y reconversión profesional.

Para hacer frente a la pandemia de enfermedad por coronavirus (COVID-19) se estableció como objetivo dar cobertura al 40% de los desocupados formales mediante una ampliación limitada del presupuesto. Los trabajadores no cubiertos por el seguro de desempleo pueden acudir al programa Apoyo para Personas Residentes de la Ciudad de México que Perdieron su Empleo Formal durante la Emergencia derivada del SARS-COV2 (COVID-19), que otorga un monto mensual de 1.500 pesos mexicanos (70 dólares) durante dos meses.

Ciudad de México: destinatarios y desembolsos del programa Seguro de Desempleo y el programa Apoyo para Personas Residentes de la Ciudad de México que Perdieron su Empleo Formal durante la Emergencia derivada del SARS-COV2 (COVID-19), 2019 y 2020

Año	Seguro de Desempleo		Programa de Apoyo para Personas Residentes de la Ciudad de México que Perdieron su Empleo Formal durante la Emergencia derivada del SARS-COV2 (COVID-19)		Total	
	Destinatarios	Desembolso *(en millones de dólares)*	Destinatarios	Desembolso *(en millones de dólares)*	Destinatarios	Desembolso *(en millones de dólares)*
2019	54 887	23,8	-	-	54 887	23,8
2020	48 994	22,7	32 748	4,2	81 742	26,9

Fuente: Comisión Económica para América Latina y el Caribe (CEPAL), sobre la base de información oficial y de Z. Avila, "Public employment services in Latin America and the Caribbean: Mexico", *Notes ILO*, Organización Internacional del Trabajo (OIT), 2018 [en línea] https://www.ilo.org/wcmsp5/groups/public/---ed_emp/---emp_policy/---cepol/documents/publication/wcms_618066.pdf.

En el contexto de una lenta recuperación del mercado laboral (CEPAL, 2021c), es imperioso que todos los países de la región desarollen, implementen o refuercen sus sistemas de protección ante el desempleo con el fin de mitigar los efectos de la pérdida de trabajo y de los ingresos laborales de los trabajadores y, por ende, en la salud. Es indudable que el desarrollo de estos sistemas, que son imprescindibles para evitar que las personas y las familias caigan en la pobreza, y, a nivel macroeconómico, constituyen un instrumento indispensable para el apoyo de la demanda agregada, deberá pasar por la formalización de las trabajadoras y los trabajadores de América Latina y el Caribe (véase el capítulo III). De este modo, resulta primordial pensar en estrategias para asegurar que los sistemas de protección social sean universales, integrales y sostenibles y, en especial, tengan fuentes de financiamiento que les permita alcanzar la sostenibilidad financiera (CEPAL, 2021c).

E. Conclusiones

La crisis sanitaria sigue vigente después de casi dos años de la aparición del primer caso de COVID-19 en América Latina y el Caribe, en febrero de 2020. La prolongación de la pandemia tiene como correlato la persistencia de la crisis social, con un deterioro en dimensiones centrales para el desarrollo social de la región y para la salud de las personas, como la pobreza y la pobreza extrema, la desigualdad, la desocupación y la falta de acceso a la educación y a cuidados, que aún no muestran señales de recuperación. A pesar de que se han observado señales de recuperación económica en 2021, las características que esta ha adquirido revelan que no está centrada ni en la igualdad ni en la sostenibilidad ambiental, y que se da en un contexto de mantenimiento de los retrocesos en el desarrollo social (CEPAL/OPS, 2021).

En virtud de la interdependencia que existe entre las dimensiones sanitaria, social y económica, es fundamental que los países de la región controlen la crisis sanitaria para avanzar hacia una recuperación transformadora con igualdad, para lo que es esencial acelerar la vacunación masiva de la población contra el COVID-19. Con base en la estrategia mundial de vacunación de la OMS (2021f), la CEPAL hace el llamado a los países de la región a reforzar los procesos de vacunación para alcanzar al 70% del total de la población de cada uno de los países a mediados de 2022. Para ello, los países deben actuar de manera conjunta para superar la desigualdad mundial en la distribución de las vacunas, mediante la creación o el fortalecimiento de mecanismos multilaterales que posibiliten negociaciones en bloque. Ejemplo de ello son los lineamientos y propuestas para un plan de autosuficiencia sanitaria para América Latina y el Caribe elaborados por la CEPAL a solicitud de la CELAC, cuyo objetivo en el corto plazo es acelerar los procesos de vacunación a través de un mejor acceso a las vacunas y apoyo a los procesos de inoculación (CEPAL, 2021f). Junto a la centralidad del plan para la superación de la crisis actual, se destaca su orientación a mediano y largo plazo centrada en inversiones industriales impulsadas por políticas que den sostenibilidad a esta iniciativa.

Asimismo, para no dejar a nadie atrás, es central priorizar a los grupos en situación de vulnerabilidad en la implementación de los planes de vacunación, con un enfoque de universalismo sensible a las diferencias, que contenga acciones afirmativas para la inclusión de toda la población.

En paralelo, dada la persistencia de la crisis y la falta de certezas respecto de su término, urge que los sistemas de salud se reorganicen para atender a todas las personas que lo necesiten a fin de evitar un deterioro significativo en su bienestar, así como una nueva saturación de los servicios a raíz de otras necesidades. En este sentido, el efecto de desplazamiento observado al inicio de la pandemia no es sostenible en el tiempo y hoy resulta ineludible responder a la demanda de salud insatisfecha producto de la pandemia. Para ello es necesario adelantarse a las consecuencias de la postergación de la atención o la interrupción de los tratamientos médicos en los planes de recuperación de la pandemia. Esto es de especial relevancia en el caso de las niñas y los niños, quienes se encuentran en plena etapa de desarrollo y han visto sus necesidades sanitarias, sociales, emocionales y educativas postergadas en este período. Las escuelas son un lugar central para la atención de una parte importante de estos requisitos para el desarrollo integral de niñas, niños y adolescentes, así como para la protección de otros derechos de la infancia. En América Latina y el Caribe es fundamental promover el retorno seguro y gradual a las escuelas, en coordinación con el sector de la salud.

También es necesario que los sistemas de protección social continúen con las medidas de apoyo a la población en situación de vulnerabilidad, en articulación con los sistemas de salud, hasta que la crisis sanitaria esté controlada. En un contexto en el que la crisis del mercado laboral tampoco se ha superado, estas medidas han sido fundamentales para contener el aumento de la desigualdad y de la pobreza y pobreza extrema, y, por tanto, para evitar un mayor deterioro en factores que actúan como determinantes sociales de la salud. Ello resalta la importancia de las políticas integrales, que generan sinergia entre los sistemas de salud y las políticas sanitarias y los sistemas y las medidas de protección social, de modo que actúen conjuntamente para contener la crisis social y su impacto sobre la desigual distribución de los determinantes sociales de la salud, contribuyendo al cumplimiento de las necesarias medidas sanitarias y garantizando un piso de bienestar, además de contribuir al acceso a la salud. En particular, es preciso destacar la situación de los hogares con niñas, niños y adolescentes, que se encuentran más expuestos a la pobreza y la vulnerabilidad, lo que tiene efectos devastadores en su desarrollo. Su protección integral es una tarea fundamental para avanzar en una recuperación verdaderamente transformadora y una apuesta decidida para la igualdad de cara al futuro.

Históricamente, las crisis han constituido ventanas de oportunidad para avanzar hacia sociedades más igualitarias e inclusivas, ya que dejan al descubierto profundas desigualdades e injusticias sociales (Hiam y Yates, 2021). En este sentido, la pandemia de COVID-19 ha dejado en evidencia las debilidades estructurales de los sistemas de salud de América Latina y el Caribe, así como también la marcada matriz de la desigualdad social y la desigual distribución de los determinantes sociales de la salud. En este escenario, la región se encuentra ante una oportunidad histórica para reestructurar los sistemas de salud y avanzar hacia una cobertura universal, con atención oportuna y de calidad para toda la población, mediante mecanismos mancomunados solidarios amplios, más eficientes y sostenibles en la producción de servicios de calidad. Ello debe ir acompañado de una mayor inversión en salud mediante un incremento del financiamiento que sea sostenible y una organización más eficiente de los servicios de salud, con un fuerte énfasis en un primer nivel de atención fortalecido y en línea con la estrategia basada en una atención primaria de salud que incorpore los determinantes sociales de la salud en sus acciones.

Lo anterior debe complementarse con la priorización de políticas redistributivas y solidarias con enfoque de derechos, sistemas de protección social universales, integrales y sostenibles en el marco de sociedades del cuidado, el fortalecimiento de las instituciones y las alianzas público-privadas orientadas a políticas industriales y tecnológicas sostenibles en apoyo de sectores dinamizadores del complejo de la salud, y, finalmente, la consolidación de un pacto social centrado en derechos e igualdad, vinculado a un pacto fiscal que garantice la sostenibilidad financiera de los sistemas de salud y de protección social y que consolide un Estado de bienestar.

Los sistemas de salud son fundamentales para el bienestar y la salud de las poblaciones. Constituyen la parte más activa de las políticas públicas para enfrentar el proceso salud-enfermedad, incluida la consideración de los determinantes sociales, y, por tanto, son catalizadores del efecto de las políticas de salud y de la salud en el desarrollo, mediante la mejora de la salud y el bienestar de las poblaciones. La salud es la parte más importante para el desarrollo de las capacidades humanas, por lo que se ha sostenido que explicaría de forma robusta las distintas sendas de desarrollo económico. Hoy es más necesario que nunca reestructurar los sistemas de salud de la región de modo que todas las personas puedan ejercer su derecho a la salud en igualdad de condiciones, en articulación con sistemas universales, integrales, sostenibles y resilientes de protección social, que sean capaces de responder a un escenario donde surgen cada vez más desastres y nuevas crisis (CEPAL, 2021a).

Bibliografía

Abramo, L., S. Cecchini y H. Ullmann (2020), "Enfrentar las desigualdades en salud en América Latina: el rol de la protección social", *Ciência e Saúde Coletiva*, vol. 25, N° 5, Río de Janeiro, Asociación Brasileña de Salud Colectiva (ABRASCO).

Acosta, F. (2021), "Diversificación de la estructura de la escuela secundaria y segmentación educativa en América Latina", *Documentos de Proyectos* (LC/TS.2021/106), Santiago, Comisión Económica para América Latina y el Caribe (CEPAL), en prensa.

Álvarez Marinelli, H. y otros (2020), "La educación en tiempos del coronavirus: los sistemas educativos de América Latina y el Caribe ante COVID-19", *Documento para Discusión*, N° IDB-DP-00768, Washington, D.C., Banco Interamericano de Desarrollo (BID).

Bambra, C., J. Lynch y K. E. Smith (2021), *The unequal pandemic: COVID-19 and health inequalities*, Bristol, Bristol University Press.

Banco Mundial (2021), *Actuemos ya para proteger el capital humano de nuestros niños: los costos y la respuesta ante el impacto de la pandemia de COVID-19 en el sector educativo de América Latina y el Caribe*, Washington, D.C.

___(2020a), "High Frequency Mobile Phone Surveys of Households to Assess the Impacts of COVID-19 (vol. 4): questionnaire template (English)" [en línea] https://documents.worldbank.org/en/publication/documents-reports/documentdetail/567571588697439581/questionnaire-template [fecha de consulta: 5 de julio de 2021].

___(2020b), "COVID-19 Household Monitoring Dashboard" [en línea] https://www.worldbank.org/en/data/interactive/2020/11/11/covid-19-high-frequency-monitoring-dashboard.

Behm Rosas, H. (1992), *Las desigualdades sociales ante la muerte en América Latina*, serie B, N° 96 (LC/DEM/R/182), Santiago, Centro Latinoamericano de Demografía (CELADE).

Bermudi, P. M. y otros (2021), "Spatiotemporal ecological study of COVID-19 mortality in the city of São Paulo, Brazil: shifting of the high mortality risk from areas with the best to those with the worst socio-economic conditions", *Travel Medicine and Infectious Disease*, vol. 39, enero-febrero.

Berner, H. y T. Van Hemelryck (2020), "Sistemas de información social y registros de destinatarios de la protección social no contributiva en América Latina: avances y desafíos frente al COVID-19", *Documentos de Proyectos* (LC/TS.2020/140), Santiago, Comisión Económica para América Latina y el Caribe (CEPAL).

Beyrer, C. y otros (2021), "Human rights and fair access to COVID-19 vaccines: the International AIDS Society-Lancet Commission on Health and Human Rights", *The Lancet*, vol. 397, N° 10284, abril.

Bilal, U., T. Alfaro y A. Vives (2021), "COVID-19 and the worsening of health inequities in Santiago, Chile", *International Journal of Epidemiology*, vol. 50, N° 3, febrero.

Blofield, M., C. Giambruno y F. Filgueira (2020), "Policy expansion in compressed time: assessing the speed, breadth and sufficiency of post-COVID-19 social protection measures in 10 Latin American countries", s*erie Políticas Sociales*, N° 235 (LC/TS.2020/112), Santiago, Comisión Económica para América Latina y el Caribe (CEPAL).

Callaway, E. (2021), "Omicron likely to weaken COVID vaccine protection", *Nature*, vol. 600, diciembre.

Castillo, C. (2021), "Análisis sobre el efecto que ha tenido la crisis sanitaria, social y económica sobre la salud y bienestar de niños y niñas en América Latina y el Caribe", *Nota Técnica*, inédito.

Causey, K. y otros (2021), "Estimating global and regional disruptions to routine childhood vaccine coverage during the COVID-19 pandemic in 2020: a modelling study", *The Lancet*, vol. 398, N° 10299, agosto.

CEPAL (Comisión Económica para América Latina y el Caribe) (2021a), *Desastres y desigualdad en una crisis prolongada: hacia sistemas de protección social universales, integrales, resilientes y sostenibles en América Latina y el Caribe* (LC/CDS.4/3), Santiago, en prensa.

___(2021b), *Panorama Social de América Latina, 2020* (LC/PUB.2021/2-P/Rev.1), Santiago.

___(2021c), *Estudio Económico de América Latina y el Caribe, 2021* (LC/PUB.2021/10-P/Rev.1), Santiago.

___(2021d), "La autonomía económica de las mujeres en la recuperación sostenible y con igualdad", *Informe Especial COVID-19*, N° 9, Santiago, febrero.

___(2021e), "La paradoja de la recuperación en América Latina y el Caribe. Crecimiento con persistentes problemas estructurales: desigualdad, pobreza, poca inversión y baja productividad", *Informe Especial COVID-19*, N° 11, Santiago, julio.

___(2021f), *Lineamientos y propuestas para un plan de autosuficiencia sanitaria para América Latina y el Caribe*(LC/TS.2021/115), Santiago.

___(2021g), "Las personas afrodescendientes y el COVID-19: develando desigualdades estructurales en América Latina", *Informes COVID-19*, Santiago.
___(2020a), "Universalizar el acceso a las tecnologías digitales para enfrentar los efectos del COVID-19", *Informe Especial COVID-19*, N° 7, Santiago, agosto.
___(2020b), *Agenda Regional de Desarrollo Social Inclusivo* (LC/CDS.3/5), Santiago.
___(2016), *La matriz de la desigualdad social en América Latina* (LC/G.2690(MDS.1/2)), Santiago.
CEPAL/OIT (Comisión Económica para América Latina y el Caribe/Organización Internacional del Trabajo) (2021), "Trabajo decente para los trabajadores de plataformas en América Latina", *Coyuntura Laboral en América Latina y el Caribe*, N° 24 (LC/TS.2021/71), Santiago, junio.
CEPAL/OPS (Comisión Económica para América Latina y el Caribe/Organización Panamericana de la Salud) (2021), "La prolongación de la crisis sanitaria y su impacto en la salud, la economía y el desarrollo social", *Informe COVID-19 CEPAL-OPS*, Santiago, octubre.
___(2020), "Salud y economía: una convergencia necesaria para enfrentar el COVID-19 y retomar la senda hacia el desarrollo sostenible en América Latina y el Caribe", *Informe COVID-19 CEPAL-OPS*, Santiago, julio.
CEPAL/UNESCO (Comisión Económica para América Latina y el Caribe/Organización de las Naciones Unidas para la Educación, la Ciencia y la Cultura) (2020), "La educación en tiempos de la pandemia de COVID-19", *Informe COVID-19 CEPAL-UNESCO*, Santiago, agosto.
CEPAL/UNICEF (Comisión Económica para América Latina y el Caribe/Fondo de las Naciones Unidas para la Infancia) (2021), *Boletín Desafíos*, N° 24, en prensa.
CEPAL y otros (Comisión Económica para América Latina y el Caribe y otros) (2020), "El impacto del COVID-19 en los pueblos indígenas de América Latina-Abya Yala: entre la invisibilización y la resistencia colectiva", *Documentos de Proyectos* (LC/TS.2020/171), Santiago, Comisión Económica para América Latina y el Caribe (CEPAL).
Cid Pedraza, C. (2020) "Financiamiento de redes integradas de servicios de salud", *Revista Panamericana de Salud Pública*, vol. 44, septiembre.
Cid Pedraza, C., M. Matus-López y E. Báscolo (2018), "Espacio fiscal para salud en las Américas: ¿es suficiente el crecimiento económico?", *Revista Panamericana de Salud Pública*, vol. 42, agosto.
Cid Pedraza, C. y otros (2021), "Objetivos de Desarrollo Sostenible: impacto de la falta de protección financiera en salud en países de América Latina y el Caribe", *Revista Panamericana de Salud Pública*, N° 45, Organización Panamericana de la Salud (OPS).
___(2020), "How much do countries spend on primary care in the Americas?", *Tracking Resources for Primary Health Care*, World Scientific Series in Global Health Economics and Public Policy, vol. 8.
Cuadrado, C. y otros (2021), "Impacto de la pandemia COVID-19 en el acceso a servicios de salud: una mirada a Latinoamérica y el Caribe", *Nota Técnica*, inédito.
___(2019), "National Health Insurance: a conceptual framework from conflicting typologies", *Health Policy*, vol. 123, N° 7, julio.
Del Popolo, F. y G. Bay (coords.) (2021), "Las estadísticas de nacimientos y defunciones en América Latina con miras al seguimiento de la Agenda 2030 para el Desarrollo Sostenible y del Consenso de Montevideo sobre Población y Desarrollo", *serie Población y Desarrollo*, N° 134 (LC/TS.2021/48), Santiago, Comisión Económica para América Latina y el Caribe (CEPAL).
Elacqua, G., L. Marotta y C. Méndez (2020), "Covid-19 y desigualdad educativa en América Latina", *El País*, 11 de octubre [en línea] https://elpais.com/planeta-futuro/2020-10-11/covid-19-y-desigualdad-educativa-en-america-latina.html [fecha de consulta: 14 de agosto de 2021].
Feres, J. C. y X. Mancero (2001), "El método de las necesidades básicas insatisfechas (NBI) y sus aplicaciones en América Latina", *serie Estudios Estadísticos*, N° 7 (LC/L.1491-P), Santiago, Comisión Económica para América Latina y el Caribe (CEPAL).
FILAC/FIAY (Fondo para el Desarrollo de Pueblos Indígenas de América Latina y el Caribe/Foro Indígena de Abya Yala) (2021), *Pueblos indígenas y vacunación contra COVID-19: cuarto informe regional*, La Paz.
Filgueira, F. y otros (2020), "América Latina ante la crisis del COVID-19: vulnerabilidad socioeconómica y respuesta social", *serie Políticas Sociales*, N° 238 (LC/TS.2020/149), Santiago, Comisión Económica para América Latina y el Caribe (CEPAL), diciembre.
G20 (Grupo de los 20) (2021), "G20 Rome Leaders' Declaration", Roma, 30 y 31 de octubre [en línea] https://www.g20.org/wp-content/uploads/2021/10/G20-ROME-LEADERS-DECLARATION.pdf.
García Jaramillo, S. (2020), "COVID-19 y educación primaria y secundaria: repercusiones de la crisis e implicaciones de política pública para América Latina y el Caribe", *COVID 19-Serie de Documentos de Política Pública*, N° 20, Panamá, Programa de las Naciones Unidas para el Desarrollo (PNUD).

Haeberer, M., I. Noguer y O. J. Mújica (2015), "Desigualdades educacionales en mortalidad y supervivencia de mujeres y hombres de las Américas, 1990–2010", *Revista Panamericana de Salud Pública*, vol. 38, N° 2.

Hiam, L. y R. Yates (2021), "Will the COVID-19 crisis catalyse universal health reforms?", *Lancet*, vol. 398, N° 10301, agosto.

Hillis, S. y otros (2021), "Global minimum estimates of children affected by COVID-19-associated orphanhood and deaths of caregivers: a modelling study", *The Lancet*, vol. 398, N° 10298, julio.

Horton, R. (2020), "Offline: COVID-19 is not a pandemic", *The Lancet*, vol. 396, septiembre.

Isgut, A. y J. Weller (eds.) (2016), *Protección y formación: instituciones para mejorar la inserción laboral en América Latina y Asia*, Libros de la CEPAL, N° 740 (LC/G.2687-P), Santiago, Comisión Económica para América Latina y el Caribe (CEPAL).

Kurowski, C. y otros (2021), "From double shock to double recovery: implications and options for health financing in the time of COVID-19", *Health, Nutrition and Population Discussion Paper*, Washington, D.C., Banco Mundial.

Kutzin, J., W. Yip y C. Cashin (2016), "Alternative financing strategies for universal health coverage", *World Scientific Handbook of Global Health Economics and Public Policy*, vol. 1, R. M. Scheffler (ed.), Singapur, World Scientific.

Levcovitz, E. y M. Costa Cuoto (2018), "Sistemas de salud en América Latina en el siglo XXI", *Observatorio Internacional de Capacidades Humanas, Desarrollo y Políticas Públicas: tendencias recientes de las políticas sociales en América Latina*, Estudios y Análisis, N° 3, R. Passos Nogueira y otros (coords.), Brasilia, Universidad de Brasilia/Fundación Oswaldo Cruz.

Liu, J. y otros (2020), "Mental health considerations for children quarantined because of COVID-19", *The Lancet Child & Adolescent Health*, vol. 4, N° 5, mayo.

Macchia, A. y otros (2021), "COVID-19 among the inhabitants of the slums in the city of Buenos Aires: a population-based study", *BMJ Open*, vol. 11, N° 1.

Marmot, M. y R. Wilkinson (eds.) (2006), *Social Determinants of Health*, 2ª edición, Nueva York, Oxford University Press.

Mathauer, I., P. Saksena y J. Kutzin (2019), "Pooling arrangements in health financing systems: a proposed classification", *International Journal for Equity in Health*, vol. 18, N° 198, diciembre.

Mena, G. y otros (2021), "Socioeconomic status determines COVID-19 incidence and related mortality in Santiago, Chile", *Science*, vol. 372, N° 6545, mayo.

Ministerio de Trabajo, Empleo y Seguridad Social del Paraguay (2020), "Proyecto de Ley Seguro de Desempleo" [en línea] https://www.mtess.gov.py/application/files/2116/2204/2021/Borrador_Proyecto_Desempleo_Consejo_Consutivo_v30_18_09.pdf.

Ministerio del Poder Popular para la Salud y otros (2021), *Plan Nacional para la introducción y despliegue de la vacuna contra COVID-19: República Bolivariana de Venezuela*, febrero [en línea] https://www.comezu.com/wp-content/uploads/2021/05/Plan-Nacional-Vacunacio%CC%81n-COVID-19.pdf.

Naciones Unidas (2020), *Policy Brief: COVID-19 in an Urban World* [en línea] https://unsdg.un.org/resources/policy-brief-covid-19-urban-world.

___(2019), *World Population Prospects 2019* [en línea] https://population.un.org/wpp/.

Neidhoefer, G., N. Lustig y M. Tommasi (2021), "Intergenerational transmission of lockdown consequences: prognosis of the longer-run persistence of COVID-19 in Latin America", *Working Papers*, N° 571, Society for the Study of Economic Inequality (ECINEQ).

OCDE (Organización de Cooperación y Desarrollo Económicos) (2019), *Health at a Glance 2019: OECD Indicators*, París, OECD Publishing.

OIT (Organización Internacional del Trabajo) (2021), *Perspectivas Sociales y del Empleo en el Mundo: Tendencias 2021*, Ginebra.

___(2020), *Panorama Laboral 2020: América Latina y el Caribe*, Lima.

OMS (Organización Mundial de la Salud) (2021a), "Seguimiento de las variantes del SARS-CoV-2" [en línea] https://www.who.int/es/activities/tracking-SARS-CoV-2-variants/tracking-SARS-CoV-2-variants.

___(2021b), "WHO Director-General's opening remarks at the media briefing on COVID-19 - 29 December 2021" [en línea] https://www.who.int/director-general/speeches/detail/who-director-general-s-opening-remarks-at-the-press-conference—29-december-2021.

___(2021c), *Second Round of the National Pulse Survey on Continuity of Essential Health Services during the COVID-19 Pandemic: January - March 2021. Interim Report*, Ginebra, 22 de abril.

___(2021d), "Obesidad y sobrepeso" [en línea] https://www.who.int/es/news-room/fact-sheets/detail/obesity-and-overweight [fecha de consulta: 3 de agosto de 2021].

___(2021e), "COVID-19 vaccine tracker and landscape", 16 de noviembre [en línea] https://www.who.int/publications/m/item/draft-landscape-of-covid-19-candidate-vaccines.
___(2021f), *Strategy to Achieve Global Covid-19 Vaccination by mid-2022*, Ginebra [en línea] https://cdn.who.int/media/docs/default-source/immunization/covid-19/strategy-to-achieve-global-covid-19-vaccination-by-mid-2022.pdf?sfvrsn=5a68433c_5.
___(2020), *Pulse Survey on Continuity of Essential Health Services during the COVID-19 Pandemic: Interim Report*, Ginebra, 27 de agosto.
___(2010), *A Conceptual Framework for Action on the Social Determinants of Health*, Ginebra.
OMS/Banco Mundial (Organización Mundial de la Salud)/Banco Mundial) (2019), *Informe de monitoreo mundial de la protección financiera en relación con la salud 2019*, Ginebra.
OPS (Organización Panamericana de la Salud) (2021a), "Red Regional de Vigilancia Genómica de COVID-19" [en línea] https://www.paho.org/es/temas/influenza-otros-virus-respiratorios/red-regional-vigilancia-genomica-covid-19.
___(2021b), "Actualización epidemiológica: enfermedad por coronavirus (COVID-19)", 22 de julio [en línea] https://www.paho.org/es/file/92055/download?token=3nPUqnh4 [fecha de consulta: 4 de agosto de 2021].
___(2019), *Indicadores básicos 2019: tendencias de la salud en las Américas*, Washington, D.C.
___(2017), "Financiamiento de la salud en las Américas", *Salud en las Américas* [en línea] https://www.paho.org/salud-en-las-americas-2017/uh-financing-es.html.
___(2014), "Estrategia para el Acceso Universal a la Salud y la Cobertura Universal de Salud" (CD53/5, Rev. 2), 53° Consejo Directivo, 66ª sesión del Comité Regional de la OMS para las Américas, Washington, D.C.
Osendarp, S. y otros (2021), "The COVID-19 crisis will exacerbate maternal and child undernutrition and child mortality in low- and middle-income countries", *Nature Food*, N° 2, julio.
Riera, R. y otros (2021), "Delays and disruptions in cancer health care due to COVID-19 pandemic: systematic review", *JCO Global Oncology*, vol. 7, febrero.
Sattar, N., I. McInnes y J. McMurray (2020), "Obesity is a risk factor for severe COVID-19 infection: multiple potential mechanisms", *Circulation*, vol. 142, N° 1, abril.
SFC (Superintendencia Financiera de Colombia) (2021), "Fondos de Pensiones Obligatorias: afiliados" [en línea] https://www.superfinanciera.gov.co/jsp/9110.
SIPEN (Superintendencia de Pensiones de la República Dominicana) (2021), "Estadística previsional" [en línea] http://www.sipen.gov.do/index.php/estadisticas/estadistica-previsional.
Superintendencia de Pensiones de Chile (2021), "Estadísticas e Informes" [en línea] https://www.spensiones.cl/portal/institucional/594/w3-propertyname-621.html.
The Lancet (2021a), "Child malnutrition: hungry for action", *The Lancet Child & Adolescent Health*, vol. 5, N° 7, julio.
___(2021b), "Childhood obesity beyond COVID-19", *The Lancet Public Health*, vol. 6, N° 8, agosto.
___(2020), "Redefining vulnerability in the era of COVID-19", vol. 395, N° 10230, abril.
UNESCO (Organización de las Naciones Unidas para la Educación, la Ciencia y la Cultura) (2021), *COVID-19 y vacunación en América Latina y el Caribe: desafíos, necesidades y oportunidades*, Montevideo.
UNICEF (Fondo de las Naciones Unida para la Infancia) (2021), *Estudio sobre los efectos en la salud mental de niñas, niños y adolescentes por COVID-19*, Buenos Aires.
Vardavas, C. I. y K. Nikitara (2020), "COVID-19 and smoking: a systematic review of the evidence", *Tobacco Induced Diseases*, vol. 18, marzo.
Velásquez Pinto, M. D. (2005), "La protección frente al desempleo en América Latina", *serie Financiamiento para el Desarrollo*, N° 166 (LC/L.2470-P), Santiago, Comisión Económica para América Latina y el Caribe (CEPAL.
Wachtler, B. y otros (2020), "Socioeconomic inequalities and COVID-19 – A review of the current international literature", *Journal of Health Monitoring*, vol. 5, N° S7, octubre.
Werneck, G. L. y otros (2021), *Mortes evitáveis por COVID-19 no Brasil*, Centro Brasileño de Estudios de Salud (CEBES) [en línea] http://cebes.org.br/site/wp-content/uploads/2021/06/Nota-Tecnica-Mortes-Evitaveis-por-Covid-19-no-Brasil.pdf.
Yoshikawa, H. y otros (2020), "Effects of the global coronavirus disease-2019 pandemic on early childhood development: short- and long-term risks and mitigating program and policy actions", *The Journal of Pediatrics*, vol. 223, agosto.

Anexo II.A.1

Cuadro II.A1.1
América Latina (7 países): fuentes de datos de defunciones generales y definición de áreas de análisis

País	Años disponibles	Fuente	Divisiones administrativas mayores (DAM)	Divisiones administrativas menores (DAME)	Definición DAME
Brasil	2015-2019, 2020 preliminar	Ministerio de Salud, Sistema de Información sobre Mortalidad (SIM)	Estados	Municipios	Local de residencia
Chile	2015-2020	Ministerio de Salud, Departamento de Estadísticas e Información de Salud (DEIS)	Regiones	Comunas	Local de residencia
Colombia	2015-2019, 2020 preliminar	Departamento Administrativo Nacional de Estadística (DANE)	Departamentos	Municipios	Local de residencia
Costa Rica	2015-2019, 2020 preliminar	Instituto Nacional de Estadística y Censos (INEC)	Provincias	Cantones	Local de residencia
Cuba	2015-2019, 2020 preliminar	Oficina Nacional de Estadística e Información (ONEI)	Provincias	Municipios	Local de residencia
Ecuador	2015-2020	Instituto Nacional de Estadística y Censos (INEC)	Provincias	Cantones	Local de ocurrencia
Perú	2017-2020	Ministerio de Salud, Sistema Informático Nacional de Defunciones (SINADEF)	Departamentos	Provincias	Local de residencia

Fuente: Comisión Económica para América Latina y el Caribe (CEPAL), sobre la base de información oficial recopilada por el CELADE – División de Población.

Cuadro II.A1.2
América Latina (7 países): fuentes de datos para cálculos de necesidades básicas insatisfechas

País	Censo	Fuente
Brasil	Censo 2010	Instituto Brasileño de Geografía y Estadística (IBGE)
Chile	Censo 2017	Instituto Nacional de Estadísticas (INE)
Colombia	Censo 2018	Departamento Administrativo Nacional de Estadística (DANE)
Costa Rica	Censo 2011	Instituto Nacional de Estadística y Censos (INEC)
Cuba	Censo 2012	Oficina Nacional de Estadística e Información (ONEI)
Ecuador	Censo 2010	Instituto Nacional de Estadística y Censos (INEC)
Perú	Censo 2017	Instituto Nacional de Estadística e Informática (INEI)

Fuente: Comisión Económica para América Latina y el Caribe (CEPAL), sobre la base de información oficial recopilada por el CELADE – División de Población.

Cuadro II.A1.3
América Latina y el Caribe (7 países): prestación según mes sucesivo a la pérdida del empleo, 2019-2021
(En porcentajes del sueldo)

Número de meses sucesivos a la pérdida del empleo	Argentina[a]	Bahamas[b]	Barbados[c]	Brasil[d]			Ecuador	Chile[h]		Uruguay[i]	
				Tramo 1[e]	Tramo 2[f] *(en dólares)*	Tramo 3[g] *(en dólares)*		2019	desde 2020	2019	desde 2020
1	j	50	60	80	252	356	70	70	70	50	66
2		50	60	80	252	356	65	55	55	50	57
3		50	60	80	252	356	60	45	55	50	50
4			60	80	252	356	55	40	55	50	45
5	85		60	80	252	356	50	35	55	50	42
6	85							30	50	50	40
7	85							30	50		
8	85							30	50		
9	70							30	50		
10	70							30	50		
11	70							30	50		
12	70							30	50		

Fuente: Comisión Económica para América Latina y el Caribe (CEPAL), sobre la base de información oficial.

[a] Se abarca el seguro de desempleo establecido en la Ley núm. 24013. La duración de las prestaciones depende del período de cotización y puede llegar hasta 12 meses si el trabajador cotizó por más de 36 meses. De las cuotas 5 a 8 corresponde al 85% del sueldo y en los últimos cuatro meses corresponde al 70% del sueldo, más las asignaciones familiares correspondientes.

[b] Se paga semanalmente un monto equivalente al 50% del ingreso asegurable del trabajador. Se paga por un período máximo de 13 semanas dentro de un período de 52 semanas. La prestación máxima semanal corresponde a 335 dólares de las Bahamas (335 dólares estadounidenses), que es el 50% del salario máximo imponible de 670 dólares de las Bahamas (670 dólares estadounidenses).

[c] La prestación diaria de desempleo corresponde al 60% del ingreso asegurable semanal del trabajador dividido por seis. El ingreso asegurable semanal corresponde a los ingresos asegurables del contribuyente durante el trimestre anterior al inicio del período de desempleo dividido por 13 (véase [en línea] https://www.nis.gov.bb/unemployment-benefits/).

[d] Se abarca el seguro de desempleo de trabajadores formales. La prestación se calcula sobre la base del valor del salario promedio de los últimos tres meses anteriores al inicio del período de desempleo. El monto del beneficio depende del tramo de ingreso de los trabajadores. El beneficio puede durar de 3 a 5 meses, dependiendo del período de cotización, optando a 5 meses si se cotizó durante 24 meses en los últimos 36 meses previos al inicio del período de desempleo.

[e] El primer tramo abarca a los trabajadores que tengan un salario promedio menor a 1.600 reales (314 dólares). Se les entrega un valor mensual equivalente al 80% de su ingreso promedio.

[f] El segundo tramo abarca a los trabajadores que tengan un salario promedio mayor a 1.600 reales (314 dólares), pero menor a 2.666 reales (524 dólares). Se les entrega un monto fijo mensual de 1.280 reales (252 dólares) y el 50% de la diferencia de su remuneración promedio y del piso mínimo (1.600 reales).

[g] El tercer tramo abarca a los trabajadores que tengan un salario promedio superior a 2.666 reales (524 dólares). Se les entrega un monto fijo mensual de 1.813 reales (356 dólares).

[h] La prestación se calcula sobre la base del valor del salario promedio de los últimos 6 o 12 meses antes de 2020 y de los últimos 3 meses después de 2020. La duración de la prestación puede ser de hasta 13 meses en virtud de los fondos de la cuenta individual. En caso de no poder alcanzar el beneficio mínimo, se puede optar a los beneficios del Fondo de Cesantía Solidario por un máximo de cinco meses.

[i] La prestación se calcula sobre la base del valor del salario promedio de los últimos seis meses.

[j] El Consejo Nacional del Empleo, la Productividad y el Salario Mínimo, Vital y Móvil determina el monto mínimo y máximo de la prestación durante los cuatro primeros meses. Para 2020 se fijó un valor mínimo de 6.000 pesos (89 dólares) y un valor máximo de 10.000 pesos (148 dólares).

CAPÍTULO

III

Tendencias recientes del gasto social en tiempos de pandemia

Introducción

La pandemia de enfermedad por coronavirus (COVID-19), que comenzó como una emergencia sanitaria, se ha convertido en una crisis multidimensional prolongada, con impactos directos en la salud e impactos indirectos en dimensiones sociales y económicas en todo el mundo. En este contexto, en que se agudizan las asimetrías económicas, sociales y ambientales, la Comisión Económica para América Latina y el Caribe (CEPAL) ha señalado que en 2020 se produjo la peor contracción económica en más de un siglo, al ser esta región la más afectada por la crisis (CEPAL, 2021a).

De acuerdo con el *Estudio Económico de América Latina y el Caribe, 2021*, la actividad económica experimentó una caída del 6,8% del PIB regional en 2020, situación que afectó los ingresos públicos y, por tanto, los recursos públicos necesarios para responder ante la crisis. La política fiscal fue expansiva y el gasto público alcanzó niveles históricamente altos, lo que dio como resultado déficits fiscales y una expansión significativa en los niveles de deuda pública (CEPAL, 2021a y 2021c).

La contracción de los ingresos públicos totales llegó a 0,7 puntos porcentuales del PIB en el conjunto de la región en 2020. Fue de 0,4 puntos porcentuales del PIB en Centroamérica, México y la República Dominicana y de 0,9 puntos porcentuales del PIB en América del Sur. En el Caribe también se registró una contracción de los ingresos públicos, de 2,3 puntos porcentuales del PIB en magnitud, en un contexto caracterizado por una caída pronunciada del turismo (CEPAL, 2021a).

Al cierre de 2020, en América Latina, el resultado global promedio de los gobiernos centrales reflejó un déficit del 6,9% del PIB. De igual forma, los déficits fiscales del Caribe aumentaron significativamente, al 7,3%. Mientras tanto, la deuda pública bruta del gobierno central alcanzó en promedio un 56,2% del PIB en América Latina, cifra superior en 10,1 puntos porcentuales del PIB a la que había al cierre de 2019. Se observa una dinámica similar, aunque de mayor magnitud, en el Caribe, donde la deuda pública alcanzó un 88,0% del PIB en promedio, en comparación con un 70,6% del PIB en 2019, lo que equivale a un incremento de 17,4 puntos porcentuales del PIB (CEPAL, 2021a).

Estos valores ilustran la magnitud de los desafíos que presenta la región para avanzar hacia una recuperación transformadora con igualdad y con miras a un desarrollo sostenible. Será necesario fortalecer los ingresos fiscales mediante políticas tributarias progresivas y promover la adopción de mecanismos que disminuyan la evasión y la elusión tributarias. Ello contribuiría a reducir las desigualdades de ingreso y a financiar el gasto público, en especial, para alcanzar la sostenibilidad financiera de las políticas sociales en tiempos de pandemia y lograr sociedades más inclusivas, igualitarias y resilientes (CEPAL, 2021a).

El gasto público total de los gobiernos centrales de América Latina alcanzó su nivel más alto durante 2020 (24,7% del PIB). Entre otros factores, ello se debió a los paquetes de medidas que se adoptaron para hacer frente a la pandemia de COVID-19 (CEPAL, 2021a). El gasto primario ha crecido a tasas reales inéditas. En algunos países se observaron tasas superiores al 10%, y en cuatro de ellos las tasas fueron equivalentes o superiores al 20% (Argentina, Brasil, El Salvador y República Dominicana) (CEPAL, 2021c).

En el presente capítulo se analiza la cantidad y la distribución de los recursos públicos destinados a financiar políticas sociales en los países de América Latina y en cinco países del Caribe de habla inglesa. En la primera parte se describe la evolución del gasto público social entre 2000 y 2020, tanto a nivel regional como subregional, según la clasificación de las funciones de gobierno. En la segunda parte se presenta una estimación de los recursos comprometidos y ejecutados por los países en materia de protección social no contributiva para hacer frente a la pandemia durante 2020 y 2021. En la tercera, se analizan las políticas laborales y el gasto público destinado a su financiamiento durante los últimos años, con especial énfasis en 2020.

A. Evolución del gasto público social en el período 2000-2020

Como parte de la respuesta de política pública social para enfrentar los impactos sociales y económicos de la pandemia de COVID-19 en 2020, los países de América Latina y el Caribe mostraron un aumento muy significativo de los niveles de gasto público social del gobierno central, al alcanzar un nivel histórico del 13,6% del PIB en promedio. El crecimiento del gasto de los países latinoamericanos, medido como la variación real en dólares constantes de 2010, fue en promedio del 15%, y en los cinco países caribeños estudiados llegó al 10%. La distribución de los recursos entre las funciones mantiene el perfil observado en las últimas dos décadas. Cabe destacar que la protección social y la salud registraron las mayores tasas de crecimiento en el último año, en consonancia con lo exigido por la pandemia. Por otra parte, la región mantiene una alta heterogeneidad en cuanto al gasto público social del gobierno central. Mientras tres países superaron el 18% del PIB, otros tres mantienen niveles inferiores al 10,5% del PIB. Asimismo, mientras cuatro países gastan entre 2.490 y 2.915 dólares per cápita al año, otros cinco disponen de menos de 500 dólares anuales por persona. Dos cuestiones se mantienen como desafíos clave para la región: por un lado, mantener la expansión de la inversión pública en un contexto de sostenibilidad financiera de las políticas sociales; por otro, aumentar el número de países con una cobertura institucional más amplia para el análisis del gasto social, con una periodicidad que permita una adecuada comparabilidad intertemporal en la región.

En esta sección se presenta la información relativa al gasto social de los países de la región por funciones de gobierno, según lo planteado en el *Manual de estadísticas de finanzas públicas 2001* y el *Manual de estadísticas de finanzas públicas 2014* del Fondo Monetario Internacional (FMI) (FMI, 2001 y 2014). El análisis se hace comparando los datos del período comprendido entre 2000 y 2020 relativos a la cobertura de gobierno central. En casos particulares en que se dispone de la información necesaria, el análisis se complementa con coberturas institucionales mayores. La información analizada se refiere a un base de datos de 20 países de América Latina y 5 países del Caribe de habla inglesa. Así, la serie incluye los mismos países considerados en el *Panorama Social de América Latina, 2020,* pero con datos actualizados según los informes oficiales (véase el recuadro III.1).

Recuadro III.1
Información estadística sobre el gasto público social

Los datos utilizados para el análisis del gasto público social en la región corresponden a la información oficial sobre gasto público facilitada por cada uno de los países de la región, compilada anualmente por la CEPAL y disponible en la base de datos CEPALSTAT y en la Base de Datos de Inversión Social en América Latina y el Caribe de la CEPAL.

En el cuadro siguiente se presentan las series de datos disponibles sobre cada uno de los países según el nivel de cobertura institucional. El sector público de un país se analiza por subsectores o coberturas institucionales: i) gobierno central, que se compone de los ministerios, secretarías e instituciones públicas que ejercen su autoridad sobre todo el territorio nacional (independientemente de que algunas reparticiones tengan autoridad jurídica propia y autonomía); ii) gobierno general, que se compone del gobierno central y de los gobiernos subnacionales (primera subdivisión territorial y gobiernos locales) y las instituciones de seguridad social; iii) sector público no financiero, que se compone del gobierno general y las corporaciones públicas no financieras, y iv) sector público, que se compone del sector público no financiero,

Recuadro III.1 (conclusión)

más las corporaciones públicas financieras. El análisis comparativo es más completo cuando se contrastan las coberturas de gobierno general, ya que hay países federales o con altos niveles de autonomía de recaudación y gestión de los gobiernos intermedios, donde gran parte del gasto social es de responsabilidad de los gobiernos subnacionales. Sin embargo, la información a nivel de esta cobertura institucional no está disponible en todos los países de la región, por lo que es adecuado analizar comparativamente los datos del gobierno central, que están ampliamente disponibles y están vinculados a los procesos presupuestarios nacionales.

América Latina y el Caribe (25 países): disponibilidad de información sobre gasto público social según el clasificador funcional, cobertura institucional y años disponibles

País	Gobierno central	Otras coberturas existentes		
		Gobierno general	Sector público no financiero	Sector público
América Latina				
Argentina	1993-2020			1990-2017
Bolivia (Estado Plurinacional de)	1990-2020[a]	1997-2018		
Brasil	1995-2020	2000-2020		
Chile	1990-2020			
Colombia	1990-2020	2009-2019		
Costa Rica	1993-2020	1990-2016, 2019-2020		
Cuba	2002-2019	1996-2019		
Ecuador	2000-2020			
El Salvador	1990-2020			2002-2019
Guatemala	1995-2020			
Haití	2012-2014			
Honduras	2000-2020			
México	1999-2020		2013-2020	
Nicaragua	1998-2020			
Panamá	2000-2017	2000-2017		
Paraguay	2000-2020	2003-2020		
Perú		1999-2020		
República Dominicana	1990-2020		2017-2019	
Uruguay	1990-2020			
Venezuela (República Bolivariana de)	1997-2014			
El Caribe				
Bahamas	1990-2020			
Barbados	2006-2020			
Guyana	2004-2020			
Jamaica	1992-2020			
Trinidad y Tabago	2008-2020			

Fuente: Comisión Económica para América Latina y el Caribe (CEPAL), CEPALSTAT [base de datos en línea] http://estadisticas.cepal.org; Base de Datos de Inversión Social en América Latina y el Caribe [en línea] https://observatoriosocial.cepal.org/inversion/es; *Panorama Social de América Latina, 2016* (LC/PUB.2017/12-P), Santiago, 2017; Fondo Monetario Internacional (FMI), Manual de estadísticas de finanzas públicas 2014, Washington, D.C., 2014.
[a] Administración central.

1. Tendencias del gasto social del gobierno central en la región

Entre 2000 y 2019, el gasto público social promedio a nivel de gobierno central en 17 países latinoamericanos mostró una tendencia de crecimiento relativamente estable en relación con el PIB. Esta tendencia general incluye dos trienios de disminución bien marcados[1], que tuvieron lugar después de alzas significativas en respuesta a crisis económicas, pero

[1] Debido a la falta de datos actualizados de toda la serie considerada, no se incluye información de Cuba, Haití ni Venezuela (República Bolivariana de).

en las que igualmente se mantuvo un nivel de gasto superior al previo a las respectivas crisis. Así, después de la crisis de las empresas "punto com" de 2000, el gasto subió 0,4 puntos porcentuales para luego caer 0,2 puntos porcentuales entre 2002 y 2004. Por su parte, tras la crisis financiera mundial de 2008 el nivel de gasto registró un alza promedio de 0,9 puntos porcentuales, con una reversión de 0,4 puntos entre 2009 y 2011.

En 2020, como se muestra en el gráfico III.1, en el marco de la crisis provocada por la pandemia de COVID-19, el gasto público social de los países latinoamericanos mostró un alza significativa en relación con el PIB: 2,3 puntos porcentuales en promedio, hasta llegar a su máximo histórico del 13,6% del PIB. Este nivel de gasto social alcanzado responde a un alza de los montos de gasto social y a las tasas anuales de variación negativas que registró el crecimiento del PIB en los países de América Latina en el período[2].

Gráfico III.1
América Latina (17 países): gasto social del gobierno central, 2000-2020[a]
(En porcentajes del PIB y del gasto público total)

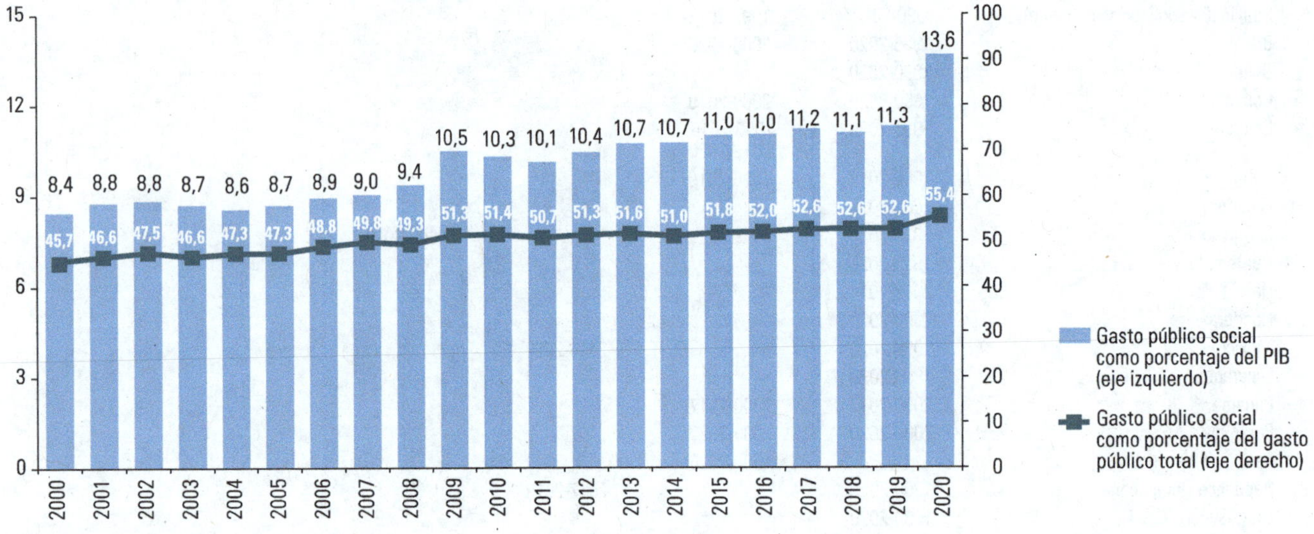

Fuente: Comisión Económica para América Latina y el Caribe (CEPAL), sobre la base de información oficial de los países.
[a] Los promedios corresponden a la media aritmética de los valores de 17 países de América Latina: Argentina, Bolivia (Estado Plurinacional de), Brasil, Chile, Colombia, Costa Rica, Ecuador, El Salvador, Guatemala, Honduras, México, Nicaragua, Panamá, Paraguay, Perú, República Dominicana y Uruguay. La cobertura del Estado Plurinacional de Bolivia corresponde a administración central y la del Perú, a gobierno general. Los últimos datos disponibles de Panamá corresponden a 2017.

Al analizar la participación del gasto social en el gasto público total del gobierno central, se observa que esta también registró un alza importante, al pasar del 52,6% en 2019 al 55,4% en 2020. De este modo se consolidó el gasto social como el principal componente del gasto público total. Las cifras de 2020 revelan la prioridad en la asignación de los recursos públicos a las políticas sociales. En promedio se destinó al gasto social un 75% del incremento que presentó el gasto público total del gobierno central en 2020 (CEPAL, 2021a)[3].

En el caso de los países del Caribe de habla inglesa, los datos actualizados de la serie 2008-2020 disponibles en relación con cinco países (Bahamas, Barbados, Guyana, Jamaica y Trinidad y Tabago), muestran una tendencia parcialmente similar a la de los latinoamericanos en el promedio del gasto social del gobierno central. Así, en 2009 se observó un alza significativa, con una disminución posterior hasta 2011 y luego una recuperación de los niveles hasta 2017, con una leve caída en los dos años posteriores. El gasto social pasó del 11,2% del PIB en 2019 al 13,3% del PIB en 2020, con un promedio similar al de los países latinoamericanos (véase el gráfico III.2).

2 Según las cifras preliminares para 2020 publicadas en el *Estudio Económico de América Latina y el Caribe, 2021* (CEPAL, 2021a), todos los países muestran tasas negativas, de modo que la tasa de PIB agregado de los 20 países latinoamericanos es del -6,8%.

3 Téngase presente que en el gasto público total del gobierno central publicado en el *Estudio Económico de América Latina y el Caribe*, 2021 (CEPAL, 2021a) se consideran 12 países caribeños.

Gráfico III.2
El Caribe (5 países): gasto social del gobierno central, 2008-2020[a]
(En porcentajes del PIB y del gasto público total)

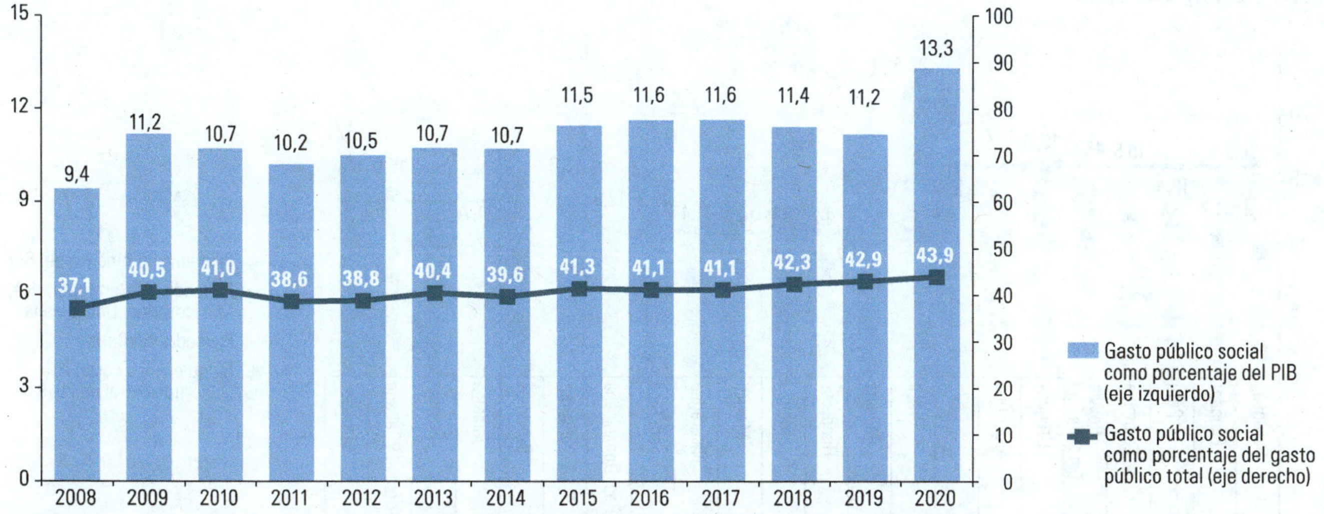

Fuente: Comisión Económica para América Latina y el Caribe (CEPAL), sobre la base de información oficial de los países.
[a] Los promedios corresponden a la media aritmética de los valores de cinco países del Caribe: Bahamas, Barbados, Guyana, Jamaica y Trinidad y Tabago.

En promedio, en estos cinco países caribeños, la proporción del gasto público del gobierno central destinada a las funciones sociales presenta un incremento de 1 punto porcentual entre 2019 y 2020. Se mantuvo muy por debajo de la proporción promedio que alcanzan en los países latinoamericanos (la diferencia de la participación del gasto social en el gasto público total es de 11 puntos porcentuales al comparar el Caribe con América Latina)[4]. A la inversa, la diferencia en el promedio de gasto público total como porcentaje del PIB crece a favor de los países caribeños, en cuyo caso es 6,9 puntos porcentuales más elevado que en el promedio de los países latinoamericanos en 2020[5].

Al analizar el peso relativo al PIB del gasto social del gobierno central de 2020 en los distintos países y subregiones de América Latina (véase el gráfico III.3), todos muestran valores promedio significativamente más elevados que en 2019. El promedio de los nueve países de América del Sur considerados alcanza un 16,0% del PIB, 2,8 puntos porcentuales más que en 2019. Esta subregión se mantiene como la de mayor nivel de gasto social promedio, con una alta heterogeneidad, al mostrar una diferencia de 11,1 puntos porcentuales entre los países de mayor y menor nivel de gasto social. Mientras que el Ecuador y el Paraguay alcanzan niveles de gasto público social en torno al 11,5% del PIB, el Brasil alcanza el 22,5% del PIB y Chile, el 20,2% del PIB.

En el grupo formado por los seis países de Centroamérica, México y la República Dominicana, el promedio de gasto público social del gobierno central alcanza un 11,0% del PIB, 1,7 puntos porcentuales más que en 2019. Entre ellos, El Salvador es el país que destinó la mayor proporción de recursos a lo social (13,8% del PIB), seguido por Costa Rica y la República Dominicana (ambos con un 13,3% del PIB), mientras que Guatemala, Honduras y Panamá son los países latinoamericanos que destinaron una menor cantidad de recursos, como proporción del PIB en 2020 (inferior al 10% del PIB).

En el caso de los cinco países del Caribe analizados, el promedio del 13,3% del PIB destinado al gasto público social del gobierno central en 2020 incluye una brecha de 8,3 puntos porcentuales entre el mayor y el menor gasto social (1,3 puntos más que en 2019), que va del 9,8% del PIB en las Bahamas al 18,1% del PIB en Barbados.

---

[4] En algunos países, esta situación se explica por el alto peso de los pagos de intereses y no por las iniciativas relacionadas con la política fiscal. Esta situación resulta particularmente evidente en el caso de Jamaica.

[5] Téngase presente que en el gasto público total del gobierno central publicado en el *Estudio Económico de América Latina y el Caribe, 2021* (CEPAL, 2021a) se consideran 12 países caribeños.

Gráfico III.3

América Latina y el Caribe (22 países): gasto social del gobierno central, por países y subregiones, 2019 y 2020[a b c]

(En porcentajes del PIB)

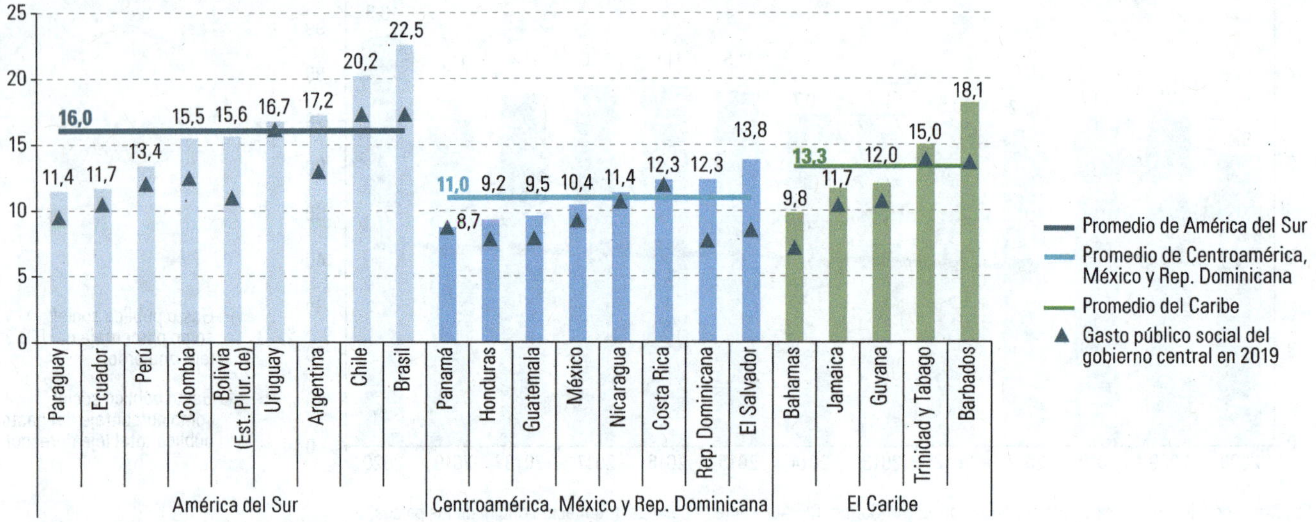

Fuente: Comisión Económica para América Latina y el Caribe (CEPAL), sobre la base de información oficial de los países.

[a] Los datos de Panamá corresponden a 2017. La cobertura del Estado Plurinacional de Bolivia corresponde a administración central y la del Perú, a gobierno general. Los datos del Uruguay no incluyen los del Banco de Previsión Social.

[b] A efectos de comparación, se incluyen como referencia los niveles de gasto público social de 2019.

[c] Los cambios en el Uruguay con respecto a la publicación del *Panorama Social de América Latina, 2020* se deben al cambio en año base de la serie del PIB (véanse más detalles en Banco Central del Uruguay (2021)).

Entre 2019 y 2020 muchos países muestran variaciones significativamente altas (véase el gráfico III.3). Las mayores alzas se presentan en El Salvador y el Brasil (5,3 puntos porcentuales del PIB), la República Dominicana, Barbados y la Argentina (entre 4,2 y 4,6 puntos porcentuales del PIB), seguidos del Estado Plurinacional de Bolivia, Colombia, Chile, las Bahamas y el Perú (entre 2,4 y 3,2 puntos porcentuales del PIB). En términos relativos, los países que se destacan por las mayores variaciones con respecto a 2019 son El Salvador (63%), la República Dominicana (60%), las Bahamas (37%), la Argentina y Barbados (ambos el 33%) y el Brasil (30%). Ningún país presentó una disminución en su nivel de gasto social del gobierno central respecto del PIB, prueba de la respuesta que han dado los países ante el impacto de la pandemia de COVID-19.

Como se ha indicado, 2020 fue marcado por una de las mayores contracciones económicas debido a la pandemia, situación que podría afectar la percepción del gasto real de los países en los distintos años. Para ello, se analizan las tasas de crecimiento del gasto público social del gobierno central durante la última década, en dólares constantes de 2010. Esta información permite observar que en el último año hubo un alza significativa respecto al promedio de los diez años anteriores. La tasa de crecimiento promedio anual entre 2010 y 2019 fue de un 4,4% en América Latina (5% América del Sur y 3,7% Centroamérica). En 2020 esta tasa alcanzó un 15%, siendo la subregión de Centroamérica la que creció en mayor medida, alrededor del 17%. En el caso de América del Sur, el crecimiento fue de un 14%. En los cinco países del Caribe analizados la situación es similar, con tasas de crecimiento promedio del 2% entre 2010 y 2019, y del 10% en 2020 (véase el gráfico III.4).

Al analizar la situación particular de los distintos países, en América del Sur destaca el Brasil con la más alta tasa de crecimiento en 2020 (27%), seguido del Paraguay (20%), el Estado Plurinacional de Bolivia (19%), la Argentina (18%), Chile (16%) y Colombia (14%), países que se ubican por encima del promedio de la subregión. En Centroamérica, la República Dominicana y El Salvador muestran las mayores tasas de crecimiento del gasto público social de la región, con el 52% y el 49%, respectivamente. Son países que en 2019 no superaban el 10% del PIB en gasto público social en 2019, pero que en 2020 reportaron un mayor gasto en la subregión. En el Caribe, las Bahamas es el país con mayor tasa de crecimiento del gasto público social, pero su gasto en relación con el PIB sigue siendo el más bajo de este grupo de cinco países. Por encima de la tasa promedio también se encuentran Guyana (17%) y Barbados (13%) (véase el gráfico III.5).

Gráfico III.4

América Latina y el Caribe (22 países): tasas de crecimiento anual promedio del gasto social del gobierno central, por subregiones, 2011-2020[a]

(En porcentajes)

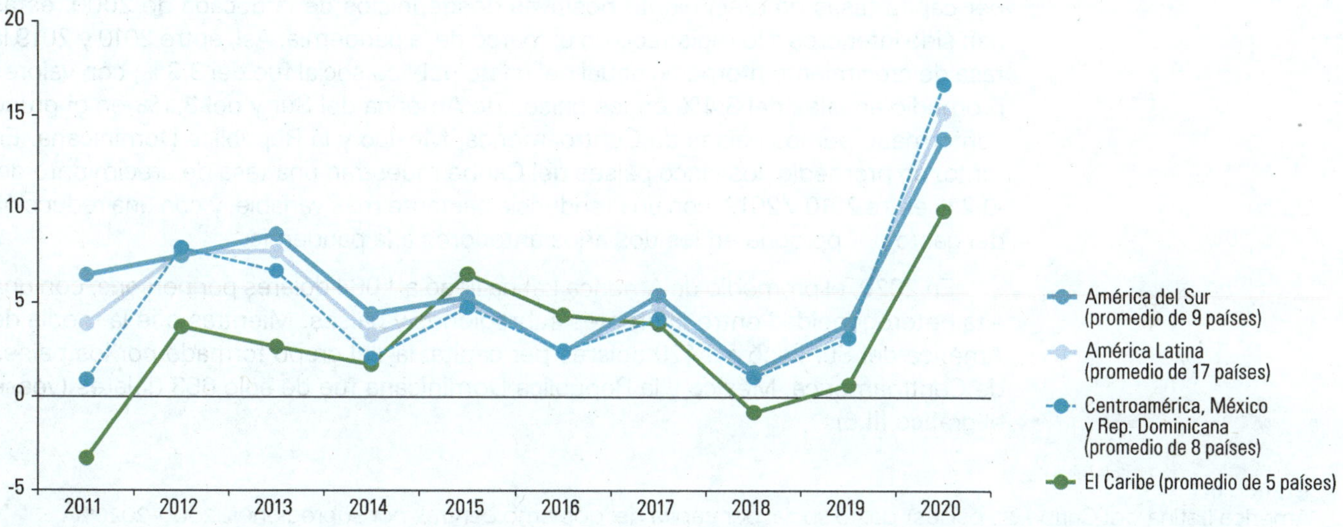

Fuente: Comisión Económica para América Latina y el Caribe (CEPAL), sobre la base de información oficial de los países.

[a] Los promedios de América Latina corresponden a la media aritmética de los valores de 17 países, que se dividen en dos grupos: 9 de América del Sur (Argentina, Bolivia (Estado Plurinacional de), Brasil, Chile, Colombia, Ecuador, Paraguay, Perú y Uruguay) y 8 del grupo conformado por Centroamérica (Costa Rica, El Salvador, Guatemala, Honduras, Nicaragua y Panamá), México y la República Dominicana. En el caso del Caribe se incluyen cinco países (Bahamas, Barbados, Guyana, Jamaica y Trinidad y Tabago).

Gráfico III.5

América Latina y el Caribe (22 países): tasas de crecimiento anual del gasto social del gobierno central, por países y subregiones, 2019 y 2020

(En porcentajes)

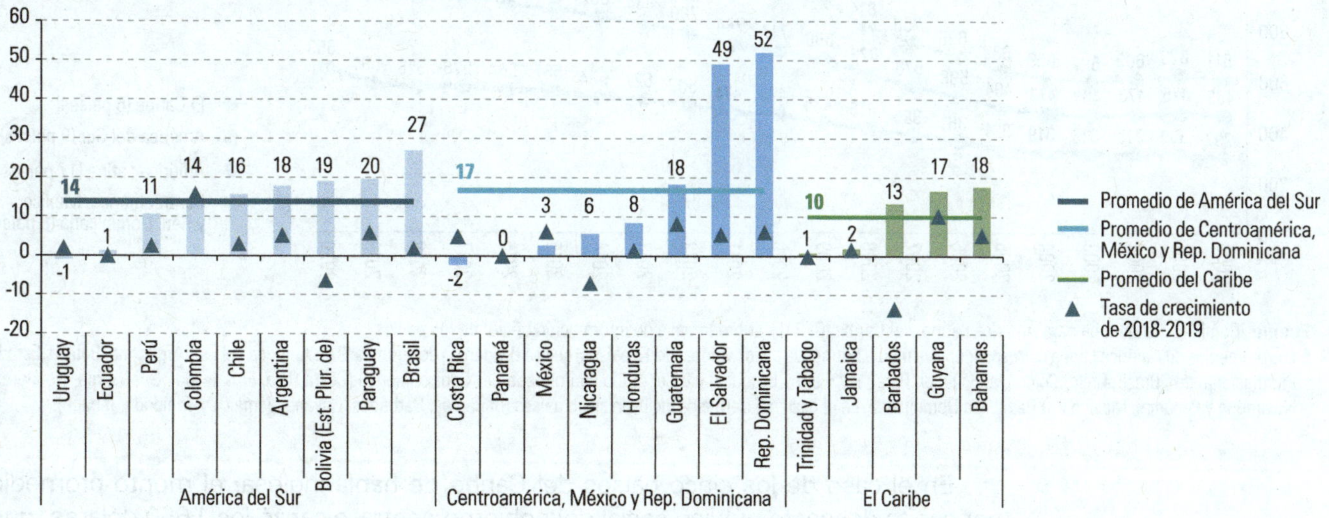

Fuente: Comisión Económica para América Latina y el Caribe (CEPAL), sobre la base de información oficial de los países.

2. Aumento del gasto social por persona en la pandemia

En términos de montos por persona, el promedio simple entre los 22 países de la región en 2020 muestra un incremento significativo, con tasas de crecimiento real del gasto social por persona del 12% en América Latina y del 10% en el Caribe. Estas cifras han experimentado su mayor incremento desde el bienio 2008-2009, cuando las alzas fueron del 10% y el 12%, respectivamente.

Si bien en promedio los países latinoamericanos han mantenido en el gasto social per cápita tasas de crecimiento positivas desde inicios de la década de 2000, estas han sido inferiores a lo registrado en el marco de la pandemia. Así, entre 2010 y 2019 la tasa de crecimiento promedio anual del gasto público social fue del 3,3%, con valores promedio anuales del 3,4% en los países de América del Sur y del 3,1% en el grupo conformado por los países de Centroamérica, México y la República Dominicana. En tanto, en promedio, los cinco países del Caribe muestran una tasa de crecimiento del -0,2% entre 2010 y 2019, con una tendencia bastante más variable, y con una reducción del gasto por persona en los dos años anteriores a la pandemia.

En 2020, el promedio de América Latina llegó a 1.064 dólares por persona, con una alta heterogeneidad entre diferentes subregiones y países. Mientras que la media de América del Sur llegó a 1.429 dólares per cápita, la del grupo formado por los países de Centroamérica, México y la República Dominicana fue de solo 653 dólares (véase el gráfico III.6).

Gráfico III.6

América Latina y el Caribe (22 países): gasto social per cápita del gobierno central, por subregiones, 2000-2020[a]

(En dólares de 2010 a precios constantes)

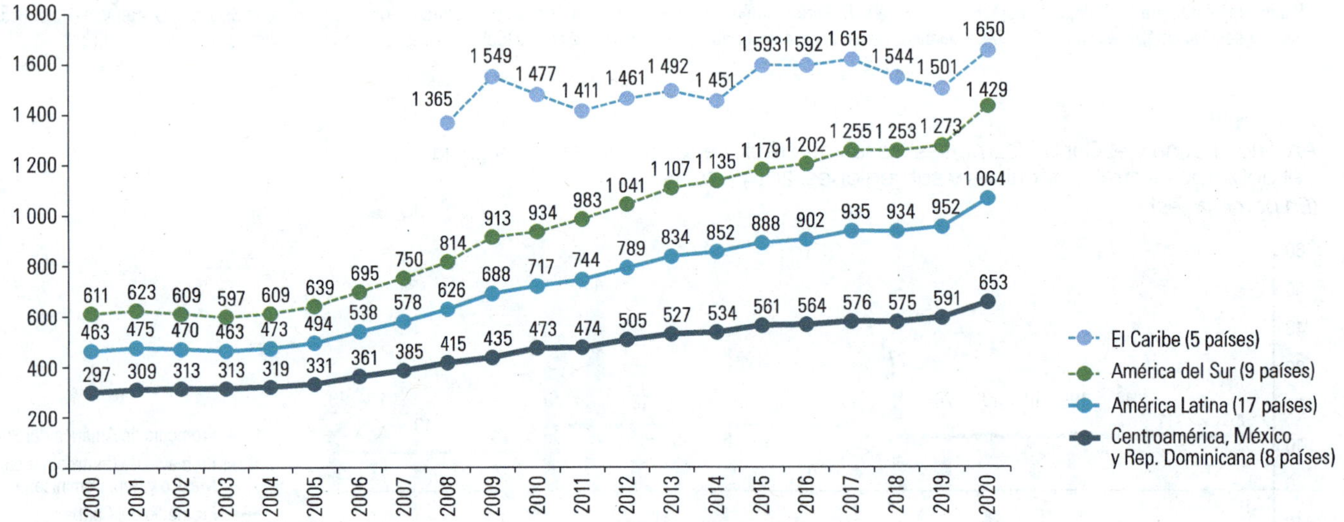

Fuente: Comisión Económica para América Latina y el Caribe (CEPAL), sobre la base de información oficial de los países.

[a] Los promedios de América Latina corresponden a la media aritmética de los valores de 17 países, que se dividen en dos grupos: 9 de América del Sur (Argentina, Bolivia (Estado Plurinacional de), Brasil, Chile, Colombia, Ecuador, Paraguay, Perú y Uruguay) y 8 del grupo conformado por Centroamérica (Costa Rica, El Salvador, Guatemala, Honduras, Nicaragua y Panamá), México y la República Dominicana. En el caso del Caribe se incluyen cinco países (Bahamas, Barbados, Guyana, Jamaica y Trinidad y Tabago).

En el caso de los cinco países del Caribe de habla inglesa, el monto promedio per cápita del gasto público social del gobierno central alcanzó los 1.650 dólares, que corresponde al mayor valor registrado. Este monto promedio por persona sigue siendo superior en un 55% al de los países latinoamericanos.

El análisis por países muestra que en los últimos dos años Chile, el Uruguay, Barbados y el Brasil fueron los que destinaron más recursos per cápita al financiamiento de las políticas sociales (entre 2.490 y 2.965 dólares), seguidos por las Bahamas (2.403 dólares) y Trinidad y Tabago (2.084). Un segundo grupo lo componen la Argentina (1.492 dólares) y Costa Rica (1.204 dólares). Les siguen Colombia, Panamá, México y la República Dominicana, con montos de entre 925 y 1.103 dólares, y luego el Perú, Guyana, el Paraguay, el Ecuador y Jamaica, con montos de entre 514 y 760 dólares. Los demás países latinoamericanos destinan entre 187 y 448 dólares por persona: Bolivia (Estado Plurinacional de), El Salvador, Guatemala, Honduras y Nicaragua (véase el anexo III.A1).

Sumado a los valores antes indicados, cabe destacar también algunos países que tuvieron alzas muy por encima del promedio en este indicador en 2020. Es el caso de la República Dominicana y El Salvador, que incrementaron el gasto social per cápita del gobierno central en un 50,4% y un 48,3%, respectivamente. A ellos les siguen el Brasil (26%), el Paraguay (18,1%) y el Estado Plurinacional de Bolivia (17,4%), y, más atrás, las Bahamas, Guatemala y Guyana (los tres en torno al 16%).

Como se ha indicado en ediciones anteriores del *Panorama Social de América Latina,* los datos aquí analizados muestran que los países latinoamericanos mantienen dos elementos característicos. Por un lado, los países que presentan mayores desafíos para alcanzar las metas sociales de la Agenda 2030 para el Desarrollo Sostenible, en relación con la pobreza, la salud, la educación, la protección social y el acceso a agua potable, electricidad y saneamiento, son los que asignan menos recursos al gasto social, tanto en términos absolutos como en proporción del PIB. Por otro, la disponibilidad de recursos públicos para el gasto social en los países de la región se mantiene a una distancia considerable de la existente en los países de la Organización de Cooperación y Desarrollo Económicos (OCDE) y la Unión Europea[6]. Esto confirma, entre otros factores, la necesidad de avanzar hacia un nuevo pacto fiscal en la región que permita fortalecer la sostenibilidad financiera de las políticas sociales con objeto de consolidar la creación de Estados de bienestar que tengan como prioridades la igualdad y la sostenibilidad.

3. Gasto social según funciones de gobierno

La distribución del gasto del gobierno central por funciones sociales en 2020 muestra una estructura similar a la de años anteriores (CEPAL, 2019 y 2021b). En América Latina, además de mantenerse como las funciones sociales de mayor nivel de gasto, la protección social y la salud alcanzan máximos históricos, tanto en sus montos en dólares como en porcentajes del PIB, con promedios equivalentes al 5,9% y el 2,7% del PIB, respectivamente (véase el gráfico III.7). El incremento promedio respecto a 2019 llega a 1,7 puntos porcentuales de PIB en el gasto en protección social. Por su parte, la función de salud aumentó en promedio 0,4 puntos porcentuales del PIB. A su vez, la educación se mantiene como la segunda función en nivel de gasto respecto al PIB (4,1%), con un aumento de 0,1 puntos porcentuales, lo que se debe principalmente a la contracción del PIB y no a un crecimiento real. Las variaciones indicadas reflejan la priorización de los recursos públicos que han hecho los gobiernos en respuesta a la crisis causada por la pandemia, sobre todo ante los impactos sanitarios y socioeconómicos en los hogares.

Al analizar la distribución en los países de América del Sur, se observa un incremento aún más marcado en relación con el alto peso de la función de protección social, hasta un promedio del 8,3% del PIB entre los nueve países analizados, 2,2 puntos porcentuales más que en 2019. Por su parte, entre los países de Centroamérica, México y la República Dominicana, esta función también muestra un incremento importante, de 1,4 puntos porcentuales.

6 Para obtener mayor información, véase Organización de Cooperación y Desarrollo Económicos (OCDE), OECD Statistics [base de datos en línea] https://stats.oecd.org/.

Gráfico III.7
América Latina y el Caribe (22 países): gasto social del gobierno central, por funciones, 2000-2020[a]
(En porcentajes del PIB)

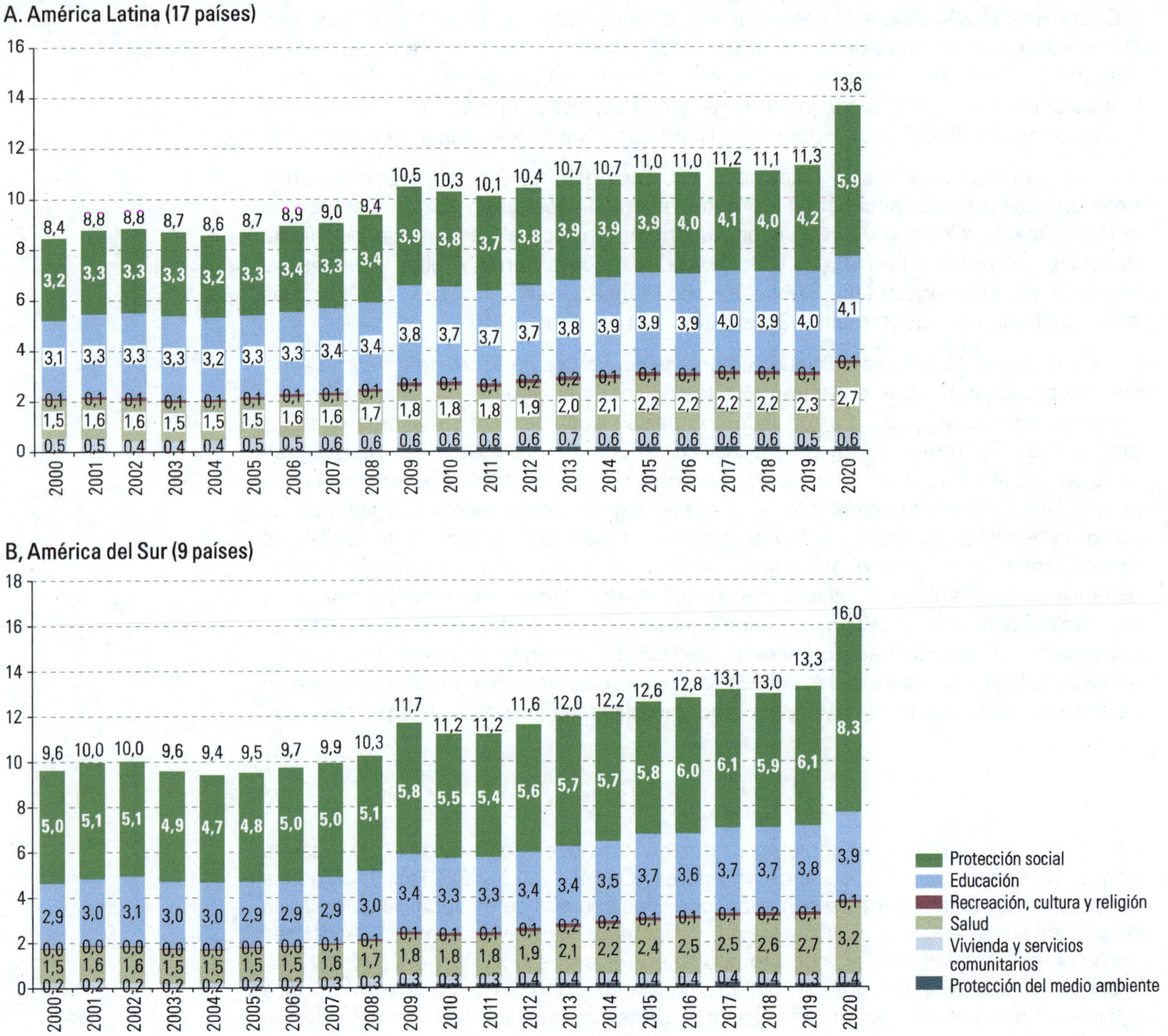

Gráfico III.7 (conclusión)

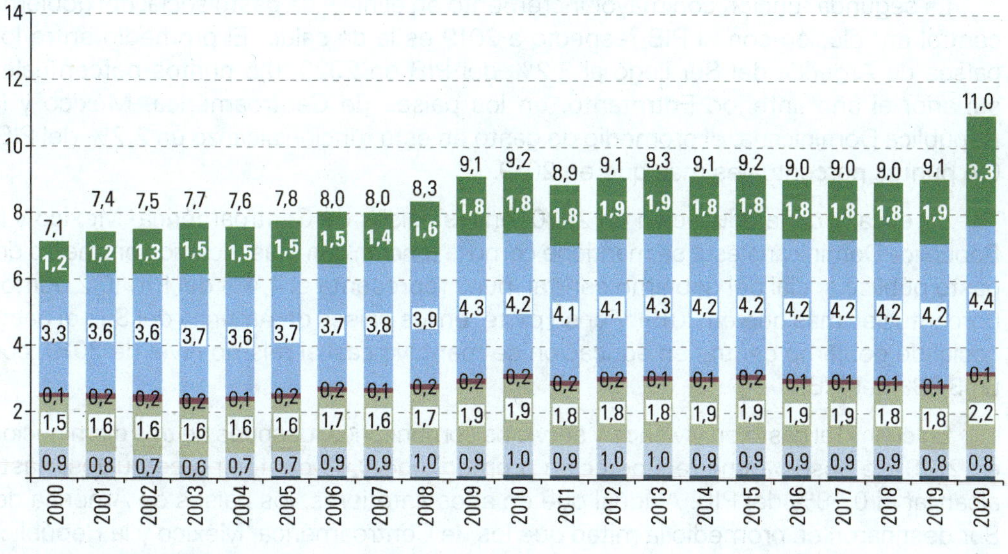

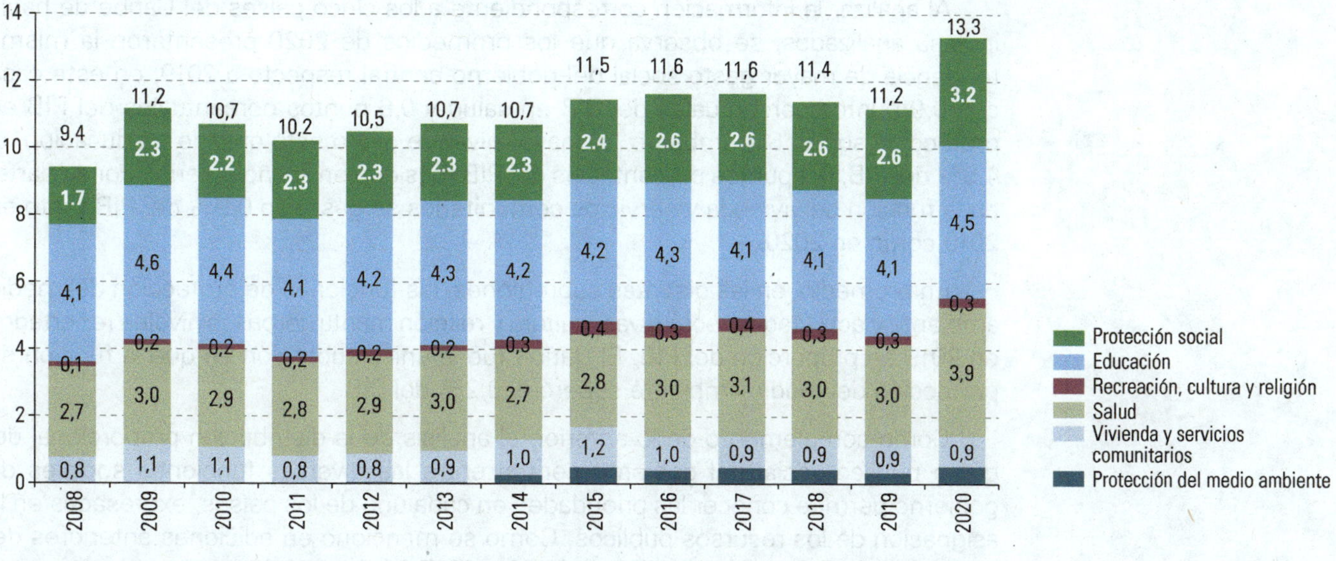

Fuente: Comisión Económica para América Latina y el Caribe (CEPAL), sobre la base de información oficial de los países.

[a] Los promedios de América Latina (subgráfico A) corresponden a la media aritmética de los valores de 17 países, que se dividen en dos grupos (subgráficos B y C): 9 de América del Sur (Argentina, Bolivia (Estado Plurinacional de), Brasil, Chile, Colombia, Ecuador, Paraguay, Perú y Uruguay) y 8 del grupo conformado por Centroamérica (Costa Rica, El Salvador, Guatemala, Honduras, Nicaragua y Panamá), México y la República Dominicana. En el caso del Caribe (subgráfico D) se incluyen cinco países (Bahamas, Barbados, Guyana, Jamaica y Trinidad y Tabago).

Como se verá en la parte B de este capítulo, una importante proporción de estos incrementos de gasto tienen relación con las medidas de protección social no contributiva implementadas por los países de la región para hacer frente a los impactos de la crisis del COVID-19.

La segunda función con mayor incremento en el nivel de gasto social del gobierno central en relación con el PIB respecto a 2019 es la de salud. El promedio entre los países de América del Sur llegó al 3,2% del PIB en 2020, 0,5 puntos porcentuales superior al año anterior. Entretanto, en los países de Centroamérica, México y la República Dominicana, el promedio de gasto en esta función alcanzó un 2,2% del PIB, 0,4 puntos porcentuales más que en 2019.

En el caso de la educación en 2020, en los países de Centroamérica, México y la República Dominicana esta se mantiene como la función con más recursos promedio del gasto público social del gobierno central, pues representa el 4,4% del PIB (0,2 puntos porcentuales más que en 2019). Por su parte, en los países de América del Sur, el gasto social de gobierno central en educación se mantuvo casi al mismo nivel de 2019, con un 3,9% del PIB.

En cuanto al gasto en vivienda y servicios comunitarios, después de una disminución en 2019, se observa una recuperación promedio de 0,03 puntos porcentuales, hasta alcanzar el 0,58% del PIB. Al igual que en años anteriores, los países de América del Sur destinaron en promedio la mitad que los de Centroamérica, México y la República Dominicana (0,4% y 0,8% del PIB, respectivamente).

Al analizar la información correspondiente a los cinco países del Caribe de habla inglesa analizados, se observa que los promedios de 2020 presentaron la misma tendencia de mayor gasto social del gobierno central respecto a 2019, en este caso con 0,9 puntos porcentuales del PIB en salud y 0,6 puntos porcentuales del PIB en protección social. Sin embargo, el mayor nivel de gasto está dirigido a educación, el 4,5% del PIB, 0,4 puntos porcentuales del PIB más que en el año anterior. Por su parte, en la función de vivienda y servicios comunitarios se gastó un 0,9% del PIB tanto en 2019 como en 2020.

En promedio, en las distintas subregiones, las funciones de protección del medio ambiente y actividades recreativas, cultura y religión mantuvieron los niveles reportados en 2019 en proporción del PIB. El Caribe fue la única subregión en que la función de protección del medio ambiente superó el 0,2% del PIB.

Como complemento de lo anterior, el análisis de la distribución proporcional del gasto público social del gobierno central entre las diversas funciones sociales de gobierno permite conocer las prioridades en cada uno de los países, expresadas en la asignación de los recursos públicos. Como se mencionó en ediciones anteriores del *Panorama Social de América Latina* (CEPAL, 2017, 2019 y 2021b), y como ocurre en los promedios regional y subregionales, la distribución del gasto social por funciones revela que en la mayoría de los países la proporción más elevada de recursos erogados en 2020 se destinó a las funciones de protección social, educación y salud. No obstante, también se destaca la existencia de importantes diferencias en la distribución (véanse el gráfico III.8 y el anexo III.A1).

Cabe recordar que el análisis aquí presentado se centra en datos oficiales correspondientes a la cobertura de gobierno central en 2020. Los niveles de erogación pueden cambiar de manera significativa en los países si se consideran coberturas más amplias, como las de gobierno general o sector público no financiero. Esto puede ocurrir en especial en los países que tienen estructura federativa o gobiernos subnacionales con altos niveles de autonomía, como la Argentina, el Brasil, Colombia y México, así como en aquellos países en que al menos parte de los recursos de la seguridad social, si no todos, se administran de manera independiente, como ocurre en Costa Rica, el Ecuador y el Uruguay, entre otros. Solo se cuenta con datos sobre gasto público social en coberturas más amplias en relación con 12 países (véase el recuadro III.1) y de ellos, apenas cinco cuentan con datos correspondientes a 2020 (Brasil, Costa Rica, México, Paraguay y Perú). Respecto de esos países se incluyen elementos complementarios en la siguiente sección.

Gráfico III.8

América Latina y el Caribe (23 países): distribución del gasto social del gobierno central, por funciones, 2020[a]

(En porcentajes)

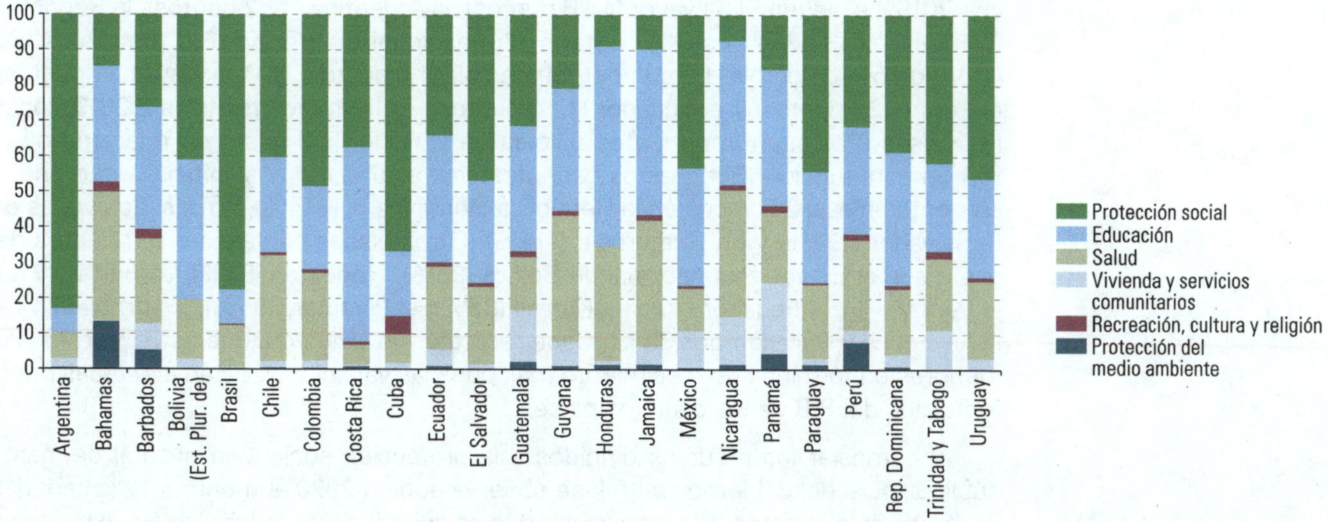

Fuente: Comisión Económica para América Latina y el Caribe (CEPAL), sobre la base de información oficial de los países.

[a] Los datos de Cuba corresponden a 2019 y los de Panamá, a 2017. La cobertura del Estado Plurinacional de Bolivia corresponde a administración central y la del Perú, a gobierno general.

A continuación, se presenta una breve descripción de la situación del gasto social del gobierno central en cada función en los países de América Latina y el Caribe sobre los que se cuenta con información[7].

a) Protección social

Entre los recursos considerados para el análisis del gasto en las políticas de protección social se incluyen los desembolsos correspondientes a servicios y transferencias a personas y familias relacionados con enfermedad e incapacidad, edad avanzada, supérstites, familia e hijos, desempleo, vivienda y exclusión social, tanto del sector de la protección social contributiva como no contributiva[8 9]. En esta función se incluyen políticas y programas orientados a cubrir los riesgos de pérdida de ingresos o el incremento de gastos que pueden afectar a una parte de la población o a toda (relacionados con enfermedad, edad avanzada, cuidados, desastres, crisis económicas y sociales[10] y desempleo), así como aquellos orientados a facilitar la inclusión y proteger a

7 Los datos de Cuba corresponden a 2019 y los de Panamá, a 2017. Se excluyen Haití y Venezuela (República Bolivariana de) debido a la falta de información.

8 El gasto asociado a supérstites corresponde a la protección social en forma de prestaciones en efectivo y en especie a los supérstites (es decir, sobrevivientes) de una persona fallecida (como el cónyuge, el excónyuge, los hijos, los nietos, los padres y otros familiares).

9 El gasto asociado a la vivienda se refiere al apoyo con recursos para facilitar el acceso a la vivienda e incluye: "Prestación de protección social en forma de prestaciones en especie para ayudar a las familias a sufragar el costo de una vivienda (previa comprobación de los ingresos de los beneficiarios). Administración, gestión o apoyo de estos planes de protección social; Prestaciones en especie, como los pagos a corto o a largo plazo para ayudar a los inquilinos a pagar sus alquileres, los pagos para ayudar a los dueños u ocupantes actuales de una vivienda a sufragar los costos de esta (es decir, para ayudar en el pago de hipotecas o intereses), la construcción de viviendas sociales o de costo reducido" (FMI, 2014, pág. 188).

10 Como la derivada de la pandemia del COVID-19 durante 2020, que se analiza en la siguiente sección.

la población ante las consecuencias de la pobreza y la desigualdad (como los programas de transferencias de ingresos o en especie y las pensiones no contributivas).

Los países de la región que mayor proporción del PIB destinaron a esta función en el gobierno central son el Brasil y la Argentina (17,5% y 14,3%, respectivamente), seguidos de Chile (8,2%) y el Uruguay (7,7%). En contrapartida, Honduras y Nicaragua son los que destinaron menos recursos (menos del 1% del PIB).

Entre los países que han experimentado un mayor aumento del gasto en protección social respecto del PIB destaca el Brasil, con 4,76 puntos porcentuales en comparación con 2019. Le siguen El Salvador (4,26 puntos), la Argentina (3,52 puntos), la República Dominicana (3,37 puntos), el Estado Plurinacional de Bolivia (3,0 puntos), Chile (2,01 puntos), Colombia (1,9 puntos), Guatemala (1,6 puntos), el Paraguay (1,31 puntos), el Perú (1,22 puntos) y el Ecuador (1,14 puntos). En términos relativos a 2019, todos los países presentan importantes niveles de variación del gasto en relación con el PIB en esta función. Entre estos cabe destacar algunos muy significativos, como el aumento en casi 2,5 veces en la República Dominicana (244%), en casi dos veces en El Salvador (194%) y en Guatemala (115%). Otros países con altos crecimientos del gasto son el Estado Plurinacional de Bolivia (93%), Honduras (83%), Jamaica (47%), el Perú (41%), el Ecuador (40%), el Brasil (37%), el Paraguay (35%), Colombia (34%), la Argentina y Chile (ambos 33%). Cabe recordar, sin embargo, que estos valores son menores en términos de crecimiento real, pues las variaciones están afectadas por la reducción del PIB de los distintos países.

Al comparar los recursos dirigidos a la protección social con el total del gasto público social del gobierno central, se observa que en 2020 aumentó a 12 la cantidad de países en que esta fue la función a la que se asignó la mayor proporción de recursos en la región. La Argentina y el Brasil son los países que mayor proporción destinan a esta función (83% y 77%, respectivamente), seguidos de Cuba, con el 67%[11]. A su vez, Colombia, El Salvador, el Uruguay, el Paraguay, México, Trinidad y Tabago, el Estado Plurinacional de Bolivia y Chile asignan proporciones de entre el 40% y el 48% del gasto público social del gobierno central a esta función. Por su parte, Nicaragua, Honduras y Jamaica se mantienen como los que menor proporción de su gasto social destinan a este rubro (inferior al 10%).

Es importante considerar que en varios países los datos de los institutos de seguridad social pueden incrementar el gasto en protección social indicado. Ello responde a los diversos modelos institucionales y formas de administración de los recursos, pues algunos países cuentan con autonomías de gestión y contabilidad, mientras que otros favorecen la administración privada. Algunos ejemplos de esta situación son Costa Rica, el Ecuador, El Salvador y el Uruguay.

b) Educación

En la función de educación se consideran todos los recursos destinados al financiamiento de las políticas educativas, incluidos los tres niveles de enseñanza, desde el preescolar hasta el terciario, y los servicios auxiliares y la investigación y desarrollo. Con estos fines, en el Marco de Acción para la Educación 2030 se propone asignar al menos entre el 4% y el 6% del PIB o, por lo menos, entre el 15% y el 20% del gasto público (UNESCO y otros, 2015).

Como se indicó, en América Latina esta es la segunda función social más importante en términos de recursos del gobierno central. Al igual que en años anteriores, destaca Costa Rica como el país que destina más recursos en relación con su PIB a la educación

11 Información correspondiente a 2019.

(6,8% del PIB), seguido del Estado Plurinacional de Bolivia y Barbados (ambos con un 6,2%). Estos tres países superan la meta propuesta. Les siguen Jamaica, Chile y Honduras, con montos entre el 5,2% y el 5,5% del PIB, además del Uruguay, la República Dominicana, Nicaragua, Ecuador, Guyana, el Perú y El Salvador, que asignan a este rubro entre el 4% y el 4,7% del PIB.

Entre los países con mayores incrementos como porcentaje de su PIB en esta función en 2020, destacan la República Dominicana (0,58 puntos), Colombia (0,47 puntos), El Salvador (0,32 puntos), Honduras y el Perú (0,31 puntos), México (0,30 puntos) y el Paraguay (0,21 puntos).

Aun cuando el volumen de recursos asignados en cada país no necesariamente cubre las necesidades en materia de educación, 13 países de la región destinan una proporción igual o superior del PIB a la recomendación propuesta por Organización de las Naciones Unidas para la Educación, la Ciencia y la Cultura (UNESCO). A su vez, en nueve países esta es la función a la que se destina mayor cantidad de recursos del gasto social del gobierno central.

Los países que destinaron una mayor proporción del gasto social a esta función en 2020 fueron Honduras y Costa Rica, que asignaron el 56% y el 55%, respectivamente. Les siguen Jamaica con el 46%, Nicaragua con el 41% y el Estado Plurinacional de Bolivia con el 40%.

Como se había observado en años anteriores, el Brasil, la Argentina y Cuba figuran como los países que destinan una menor proporción de recursos del gasto social del gobierno central a la educación. Sin embargo, en el análisis de la cobertura ampliada que se presenta más adelante, estos países figuran con una cantidad superior de recursos destinados a esta función, del 5%, el 5,7% y el 9% del PIB, respectivamente[12].

c) Salud

En la función de salud se consideran todas las erogaciones en servicios prestados a particulares y a colectivos en los distintos niveles de atención, tanto en programas de tipo preventivo como curativo. En esta línea, la *Agenda de salud sostenible para las Américas 2018-2030,* en su meta 4.1, indica que para avanzar hacia la salud universal se requiere destinar un gasto público de por lo menos el 6% del PIB a esta función (OPS/OMS, 2017, pág. 35)[13]. Este monto ofrece una referencia mínima para el accionar de los países en materia de sostenibilidad financiera del sistema sanitario.

Como se ha indicado, para enfrentar la crisis sanitaria provocada por la pandemia de COVID-19 el nivel de gastos ha crecido de manera importante, asociado a la mayor demanda de servicios. En 2020, en cobertura de gobierno central, Chile destinó el 6% del PIB a financiar los gastos en salud, seguido de Barbados y Guyana (ambos con 4,3% del PIB), Jamaica (4,2%) y Nicaragua (4,1% del PIB). La Argentina (7% del PIB)[14], el Brasil (6,3% del PIB) y Cuba (10,7% del PIB)[15], con una cobertura institucional más amplia, superaron la meta del 6% del PIB propuesta por la OPS, seguidos de Costa Rica (5,7% del PIB). Los países que más aumentaron su gasto social en salud como porcentaje del PIB en 2020 fueron Barbados (1,43 puntos), Guyana (1,17 puntos), las Bahamas (1,06 puntos), el Perú (0,99 puntos) y Chile (0,87 puntos).

Al analizar estos valores en relación con el conjunto de funciones sociales, cinco países destinan más del 30% al gasto en salud. Lideran las Bahamas (36,3%), seguidas de Nicaragua, Guyana y Jamaica (en torno a 35,7%) y Honduras (32,2%). Otros tres

12 La información de Cuba corresponde a 2019 y la de la Argentina a 2017.
13 Véase el objetivo 4 de la *Agenda de salud sostenible para las Américas* 2018-2030 (OPS/OMS, 2017).
14 Información correspondiente a 2017.
15 Información correspondiente a 2019.

países destinan más de un cuarto del gasto social a esta función: Chile (29,9%), Colombia (26,0%) y el Perú (25,3%). Por otra parte, los países que tienen una menor participación del gasto en salud en el gasto social del gobierno central son Costa Rica (5,6%), la Argentina (7,2%) y Cuba (8%), seguidos de México y el Brasil (ambos con 11,9%). Nuevamente, estos cinco países muestran tasas mucho más elevadas de cobertura, de entre el 2,8% y el 10,7% del PIB en la medición más amplia[16].

En cuanto a la cantidad de recursos del gobierno central erogados en salud per cápita, el promedio entre los 21 países de la región, a precios constantes de dólares de 2010, fue de 266 dólares en 2020. Este valor llegó a 292 dólares en América del Sur, 90 dólares en Centroamérica, México y la República Dominicana, y 467 dólares en el Caribe. Así, en 2020 el gasto en salud del gobierno central representó un 19% del gasto social por persona en América Latina (20% en América del Sur y 15% en Centroamérica, México y República Dominicana). En cambio, en el Caribe este valor representó el 28%.

En la región, los países con mayores montos del gasto en la función de salud per cápita fueron Chile (885 dólares), las Bahamas (871 dólares), Barbados (594 dólares), el Uruguay (557 dólares) y Trinidad y Tabago (419 dólares) (véase el gráfico III.9).

Gráfico III.9
América Latina y el Caribe (21 países): gasto en función de salud per cápita del gobierno central, por países y subregiones, 2020[a]
(En dólares de 2010 a precios constantes y en porcentajes)

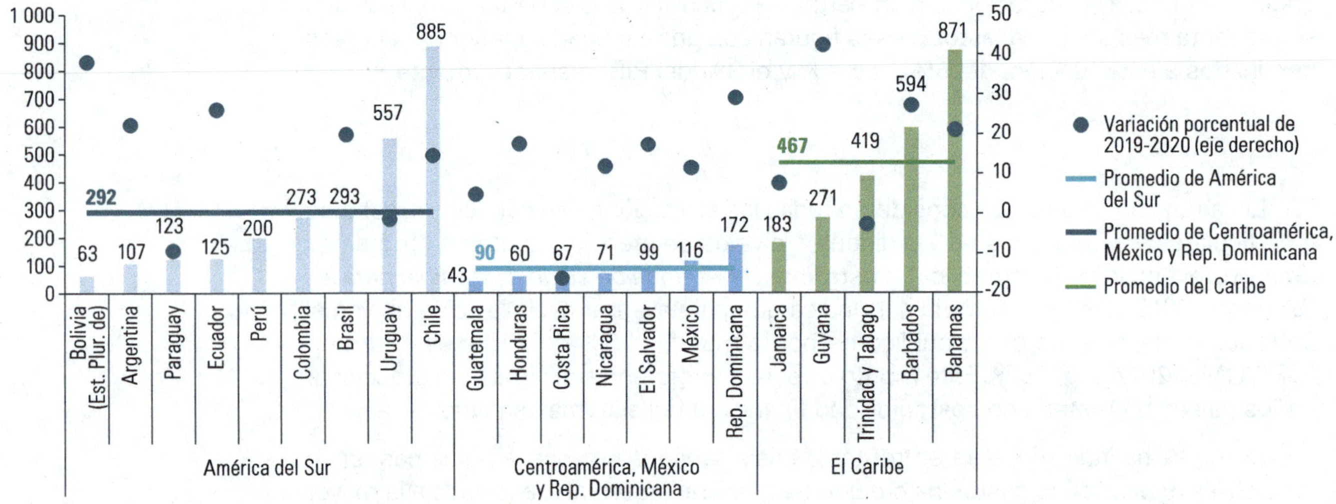

Fuente: Comisión Económica para América Latina y el Caribe (CEPAL), sobre la base de información oficial de los países.
[a] La cobertura del Perú corresponde a gobierno general. Los datos del Uruguay no incluyen los del Banco de Previsión Social.

Los valores antes indicados representan un crecimiento promedio del 13,6% respecto de 2019 en los 21 países analizados, igual al aumento del gasto social total del gobierno central per cápita. Esto refleja la prioridad asignada a este rubro ante la crisis, en relación con otras funciones de gobierno. Los países en que más creció el gasto del gobierno central per cápita en la función de salud en 2020 fueron Guyana (43%), la Argentina (38%), la República Dominicana (29%), Barbados (27%), el Perú (26%), el Paraguay (23%), las Bahamas (21%) y el Brasil (20%).

[16] La información de Cuba corresponde a 2019 y la de la Argentina a 2017.

Cabe advertir que en estas estimaciones solo se considera el gobierno central. Podrían variar al considerarse otras coberturas institucionales e incluir, por ejemplo, las cajas e institutos de seguridad social y bancos de previsión social, que en algunos países desempeñan un rol importante en el gasto en salud del sistema contributivo. Por ejemplo, mientras que el gasto per cápita en salud del gobierno central en Costa Rica muestra una caída del 16,1%, a nivel de todo el sector público presenta un crecimiento del 5,5%.

Como se indicó en las ediciones anteriores del *Panorama Social de América Latina*, cabe recordar el peso que tiene el gasto en la función de protección social en algunos de estos países y su interacción con la función de salud. En muchos casos, las instituciones ligadas a la protección social contributiva coparticipan en la provisión y aseguramiento de algunos servicios de salud. A esto se suma el efecto que tiene la gestión de recursos a nivel subnacional, sobre todo en países con gobiernos estatales y subnacionales autónomos.

d) Vivienda y servicios comunitarios

El gasto público en vivienda y servicios comunitarios incluye los recursos estatales destinados a urbanización (incluidas tanto la administración de asuntos de urbanización como la eliminación de tugurios relacionada con la edificación de viviendas, la construcción y remodelación de viviendas, además de la adquisición de terrenos necesarios para la construcción de viviendas), desarrollo comunitario, abastecimiento de agua y alumbrado público.

De manera similar a lo informado en años anteriores, los países de la región con mayor nivel de gasto del gobierno central en esta función en 2020 fueron Panamá[17] y Trinidad y Tabago (ambos con 1,7% del PIB), seguidos de Nicaragua (1,5% del PIB), Guatemala y Barbados (ambos con 1,4% del PIB). El Ecuador y Barbados destacan por el incremento de gasto del gobierno central en esta función, con 0,34 puntos porcentuales del PIB en ambos casos, seguidos de la Argentina con 0,19 puntos porcentuales del PIB.

Panamá es el país que destina a esta función una mayor proporción del gasto social del gobierno central (20%), seguido de Guatemala (14,6%) y Nicaragua (13,5%). Se mantiene lo observado en años anteriores, en el sentido de que 15 de los 23 países analizados destinan a vivienda y servicios comunitarios una proporción inferior al 5% del total del gasto social del gobierno central (CEPAL, 2021b).

e) Actividades recreativas, cultura y religión

En esta función se consideran los recursos destinados al financiamiento de actividades recreativas, culturales y religiosas, incluidas las actividades deportivas y culturales, de radio y televisión y los servicios religiosos.

En la X Reunión de Ministros Iberoamericanos de Cultura, celebrada en Valparaíso (Chile) en julio de 2007, los ministros y altas autoridades de cultura propusieron "destinar al fomento de la cultura, de forma progresiva, un mínimo del 1% del presupuesto general de cada Estado" (CEPAL/OEI, 2014, pág. 311).

En 2020, Barbados fue el país con mayor nivel de gasto (0,5% del PIB), seguido de Trinidad y Tabago con un 0,32% del PIB. Ambos destacan como los países que más recursos públicos destinan a esta función, con montos que sobrepasan la meta indicada (el 1,5% y el 1% del total del gasto público del gobierno central, respectivamente).

---

17 La información corresponde a 2017.

Otros dos países destinaron un 1% o más del gasto público total del gobierno central, a saber, las Bahamas y Guatemala (1% cada uno).

Al analizar la proporción del gasto público social dedicado a las actividades recreativas, culturales y religiosas, nuevamente Cuba se mantiene como el país que mayor proporción de su gasto público social del gobierno central destina a esta función (5,3%). Los países que le siguen muestran valores inferiores al 3%: Bahamas (2,8%), Barbados (2,6%) y Trinidad y Tabago (2,1%). Mientras tanto, en dos países la información del gasto público del gobierno central no comprende recursos destinados a esta función (Argentina y Estado Plurinacional de Bolivia).

f) Protección del medio ambiente

Como parte de las funciones sociales, el gasto en la protección del medio ambiente incluye los desembolsos efectuados para el manejo de desechos y aguas residuales, la reducción de la contaminación, la protección de la biodiversidad y del paisaje, y la investigación relacionada con la protección del medio ambiente.

En este ámbito, el país que consigna un mayor nivel de gasto es las Bahamas (1,3%, del PIB), seguido por el Perú y Barbados (ambos con el 1% del PIB, respectivamente). Los demás países con datos correspondientes a 2020 no alcanzan el 0,4% del PIB.

Cabe tener presente que existen variaciones significativas al examinar coberturas institucionales mayores, incluidos los niveles de gobierno subnacionales (dado su rol en el manejo de desechos) y las empresas públicas dedicadas al tratamiento de aguas residuales. Por esa causa, para poder realizar un análisis más detallado en este ámbito, se sugiere analizar los trabajos de consolidación de datos contenidos en las cuentas satélite en esta área. Este tipo de cuentas, además de ofrecer una visión más completa de los recursos destinados, incluyen las acciones realizadas por distintos actores en el marco de las políticas de protección del medio ambiente en los distintos países[18].

4. Gasto público social en coberturas institucionales más amplias que gobierno central: países seleccionados

Los datos analizados previamente se circunscriben al gobierno central, única cobertura institucional que permite realizar comparaciones entre todos los países de la región. Sin embargo, en algunas de las estructuras institucionales se considera la administración de recursos en subsectores que están fuera del gobierno central (FMI, 2014), lo que produce efectos significativos en la ejecución de las políticas públicas. En esta sección se complementa el análisis con la información disponible en cinco países que cuentan con informes correspondientes a 2020, con coberturas institucionales más amplias[19 20]. Se trata del Brasil, Costa Rica, México, el Paraguay y el Perú (véase el anexo III.A1)[21].

En los cinco países analizados, el gasto público social como porcentaje del PIB se incrementa significativamente al considerar coberturas de gobierno más amplias que

18 Véanse mayores detalles sobre este tema en Comisión Económica para América Latina y el Caribe (CEPAL), "Red Regional de Estadísticas Ambientales" [en línea] https://comunidades.cepal.org/estadisticas-ambientales/es.

19 Otros cinco países publican información de coberturas institucionales más amplias (Argentina, Bolivia (Estado Plurinacional de), Colombia, Cuba y El Salvador), pero los últimos informes analizados ya se habían incluido en el *Panorama Social de América Latina, 2020* y no se dispone de nueva información para esta edición.

20 Para disponer de series de datos referentes a una cobertura mayor que la de gobierno central se requiere un gran esfuerzo de consolidación de las finanzas públicas entre distintos niveles de gobierno. Por ello, no se cuenta con información de todos los países y, en algunos casos, difiere el año de análisis.

21 En el caso del Perú, la serie es la misma a la que se ha hecho referencia en las secciones anteriores, pues solo se dispone de datos referentes a la cobertura de gobierno general.

el gobierno central. La variación más relevante corresponde al Brasil, donde este gasto aumenta del 22,5% del PIB con la cobertura de gobierno central en 2020 al 34% del PIB con la cobertura de gobierno general, y alcanza un monto de 3.733 dólares constantes de 2010 por persona al año. Le sigue Costa Rica, que alcanza 2.153 dólares constantes de 2010 por persona en 2020, o sea, un 22% del PIB con cobertura de gobierno general.

Cabe tener presente que el promedio del gasto público del gobierno general en funciones sociales de los países no latinoamericanos de la OCDE alcanzó el 30,3% del PIB en 2019[22], lo que revela importantes brechas en los niveles promedio de gasto entre los países de la región y las economías de mayor desarrollo.

Al considerar coberturas institucionales más amplias, la distribución del gasto público social de los países por funciones cambia significativamente en comparación con la referida al gobierno central.

- Los datos del Brasil en 2020 muestran que, a nivel de gobierno general, el gasto público social alcanzó un monto equivalente al 34% del PIB, 11,5 puntos más que al solo considerar la cobertura de gobierno central. En ambos casos se sigue una estructura similar, en el sentido de que las categorías de protección social, salud y educación son las que concentran la mayor cantidad de recursos, aunque las proporciones de cada una no son similares. El gasto en la función de protección social en la cobertura de gobierno general es menor (61%) que en el caso de gobierno central (77,5%). En tanto, los gastos en salud y educación alcanzan proporciones en torno al 18,5% y el 14,6%, respectivamente, frente al 12% y el 9,6% en la cobertura de gobierno central.

  Al igual que en su cobertura de gobierno central, el Brasil destaca por un importante incremento del gasto público social en comparación con 2019, en respuesta a la crisis sanitaria y social ocasionada por la pandemia de COVID-19.

  En términos del PIB, como es de esperar, la cobertura ampliada abarca más esferas institucionales y, por ende, mayores recursos. Esto ocurre principalmente en las funciones de salud y protección social, que resultan ser 0,7 y 0,5 puntos porcentuales del PIB más que si solo se considerara la cobertura de gobierno central. Esos valores se suman a los incrementos antes destacados en relación con el gobierno central (0,5 y 4,8 puntos del PIB, respectivamente).

- En Costa Rica, al analizar el gasto del gobierno general en 2020, se observa que el gasto público social fue de un 22% del PIB. Esto se traduce en 9,7 puntos porcentuales más que al considerar el gasto social del gobierno central.

  A nivel del gobierno general, la protección social tiene una mayor participación de recursos que en gobierno central. Pasó del 37% al 41%, por lo que ha llegado a ser la categoría con mayor distribución. La función de educación fue la segunda con mayores recursos en la cobertura de gobierno general, con una distribución del 27%, la mitad que en el caso del gobierno central (55%). La salud, por su parte, pasó de representar el 6% del gasto público social del gobierno central a representar el 26% del gobierno general.

  Al igual que en el Brasil, el gasto aumentó en comparación con 2019. En el caso de la salud, se contabilizan 0,7 puntos porcentuales del PIB más al ampliar la cobertura, lo que contrasta con la caída de -0,1 puntos porcentuales en el gobierno central. En el caso de la protección social, este valor fue de 0,9 puntos porcentuales adicionales del PIB, que se suman a los 0,5 puntos porcentuales del PIB incrementales del gobierno central.

---

[22] Incluye 30 países. Con fines de comparación no se consideraron los países de la región. Para conocer mayores detalles, véanse los datos de gasto según las distintas funciones en Organización de Cooperación y Desarrollo Económicos (OCDE) [base de datos en línea] https://stats.oecd.org/.

- En el caso de México[23], el gasto público social del sector público no financiero en 2020 fue 5,3 puntos porcentuales del PIB más alto que el correspondiente a la cobertura de gobierno central (15,7% del PIB y 10,4% del PIB, respectivamente). Se mantiene el orden en la distribución de recursos por función, pero en distintas proporciones. Así, más de la mitad (52%) lo compone el gasto en protección social (un 43%, considerando el gobierno central). La salud también presenta una mayor proporción (18%) en la cobertura más amplia, a diferencia del 11% en el gobierno central. En contraste, si bien la función de educación ocupa igualmente el segundo lugar en cantidad de recursos, estos representan el 22% del total del gasto en la cobertura más amplia, cuando alcanza el 33% en el caso del gobierno central.

  En comparación con 2019 y considerando el impacto de la pandemia de COVID-19, la cobertura del sector público no financiero experimentó un alza en las categorías de protección social, salud, educación, y vivienda y servicios comunitarios de un 14%, un 17%, un 9% y un 8%, respectivamente. Los datos de esta cobertura permiten ver un mayor nivel de gasto público, sobre todo en las funciones de protección social y salud, en 3,7 y 1,6 puntos porcentuales del PIB en comparación con las cifras correspondientes al gobierno central; así, al considerar la cobertura del sector público no financiero, los valores suman el 8,1% del PIB y el 2,8% del PIB, respectivamente.

- En el Paraguay la estructura es similar entre los datos del gobierno central y del gobierno general. Alcanzó un 14,9% del PIB el gasto público social, 3,5 puntos porcentuales más en la cobertura más amplia.

  Al hacer el análisis por proporción del gasto público social, la función de protección social mantiene la prioridad, con una diferencia de 1 punto porcentual más en la cobertura de gobierno general. Le siguen las funciones de educación y salud, en ambos casos con una distribución del 26%, en contraste con la cobertura de gobierno central, en que estas funciones alcanzan valores del 31% y el 21%, respectivamente.

  En respuesta a la pandemia, el Paraguay ha concentrado sus recursos en las funciones de salud y protección social. Estas también dan cuenta de los recursos disponibles en esferas institucionales para protección social y salud, que representaron 1,7 y 1,5 puntos porcentuales del PIB más con cobertura ampliada. En estas funciones, a nivel del gobierno central alcanzaron crecimientos respectivos de 1,3 y 0,5 puntos porcentuales del PIB.

- Por último, en el Perú solo se dispone de la cobertura de gobierno general, por lo que la estructura y las distribuciones son las mismas que las del análisis de gobierno central. El Perú dedicó un 22% más de recursos al gasto público social en comparación con 2019, en respuesta a la pandemia de COVID-19. Los canalizó principalmente en las categorías de protección social y salud, que aumentaron un 41%.

---

23 La serie de México se incorpora a la Base de Datos de Inversión Social en América Latina y el Caribe de la CEPAL y se analiza por primera vez en la presente edición del *Panorama Social de América Latina*.

B. Estimaciones de gasto en protección social no contributiva en respuesta a la crisis social de la pandemia

Durante 2021, los países de América Latina y el Caribe han seguido invirtiendo recursos en medidas de protección social no contributiva para dar respuesta a la crisis social de la pandemia de COVID-19, aunque en menor magnitud con respecto a 2020. De mantenerse la tendencia observada entre enero y octubre, se espera que durante este año la región ejecute en torno a la mitad de los recursos invertidos en el año anterior. Si bien el promedio de estos recursos como porcentaje del PIB de cada país sería superior al de programas de transferencias condicionadas y pensiones sociales en 2019, la contracción indicada supondría una reducción importante de la capacidad de protección social para los hogares que han sido más golpeados por la crisis, en un contexto marcado por la continuidad e imprevisibilidad de la pandemia.

Los Gobiernos de América Latina y el Caribe han adoptado diversas medidas de emergencia para contener los efectos negativos de la crisis económica y social ocasionada por el distanciamiento físico y las disposiciones sanitarias impuestas a raíz de la pandemia de COVID-19. Como se detalla en el capítulo II, la mayor parte de las medidas de protección social no contributiva se han centrado en la entrega de transferencias monetarias y en especie dirigidas a hogares y a personas en situación de pobreza y vulnerabilidad. En esta sección se presenta la estimación del gasto correspondiente a estas medidas a nivel de subregiones, para lo que se considera información sobre anuncios de compromisos y su implementación con referencia a su cobertura, duración, frecuencia, número de entregas y montos de transferencias o valores equivalentes de los bienes entregados. De las 378 medidas no contributivas anunciadas por 33 países de la región al 31 de octubre de 2021, 221 tienen información suficiente para estimar el gasto por medida[24]. De ese total, 148 son medidas de transferencias monetarias y 73 de transferencias en especie. Entre estas medidas de transferencias en especie, se consideran cuatro de servicios básicos con información suficiente para estimar su gasto: la Garantía de Servicios Básicos de Belice, el Programa de Conectividad a Internet de Granada, el vale de descuento adicional para compra de gas del Perú, y el Programa de Asistencia Eléctrica de Santa Lucía.

El total de los compromisos de gasto anunciados por los países de América Latina entre enero y diciembre de 2021 se estima en 45.271 millones de dólares, cerca del 34% del total ejecutado desde el inicio de la pandemia[25]. El 90% de estos compromisos corresponden a países de América del Sur. De estos, el Brasil y Chile suman más de tres cuartas partes de la subregión (77%). Entre Centroamérica, México y la República Dominicana, el gasto en medidas no contributivas de transferencias monetarias y en especie sumó 4.522 millones de dólares en 2021; en la República Dominicana y Panamá se concentra cerca del 53%. En los países del Caribe el gasto sumó 145 millones de dólares en 2021, con cerca del 58% comprometido de enero a abril de 2021. Las Bahamas y Jamaica aportan más del 40% (véase el gráfico III.10).

24 Para consultar una información más detallada de las medidas de protección social no contributiva anunciadas por los países de la región en el marco de la pandemia de COVID-19, véase Comisión Económica para América Latina y el Caribe (CEPAL), "Desarrollo Social y COVID-19 en América Latina y el Caribe" [en línea] https://dds.cepal.org/observatorio/socialcovid19/.

25 Para este análisis se cuenta con información de transferencias de emergencia implementadas en 19 países de América Latina (Argentina, Bolivia (Estado Plurinacional de), Brasil, Chile, Colombia, Costa Rica, Cuba, Ecuador, El Salvador, Guatemala, Honduras, Panamá, Paraguay, Perú, Uruguay, Venezuela (República Bolivariana de), México, Haití y República Dominicana) y 13 países del Caribe (Antigua y Barbuda, Bahamas, Barbados, Belice, Dominica, Granada, Guyana, Jamaica, Saint Kitts y Nevis, San Vicente y las Granadinas, Santa Lucía, Suriname y Trinidad y Tabago).

Gráfico III.10

América Latina y el Caribe (30 países): distribución del gasto comprometido en transferencias de emergencia (monetarias y en especie), enero a diciembre de 2021[a]

(Distribución en porcentajes, total en millones de dólares corrientes[b])

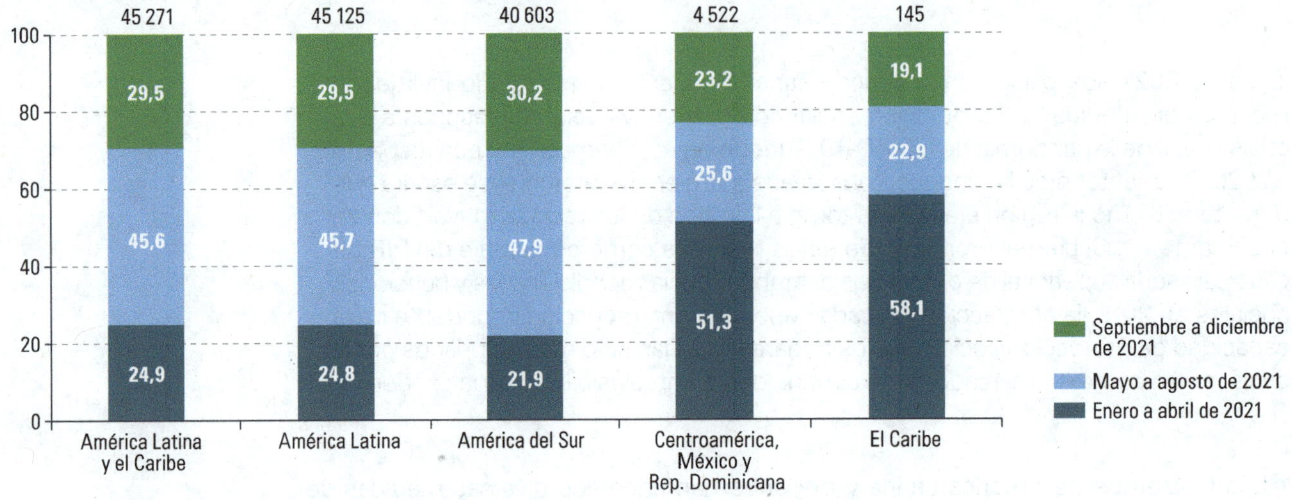

Fuente: Comisión Económica para América Latina y el Caribe (CEPAL), Observatorio COVID-19 en América Latina y el Caribe [en línea] https://www.cepal.org/es/temas/covid-19; "Desarrollo Social y COVID-19 en América Latina y el Caribe" [en línea] https://dds.cepal.org/observatorio/socialcovid19/listamedidas.php; Fondo Monetario Internacional (FMI), Banco Central de Venezuela, e información oficial de los países.

[a] Incluye las medidas anunciadas entre el 1 de marzo de 2020 y el 31 de octubre de 2021. Los 30 países de América Latina y el Caribe sobre los que se cuenta con información de transferencias de emergencia ante el COVID-19 en 2021 se dividen en dos grupos: 18 países de América Latina y 12 países del Caribe (Bahamas, Barbados, Belice, Dominica, Granada, Guyana, Jamaica, Saint Kitts y Nevis, Santa Lucía, San Vicente y las Granadinas, Suriname y Trinidad y Tabago). Los países de América Latina se dividen en dos subgrupos: 10 países de América del Sur (Argentina, Bolivia (Estado Plurinacional de), Brasil, Chile, Colombia, Ecuador, Paraguay, Perú, Uruguay y Venezuela (República Bolivariana de)) y 8 del grupo conformado por Centroamérica (Costa Rica, Cuba, El Salvador, Guatemala, Honduras y Panamá), México y la República Dominicana.

[b] Se utilizó la tasa de cambio mensual promedio de enero de 2021 a octubre de 2021 publicada por el Fondo Monetario Internacional (FMI), con excepción de la República Bolivariana de Venezuela, en cuyo caso se utilizó la tasa de cambio diaria promedio publicada por el Banco Central de Venezuela. Véase "Tipo de cambio de referencia SMC (sistema del mercado cambiario)" [en línea] http://www.bcv.org.ve/estadisticas/tipo-cambio-de-referencia-smc.

Los compromisos de gasto establecidos por los países para ser ejecutados hasta diciembre de 2021 revelan que el total de erogaciones durante el presente año alcanzaría a aproximadamente la mitad de lo ejecutado durante 2020. Esta disminución en los montos comprometidos para proteger el ingreso y el consumo de los hogares en situación de pobreza y vulnerabilidad crea un punto de tensión en un contexto de continuidad e imprevisibilidad de la pandemia. Tal situación está ligada estrechamente a las dificultades relacionadas con la disponibilidad de recursos públicos en un entorno de contracción económica que, ante una ausencia de modificaciones en las políticas tributarias, implica un mayor endeudamiento.

Al expresar el gasto en transferencias monetarias y en especie en términos del PIB como promedio mensual de 2020, puede apreciarse una tendencia a la baja (véase el gráfico III.11)[26]. En promedio, los países de América del Sur registraron un incremento en su gasto en los primeros meses de la pandemia, que culmina en el período de junio a agosto de 2020 con un estimado del 2,61% del PIB como promedio mensual. Esta serie posteriormente disminuye hasta el 1,23% en los primeros cuatro meses de 2021, repunta entre mayo y agosto de 2021 con un nivel del 1,88%, impulsada principalmente por la continuación del Auxilio Emergencial del Brasil y del Ingreso Familiar de Emergencia (IFE) (bono IFE Ampliado y bono IFE Universal) de Chile[27], y después baja nuevamente al 1,42% en el último trimestre del año. En Centroamérica,

26 Para este ejercicio, se calcula el gasto promedio mensual de cada período analizado y se expresa en términos porcentuales del PIB promedio mensual de 2020 (que se calcula como el PIB de 2020 dividido por 12).

27 Para obtener más información sobre estas medidas, véase Comisión Económica para América Latina y el Caribe (CEPAL), Observatorio COVID-19 en América Latina y el Caribe [en línea] https://www.cepal.org/es/temas/covid-19; "Desarrollo Social y COVID-19 en América Latina y el Caribe" [en línea] https://dds.cepal.org/observatorio/socialcovid19/.

Haití, México y la República Dominicana, esta cifra alcanzó su nivel más alto entre marzo y mayo de 2020, con un promedio del 2,29% del PIB mensual de dichos países. Después se redujo paulatinamente hasta el 0,86% en los últimos cuatro meses de 2020. Luego presentó un rebote entre enero y abril de 2021, hasta un nivel del 1,43% del PIB, y una posterior caída al 0,41% del PIB en los últimos cuatro meses del año. Los recursos mensuales comprometidos por los países del Caribe aumentaron levemente durante 2020, de un nivel promedio del 0,84% al 1% del PIB mensual, pero con una caída pronunciada en 2021 a un nivel inferior al 0,4% del PIB en el último trimestre.

Gráfico III.11

América Latina y el Caribe (31 países): gasto promedio mensual estimado en transferencias de emergencia (monetarias y en especie), marzo de 2020 a diciembre de 2021[a b]

(En porcentajes del PIB mensual promedio de 2020)

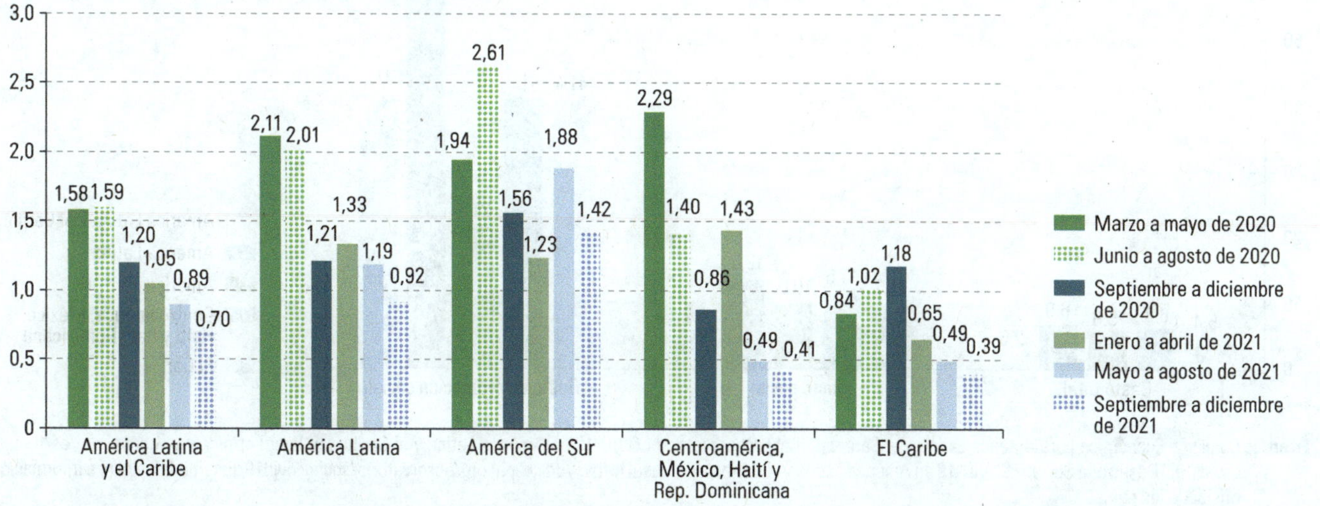

Fuente: Comisión Económica para América Latina y el Caribe (CEPAL), Observatorio COVID-19 en América Latina y el Caribe [en línea] https://www.cepal.org/es/temas/covid-19; "Desarrollo Social y COVID-19 en América Latina y el Caribe" [en línea] https://dds.cepal.org/observatorio/socialcovid19/listamedidas.php; e información oficial de los países.

[a] Promedios simples. Incluye medidas anunciadas entre el 1 de marzo de 2020 y el 31 de octubre de 2021. Los 31 países considerados de América Latina y el Caribe se dividen en dos grupos: 18 países de América Latina y 13 países del Caribe (Antigua y Barbuda, Bahamas, Barbados, Belice, Dominica, Granada, Guyana, Jamaica, Saint Kitts y Nevis, San Vicente y las Granadinas, Santa Lucía, Suriname y Trinidad y Tabago). Los países de América Latina se dividen en dos subgrupos: nueve países de América del Sur (Argentina, Bolivia (Estado Plurinacional de), Brasil, Chile, Colombia, Ecuador, Paraguay, Perú y Uruguay) y nueve del grupo conformado por Centroamérica (Costa Rica, Cuba, El Salvador, Guatemala, Honduras y Panamá), México, Haití y la República Dominicana.

[b] Los períodos seleccionados se corresponden con los del informe CEPAL (2021b), ajustados con respecto al PIB de 2020 y considerando nueva información oficial publicada por los países.

Otra manera de analizar la magnitud del gasto promedio en transferencias de emergencia monetarias y en especie de los países de la región es con respecto al gasto de los países en 2020 a nivel del gobierno central: gasto total, gasto social y gasto en protección social (véase el gráfico III.12). En todos los casos, se observan tasas superiores en los países de Centroamérica, junto con México y la República Dominicana, en comparación con las otras subregiones. Por ejemplo, en ese grupo de países este indicador es mayor que el observado en América del Sur en 2020 (66,3% frente a 21,7%), lo que concuerda con los menores niveles de gasto promedio en protección social de esa subregión a nivel del gobierno central[28]. Por su parte, el promedio del gasto estimado

[28] En algunos países de Centroamérica, se reportó un gasto social en protección social del gobierno central inferior al esfuerzo que se estima que se ha hecho en medidas no contributivas en transferencias monetarias y en especie, tal vez debido a que no todo el financiamiento de las medidas consideradas en estos países provendría del gobierno central. Por ejemplo, en el caso de Honduras, la medida Honduras Solidaria incluye un componente de gasto efectuado por el gobierno central y otro por los gobiernos locales. Por su parte, la medida Bono de Solidaridad Productiva es un apoyo a los pequeños agricultores que podría no haberse clasificado como gasto en protección social por parte del gobierno central. En el caso de Panamá, el Plan Panamá Solidario tiene una fuente de financiamiento mixta, que se compone de presupuesto general del gobierno central, aportes voluntarios de funcionarios públicos, descuentos de los sueldos de altos servidores públicos, donaciones privadas y préstamos del BID y del FMI.

en medidas no contributivas en respuesta a la pandemia como porcentaje del gasto social en protección social en el Caribe es cercano al promedio de América Latina en 2020, con un nivel del 41,8%.

Gráfico III.12

América Latina y el Caribe (21 países): gasto promedio en transferencias de emergencia monetarias y en especie entre marzo y diciembre de 2020, respecto al gasto del gobierno central total, social y en protección social de 2020[a]

(En porcentajes)

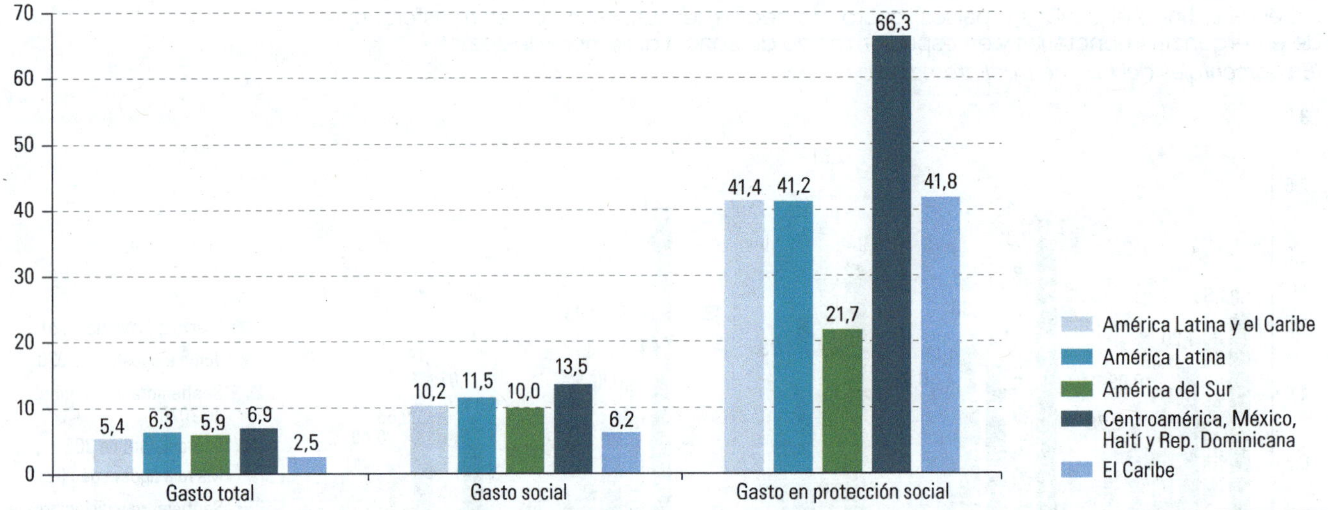

Fuente: Comisión Económica para América Latina y el Caribe (CEPAL), Observatorio COVID-19 en América Latina y el Caribe [en línea] https://www.cepal.org/es/temas/covid-19; "Desarrollo Social y COVID-19 en América Latina y el Caribe" [en línea] https://dds.cepal.org/observatorio/socialcovid19/listamedidas.php; e información oficial de los países.

[a] Los 21 países de América Latina y el Caribe se dividen en dos grupos: 16 países de América Latina y 5 países del Caribe (Bahamas, Barbados, Guyana, Jamaica y Trinidad y Tabago). Los países de América Latina se dividen en dos subgrupos: nueve países de América del Sur (Argentina, Bolivia (Estado Plurinacional de), Brasil, Chile, Colombia, Ecuador, Paraguay, Perú y Uruguay) y siete del grupo conformado por Centroamérica (Costa Rica, El Salvador, Guatemala, Honduras y Panamá), México y la República Dominicana.

En términos del gasto público total y social del gobierno central, el promedio del gasto en medidas no contributivas de emergencia de los países de América del Sur y los países de Centroamérica, México y la República Dominicana es semejante en 2020. El gasto comprometido en medidas no contributivas en respuesta a la crisis del COVID-19 como porcentaje del gasto público total fue del 5,9% y el 6,9%, respectivamente. Entretanto, si se expresan como porcentaje del gasto público social, los niveles de estas subregiones corresponden al 10,0% y el 13,5%, respectivamente. Por su parte, el promedio del nivel de gasto en medidas de emergencia de los países del Caribe, como porcentaje del gasto público total y del gasto social del gobierno central, es inferior al de las demás subregiones, con una tasa del 2,5% en el primer caso y del 6,2% en el segundo caso.

En promedio, el gasto en transferencias monetarias y en especie en respuesta a la crisis del COVID-19 en los países de América Latina y el Caribe se estima en 87,2 dólares por habitante durante 2021. En los países de América del Sur este valor llega a los 141,9 dólares, lo que primordialmente responde a los altos niveles de Chile, el Brasil, Colombia y la Argentina, mientras que en el grupo que incluye Centroamérica, México y la República Dominicana este valor se ubica en 66,9 dólares. Por su parte, los países del Caribe alcanzaron un gasto promedio de 55,2 dólares por habitante, una cifra inferior a la de las otras subregiones (véase el gráfico III.13).

Gráfico III.13
América Latina y el Caribe (30 países): gasto estimado promedio por habitante en transferencias de emergencia monetarias y en especie, enero a diciembre de 2021[a]
(En dólares corrientes[b])

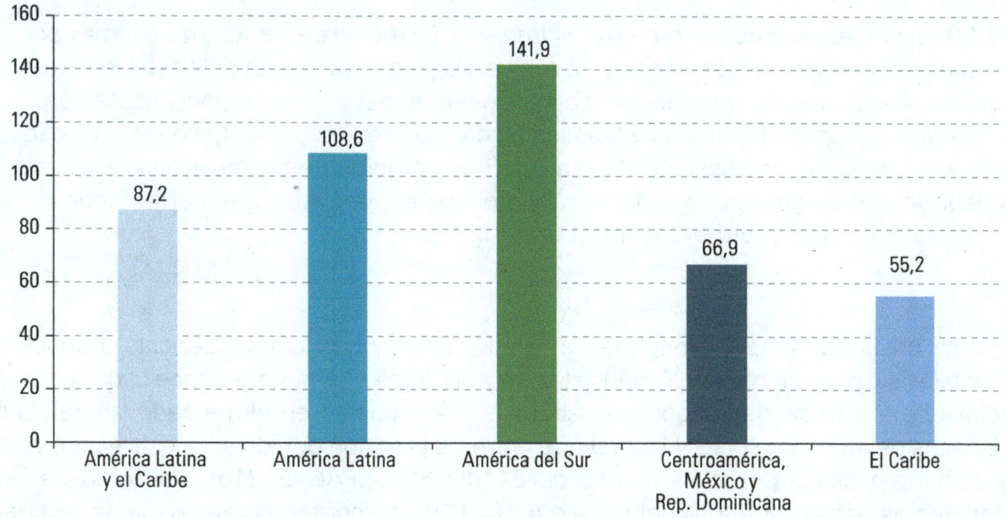

Fuente: Comisión Económica para América Latina y el Caribe (CEPAL), Observatorio COVID-19 en América Latina y el Caribe [en línea] https://www.cepal.org/es/temas/covid-19; "Desarrollo Social y COVID-19 en América Latina y el Caribe" [en línea] https://dds.cepal.org/observatorio/socialcovid19/listamedidas.php; Fondo Monetario Internacional (FMI), Banco Central de Venezuela, e información oficial de los países.

[a] Promedios simples. Incluye medidas anunciadas entre el 1 de marzo de 2020 y el 31 de octubre de 2021. Los 30 países de América Latina y el Caribe para los que se cuenta con información sobre transferencias de emergencia ante el COVID-19 en 2021 se dividen en dos grupos: 18 países de América Latina y 12 países del Caribe (Bahamas, Barbados, Belice, Dominica, Granada, Guyana, Jamaica, Saint Kitts y Nevis, San Vicente y las Granadinas, Santa Lucía, Suriname y Trinidad y Tabago). Los países de América Latina se dividen en dos subgrupos: 10 países de América del Sur (Argentina, Bolivia (Estado Plurinacional de), Brasil, Chile, Colombia, Ecuador, Paraguay, Perú, Uruguay y Venezuela (República Bolivariana de)) y 8 del grupo conformado por Centroamérica (Costa Rica, Cuba, El Salvador, Guatemala, Honduras y Panamá), México y la República Dominicana.

[b] Se utilizó la tasa de cambio mensual promedio de enero de 2021 a octubre de 2021 publicada por el Fondo Monetario Internacional (FMI), con excepción de la República Bolivariana de Venezuela, en cuyo caso se utilizó la tasa de cambio diaria promedio publicada por el Banco Central de Venezuela. Véase "Tipo de cambio de referencia SMC (sistema del mercado cambiario)" [en línea] http://www.bcv.org.ve/estadisticas/tipo-cambio-de-referencia-smc.

La información presentada en esta sección revela el esfuerzo que en promedio han hecho los países de la región por proteger el ingreso y el consumo de los hogares en situación de pobreza y vulnerabilidad, que han sido los más afectados por la crisis de la pandemia de COVID-19. A su vez, aun cuando en promedio los montos comprometidos por los países para estos objetivos representan más de lo que se asignó en 2019 a transferencias condicionadas y pensiones sociales (como promedio y en porcentajes del PIB), se observa que ha habido una tendencia a la baja de los esfuerzos financieros destinados a las medidas no contributivas de emergencia durante 2021, en un contexto de continuidad e imprevisibilidad de la pandemia. Esta situación impone la necesidad de hacer un llamado de alerta a recuperar y ampliar los niveles de los recursos empleados en medidas de transferencias monetarias y en especie dirigidas a la población más vulnerable a los efectos de la crisis del COVID-19. Ello permitiría mantener en el tiempo, o incluso potenciar, los impactos proyectados de estas medidas en la contención del incremento de las tasas de pobreza y pobreza extrema en la región (véase el capítulo I).

C. Gasto público en políticas laborales

Como parte de las respuestas de política pública para enfrentar los impactos en el mercado laboral de la pandemia de COVID-19 en 2020, los países de América Latina y el Caribe mostraron un aumento muy significativo de los niveles de financiamiento en políticas laborales, hasta alcanzar un nivel histórico del 0,9% del PIB. Con respecto a la distribución de los recursos entre las categorías se destaca que la protección de los ingresos de las personas en situación de desempleo tuvo la mayor tasa de crecimiento en el último año. La región se caracteriza además por una gran heterogeneidad en cuanto al nivel de gasto público en políticas laborales. Dos cuestiones se mantienen como desafíos clave: por un lado, desarrollar políticas activas del mercado laboral en un contexto de recuperación de la actividad económica, con especial atención a la reincorporación de las mujeres a la fuerza laboral y otros grupos especialmente impactados; por otro, mejorar la medición de las políticas de formalización laboral.

La crisis sanitaria prolongada ha tenido, entre otras consecuencias, impactos laborales sin precedentes en América Latina y el Caribe. Por tanto, se hace cada vez más relevante el análisis de las políticas laborales y su impacto en el mercado laboral. Los desafíos de inclusión social y laboral que enfrenta la región debido a la crisis económica y social provocada por la pandemia de COVID-19 (CEPAL, 2021b), así como de los debates asociados al futuro del trabajo (OIT, 2019), aumentan la relevancia de analizar las características de las políticas públicas aplicadas por los distintos países en el ámbito laboral. Se trata de identificar, a corto plazo, las herramientas a privilegiar en la lucha contra la desocupación y la salida de la fuerza de trabajo, así como de articular las respuestas con el fin de responder a problemáticas más amplias como la participación laboral de las mujeres (véase el capítulo IV), la movilidad profesional, la protección del empleo y el acompañamiento necesario para hacer frente a las transformaciones tecnológicas.

Un aspecto central de ese análisis se refiere al financiamiento público de esas políticas laborales —es decir, cuánto invierten los países en políticas del mercado de trabajo— con la finalidad de evaluar su alcance y contribuir a la toma de decisiones.

En esta sección se retoma el trabajo presentado en el *Panorama Social de América Latina, 2018* (CEPAL, 2019) sobre el gasto público en políticas y programas del mercado de trabajo, y se amplía el análisis de 6 a 15 países de la región[29]. Al igual que en el trabajo mencionado, se utiliza la conceptualización y metodología de la Comisión Europea (2018), con una clasificación que integra ocho categorías de programas del mercado de trabajo: i) servicios de intermediación; ii) capacitación profesional; iii) incentivos laborales; iv) empleo protegido y apoyado; v) creación directa de trabajo; vi) incentivos para el emprendimiento; vii) apoyo al ingreso en situación de desempleo, y viii) jubilación anticipada. Al margen de esta categorización es posible distinguir entre dos grandes tipos de medidas: i) aquellas que persiguen mantener el ingreso de las personas cesantes (categorías 7 y 8), también llamadas medidas pasivas, y ii) aquellas que tienen como objetivo aumentar el empleo, ofrecer capacitación o mejorar el funcionamiento mundial del mercado laboral (categorías 1 a 6), también llamadas medidas activas. Se analizan además los gastos relacionados con las instituciones encargadas de la fiscalización laboral para rendir cuentas de los esfuerzos que hacen los países en esa materia.

En el análisis que se presenta a continuación se hace énfasis en lo acontecido en 2020 en respuesta a la crisis. En los 15 países de América Latina y el Caribe, el gasto público promedio en políticas del mercado de trabajo aumentó desde el 0,3% del PIB en 2019 hasta el 0,9 % del PIB en 2020. En 2020, varios países priorizaron sus intervenciones con medidas de apoyo al ingreso de las personas desempleadas. Tal es el caso del Brasil, Chile, Costa Rica, el Ecuador, Guatemala, el Paraguay, el Perú, la República Dominicana y el Uruguay. Otros países elaboraron medidas de incentivos laborales, como la Argentina, Colombia y El Salvador. En tanto, Honduras, México y

29 Argentina, Brasil, Chile, Colombia, Costa Rica, Ecuador, El Salvador, Guatemala, Honduras, México, Panamá, Paraguay, Perú, República Dominicana y Uruguay.

Panamá han favorecido las medidas de apoyo al emprendimiento y medidas de creación directa de trabajo remunerado en 2020. Además, queda en evidencia que ciertos grupos poblacionales han sufrido más que otros (mujeres, jóvenes, personas adultas mayores, trabajadores informales) por lo que también se identifican las políticas y programas dirigidos específicamente a estas personas (Vezza, 2021). La presente sección consta de cuatro partes. Comienza por una descripción de la metodología usada y continúa con un análisis de las políticas laborales en los países objeto de estudio. Luego se presenta el resultado del gasto de estas políticas del mercado laboral y se describe el desafío pendiente de la medición de gasto en las políticas de formalización y fiscalización laboral.

1. Metodología

Según Weller (2004), los gobiernos disponen de tres tipos principales de herramientas para incidir en el mercado laboral: i) las políticas en materia macroeconómica y de empleo, con las que se busca incidir en el crecimiento económico, que a su vez ejercen un impacto sobre el nivel y la composición del empleo; ii) las políticas laborales (generales), entendidas como las reglas que determinan las relaciones entre empleadores y empleados, es decir, las condiciones de trabajo, y iii) las políticas laborales específicas o políticas del mercado de trabajo, que intervienen directamente en él para evitar el desempleo, sustituir pérdidas de ingresos en caso de desempleo, y mejorar las condiciones de inserción laboral de los grupos más desaventajados. El diagrama III.1 recoge esa tipología en la forma de círculos. El primer círculo contiene las medidas y políticas más específicas (las políticas del mercado de trabajo), el segundo abarca políticas laborales y medidas generales (regulación laboral y fiscalización, entre otras) y el tercero se refiere a las políticas macroeconómicas. La presente sección se centrará en los dos primeros círculos.

Diagrama III.1
Los contornos de las políticas laborales: macroeconómicas, generales y específicas

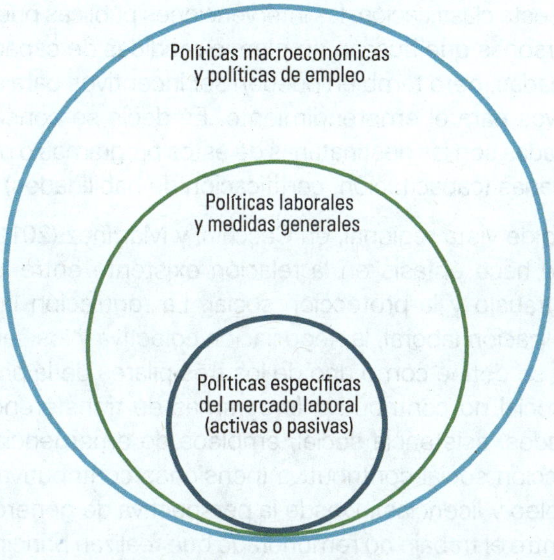

Fuente: Comisión Económica para América Latina y el Caribe (CEPAL), sobre la base de J. Weller (comp.), *En búsqueda de efectividad, eficiencia y equidad: las políticas del mercado de trabajo y los instrumentos de su evaluación*, Santiago, LOM Ediciones/Comisión Económica para América Latina y el Caribe/Deutsche Gesellschaft für Internationale Zusammenarbeit (CEPAL/GIZ), 2004; C. Erhel, *Les politiques de l'emploi*, París, Presses Universitaires de France (PUF), 2020.

Para analizar las políticas del mercado de trabajo, se recurre a la clasificación creada originalmente por la OCDE, que también se utiliza para cuantificar el gasto público en políticas del mercado de trabajo, la que fue desarrollada en 2000 por Eurostat y revisada en 2006, 2013 y 2018, en la que se reúnen las diferentes intervenciones públicas dirigidas a las personas que tienen dificultades en el mercado laboral (Comisión Europea, 2013 y 2018). Esta clasificación consta de ocho categorías:

i) servicios de intermediación: servicios provistos por agencias públicas que se relacionan con la búsqueda de empleo y asesoramiento;

ii) capacitación profesional: medidas cuyo objetivo es mejorar la empleabilidad mediante la capacitación y la certificación de habilidades;

iii) incentivos laborales: medidas que facilitan la contratación de personas desempleadas (u otro tipo de personas) o que ayudan a la continuidad en el empleo de personas en riesgo de perder su empleo;

iv) empleo protegido y apoyado: medidas para promover la integración de personas con discapacidad (u otro grupo de personas) en el mercado laboral mediante el empleo protegido;

v) creación directa de trabajo: medidas que crean empleos adicionales, en general para el beneficio de la comunidad;

vi) incentivos para el emprendimiento: medidas que promueven el emprendimiento e incentivan a la persona desempleada a crear su propio negocio o a ser autoempleado;

vii) apoyo al ingreso en situación de desempleo: apoyo monetario con que se busca compensar a las personas por la pérdida de su salario (se considerará solo el gasto público asociado a este tipo de apoyo), y

viii) jubilación anticipada: apoyo monetario que facilita la jubilación temprana a personas cercanas a la edad de jubilación y que tienen pocas probabilidades de encontrar un trabajo.

De acuerdo con esta clasificación, las intervenciones públicas pueden ser servicios que se proveen a las personas que buscan empleo, o medidas de capacitación o apoyo a las personas desempleadas, pero también pueden ser incentivos para empresas (incentivos laborales) o incentivos para el emprendimiento. Es decir, se considera que no solo las personas desempleadas son las destinatarias de estos programas o medidas, sino también las personas empleadas (capacitación, certificación de habilidades) y las empresas.

Desde un punto de vista regional, en Cecchini y Martínez (2011) y Abramo, Cecchini y Morales (2019) se hace énfasis en la relación existente entre las políticas laborales y del mercado de trabajo y la protección social. La regulación laboral (que incluye la legislación y la fiscalización laboral, la negociación colectiva y los salarios mínimos, entre otras herramientas) se define como uno de los tres pilares de la protección social, junto con la protección social no contributiva (programas de transferencias monetarias, con o sin condicionalidades, asistencia social, empleos de emergencia, acceso a servicios sociales) y la protección social contributiva (pensiones contributivas, seguros de salud, seguros de desempleo y licencias). Desde la perspectiva de género, se ha visibilizado la interdependencia entre el trabajo no remunerado que realizan principalmente las mujeres en los hogares y el trabajo en el mercado. A su vez, se ha señalado cómo la sobrecarga de trabajo no remunerado afectó en gran medida a las mujeres desde que se inició la pandemia y constituye un obstáculo para la inserción laboral, en cuanto al tipo de inserción, el nivel de ingresos y el acceso estratificado a la protección social (CEPAL, 2021a).

En el diagrama III.2 se retoma el esquema elaborado en CEPAL/OIT (2014) y se incorporan las ocho categorías de medidas que se analizan en esta sección. El análisis incluye los programas de inclusión laboral y productiva, los programas de apoyo a los ingresos de las personas en situación de desempleo y los programas de jubilación anticipada que pertenecen a sistemas de protección social contributiva. Se abordan los programas destinados tanto a personas como a empresas. Así, por el lado de las medidas que apoyan la demanda de trabajo se encuentran los incentivos laborales, el trabajo protegido y apoyado y la creación directa de trabajo, que de una manera u otra buscan subsidiar los costos del trabajo (como los subsidios a los salarios). Por su parte, medidas como la capacitación y los incentivos para el microemprendimiento constituyen apoyos a la oferta de trabajo. Es importante destacar que algunos programas podrían clasificarse en más de una intervención, porque muchas veces se intenta abarcar con ellos varios objetivos a la vez.

Diagrama III.2
Las categorías de los programas del mercado de trabajo

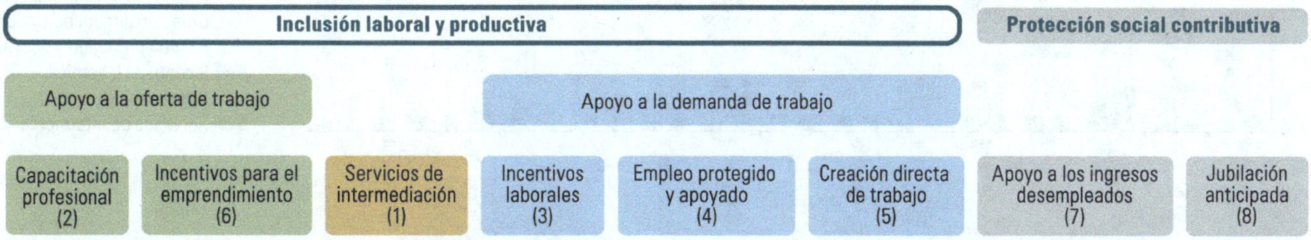

Fuente: Comisión Económica para América Latina y el Caribe (CEPAL), sobre la base de Comisión Económica para América Latina y el Caribe/Organización Internacional del Trabajo (CEPAL/OIT), "Los programas de transferencias condicionadas y el mercado laboral", *Coyuntura Laboral en América Latina y el Caribe,* N° 10 (LC/L.3815), Santiago, 2014.

El estudio se inició con un mapeo de los programas existentes en cada país, a partir de información oficial y la contenida en la Base de Datos de Programas de Protección Social No Contributiva en América Latina y el Caribe de la CEPAL[30]. En particular, se utilizó el módulo referido a los programas de inclusión laboral y productiva. También se consultó el portal de Desarrollo Social y COVID en América Latina y el Caribe[31]. En este se buscaron los programas especialmente creados (o ampliados) para hacer frente a la crisis económica derivada del COVID-19. Con el mapeo de los programas se procedió a analizar la ejecución presupuestaria por programa, sobre la base de la información oficial de cada país[32].

2. Las políticas laborales (generales o específicas) en América Latina

El estudio de los programas laborales y del mercado de trabajo permitió identificar en 2020 un total de 317 programas o instituciones del ámbito laboral con información cualitativa y cuantitativa para el análisis del gasto ejecutado[33], los que corresponden a 15 países de la región (véase el gráfico III.14). Entre estos, destaca Chile como el país con mayor cantidad de programas (44), seguido por Colombia y la República Dominicana (ambos con 31), mientras que Panamá es el que tiene menos (10).

30 Véase Comisión Económica para América Latina y el Caribe (CEPAL), Base de Datos de Programas de Protección Social No Contributiva en América Latina y el Caribe [en línea] https://dds.cepal.org/bpsnc/inicio.

31 Véase Comisión Económica para América Latina y el Caribe (CEPAL), "Desarrollo Social y COVID-19 en América Latina y el Caribe" [en línea] https://dds.cepal.org/observatorio/socialcovid19/.

32 La clasificación de las funciones de gobierno, que es la clasificación habitualmente utilizada para la recopilación del gasto social (véase la sección A del presente capítulo), no es útil para analizar los programas del mercado laboral. En este caso se abordan tres funciones diferentes (asuntos económicos, educación y protección social), que se encuentran de manera muy agrupada, lo que impide realizar un análisis sobre la forma en que se llevan a cabo dichos programas.

33 Véase más información sobre el mapeo de programas de políticas laborales en Tromben y Villanueva (2021). Solo se contabilizan los programas de los que se cuenta con información sobre gasto ejecutado. Muchos de los programas que se encontraron no incluyen la información sobre gasto ejecutado.

Gráfico III.14
América Latina (15 países): programas del mercado de trabajo, según categoría, 2020[a]
(En número)

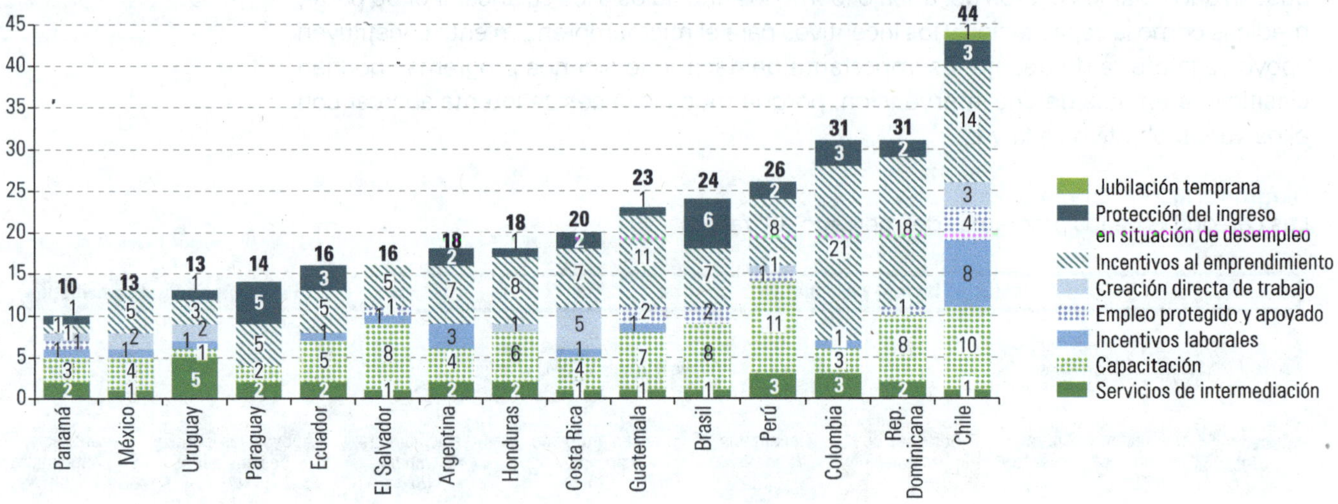

Fuente: Comisión Económica para América Latina y el Caribe (CEPAL).
Nota: En relación con el Uruguay se muestra la cantidad de programas de 2019.

La cantidad de programas existentes en un país no se relaciona necesariamente con la cobertura de estos ni tampoco con los recursos asignados. De hecho, muchas veces se trata de programas pequeños (en cuanto a los recursos asignados) y que están focalizados en una población determinada (mujeres, jóvenes, personas con discapacidad, población indígena, población desplazada o personas mayores) o en áreas geográficas específicas. Más aún, la existencia de una gran cantidad de programas dispersos puede implicar ineficiencia en las políticas laborales. Si un servicio tiene que gestionar diversos programas o si diferentes servicios (ministerios) ofrecen programas similares, ello puede resultar ineficaz e ineficiente. Es importante, en consecuencia, que los países cuenten con mapeos programáticos y se analice la política sectorial, independientemente del ministerio a cargo, para la toma de decisiones sobre eventuales cambios en los diseños de los programas y en los mecanismos de gestión e implementación.

Un primer análisis de la estructura de los distintos programas que conforman cada categoría permite observar que los servicios de intermediación laboral se organizan en general en dos grandes áreas. Por un lado están los servicios de intermediación presenciales que dependen de los gobiernos locales. Por otro, suele haber algún sistema en línea desarrollado o financiado por los Ministerios de Trabajo de los países. Estos servicios existen en todos los países y muchas veces tienen como objetivo mejorar la interacción entre el servicio público de empleo, el sistema de capacitación y formación profesional y los programas de incentivos al emprendimiento. Por tanto, no solo cumplen el objetivo de apoyar la búsqueda de empleo, sino que pueden ser una puerta de entrada a todos los programas existentes en el ámbito laboral. Son indiscutibles los esfuerzos que se han realizado en los últimos años en todos los países por modernizar los servicios de intermediación laboral (en particular, mediante la creación de herramientas en línea). Durante la pandemia de COVID-19 se desarrollaron aún más estas herramientas en línea (véase en CEPAL/OIT (2020) una reseña sobre este tema).

Los programas o instituciones públicas de capacitación profesional en los 15 países analizados suman 84 y se estima que, en promedio, el gasto en esos programas alcanzó un 0,12% del PIB en 2020. Algunos son programas focalizados (mujeres, personas desempleadas, personas con discapacidad, personas indígenas o jóvenes sin ninguna experiencia, entre otros), mientras que otros están dirigidos a la población en general. Los programas a veces van acompañados de apoyo al ingreso, como es el caso del programa Seguro de Capacitación y Empleo en la Argentina. Una característica predominante de los programas de capacitación es que se centran en una oferta de cursos de corta duración, dirigidos a la adquisición de competencias más bien técnicas. Si bien los programas de capacitación existen desde hace muchas décadas, en la década de 1990 los sistemas correspondientes fueron objeto de cambios organizacionales importantes, con la aparición de nuevos oferentes. Ello propició un nuevo papel del Estado como ordenador, regulador y fiscalizador de la oferta de capacitación, además de proveedor en algunos casos.

Según la categorización realizada por Llisterri y otros (2014), en América Latina conviven tres sistemas de capacitación: i) el modelo institucional tradicional, en que el Estado mantiene su posición prácticamente monopólica en la provisión de capacitación (Colombia, Costa Rica, Ecuador, El Salvador, Panamá y República Dominicana); ii) el modelo de Estado regulador y promotor, en que la función de regulación se separa de la provisión del servicio de capacitación (Argentina, Chile y Uruguay), y iii) el modelo mixto, que reúne características de los dos modelos anteriores (México y Perú). Por último, en varios países se incluyen en esta categoría programas de certificación laboral. Tal es el caso de Colombia, con la Consolidación del Sistema Nacional de Formación para el Trabajo.

Los programas de incentivos laborales tienen por objetivo facilitar la contratación de personas desempleadas y se orientan a la reducción de los costos laborales mediante la demanda de trabajo. En los 15 países analizados se cuenta con 19 de estos programas y se estima que, en promedio, el gasto destinado a ellos alcanzó un 0,14% del PIB en 2020. En general estas medidas van dirigidas a los grupos poblacionales que encuentran mayores obstáculos para su inserción laboral, como los jóvenes y las mujeres. Las modalidades de incentivo que se utilizan más comúnmente son el pago parcial del salario de los empleados durante un tiempo estipulado y los descuentos tributarios. Se destacan los programas Subsidio al Empleo, línea Contrata y Regresa y el Ingreso Familiar de Emergencia (IFE) Laboral como medidas implementadas en el marco de la pandemia de COVID-19 en el caso de Chile. Desde una perspectiva de género, se destaca, entre otros, el Programa 4 a 7, línea "Protege" del Subsidio al Empleo, como línea de subsidio dirigido a trabajadoras (o trabajadores) con cuidado de niños a cargo.

Los programas de empleo protegido y apoyado se refieren a las medidas con que se busca promover la integración en el mercado laboral de personas con discapacidad, o que se recuperan de alguna incapacidad o enfermedad o de adicciones a drogas o, en general, personas discriminadas. En los 15 países objeto de estudio se contabilizan 12 programas de este tipo en 2020 cuyo gasto es muy modesto. Se destacan programas de integración laboral para personas con consumo problemático de sustancias y población penitenciaria. Tal es el caso del Brasil, con el programa Rede de Cuidado e de Reinserção Social das Pessoas e Famílias que Têm Problemas Com Álcool e Outras Drogas, del Ministerio de Desarrollo Social.

Los programas de creación directa de empleo no se encuentran presentes en todos los países. En general, se trata de programas diseñados para atender a las personas en situación de vulnerabilidad. Entre otros, cabe mencionar, en Chile, el Programa de Apoyo al Empleo del Sistema Chile Solidario, Inversión en la Comunidad; en México, el programa Sembrando Vida y, en Panamá, el programa Recuperando mi Barrio (creado durante 2020).

Los programas de incentivos para el emprendimiento dirigidos a personas desempleadas o en situación de vulnerabilidad de derechos, o los programas productivos de carácter social, se encuentran presentes en todos los países objeto de estudio. En general tienen como objetivo incentivar el microemprendimiento. Tal como sucede con las iniciativas de capacitación, estos programas son numerosos (en promedio existen ocho por país). Colombia es el país que más programas tiene en esta categoría. Dada la estructura productiva de los países de la región, se encontraron programas de incentivos en la creación de microempresas (por ejemplo, programas que incluyen capital inicial, asistencia técnica y capacitación) y también programas dirigidos a trabajadores agrícolas (otorgamiento y legalización de tierras, financiamiento de la producción y de capital, entre otros). Estos cobran particular relevancia dada la estructura laboral de América Latina (empleo por cuenta propia y empleo agrícola por cuenta propia).

En 13 de los 15 países considerados existen programas de protección del ingreso de las personas en situación de desempleo (las excepciones son El Salvador y México). Sin mecanismos de protección adecuados, el desempleo puede dejar a la familia de un trabajador o trabajadora cesante en una situación de alta vulnerabilidad. Además, aunque existan esos mecanismos de protección, un porcentaje significativo de los trabajadores no se benefician del sistema porque trabajan en condiciones de informalidad. De hecho, esto es lo que se ha evidenciado con mayor crudeza durante la pandemia. Según la OIT, aproximadamente el 54% de los trabajadores latinoamericanos en 2016 (lo que equivalía a 130 millones de trabajadores) se encontraban en situación de informalidad (información relativa a 16 países; OIT, 2019), y las proyecciones apuntan a que la pandemia dejará desprotegidos a otros 7,56 millones de trabajadores (Acevedo y otros, 2021). Con todo, y a pesar de la alta informalidad laboral, los programas de apoyo al ingreso de las personas en situación de desempleo son los que más importancia han cobrado en 2020: en promedio alcanzaron un 0,55% del PIB. Es importante destacar que solo se contabiliza el gasto público asociado a los mecanismos de protección social al desempleado. Por ejemplo, en el caso de Chile, solo se contabiliza el aporte público al Seguro de Cesantía; o sea, no se tiene en cuenta todo lo desembolsado por el sistema (véase el capítulo II).

Por último, solo Chile cuenta con un programa de jubilación temprana: se trata de la bonificación por retiro voluntario de funcionarios municipales.

3. El gasto público en programas del mercado laboral

a) Resultados del gasto público en programas del mercado laboral

En promedio durante el período 2014-2019, el gasto público de América Latina dirigido a programas del mercado de trabajo alcanzaba el 0,3% del PIB. En el marco de la respuesta de los países a la crisis económica y social provocada por la pandemia de COVID-19, el promedio de gasto de estos programas durante 2020 aumentó hasta el 0,9% del PIB (véase el gráfico III.15). El mayor aumento se registró en el gasto dirigido a la protección del ingreso de las personas en situación de desempleo, que alcanzó un 0,55% del PIB, y a incentivos laborales, que llegó a un 0,14% del PIB.

Durante 2020, todos los países de América Latina exhiben incrementos en el gasto dirigido a las políticas laborales (véase el gráfico III.16). Se observa además que siete países (Uruguay, Costa Rica, Argentina, Perú, Paraguay, República Dominicana y Brasil) exhiben un gasto superior al 1% del PIB en 2020.

Gráfico III.15
América Latina (15 países)[a]: gasto público en políticas laborales según categorías, 2014-2020
(En porcentajes del PIB)

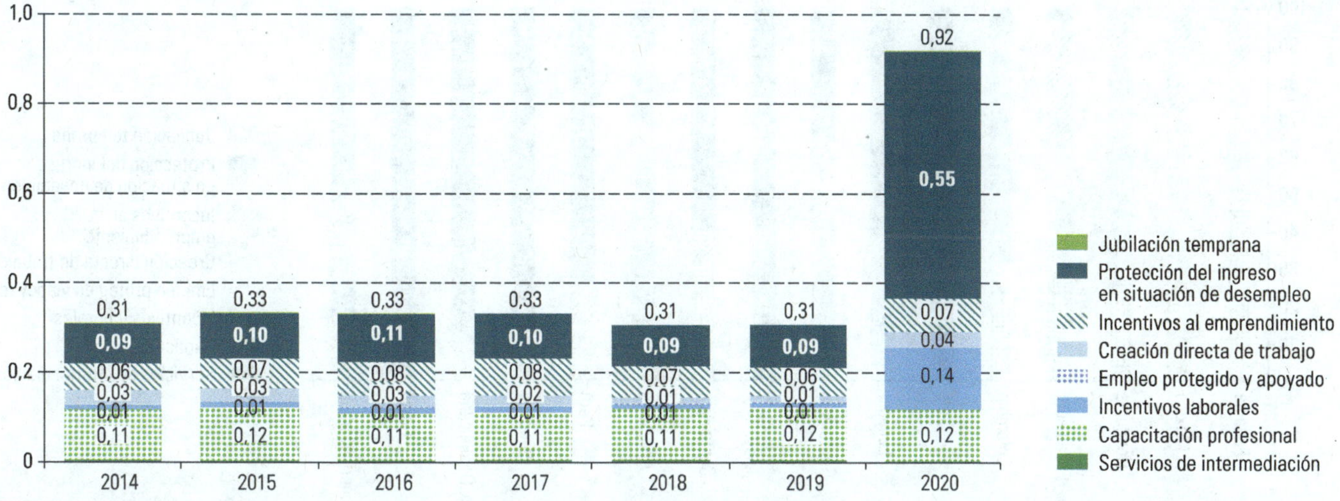

Fuente: Comisión Económica para América Latina y el Caribe (CEPAL).
[a] Los países incluidos son: Argentina, Brasil, Chile, Colombia, Costa Rica, Ecuador, El Salvador, Guatemala, Honduras, México, Panamá, Paraguay, Perú, República Dominicana y Uruguay. En el promedio se consideran los 15 países durante el período 2016-2020. En el caso de Guatemala, no se cuenta con datos de los años 2014 y 2015.

Gráfico III.16
América Latina (15 países): gasto público en políticas laborales, 2019 y 2020
(En porcentajes del PIB)

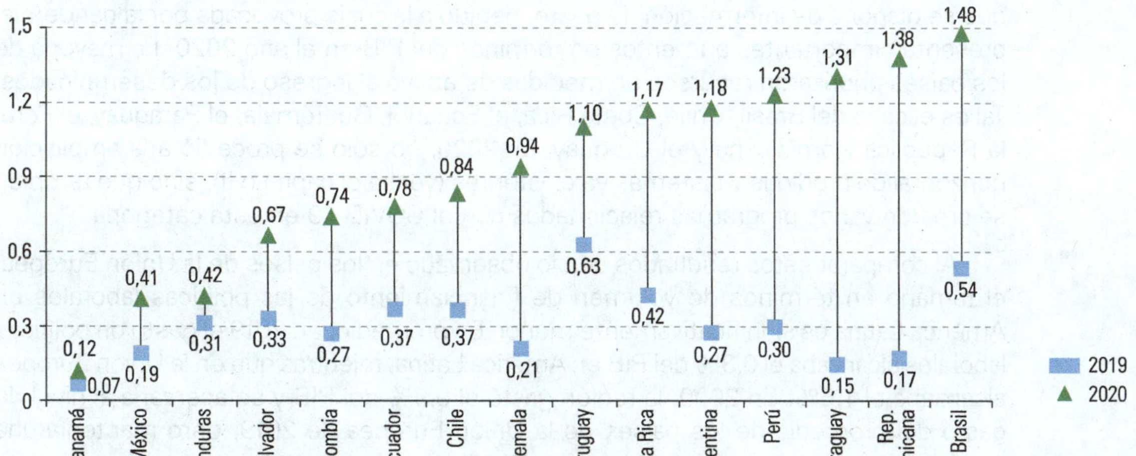

Fuente: Comisión Económica para América Latina y el Caribe (CEPAL).

En cuanto a la estructura del gasto público en políticas laborales en 2020, ocho países (Brasil, Chile, Costa Rica, Ecuador, Paraguay, Perú, República Dominicana y Uruguay) mayoritariamente financiaron programas de protección del ingreso de las personas en situación de desempleo (véase el gráfico III.17). Cuatro países (Argentina, Colombia, El Salvador y Guatemala) financiaron principalmente programas de incentivos laborales. Otro grupo de países (Honduras, México y Panamá) combinaron programas de incentivos para el emprendimiento con creación directa de trabajo.

Gráfico III.17
América Latina (15 países): distribución del gasto público en políticas laborales, 2020
(En porcentajes del total)

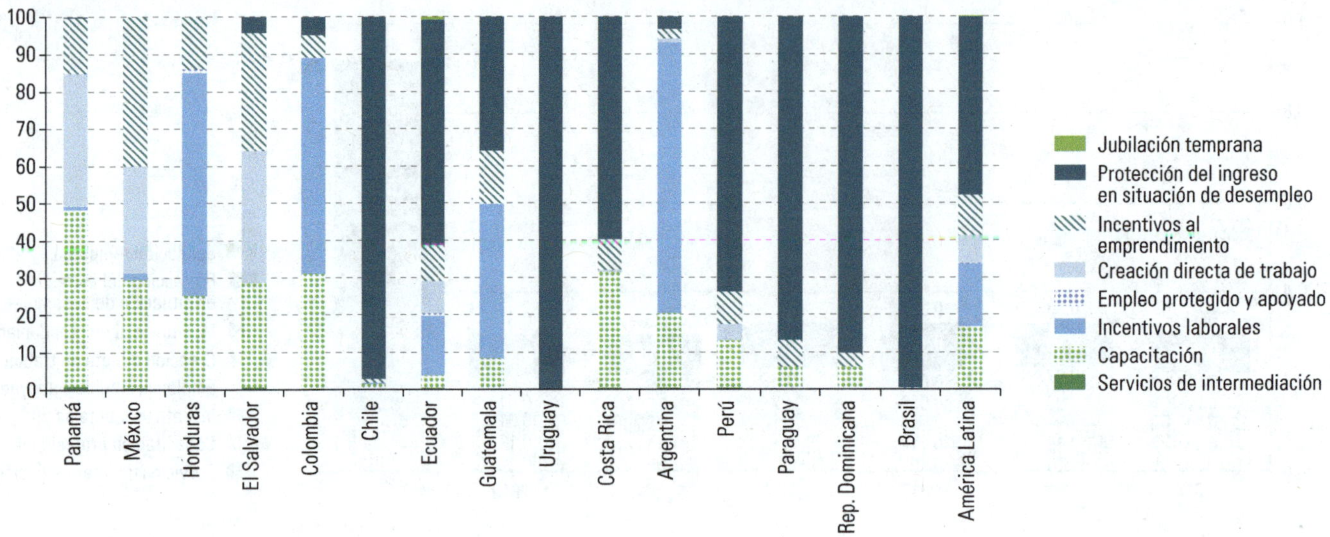

Fuente: Comisión Económica para América Latina y el Caribe (CEPAL).

La información sobre el gasto público destinado a programas laborales por país (véase el gráfico III.18) permite observar diversas situaciones, tanto en términos del nivel como de la estructura y las tendencias del gasto. Existe heterogeneidad en los niveles de gasto y en la estructura según las categorías. Todos los países sobre los que se dispone de información de gasto, debido a la crisis provocada por la pandemia, presentan importantes aumentos en términos del PIB en el año 2020. La mayoría de los países priorizaron recursos en medidas de apoyo al ingreso de los desempleados. Tal es el caso del Brasil, Chile, Costa Rica, el Ecuador, Guatemala, el Paraguay, el Perú, la República Dominicana y el Uruguay. En 2020, no solo se procedió a la ampliación horizontal de medidas y sistemas ya existentes (véase el capítulo II), sino que también se crearon varios programas relacionados con el COVID-19 en esta categoría.

Al comparar estos resultados con lo observado en los países de la Unión Europea, el tamaño en términos de volumen de financiamiento de las políticas laborales en América Latina es significativamente menor. En promedio, en 2019 el gasto en políticas laborales alcanzaba el 0,3% del PIB en América Latina, mientras que en la Unión Europea alcanzaba el 1,6%. En 2020, la región gastó el 0,9% del PIB y se acercaría al nivel de gasto del promedio de los países de la Unión Europea de 2019, pero mantenía una brecha aún importante (véase el gráfico III.19). Esta brecha es todavía más relevante si se consideran las diferencias de informalidad que afectan a América Latina. Esa situación impone desafíos adicionales respecto de la creación de empleos que cumplan estándares de trabajo decente y contribuyan a disminuir la vulnerabilidad económica y social. La heterogeneidad en cuanto a nivel y estructura del gasto no solo se encuentra presente en los 15 países de América Latina, sino también en los países de la Unión Europea. En 2019, Francia y Dinamarca superaban el 2,5% del PIB en este rubro, mientras que países como Rumania, Chipre y Malta eran los que menos invertían en políticas laborales (menos del 0,3% del PIB), por lo que se encontraban al mismo nivel que los países de América Latina.

Gráfico III.18
América Latina (15 países): gasto público en políticas laborales, por categoría, 2014-2020
(En porcentajes del PIB)

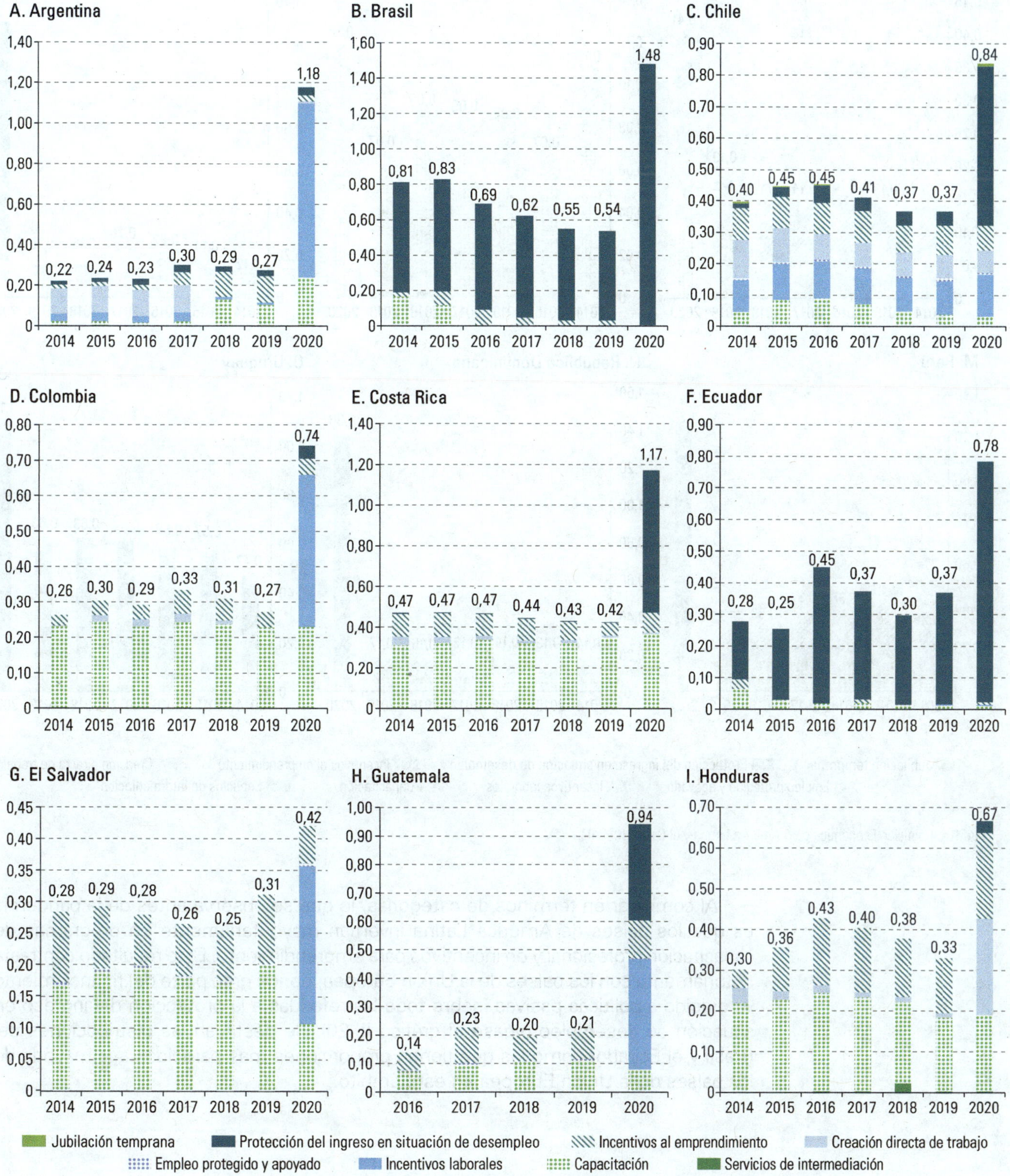

Gráfico III.18 (conclusión)

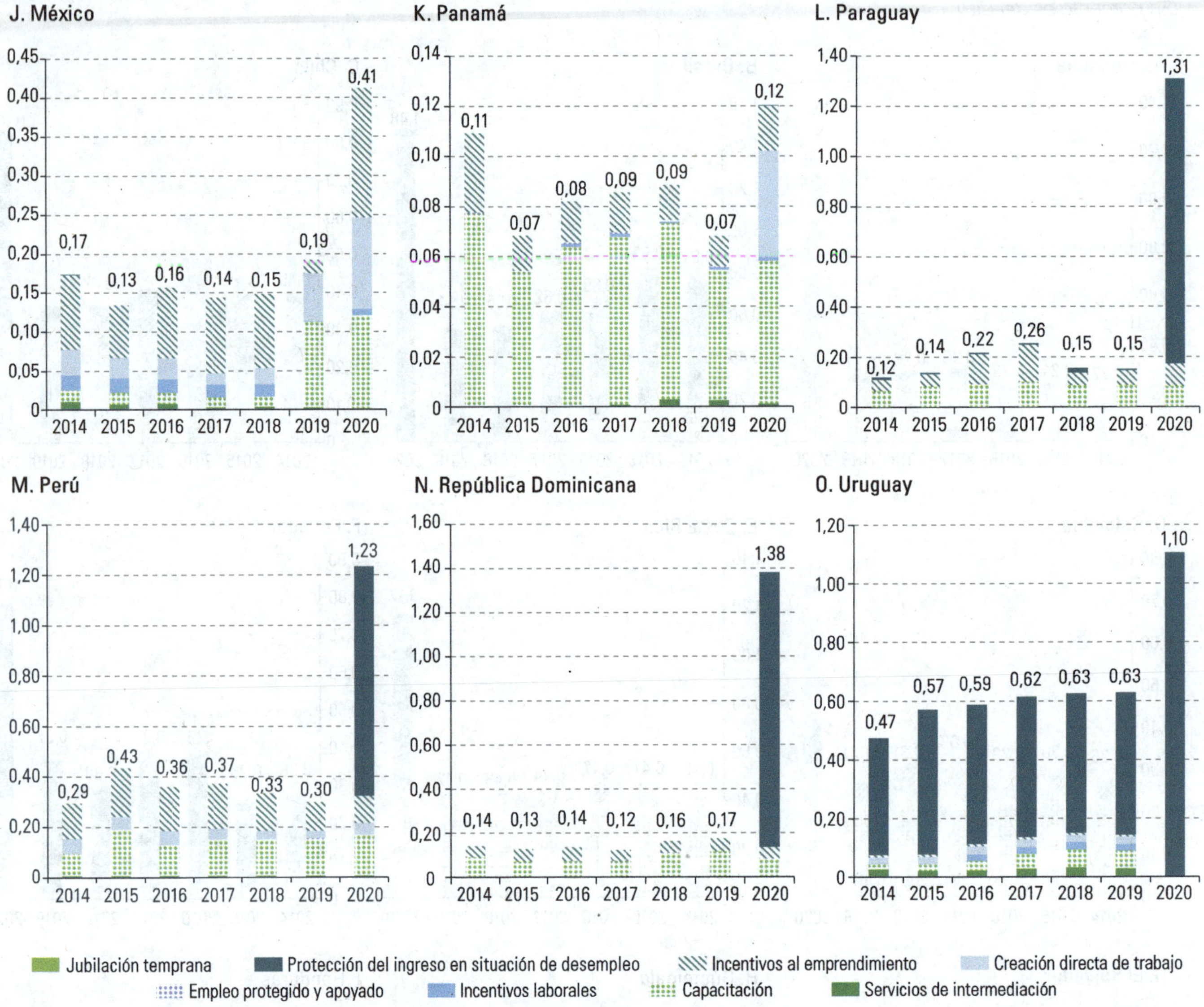

Fuente: Comisión Económica para América Latina y el Caribe (CEPAL).

Al comparar en términos de categorías, lo que se observa antes de la pandemia es que los países de América Latina invertían mayoritariamente en programas de capacitación profesional y en incentivos para emprendimiento. Este resultado contrasta notoriamente con los países de la Unión Europea, donde gran parte del financiamiento va dirigido a políticas pasivas, sobre todo las referidas a la protección del ingreso en situación de desempleo (véase el gráfico III.20). Se destacan las distribuciones del Brasil y el Ecuador como las que tienen proporciones más parecidas a la mayoría de los países de la Unión Europea en este ámbito.

Gráfico III.19

América Latina (15 países) y Unión Europea (27 países): gasto público en políticas laborales, 2019 y 2020

(En porcentajes del PIB)

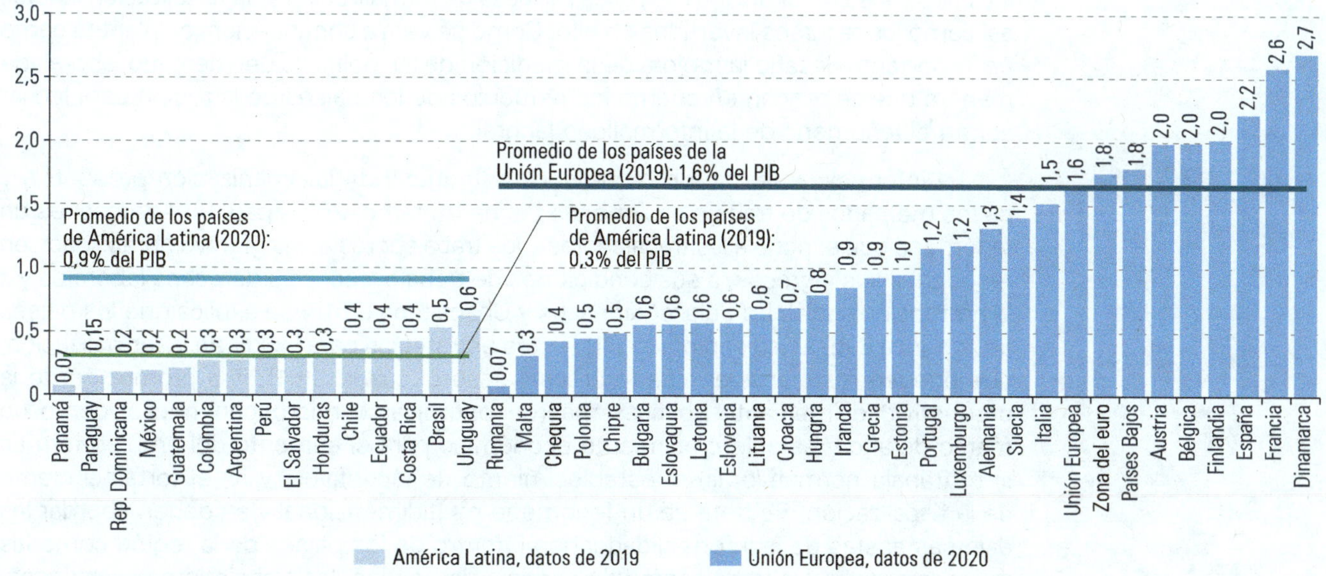

Fuente: Comisión Económica para América Latina y el Caribe (CEPAL), sobre la base de información oficial de los países y la Dirección General de Empleo, Asuntos Sociales e Igualdad de Oportunidades de la Comisión Europea.

Gráfico III.20

América Latina (15 países) y Unión Europea (27 países): gasto público en políticas laborales, según categorías, 2019

(En porcentajes del total)

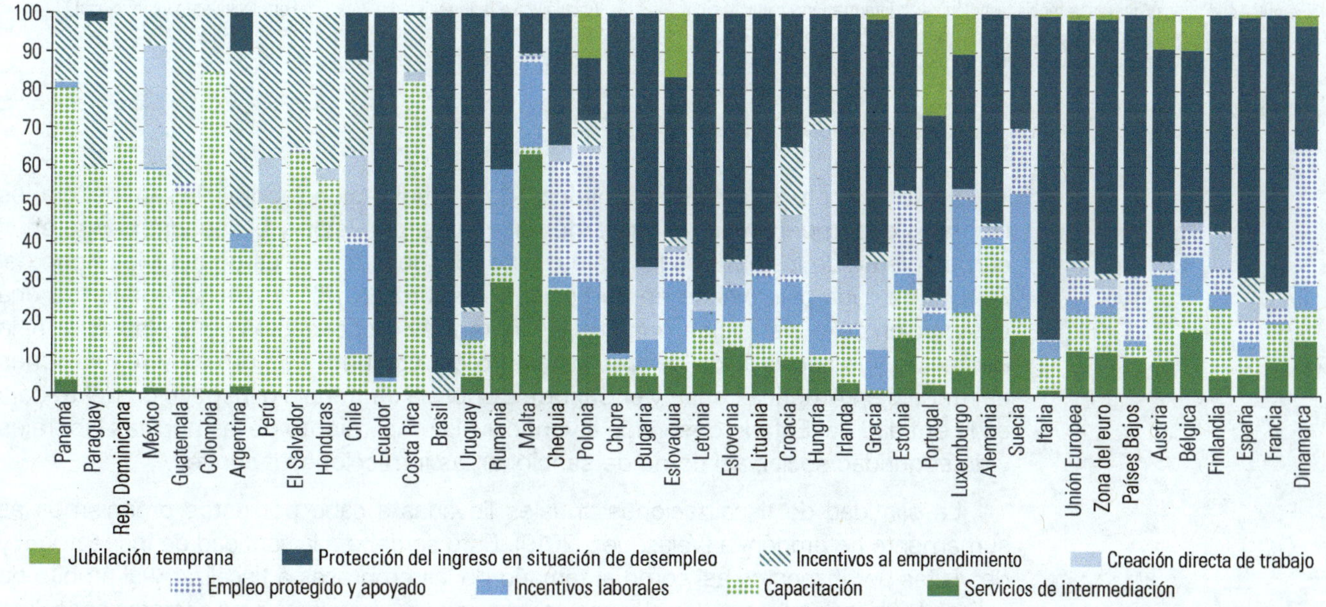

Fuente: Comisión Económica para América Latina y el Caribe (CEPAL).

b) El desafío de una mejor medición del gasto público en políticas de formalización y fiscalización laboral

Dada la alta informalidad laboral presente en América Latina y el Caribe, a lo antes indicado cabe sumar un análisis de las políticas de formalización y de fiscalización laboral, así como los recursos invertidos en ello. Como se verá a continuación, se plantea como un importante desafío la mejora de la medición de las políticas del mercado laboral, de manera que se tengan en cuenta los esfuerzos de los países de la región para luchar contra el fenómeno de la informalidad laboral.

La informalidad es una característica estructural de la organización productiva y de los mercados de trabajo en América Latina (Abramo, 2021, pág. 9). Además, es un fenómeno que expone a las trabajadoras y los trabajadores a una gran vulnerabilidad con respecto a sus ingresos, a sus condiciones de trabajo, acceso a derechos laborales y a la protección social. En Salazar-Xirinachs y Chacaltana (2018) se explica que los países de América Latina han explorado diferentes estrategias para incidir en la formalización, que pueden resumirse en cuatro áreas (véase el cuadro III.1): i) la promoción de la productividad (mediante políticas macroeconómicas y microeconómicas) como un marco de alto y estable crecimiento económico para el aumento del empleo formal; ii) el trabajo normativo; iii) el establecimiento de incentivos, y iv) el fortalecimiento de la fiscalización. Se trata de un fenómeno multidimensional y se deben abordar las diversas aristas de la informalidad laboral dentro de los países de la región como las microempresas, las trabajadoras de servicio doméstico, los trabajadores asalariados, entre otros.

Cuadro III.1
Políticas de fomento de la formalización laboral

Políticas	Productividad	Normas	Incentivos	Fortalecimiento de la fiscalización
Objetivo	Integrar el sector informal con el formal	Reducir la informalidad asociada al desconocimiento	Facilitar el registro empresarial y la formalización laboral	Incrementar la capacidad del Estado para asegurar estándares mínimos
Ejemplos	Políticas de transferencia tecnológica Políticas de articulación de micro y pequeñas empresas	Información y capacitación sobre la normalización	Vinculación a la formalidad empresarial Vinculación a la seguridad social	Fortalecimiento institucional de la fiscalización

Fuente: Comisión Económica para América Latina y el Caribe (CEPAL), sobre la base de J. Salazar-Xirinachs y J. Chacaltana (eds.), *Políticas de formalización en América Latina: avances y desafíos*, Lima, Organización Internacional del Trabajo (OIT), 2018.

En lo que se refiere a las políticas de formalización laboral, las inspecciones laborales desempeñan un rol fundamental en la supervisión y el asesoramiento en el cumplimiento de las normas laborales. Este rol suele estar a cargo del Ministerio del Trabajo de cada país (véase en particular Velásquez (2019), donde se encuentra una descripción de la institucionalidad de las instancias responsables de la elaboración, la aplicación y la fiscalización del cumplimiento del conjunto de normas y regulaciones del trabajo en América Latina y el Caribe). La policía de trabajo o inspección del trabajo es la entidad del Estado destinada a verificar el cumplimiento de las normas laborales y de seguridad social, así como de sancionar las infracciones laborales.

La cantidad de fiscalizaciones anuales llevadas a cabo por estos organismos es sumamente heterogénea (Velásquez, 2019). Esto se debe a la cantidad de inspectores y de visitas por inspector, así como al tamaño de las empresas a fiscalizar y al ámbito de aplicación de la fiscalización (en algunos casos puede estar limitada a los sectores agrícolas).

El financiamiento asociado a estas instituciones es uno de los pilares de la institucionalidad de las políticas sociales (Martínez, 2019). Lamentablemente, la información disponible sobre el gasto público asociado a las instituciones de fiscalización laboral en países de la región es limitada y la situación es muy heterogénea (véase el cuadro III.2). De acuerdo a estos datos, la Dirección del Trabajo de Chile aparece como la institución que contaría con más recursos (95 millones de dólares en 2020), seguida por la Superintendencia Nacional de Fiscalización Laboral (SUNAFIL) del Perú, cuyo gasto llega a más de 58 millones de dólares en 2020.

Cuadro III.2
América Latina (6 países): gasto de las instituciones de fiscalización laboral
(En miles de dólares)

País	Institución	2015	2016	2017	2018	2019	2020
Argentina	Plan Nacional de Regularización del Trabajo (PNRT)	52 606	40 672	43 625	24 924	16 040	12 899
Chile	Dirección del Trabajo	100 904	100 040	112 227	115 452	105 792	94 776
Guatemala	Servicios de inspección laboral	1 730	1 912	2 091	2 361	2 355	3 307
Honduras	Secretaria de Trabajo y Seguridad Social		3 745	3 198	3 294	3 428	3 547
Perú	Superintendencia Nacional de Fiscalización Laboral (SUNAFIL)	23 017	25 059	29 943	38 960	48 458	26 752
Uruguay	Inspección general del trabajo y la seguridad social	8 480	8 479	9 414	9 279	8 931	8 035

Fuente: Comisión Económica para América Latina y el Caribe (CEPAL), sobre la base de datos oficiales de los países.
Nota: Se considera el total de gasto institucional en el caso de Chile, el Perú y el Uruguay. Se consideran partidas en la ejecución de presupuesto de los correspondientes ministerios o secretarías en el caso de la Argentina, Guatemala y Honduras.

Dada la importancia de contar con políticas eficaces y sostenibles para hacer frente a la informalidad laboral y fomentar el trabajo decente en la región, así como del impacto que ha tenido la pandemia sobre ese fenómeno, lo aquí indicado revela la existencia de un importante desafío en materia de mejoramiento de la identificación y medición del gasto en las políticas de fomento de la formalización y la fiscalización laboral en los países de América Latina y el Caribe.

4. Comentarios finales sobre gasto público en políticas laborales

Tal como se indica en el *Estudio Económico de América Latina y el Caribe, 2021* (CEPAL, 2021a), la crisis generó una contracción económica del 6,8% en 2020. Aun cuando el 41% de la caída de la actividad económica ya se habría recuperado en el primer trimestre de 2021, los efectos en el mercado de trabajo de la crisis provocada por la pandemia de COVID-19 fueron mucho mayores que los de crisis anteriores. Se observa una pérdida en los niveles de ocupación, una caída en la participación laboral y aumentos mucho más marcados en la tasa de desocupación.

El impacto de la crisis fue mayor en el empleo femenino y en los grupos más vulnerables (jóvenes, migrantes y trabajadores menos educados). Entre 2019 y 2020 el número de ocupados se redujo en casi 25 millones de personas, de las que cerca de 13 millones son mujeres. En este contexto, es imprescindible iniciar un análisis exhaustivo no solo de las políticas sociales, sino también de las políticas de inclusión laboral en conjunto con las políticas de protección social para no dejar a nadie atrás.

En esta sección se ha podido apreciar que, en 2020, la mayoría de los países de la región optaron por la estrategia de proteger los ingresos de las personas desempleadas. Es de esperar que los países sostengan un nivel de financiamiento acorde con el desafío de una recuperación transformadora, sobre todo respecto de las políticas y programas del mercado laboral y de los grupos poblacionales que se vieron más afectados por la crisis (jóvenes, mujeres y trabajadores con menores niveles educativos), dado que los mercados laborales muestran señales de reactivación lentas. Esto sin duda debe ir de la mano con la inyección de recursos destinados a políticas de formalización laboral, con la participación de las instituciones fiscalizadoras.

Bibliografía

Abramo, L. (2021), "Políticas para enfrentar los desafíos de las antiguas y nuevas formas de informalidad en América Latina", *serie Políticas Sociales*, N° 240 (LC/TS.2021/137), Santiago, Comisión Económica para América Latina y el Caribe (CEPAL).

Abramo, L., S. Cecchini y B. Morales (2019), *Programas sociales, superación de la pobreza e inclusión laboral: aprendizajes desde América Latina y el Caribe*, Libros de la CEPAL, N° 155 (LC/PUB.2019/5-P), Santiago, Comisión Económica para América Latina y el Caribe (CEPAL).

Acevedo, I. y otros (2021), "Informalidad en los tiempos del COVID-19 en América Latina: implicaciones y opciones de amortiguamiento", *Documento de Trabajo del BID*, N° 01232, Washington, D.C., Banco Interamericano de Desarrollo (BID), abril.

Amarante, V. y M. Gómez (2016), "El proceso de formalización en el mercado laboral uruguayo", *serie Estudios y Perspectivas*, N° 20 (LC/L.4137), Montevideo, Comisión Económica para América Latina y el Caribe (CEPAL).

Banco Central del Uruguay (2021), "Cuentas nacionales e internacionales y sector externo" [en línea] https://www.bcu.gub.uy/Estadisticas-e-Indicadores/Paginas/Cuentas-Nacionales-e-Internacionales.aspx.

Casalí, P. y otros (2018), "Segmentos críticos de la informalidad laboral en Paraguay", *Informe Técnico*, N° 6, Santiago, Organización Internacional del Trabajo (OIT).

Cecchini, S. y R. Martínez (2011), *Protección social inclusiva en América Latina: una mirada integral, un enfoque de derechos*, Libros de la CEPAL, N° 111 (LC/G.2488-P), Santiago, Comisión Económica para América Latina y el Caribe (CEPAL), marzo.

CEPAL (Comisión Económica para América Latina y el Caribe) (2021a), *Estudio Económico de América Latina y el Caribe, 2021* (LC/PUB.2021/10-P/Rev.1), Santiago.

___(2021b), *Panorama Social de América Latina, 2020* (LC/PUB.2021/2-P/Rev.1), Santiago.

___(2021c), *Panorama Fiscal de América Latina y el Caribe, 2021* (LC/PUB.2021/5-P), Santiago.

___(2021d), "La paradoja de la recuperación en América Latina y el Caribe. Crecimiento con persistentes problemas estructurales: desigualdad, pobreza, poca inversión y baja productividad", *Informe Especial COVID-19*, N° 11, Santiago, julio.

___(2019), *Panorama Social de América Latina, 2018* (LC/PUB.2019/3-P), Santiago.

___(2017), *Panorama Social de América Latina, 2016* (LC/PUB.2017/12-P), Santiago.

CEPAL/OEI (Comisión Económica para América Latina y el Caribe/Organización de Estados Iberoamericanos para la Educación, la Ciencia y la Cultura) (2014), *Cultura y desarrollo económico en Iberoamérica*, E. Espíndola (coord.), Madrid.

CEPAL/OIT (Comisión Económica para América Latina y el Caribe/Organización Internacional del Trabajo) (2021), "Trabajo decente para los trabajadores de plataformas en América Latina", *Coyuntura Laboral en América Latina y el Caribe*, N° 24 (LC/TS.2021/71), Santiago.

___(2020), "El trabajo en tiempos de pandemia: desafíos frente a la enfermedad por coronavirus (COVID-19)", *Coyuntura Laboral en América Latina y el Caribe*, N° 22 (LC/TS.2020/46), Santiago, mayo.

___(2014), "Los programas de transferencias condicionadas y el mercado laboral", *Coyuntura Laboral en América Latina y el Caribe*, N° 10 (LC/L.3815), Santiago, mayo.

Comisión Europea (2018), *Labour Market Policy Statistics: Methodology 2018*, Bruselas.

___(2013), *Labour Market Policy Statistics: Methodology 2013*, Bruselas.

Erhel, C. (2020), *Les politiques de l'emploi*, París, Presses Universitaires de France (PUF).

FMI (Fondo Monetario Internacional) (2014), *Manual de estadísticas de finanzas públicas 2014*, Washington, D.C.

___(2001), *Manual de estadísticas de finanzas públicas 2001*, Washington, D.C.

Infante, R. (2018), "Crecimiento, cambio estructural y formalización", *Políticas de formalización en América Latina: avances y desafíos*, J. Salazar-Xirinachs y J. Chacaltana (eds.), Lima, Organización Internacional del Trabajo (OIT).

Llisterri, J. y otros (2014), "Educación técnica y formación profesional en América Latina: el reto de la productividad", *serie Políticas Públicas y Transformación Productiva*, N° 13, Caracas, Banco de Desarrollo de América Latina (CAF).

Martínez, R. (ed.) (2019), *Institucionalidad social en América Latina y el Caribe*, Libros de la CEPAL, N° 146 (LC/PUB.2017/14-P/Rev.1), Santiago, Comisión Económica para América Latina y el Caribe (CEPAL).

Naciones Unidas (2001), "Clasificaciones de gastos por finalidades", *Informes Estadísticos*, serie M, N° 84 (ST/ESA/STAT/SER.M/84), Nueva York.

OCDE (Organización de Cooperación y Desarrollo Económicos) (2021), *OECD Employment Outlook 2021: Navigating the COVID-19 Crisis and Recovery*, París.

OIT (Organización Internacional del Trabajo) (2019), *Trabajar para un futuro más prometedor*, Ginebra.

OPS/OMS (Organización Panamericana de la Salud/Organización Mundial de la Salud) (2017), *Agenda de salud sostenible para las Américas 2018-2030: un llamado a la acción para la salud y el bienestar en la región*, Washington, D.C.

Salazar-Xirinachs, J. y J. Chacaltana (eds.) (2018), *Políticas de formalización en América Latina: avances y desafíos*, Lima, Organización Internacional del Trabajo (OIT).

Tromben, V. y F. Villanueva (2022), "Estimación del gasto público de las políticas y programas del mercado laboral en América Latina", *serie Políticas sociales*, Santiago, Comisión Económica para América Latina y el Caribe (CEPAL), en prensa.

UNESCO y otros (Organización de las Naciones Unidas para la Educación, la Ciencia y la Cultura y otros) (2015), *Educación 2030. Declaración de Incheon y Marco de Acción: hacia una educación inclusiva y equitativa de calidad y un aprendizaje a lo largo de la vida para todos*, París.

Velásquez, M. (2019), "Regulación del mercado de trabajo y protección social: desafíos institucionales", *Institucionalidad social en América Latina y el Caribe*, Libros de la CEPAL, N° 146 (LC/PUB.2017/14-P/Rev.1), R. Martínez (ed.), Santiago, Comisión Económica para América Latina y el Caribe (CEPAL).

Vezza, E. (2021), "Programas de empleo juvenil: revalidación de su papel en la agenda pública pospandemia de COVID-19", *Documentos de Proyectos* (LC/TS.2021/88), Santiago, Comisión Económica para América Latina y el Caribe (CEPAL).

Weller, J. (comp.) (2004), *En búsqueda de efectividad, eficiencia y equidad: las políticas del mercado de trabajo y los instrumentos de su evaluación*, Santiago, LOM Ediciones/Comisión Económica para América Latina y el Caribe/Deutsche Gesellschaft für Internationale Zusammenarbeit (CEPAL/GIZ).

Anexo III.A1

Cuadro III.A1.1
América Latina y el Caribe (24 países): gasto social del gobierno central, por funciones, 2020
(En porcentajes del PIB, dólares a precios constantes de 2010 y porcentajes)

País	Gasto social				Distribución del gasto social por funciones, 2020 *(en porcentajes)*						
	En porcentajes del PIB		En dólares constantes de 2010 per cápita								
	2019	2020	2019	2020	Protección social	Educación	Salud	Vivienda y servicios comunitarios	Recreación, cultura y religión	Protección del medio ambiente[a]	Total
Argentina	13,0	17,2	1 278	1 492	83,0	7,0	7,2	2,5	0,0	0,4	100
Bahamas	7,1	9,8	2 064	2 403	14,7	32,5	36,2	0,2	2,8	13,5	100
Barbados	13,7	18,1	2 201	2 490	26,3	34,4	23,8	7,5	2,6	5,4	100
Bolivia (Estado Plurinacional de)	12,4	15,6	319	375	40,9	39,5	16,7	2,9	0,0	0,0	100
Brasil	17,3	22,5	1 962	2 473	77,5	9,6	11,9	0,4	0,4	0,3	100
Chile	17,3	20,2	2 584	2 965	40,2	26,8	29,9	1,7	0,8	0,5	100
Colombia	12,5	15,5	976	1 103	48,3	23,5	24,8	2,0	1,0	0,4	100
Costa Rica	12,0	12,3	1 244	1 204	37,4	54,8	5,6	0,5	0,9	0,9	100
Cuba	10,1	...	691	...	66,7	18,2	8,1	1,8	5,2	0,0	100
Ecuador	10,5	11,7	534	533	34,0	35,7	23,4	4,7	1,2	1,0	100
El Salvador	8,5	13,8	302	448	46,7	28,9	22,0	1,0	1,1	0,3	100
Guatemala	7,9	9,5	250	290	31,3	35,3	15,0	14,5	1,6	2,3	100
Guyana	10,7	12,0	656	760	20,7	34,5	35,6	6,8	1,3	1,0	100
Haití[b]	5,2	...	39	...	11,0	56,8	16,1	0,9	8,7	6,4	100
Honduras	7,8	9,2	175	187	8,8	56,4	32,3	1,1	0,0	1,4	100
Jamaica	10,4	11,7	507	514	9,5	46,8	35,6	5,1	1,5	1,5	100
México	9,2	10,4	955	970	43,1	33,1	11,9	10,5	0,8	0,6	100
Nicaragua	10,7	11,4	190	198	7,2	40,5	35,7	13,5	1,5	1,5	100
Panamá[c]	8,7	...	1 000	...	15,4	38,3	19,8	20,1	1,9	4,5	100
Paraguay	9,5	11,4	498	588	44,1	31,3	20,9	1,7	0,5	1,5	100
Perú[d]	11,0	13,4	726	792	31,4	30,3	25,3	3,5	1,7	7,8	100
República Dominicana	7,7	12,3	615	925	38,6	37,5	18,6	3,4	1,1	0,9	100
Trinidad y Tabago	13,9	15,0	2 078	2 084	41,8	24,7	20,1	11,3	2,1	0,0	100
Uruguay[e]	16,2	16,7	2 578	2 543	46,0	27,9	21,9	2,9	1,1	0,2	100

Fuente: Comisión Económica para América Latina y el Caribe (CEPAL), sobre la base de información oficial de los países.
[a] Los datos de protección del medio ambiente pueden no coincidir con las estimaciones de las cuentas satélite del medio ambiente.
[b] Los datos de Haití corresponden a 2014.
[c] Los datos de Panamá corresponden a 2017.
[d] La cobertura en el caso del Perú es de gobierno general.
[e] Los datos del Uruguay no incluyen las erogaciones del Banco de Previsión Social.

Cuadro III.A1.2
América Latina (12 países): gasto social según cobertura institucional, por funciones, 2020 o último año disponible
(En porcentajes del PIB, dólares a precios constantes de 2010 y porcentajes)

País	Cobertura	Gasto social		Distribución del gasto social por funciones, 2020 (en porcentajes)						
		En porcentajes del PIB	En dólares constantes de 2010 per cápita	Protección social	Educación	Salud	Vivienda y servicios comunitarios	Recreación, cultura y religión	Protección del medio ambiente[a]	Total
Argentina[b]	Sector público	30,3	3 190	49,8	18,9	21,9	8,5	0,8	0,0	100
Bolivia (Estado Plurinacional de)[c]	Gobierno general	19,6	503	22,8	41,7	25,7	3,9	1,8	4,1	100
Brasil	Gobierno general	34,0	3 733	61,3	14,6	18,5	3,6	0,6	1,4	100
Colombia[d]	Gobierno general	20,1	1 577	42,8	21,9	25,0	2,6	4,4	3,2	100
Costa Rica	Sector público	22,0	2 153	41,1	27,1	26,1	1,9	0,8	3,0	100
Cuba[d]	Gobierno general	29,8	2 041	23,1	30,4	35,9	3,6	7,1	0,0	100
El Salvador[d]	Sector público	14,9	529	35,0	26,1	17,5	20,0	1,1	0,4	100
México	Sector público no financiero (federal)	15,7	1 460	52,0	22,0	18,1	7,0	0,5	0,4	100
Panamá[b]	Gobierno general	17,5	2 019	33,6	26,5	25,3	10,4	2,0	2,3	100
Paraguay	Gobierno general	14,9	766	45,3	26,0	25,6	1,3	0,4	1,3	100
Perú	Gobierno general	13,4	792	31,4	30,3	25,3	3,5	1,7	7,8	100
República Dominicana[d]	Sector público no financiero	9,1	726	25,2	46,1	16,9	5,1	1,8	4,8	100

Fuente: Comisión Económica para América Latina y el Caribe (CEPAL), sobre la base de información oficial de los países.
[a] Los datos de protección del medio ambiente pueden no coincidir con las estimaciones de las cuentas satélite de medio ambiente.
[b] Los datos de la Argentina y Panamá corresponden a 2017.
[c] Los datos del Estado Plurinacional de Bolivia corresponden a 2018.
[d] Los datos de Colombia, Cuba, El Salvador y la República Dominicana corresponden a 2019.

Anexo III.A2

Metodología de estimación del gasto en medidas no contributivas de transferencias monetarias y en especie anunciadas como respuesta a la crisis del COVID-19 en los países de América Latina y el Caribe

Las estimaciones sobre compromisos de gasto en medidas de protección social no contributiva anunciadas por los países de la región en el marco de la pandemia de COVID-19 se obtienen a partir de las medidas anunciadas públicamente por los Gobiernos de la región entre marzo de 2020 y octubre de 2021. Esta información ha sido sistematizada por la CEPAL en el Observatorio COVID-19 en América Latina y el Caribe y en el Observatorio de Desarrollo Social en América Latina y el Caribe, "Desarrollo Social y COVID-19 en América Latina y el Caribe"[34].

Para el análisis presentado en este capítulo se consideraron los siguientes aspectos:

i) Solamente se incluyen las medidas correspondientes a transferencias monetarias o transferencias en especie. Entre las transferencias en especie, hay información

[34] Véanse Comisión Económica para América Latina y el Caribe (CEPAL), Observatorio COVID-19 en América Latina y el Caribe [en línea] https://www.cepal.org/es/temas/covid-19 y "Desarrollo Social y COVID-19 en América Latina y el Caribe" [en línea] https://dds.cepal.org/observatorio/socialcovid19/.

suficiente para la estimación del gasto en cuatro tipos de subsidios de acceso a servicios básicos.

ii) Respecto de cada país, la estimación se realiza en la moneda nacional corriente y luego se expresa en dólares corrientes.

iii) Para la estimación de gasto por medida, se confiere prioridad al gasto ejecutado, según los informes de las entidades a cargo de los programas.

iv) De no contar con información sobre el gasto ejecutado, el gasto se estima con base en la información disponible sobre los montos de las transferencias (o el monto equivalente de la transferencia en especie), la cobertura anunciada o ejecutada, el número de entregas o la duración de la medida y la fecha de inicio de la medida. El gasto mensual por medida se estima multiplicando la cobertura anunciada, ya sea en personas o en hogares, por el monto mensual, correspondiente a cada unidad de personas u hogares, según sea el caso.

v) El monto mensual en moneda nacional corriente se obtiene de la información sobre el monto de la prestación o servicio. En los casos en que las medidas prevean cantidades diferenciadas según las características de los usuarios (por ingreso, tamaño de hogar, edad o sexo, entre otras cosas), se utiliza la información disponible para incluir el dato más cercano al monto mensual promedio en moneda nacional. De no existir información directa sobre el monto promedio, el cálculo se basa en las características de cada medida.

vi) Para convertir en dólares corrientes el monto mensual de las transferencias en moneda nacional, se utilizó la tasa de cambio mensual promedio de marzo de 2020 a octubre de 2021 publicada por el Fondo Monetario Internacional (FMI), con excepción de la República Bolivariana de Venezuela, en cuyo caso se utilizó la tasa de cambio diaria promedio publicada por el Banco Central de Venezuela[35].

vii) Si en alguna de las medidas no se incluye información sobre la cobertura o los montos de las transferencias, pero sí sobre el presupuesto, la frecuencia de entrega y la duración, se procede a utilizar esa información para estimar los datos faltantes. Por ejemplo, si el beneficio previsto en una medida se entrega una vez por persona y se tiene información sobre la cobertura y el presupuesto, el monto por persona se puede calcular como la división del presupuesto por la cobertura. El proceso es similar si la información faltante es el monto de la transferencia.

viii) Una vez estimado el gasto mensual por medida en dólares corrientes, se procede a calcular el gasto por medida para los siguientes períodos: marzo de 2020 a mayo de 2020, marzo de 2020 a agosto de 2020, marzo de 2020 a diciembre de 2020, marzo de 2020 a abril de 2021, marzo de 2020 a agosto de 2021 y marzo de 2020 a diciembre de 2021, según la duración de cada medida. Por ejemplo, si una medida tiene una duración de diez meses contados a partir de marzo de 2020, el gasto mensual se multiplica por tres para obtener el gasto estimado de la medida entre marzo y mayo de 2020, por seis para obtener el gasto estimado entre marzo y agosto de 2020, y por diez para obtener el gasto estimado entre marzo y diciembre de 2020. Si una medida va a durar seis meses y su implementación comenzó a partir de abril de 2020, el gasto mensual por medida en dólares se multiplica por dos para obtener el gasto estimado de la medida de marzo a mayo de 2020, por cinco para obtener el gasto de marzo a agosto de 2020 y por seis para obtener el gasto de marzo a diciembre de 2020. En caso de que el gasto mensual de una medida no sea

---

[35] Véase "Tipo de cambio de referencia SMC (sistema del mercado cambiario)" [en línea] http://www.bcv.org.ve/estadisticas/tipo-cambio-de-referencia-smc.

constante en el tiempo, se consideran las características específicas de la medida para estimar el gasto para cada período.

ix) Una vez estimado el gasto mensual en dólares corrientes en cada período, se procede a estimar el gasto total por país en los mismos períodos, mediante la suma del gasto estimado del período correspondiente para todas las medidas consideradas.

x) El gasto estimado en medidas no contributivas en transferencias monetarias y en especie de las subregiones se calcula como la suma del gasto estimado de los países pertenecientes a cada subregión sobre los que se dispone de información: 19 países de América Latina y 13 países del Caribe (Antigua y Barbuda, Bahamas, Barbados, Belice, Dominica, Granada, Guyana, Jamaica, Saint Kitts y Nevis, San Vicente y las Granadinas, Santa Lucía, Suriname y Trinidad y Tabago). Los países de América Latina se dividen en dos subgrupos: diez países de América del Sur (Argentina, Bolivia (Estado Plurinacional de), Brasil, Chile, Colombia, Ecuador, Paraguay, Perú, Uruguay y Venezuela (República Bolivariana de)) y nueve del grupo conformado por Centroamérica (Costa Rica, Cuba, El Salvador, Guatemala, Honduras y Panamá), México, Haití y la República Dominicana.

CAPÍTULO

IV

Transitar hacia la sociedad del cuidado: claves para una recuperación transformadora, con igualdad y sostenibilidad

Introducción

En América Latina y el Caribe, la desigualdad de género es parte estructural de las sociedades y los estilos de desarrollo que han invisibilizado la importancia de los cuidados y de la provisión de bienestar entre las personas. Como se señala en la Estrategia de Montevideo para la Implementación de la Agenda Regional de Género en el Marco del Desarrollo Sostenible hacia 2030, la división sexual del trabajo y la injusta organización social del cuidado interactúan con los otros nudos de la desigualdad de género y generan condiciones desfavorables para las mujeres, que están sobrerrepresentadas en los grupos de ingresos más bajos y entre quienes se desempeñan en empleos de mayor precariedad y desprotección, encuentran obstáculos para ejercer libremente sus derechos sexuales y reproductivos, y siguen estando subrepresentadas en espacios públicos y de toma de decisiones (véase el diagrama IV.1).

Diagrama IV.1
La insuficiencia de las políticas públicas de cuidados profundiza los nudos estructurales de la desigualdad de género

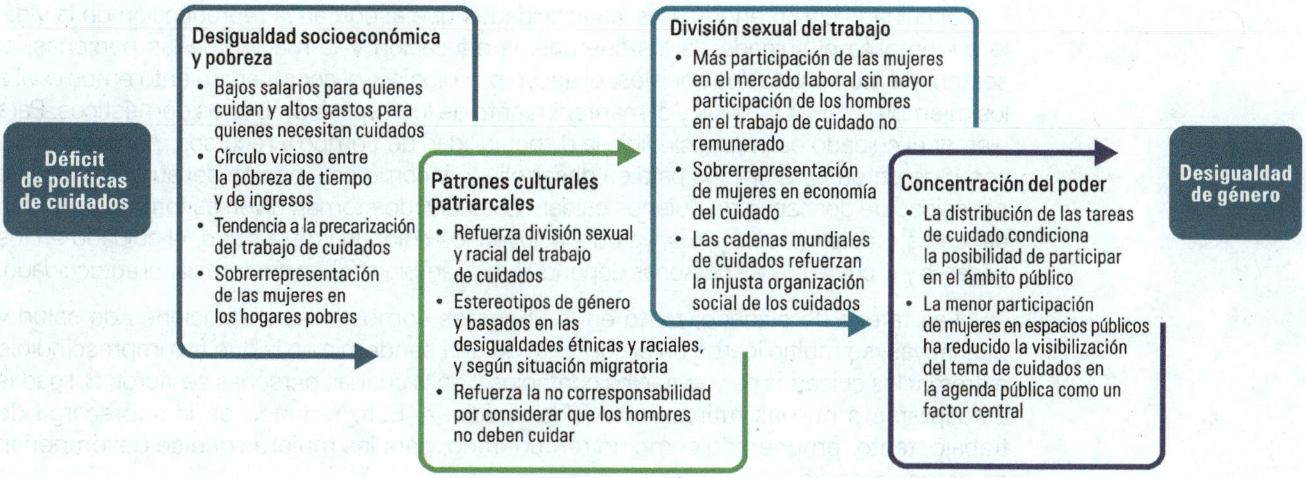

Fuente: Comisión Económica para América Latina y el Caribe (CEPAL).

La corriente principal de la economía ha invisibilizado la relevancia del trabajo de cuidados en la provisión de bienestar social. Asimismo, el sistema económico descansa en gran medida sobre esferas que la economía ortodoxa ha considerado tradicionalmente actividades no económicas, como la economía del cuidado y la conservación del ambiente, y que ha ubicado en un lugar secundario o, en el mejor de los casos, subsidiario respecto de las principales actividades económicas. Se trata, sin embargo, de dos esferas que producen valor en forma de bienes públicos a diferentes escalas (nacional, regional y mundial) y cuya realización es esencial tanto para la sostenibilidad de la vida como para el propio funcionamiento del mercado (Heintz, Staab y Turquet, 2021; Folbre, 2004; Picchio, 2003; Gottschlich y Bellina, 2016).

Esto ha tenido efectos históricos en el mercado laboral, que se ha estructurado privilegiando jornadas laborales que dificultan la gestión del tiempo para actividades fundamentales para la sostenibilidad de la vida, en particular los cuidados. Como consecuencia, las mujeres encuentran barreras para participar plenamente de las oportunidades de trabajo remunerado, lo que, a su vez, aumenta su exclusión de diversos ámbitos de la vida pública. Asimismo, para poder conciliar las responsabilidades asignadas de cuidado con la generación de ingresos, las mujeres se ven en la necesidad de emplearse en jornadas de tiempo parcial y en actividades económicas informales.

La desigualdad de género en el mercado laboral se expresa, además, en una segregación y segmentación vertical y horizontal de género. Las mujeres que logran insertarse en el mercado laboral se desempeñan sobre todo en sectores económicos y en ocupaciones tradicionalmente subvalorados, lo que incide en los salarios y condiciones laborales, y se encuentran sobrerrepresentadas en tareas de la economía del cuidado. Al mismo tiempo, en los sectores de la economía del cuidado también se reproducen jerarquías que asignan menos estatus e ingresos más bajos a las tareas feminizadas, en general asociadas a los cuidados directos, como el caso de las cuidadoras y las trabajadoras domésticas, mientras que las tareas mejor pagadas y los cargos directivos están mayoritariamente ocupados por hombres.

La pandemia de enfermedad por coronavirus (COVID-19) puso en el centro de la agenda pública y política diversas cuestiones que antes se ubicaban en los márgenes de los debates. La crisis provocada por esta pandemia ha sido la expresión por antonomasia de cómo algo que sucede en una esfera no mercantil, como la de la salud humana, puede producir efectos devastadores en los mercados mundiales. El sistema económico mundial descansa, en gran medida, sobre esferas tradicionalmente consideradas por la economía ortodoxa como actividades no económicas, como la economía del cuidado y la conservación ambiental (Heintz, Staab y Turquet, 2021; Folbre, 2004).

El cuidado comprende todas las actividades que aseguran la reproducción de la vida, lo que implica el cuidado de los cuerpos, la educación y formación de las personas, el sostenimiento de vínculos sociales, el apoyo psicológico, el acompañamiento emocional a los miembros de las familias y el mantenimiento de los espacios y bienes domésticos. Para ejercer el cuidado es imprescindible la disponibilidad de tiempo y recursos monetarios, así como de entornos propicios para su desarrollo, e incorporar la noción del autocuidado y la necesidad de descanso de quienes cuidan. Los cuidados toman diversas formas y pueden ejercerse en distintos ámbitos, ya que incluyen los cuidados de la salud, el cuidado en los hogares y el cuidado a las personas dependientes. También deben contemplar el autocuidado.

Las tareas de cuidado, tanto en los hogares como en las instituciones de salud y educativas, se multiplicaron en el contexto de una pandemia en la que fue imprescindible extremar los cuidados para evitar los contagios y en la cual las personas se vieron obligadas a adaptarse a nuevas rutinas en la vida cotidiana. Esto redundó en la sobrecarga de trabajo, tanto remunerado como no remunerado, para las mujeres que se desempeñan en estos sectores.

La crisis ocasionada por el COVID-19 pone en evidencia la imperiosa necesidad de orientar las relaciones sociales y de la sociedad con la naturaleza hacia paradigmas centrados en las nociones de interdependencia, cuidados y sostenibilidad.

Hoy, más que nunca, la creación o el fortalecimiento de políticas integrales de cuidado se ubica en el centro de los debates públicos y políticos que conciben a la igualdad de género como un imperativo impostergable para la recuperación transformadora, al igual que la generación de pactos políticos, sociales y fiscales que aborden de manera conjunta la justicia ambiental, social y de género.

En este camino, resulta fundamental fortalecer el papel, los recursos y la capacidad del Estado. La recuperación transformadora con igualdad implica, por tanto, una acción deliberada y explícita por parte de las instituciones públicas —a diferentes escalas— para estimular los sectores que afectan especialmente la autonomía económica de las mujeres, pero buscando sinergias positivas con sectores y actividades que promuevan marcos económicos sostenibles, en particular destacando el papel de la economía del cuidado. Asimismo, es necesario llevar a cabo acciones estatales orientadas a fortalecer el ingreso de los hogares y a prevenir la precarización de las formas tradicionales y emergentes de trabajo remunerado.

Esta pandemia ha demostrado, una vez más, que los Estados más democráticos, eficaces y con sistemas de protección social más robustos han podido enfrentar la crisis con mayor resiliencia en todos los ámbitos.

A. El impacto de la crisis del COVID-19 en la autonomía económica de las mujeres

La autonomía económica de las mujeres sufrió un retroceso histórico en la región. La pandemia dejó como resultado una sobrecarga de tareas domésticas y de cuidados no remunerados que asumieron en su mayoría las mujeres. Además, estas estuvieron sobrerrepresentadas en sectores vinculados a los cuidados y en la primera línea de respuesta a la pandemia. La recuperación económica está siendo más lenta para los sectores de actividad feminizados. En este contexto, cobran especial relevancia las transferencias del Estado para evitar que aumente la cantidad de mujeres sin ingresos propios.

Las consecuencias del COVID-19 a mediano plazo en las economías locales, nacionales y mundiales aún son inciertas, pero claramente la pandemia ha exacerbado la desigualdad de género y reforzado los nudos estructurales sobre los que esta se asienta. La pérdida de ingresos, el aumento de la precariedad laboral y la pobreza de tiempo son fenómenos que afectan más a las mujeres y que se han profundizado durante la crisis, generando retrocesos inéditos en la autonomía económica de las mujeres de la región.

1. La sobrecarga de cuidados en los hogares

Se ha constatado que la pandemia aumentó drásticamente la carga de cuidados de los hogares, y en particular de las mujeres, debido al traslado a los hogares de servicios de atención y cuidado, como el acompañamiento a la educación de niños y niñas ante los continuos cierres de establecimientos educativos, la atención de salud de personas enfermas debido a la presión de los sistemas de salud que, en virtud de contemplar un criterio de eficiencia y aumentar los recursos para la atención del COVID-19, trasladaron muchos de los cuidados de salud (incluidas las enfermedades graves) al ámbito de los hogares, y el cuidado de niñas, niños y personas dependientes ante el cierre de varios establecimientos que brindaban estos servicios (CEPAL, 2021d) (véase el recuadro IV.1).

Recuadro IV.1
Aumento del trabajo doméstico y de cuidados no remunerado durante la pandemia de enfermedad por coronavirus (COVID-19)

Varias encuestas realizadas en distintos países de América Latina permiten recopilar datos de la sobrecarga de trabajo doméstico y de cuidados no remunerados que debieron enfrentar las mujeres en el marco de la pandemia de COVID-19.

La oficina regional para América Latina y el Caribe de la Entidad de las Naciones Unidas para la Igualdad de Género y el Empoderamiento de las Mujeres (ONU-Mujeres) llevó adelante encuestas de evaluación rápida de género en Chile, Colombia y México durante el segundo semestre de 2020 para conocer el impacto del COVID-19. Los resultados indican que el tiempo dedicado a la alimentación, la limpieza y el juego con niñas y niños se ha incrementado en una mayor proporción entre las mujeres respecto de los hombres, y que la diferencia porcentual es de 8,4 puntos, en promedio. En particular, se destaca el aumento de las tareas de enseñanza y capacitación a niñas y niños que debieron enfrentar las mujeres con niños, niñas y adolescentes a cargo en el marco del cierre de establecimientos escolares. Para estas tareas, la brecha promedio entre el tiempo dedicado por mujeres y hombres fue de 12,3 puntos porcentuales en los tres países.

La Encuesta Nacional de Uso del Tiempo (ENUT) publicada por el Departamento Administrativo Nacional de Estadística (DANE) de Colombia permite comparar el tiempo dedicado a actividades de trabajo no remunerado y a actividades personales para los

Recuadro IV.1 (conclusión)

períodos de enero a abril de 2017, de septiembre a diciembre de 2020 y de enero a abril de 2021. Entre enero y abril de 2021, el 79,3% de las mujeres de 10 años y más participó en actividades relacionadas con el suministro de alimentos, mientras que en estas actividades participaron solo el 32,3% de los hombres. En ambos casos, la participación es mayor que la observada en el período de enero a abril de 2017. Similar relación se encuentra en las actividades vinculadas a limpieza y mantenimiento.

Aunque la participación de hombres en algunas actividades de trabajo no remunerado aumentó del 60% en 2017 al 63,8% en 2021, fueron las mujeres las que vieron incrementado el tiempo diario dedicado a dichas actividades durante la pandemia. Mientras que las mujeres dedicaron una hora más por día (aumento de 7 a 8 horas diarias), para los hombres ese tiempo se redujo levemente de 3,23 a 3,10 horas diarias. Además del cierre de instituciones escolares, los hogares debieron afrontar la falta de servicios comunitarios, jardines infantiles, centros de desarrollo y otras instituciones para el cuidado de niñas, niños y personas mayores en situación de dependencia. Entre estas últimas, el 72,2% de los hogares que accedía a servicios de centros para el cuidado de personas mayores o personas con discapacidad, o a otras instituciones sin alojamiento, manifestó que perdió el acceso.

En la Argentina, el Fondo de las Naciones Unidas para la Infancia (UNICEF) realizó la cuarta ronda de la Encuesta Rápida COVID-19 entre abril y mayo de 2021. El 54% de las mujeres respondió que sentía mayor sobrecarga de tareas desde el inicio de la pandemia. Además, se muestra que se duplicaron (del 5% al 10%) las situaciones en que las niñas y los niños pertenecientes a hogares donde los adultos no teletrabajaban se quedaban solos en el hogar. De igual manera, en el mismo período aumentó del 3% al 7% la proporción de niñas y niños que quedan al cuidado de un hermano o hermana menor de 18 años. Mientras que en julio de 2020 el 83% de los encuestados respondía que los niños y las niñas quedaban al cuidado de otro adulto conviviente, ese porcentaje se redujo al 64% en mayo de 2021. La encuesta también aporta información sobre el impacto psicológico de la pandemia en los adolescentes. El 33% de los adolescentes encuestados respondió que el contexto le generaba angustia y el 25% dijo estar asustado. Dada la actual división de tareas, que ubica a las mujeres como el principal sostén emocional de los hogares, puede inferirse que los efectos de la pandemia también se sentirán en este plano.

Si bien el trabajo no remunerado ha aumentado también entre los hombres y parecería que se abre una ventana de oportunidad para avanzar hacia un reparto más equitativo, los datos muestran que eso sucede en el marco de una sobrecarga para las mujeres, que han soportado al mismo tiempo el aumento del trabajo de cuidados y la reducción del tiempo destinado a actividades personales y educativas.

Fuente: Entidad de las Naciones Unidas para la Igualdad de Género y el Empoderamiento de las Mujeres (ONU- Mujeres), *Efectos diferenciados por género del COVID-19 en el desarrollo sostenible: análisis comparativo de las encuestas de evaluación rápida de género en Chile, Colombia y México*, Oficina Regional para América Latina y el Caribe, febrero 2021; Departamento Administrativo Nacional de Estadísticas de Colombia (DANE), "Encuesta Nacional de Uso del Tiempo (ENUT): información enero a abril de 2021"; Fondo de las Naciones Unidas para la Infancia (UNICEF) Argentina, "Encuesta rápida COVID-19: cuarta ronda" [en línea] https://www.unicef.org/argentina/media/11191/file.

2. Mujeres en la primera línea de respuesta a la pandemia

La pandemia ha puesto en primera línea a quienes trabajan en la economía del cuidado. La labor que llevan a cabo las personas empleadas en la economía del cuidado, especialmente quienes ofrecen cuidados directos, demanda proximidad física y emocional, lo que las vuelve más vulnerables al contagio en el lugar de trabajo cuando el distanciamiento físico resulta imposible. (OIT, 2020).

Si bien se perfilaron como de bajo riesgo de pérdida de empleo, los trabajadores tanto del sector de la salud como de la enseñanza debieron enfrentar horas de trabajo imprevisibles o excesivas, inseguridad laboral y una alta exposición al contagio. Como personas ocupadas en empleos esenciales, tuvieron que conciliar su actividad laboral con las necesidades de cuidado de sus hogares y adaptar rutinas para no exponer a sus convivientes al contagio. Se trató de esfuerzos invisibilizados e infravalorados en términos económicos. La cantidad de horas extras que demanda la atención de la pandemia no se tradujo en salarios proporcionalmente más altos.

Cuadro IV.1
América Latina (12 países)[a]: características laborales de sectores de la economía del cuidado, promedio ponderado, alrededor de 2019-2020[b]
(En porcentajes)

Sector de actividad económica	2020						Variación interanual (2019-2020)	
	Distribución de población ocupada según sector de actividad económica[c]		Proporción de mujeres en el sector	Relación de salarios entre mujeres y hombres	Proporción de mujeres ocupadas en situación de pobreza	Proporción de mujeres ocupadas afiliadas a la seguridad social	Niveles de ocupación de las mujeres	Masa salarial de las mujeres
	Mujeres	Hombres						
Enseñanza	9,5	3,0	69,2	75,6	2,0	85,3	-8,4	-3,3
Salud	7,7	2,1	72,7	61,0	2,3	80,0	0,0	-0,1
Hogares particulares	9,9	0,7	90,9	72,8	11,2	25,5	-19,8	-24,0

Fuente: Comisión Económica para América Latina y el Caribe (CEPAL), sobre la base de Banco de Datos de Encuestas de Hogares (BADEHOG).
[a] Países considerados: Argentina, Bolivia (Estado Plurinacional de), Brasil, Chile, Colombia, Costa Rica, Ecuador, El Salvador, México, Perú, República Dominicana y Uruguay.
[b] Los datos corresponden a la variación interanual entre 2019 y 2020, con excepción de Chile, donde corresponden a la variación entre 2017 y 2020, y de México, donde corresponden a la variación entre 2018 y 2020.
[c] Proporción de la población ocupada en cada sector de actividad económica en relación con el total de personas en el sector.

Si bien los sectores de enseñanza y salud se incluyeron entre los sectores esenciales, no siempre sucedió lo mismo con las personas que trabajan brindando servicios domésticos y cuidados a domicilio o en instituciones, por lo que no se los tuvo en cuenta en los mecanismos de respuesta temprana. Asimismo, la ausencia de mecanismos sistemáticos, que permitan distinguir entre los contagios de los trabajadores de los cuidados remunerados por exposición general o por exposición profesional, obstaculizó el diseño de políticas orientadas a proteger a los trabajadores esenciales. Además, no se ha brindado la suficiente capacitación en el uso de equipos de protección personal imprescindibles para proteger del contagio a las trabajadoras que realizan sus tareas en domicilios particulares (OIT, 2020).

a) Trabajadoras de la salud

La región representa el 8,4% de la población mundial. Sin embargo, a noviembre de 2021, el 30% de las muertes por COVID-19 sucedieron en América Latina y el Caribe. La crisis sanitaria aún persiste y se mantienen las desigualdades en el acceso a las vacunas entre los países.

El personal que se desempeña en el sector de la salud ha sido de los más afectados debido al aumento de las jornadas laborales, la mayor exposición al contagio, que en algunos casos se ha agravado debido a la insuficiencia de equipos de protección, la falta de personal y la saturación de la infraestructura sanitaria. El grupo de personas ocupadas que ha sentido con mayor intensidad los contagios, debido a que sus lugares de trabajo son de alto riesgo, es precisamente el que sostiene los sistemas de salud. Según datos de la Organización Panamericana de la Salud (OPS) para 29 países y territorios de América Latina y el Caribe, a julio de 2021 se habían registrado al menos 1.146.668 casos confirmados y 8.524 defunciones entre el personal de la salud (OPS/OMS, 2021).

Dada la composición del sector, la presión sobre la salud implica una profundización de las brechas de género. En 2020, el sector de la salud empleaba a un 7,7% de las mujeres ocupadas en la región, mientras un 72,7% de las personas ocupadas en el sector eran mujeres (véase el cuadro IV.1). El sector se caracteriza por una marcada segregación ocupacional, que ubica a las mujeres mayoritariamente en los puestos de menor calificación e ingresos. Además, la brecha salarial persiste y en 2020 llegó al 39,0%. Por último, debe tenerse en cuenta que una de cada cinco mujeres no cotiza ni está afiliada a la seguridad social, lo que implica un alto grado de precarización laboral y un empobrecimiento de sus recursos presentes y futuros (CEPAL, 2019a; OIT, 2017). Esta situación es aún más grave si se considera el riesgo de contagio y la indefensión en que quedan las personas al no estar cubiertas por los mecanismos de protección de la seguridad social.

Para quienes trabajan en el sector de la salud, la pandemia de COVID-19 también representó un desafío en términos de equilibrar sus propias necesidades de bienestar y las necesidades de la emergencia sanitaria. Esto es particularmente relevante para las mujeres, que, además del aumento y la tensión de las jornadas laborales, debieron responder a las tradicionales demandas de cuidados de los miembros de sus familias (CEPAL, 2021d). La sobrecarga de trabajo, sumada al miedo de poner en situación de mayor riesgo de contagio a sus familiares, tuvo consecuencias en la salud mental de las trabajadoras del sector de la salud. De hecho, distintos informes han alertado sobre los síntomas depresivos y cómo aumentan en el caso de personal clínico no profesional, entre quienes se encuentran los equipos de enfermería de nivel superior y auxiliares de enfermería, en su mayoría compuestos por mujeres (Health Care Workers COVID-19 Study, 2021; MHA, 2021). Asimismo, datos recientes demuestran que el COVID-19 aumenta la posibilidad de que un trabajador de la salud sea víctima de violencia, acoso, estigmatización y discriminación en su comunidad como resultado del miedo al virus (OIT, 2020). Si bien algunos países otorgaron bonos para reconocer el esfuerzo del personal de salud o garantías de condiciones de trabajo decente, en ningún caso fueron medidas tendientes a reducir las brechas de género prexistentes.

El fortalecimiento institucional de los sistemas de salud en la región es clave para enfrentar la crisis de la pandemia (véase el capítulo II), pero también es necesario para pensar las fases de reactivación y reconstrucción (CEPAL/OPS, 2020). En este sentido, es necesario garantizar la salud física y mental de las personas que trabajan en el sector de la salud, en su mayoría mujeres, y respetar las condiciones de trabajo decente para la transformación del sector. Dicha transformación debe abordarse desde una perspectiva de género, que considere las dimensiones de la desigualdad que caracterizan a este sector.

b) Trabajadoras de la educación

El cierre de centros educativos, adoptado como una medida mundial para hacer frente a la propagación del virus, afectó a los hogares con presencia de niños, niñas y adolescentes en edad escolar, pero también tuvo un fuerte impacto entre trabajadores y trabajadoras del sector de la educación preprimaria, primaria, secundaria y superior, así como en el personal de apoyo vinculado al sector.

El cambio inesperado obligó al sistema educativo a adaptarse rápidamente a formas no presenciales de educación, que incentivaron el uso de las tecnologías de la información y las comunicaciones (TIC). Este proceso de educación a distancia no siempre estuvo acompañado de una capacitación a los docentes sobre las nuevas demandas y formatos educativos, y en muchos casos no se contó con los insumos tecnológicos o de infraestructura necesarios para llevar a cabo las funciones necesarias. Asimismo, las tareas asociadas a la actividad docente, además de tareas de apoyo a padres y estudiantes, recargaron las jornadas laborales remuneradas del personal del sector y las rutinas de los hogares que debieron acompañar ese proceso. Esto es particularmente relevante en materia de género, dada la alta presencia de mujeres en este sector. De hecho, al igual que el de la salud, el sector de la educación está muy feminizado: emplea a un 9,5% de las mujeres ocupadas en la región y las mujeres representan al 69,2% de las personas empleadas en dicho sector (véase el cuadro IV.1).

Los desafíos enfrentados en esta área no solo afectaron al personal directo, sino que también tuvieron considerables impactos sobre quienes brindaban apoyo al sector de manera indirecta (proveedores de servicios, personal de limpieza, profesores suplentes o a tiempo parcial, profesionales de apoyo psicosocial, profesores de disciplinas deportivas o artísticas, entre otros). Debido a que, por lo general, estos empleos se subcontratan, tienen modalidad a tiempo parcial o se contratan de forma ocasional, con el cierre de centros educativos quienes cumplen estas labores se han quedado sin sus puestos de trabajo, sin ingresos u otras prestaciones.

c) Trabajadoras en hogares particulares

En América Latina y el Caribe, alrededor de 13 millones de personas se dedicaban al trabajo doméstico remunerado en 2019, y el 91,5% de estas personas eran mujeres, muchas de ellas afrodescendientes, indígenas o migrantes (CEPAL, 2021d). Este sector exhibe un elevado nivel de precarización: los salarios se encuentran entre los más bajos del conjunto de trabajadores remunerados y los niveles de informalidad son especialmente altos (un 76% de las mujeres que allí se emplean no cuentan con cobertura previsional) (Valenzuela, Scuro y Vaca Trigo, 2020, pág. 85).

A diferencia de los otros sectores del cuidado, en donde el sector público es el principal empleador, las trabajadoras que realizan tareas domésticas y de cuidados remunerados en casas particulares sufrieron una gran pérdida de empleos e ingresos en 2020. Este sector, cuya mano de obra es mayoritariamente femenina (90,9%), emplea a un 9,9% de las mujeres de la región. Los niveles de ocupación entre las trabajadoras del sector se redujeron un 19,8% en la región entre 2019 y 2020. Sumado a la caída del salario promedio, esto se tradujo en una rebaja de la masa salarial del sector del 24,0%.

Los altos niveles de informalidad facilitaron el cese de la relación laboral sin indemnización de muchas las trabajadoras domésticas, así como situaciones irregulares en las que se vieron expuestas al contagio y obligadas a cumplir tareas por fuera de las acordadas. En 2020, únicamente un 25,5% de las trabajadoras domésticas remuneradas estaban afiliadas o cotizaban a la seguridad social. Si bien en algunos países se ha avanzado con normativa que regula la actividad del sector, un 11,2% de las trabajadoras domésticas remuneradas se encuentra en situación de pobreza.

El confinamiento también ha implicado que muchas de las trabajadoras del servicio doméstico se vieran obligadas a elegir entre la seguridad financiera y la sanitaria, por lo que en ocasiones incluso han tenido que pernoctar en su lugar de trabajo, lo que supone mantenerse alejadas de sus familias y no disponer del descanso adecuado. En caso de poder desplazarse, la mayoría lo hace en transporte público, lo que las expone a contraer el virus y a ser, al mismo tiempo, potenciales transmisores del COVID-19 en sus hogares. Muchas de ellas también corren riesgos adicionales asociados al uso excesivo de productos de limpieza y a la realización de compras sin que se les facilite el equipo de protección adecuado para garantizar su seguridad (ONU-Mujeres/CEPAL/OIT, 2020).

La mayoría de las trabajadoras domésticas se desempeña en las grandes ciudades, donde los sectores de ingresos medios y altos son los que demandan sus servicios. A su vez, en los últimos años aumentó el trabajo por hora, lo que se traduce en más tiempo de traslado durante el día laboral para moverse de un empleo a otro (CEPAL, 2019).

En América Latina, el 51,6% de las personas que migran son mujeres y, de ese total, más de un tercio está ocupado en el trabajo doméstico remunerado (35,3%), conformando parte de lo que se ha dado en llamar "cadenas globales de cuidado" (OIT, 2019b). Las cadenas mundiales de cuidados muestran que un tercio de las trabajadoras del sector en América Latina son migrantes e integran las cadenas Sur-Sur, mientras que otras dejan la región en busca de salarios más altos en los países del Norte. Ambos tipos de migrantes sufrieron el cierre de fronteras durante la pandemia y debieron permanecer lejos de sus afectos por tiempo indeterminado. Además, la situación de empleo irregular dificulta que hagan reclamos en caso de maltrato o incumplimiento de los acuerdos con sus empleadores por miedo a ser deportadas. A la discriminación que sufren por el trabajo que realizan se agrega la discriminación por su condición de migrantes o su pertenencia racial y étnica (ONU-Mujeres/CEPAL/OIT, 2020).

En síntesis, además de los efectos a nivel agregado en la economía, se observan impactos diferenciados entre los diferentes sectores. Sin embargo, en cualquier caso, las desigualdades persisten e incluso se han intensificado debido a los efectos sanitarios, sociales y económicos de la pandemia. Los efectos de la pandemia se combinan con el débil acceso a la protección social, y al derecho laboral, la elevada informalidad laboral y la heterogeneidad estructural de los mercados, que afectan especialmente a las mujeres, que se caracterizan por presentar mayores tasas de informalidad, percibir remuneraciones más bajas y con empleo en sectores más precarizados. Por ello, es imprescindible diseñar e implementar tanto medidas de recuperación en los diferentes sectores como medidas con orientación transformadora, que fomenten la autonomía económica de las mujeres y protejan sus derechos.

3. Retroceso histórico en la participación laboral y calidad del empleo de las mujeres

Los efectos de la crisis en el mercado laboral han sido notables, con considerables reducciones de las tasas de participación y ocupación, y un mayor aumento de la desocupación que en crisis anteriores (CEPAL, 2021b, 2021c y 2022).

El impacto de la crisis conllevó una contundente salida del mercado laboral de las y los trabajadores, que en el caso de las mujeres que representa un retroceso de 18 años en sus niveles de participación en la fuerza laboral (véase el gráfico IV.1). La tasa de participación de las mujeres disminuyó del 51,8% en 2019 al 47,7% en 2020, mientras que la tasa de participación de los hombres cayó del 75,5% al 70,8%. Debe considerarse que la tasa de participación laboral femenina parte de un umbral considerablemente más bajo que el de los hombres y, a causa de los efectos de la pandemia, en 2020, menos de una de cada dos mujeres se encontraba en la fuerza laboral.

Para 2021, se estima que la tasa de participación laboral de las mujeres habría alcanzado el 50,0% (cifra idéntica a la de 2016), mientras que la de los hombres se habría situado en el 73,5% (CEPAL, 2022). Asimismo, se observa un lento incremento de los niveles de ocupación y que la velocidad de recuperación de puestos de trabajo para las mujeres está siendo más lenta (véase el gráfico IV.2).

Gráfico IV.1

América Latina y el Caribe (de 24 países)[a]: evolución de la tasa de participación y la tasa de desocupación, promedio ponderado, según sexo, 2001-2021

(En porcentajes)

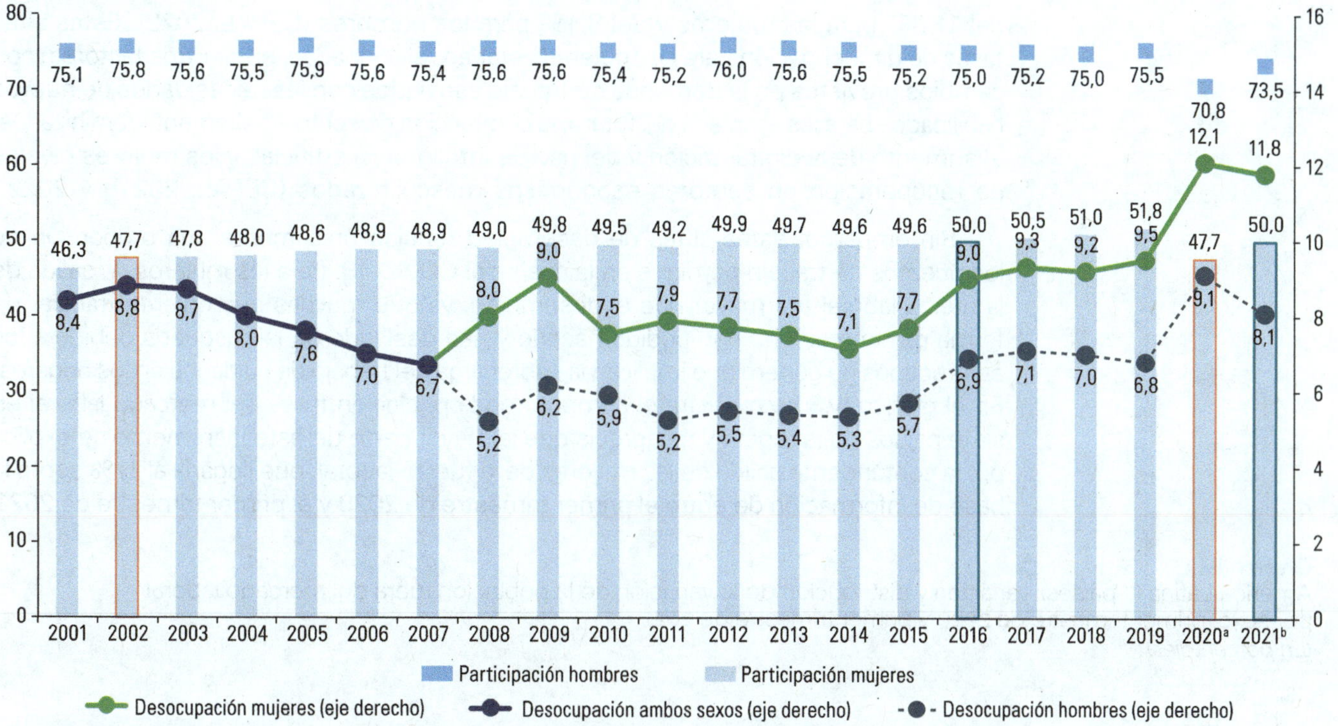

Fuente: Comisión Económica para América Latina y el Caribe (CEPAL), sobre la base de cifras oficiales de los países y proyecciones.

[a] Países considerados: Argentina, Bahamas, Barbados, Belice, Bolivia (Estado Plurinacional de), Brasil, Chile, Colombia, Costa Rica, Cuba, Ecuador, El Salvador, Guatemala, Honduras, Jamaica, México, Nicaragua, Panamá, Paraguay, Perú, República Dominicana, Trinidad y Tabago, Uruguay y Venezuela (República Bolivariana de). Las cifras de 2019 no incluyen a la República Bolivariana de Venezuela.

[b] Estimaciones para 2020 de acuerdo con el *Balance Preliminar de las Economías de América Latina y el Caribe, 2021* (CEPAL, 2022).

[c] Valores proyectados para 2021 de acuerdo con el *Balance Preliminar de las Economías de América Latina y el Caribe, 2021* (CEPAL, 2022).

Gráfico IV.2

América Latina (8 países)[a]: evolución del nivel de ocupación nacional por sexo, promedio ponderado, primer trimestre de 2020 a primer trimestre de 2021

(Índice 2020/01=100)

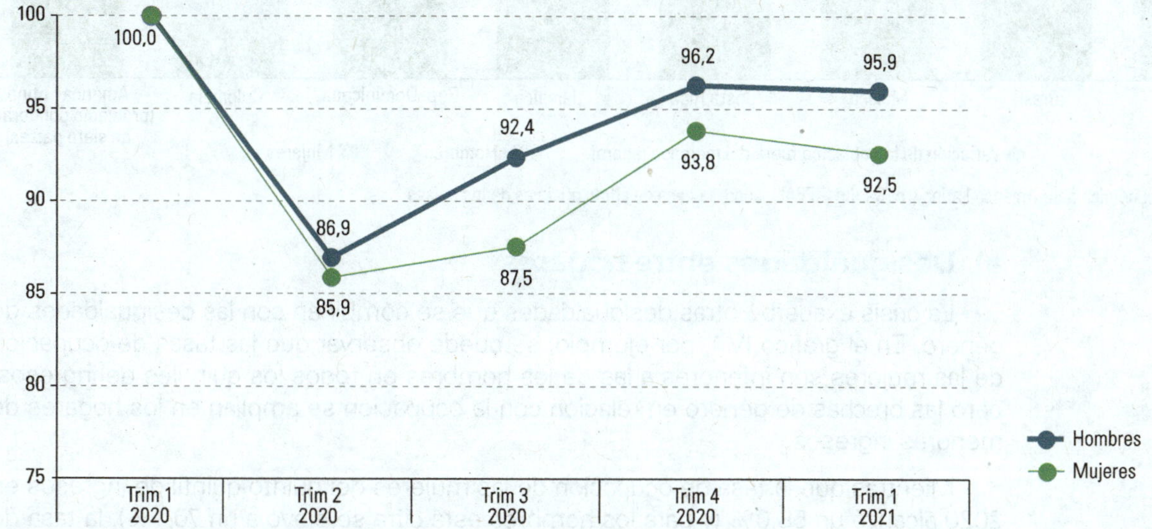

Fuente: Comisión Económica para América Latina y el Caribe (CEPAL), sobre la base de cifras oficiales de los países.

[a] Países considerados: Brasil, Chile, Costa Rica, Colombia, México, Paraguay y República Dominicana, así como para zonas urbanas de Bolivia (Estado Plurinacional de).

La crisis también llevó a los mayores niveles de desocupación, que en 2020 alcanzaron tasas del 12,1% para las mujeres y del 9,1% para los hombres. Dado el lento incremento en los niveles de ocupación y las mayores tasas de participación, se estima que en 2021 las tasas de desocupación aumentaron y se ubicaron en alrededor del 11,8% para las mujeres y del 8,1% para los hombres (CEPAL, 2022). Estas altas tasas de desocupación para las mujeres estarían relacionadas, entre otros factores, con cambios previstos en la demanda de trabajo asociados con las necesidades de nuevas habilidades para los empleos del futuro, la contracción de sectores altamente feminizados, el aumento de la digitalización y del uso de inteligencia artificial, y los mejores niveles de recuperación en sectores económicos masculinizados (CEPAL, 2021b y 2022).

Sin embargo, estas cifras de desempleo reflejan únicamente una proporción de los puestos de trabajo perdidos en la crisis del COVID-19. Para las mujeres, la salida de la fuerza laboral fue mayor que el desempleo, ya que muchas que quieren trabajar de forma remunerada no han podido hacerlo y han desistido de la búsqueda debido a los estereotipos de género que implican la sobrecarga del trabajo de cuidados en los hogares. En el gráfico IV.3 se muestra el aumento en la población fuera del mercado laboral en siete países de la región y se aprecia que la mayor parte de este incremento se explica por la contundente salida de las mujeres de la fuerza laboral, que llegaría al 11% sobre la base de información de entre el primer trimestre de 2020 y el primer trimestre de 2021.

Gráfico IV.3
América Latina (7 países): variación y distribución de la variación de la población fuera del mercado laboral por sexo, primer trimestre de 2020 y primer trimestre de 2021
(En porcentajes)

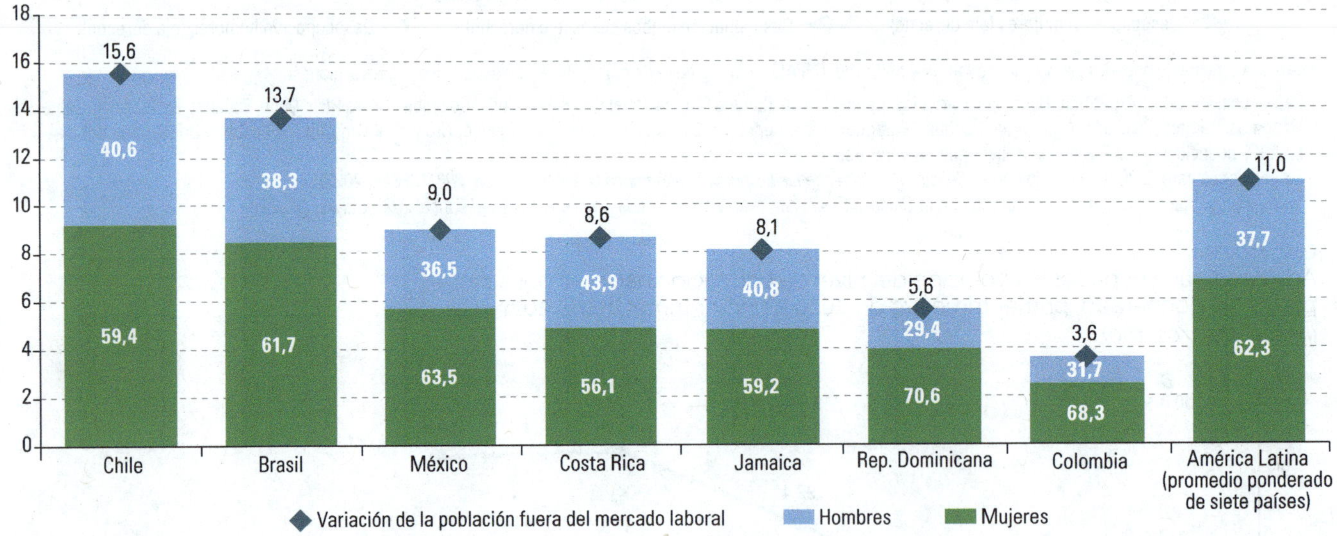

Fuente: Comisión Económica para América Latina y el Caribe (CEPAL), sobre la base de cifras oficiales de los países.

a) Desigualdades entre hogares

La crisis exacerbó otras desigualdades que se combinan con las desigualdades de género. En el gráfico IV.4, por ejemplo, se puede observar que las tasas de ocupación de las mujeres son inferiores a las de los hombres en todos los quintiles de ingresos, pero las brechas de género en relación con la ocupación se amplían en los hogares de menores ingresos.

Mientras que la tasa de ocupación de las mujeres del quinto quintil de ingresos en 2020 alcanzó un 58,0% (y para los hombres esta cifra se elevó a un 76,1%), la tasa de ocupación para las mujeres en el primer quintil de ingresos alcanzó únicamente el 29,1% (mientras que los hombres de este quintil presentaban tasas del orden del 52,3%).

Gráfico IV.4
América Latina (13 países)[a]: tasa de ocupación y desocupación por sexo y quintil de ingresos para la población de 15 años y más, alrededor de 2019 y 2020[b]
(En porcentajes)

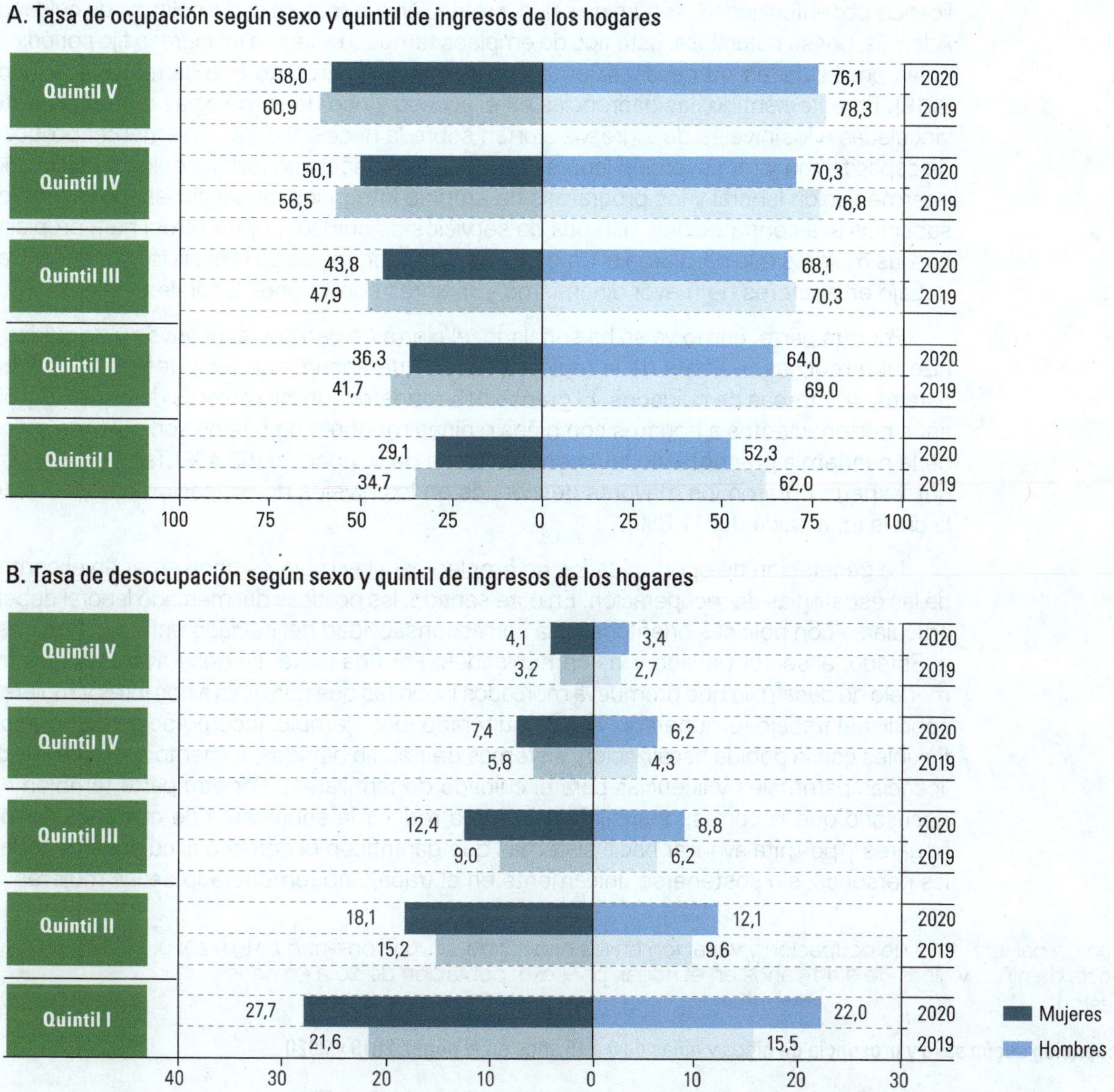

Fuente: Comisión Económica para América Latina y el Caribe (CEPAL), sobre la base de Banco de Datos de Encuestas de Hogares (BADEHOG).
[a] Países considerados: Argentina, Bolivia (Estado Plurinacional de), Brasil, Chile, Colombia, Costa Rica, Ecuador, El Salvador, México, Paraguay, Perú, República Dominicana y Uruguay.
[b] El dato promedio de 2019 considera a todos los países antes mencionados, con la excepción de Chile y México, para los que se incluye información de 2017 y 2018, respectivamente.

De igual manera, se observan las mayores dificultades que encuentran las mujeres de los hogares más pobres para conseguir empleo. La tasa de desocupación de las mujeres en los hogares del primer quintil llegó en 2020 al 27,7%, mientras que la de los hombres también alcanzó una cifra alta (22,0%), aunque inferior a la de las mujeres.

Por otra parte, se ha señalado que la crisis podría acelerar cambios estructurales vinculados con el aumento del uso de las tecnologías, que ya venían produciéndose en los mercados laborales de la región. Se esperan cambios en la demanda de trabajo como consecuencia de los incentivos que tendrían las empresas para lograr una mayor eficiencia, ya sea por la incorporación de nuevas tecnologías o a través de mejoras en sus procesos, adaptándolos para producir con menos trabajadores (CEPAL, 2021b).

Los nuevos empleos digitales también podrían acentuar las desigualdades, en particular las de género. Por ejemplo, la mayoría de los trabajos en plataformas digitales no están protegidos por el derecho a la organización sindical, el derecho a huelga o el derecho a la negociación colectiva, ni garantizan el derecho a vacaciones, seguro de desempleo, licencia por enfermedad, seguro de salud, protección a la maternidad o políticas de cuidado. Además, por su naturaleza, este tipo de empleos tampoco asegura un ingreso fijo periódico, ni las posibilidades de capacitación o ascenso en el marco de una carrera (Vaca Trigo, 2019). En este sentido, las diferencias en el acceso y uso de tecnologías estrechamente vinculadas a los niveles de ingresos alertan sobre la necesidad de implementar políticas de capacitación y reconversión laboral. Por ello, será necesario fortalecer los servicios de intermediación laboral y los programas de empleo integrales (que incluyan, por ejemplo, subsidios a la contratación y garantía de servicios de cuidado, entre otros) para propiciar que las mujeres que perdieron el empleo como consecuencia de la crisis logren encontrar trabajo en sectores de mayor dinamismo y mejores condiciones laborales.

Por otra parte, como ya se ha señalado, el cierre de centros educativos y de cuidado hizo que muchas mujeres de la región tuvieran que abandonar sus puestos de trabajo para realizar tareas de cuidados. El gráfico IV.5 muestra que las mujeres de entre 20 y 59 años pertenecientes a hogares con niños o niñas menores de 5 años son quienes antes de la pandemia presentaban las menores tasas de ocupación (53,4%). También son las que experimentaron los mayores descensos en los niveles de ocupación por efecto de la crisis (una caída del 11,8%).

La generación de oportunidades de empleo para las mujeres debe estar en el centro de las estrategias de recuperación. En este sentido, las políticas del mercado laboral deben articularse con políticas orientadas a la corresponsabilidad del cuidado entre los hogares, el Estado, el sector privado y las comunidades. Por una parte, se debe avanzar hacia un modelo de desarrollo que promueva mercados laborales que permitan a hombres y mujeres conciliar el trabajo remunerado y no remunerado (por ejemplo, incorporación de horarios flexibles con la debida fiscalización, sistemas de trabajo híbridos, fomento del teletrabajo, licencias parentales y licencias para el cuidado de familiares). Por otra parte también es necesario que la corresponsabilidad apunte a reducir la sobrecarga de cuidados de los hogares y permita avanzar hacia sistemas que garanticen el derecho al cuidado de todas las personas, sin sostenerse únicamente en el trabajo no remunerado de las mujeres.

Gráfico IV.5

América Latina (13 países)[a]: tasa de ocupación y variación en los niveles de ocupación entre 2019 y 2020, según presencia de niños y niñas de 0 a 15 años en el hogar, por sexo, población de 20 a 59 años[b]

(En porcentajes)

A. Tasa de ocupación según sexo y presencia de niños y niñas de 0 a 15 años en el hogar, 2019 y 2020

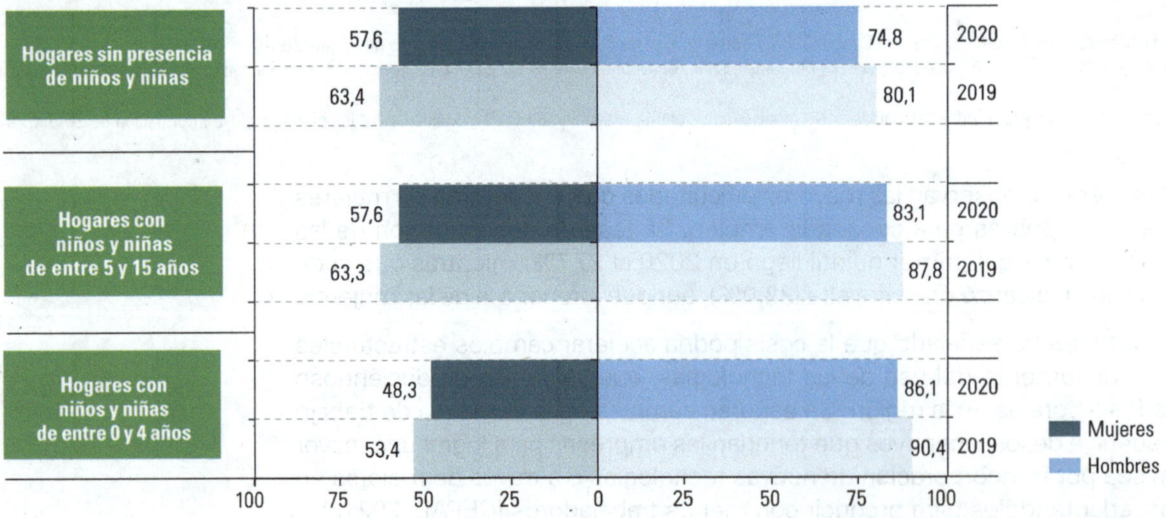

Gráfico IV.5 (conclusión)

B. Variación de la cantidad de personas ocupadas por sexo y presencia de niños y niñas de 0 a 15 años en el hogar, 2019-2020

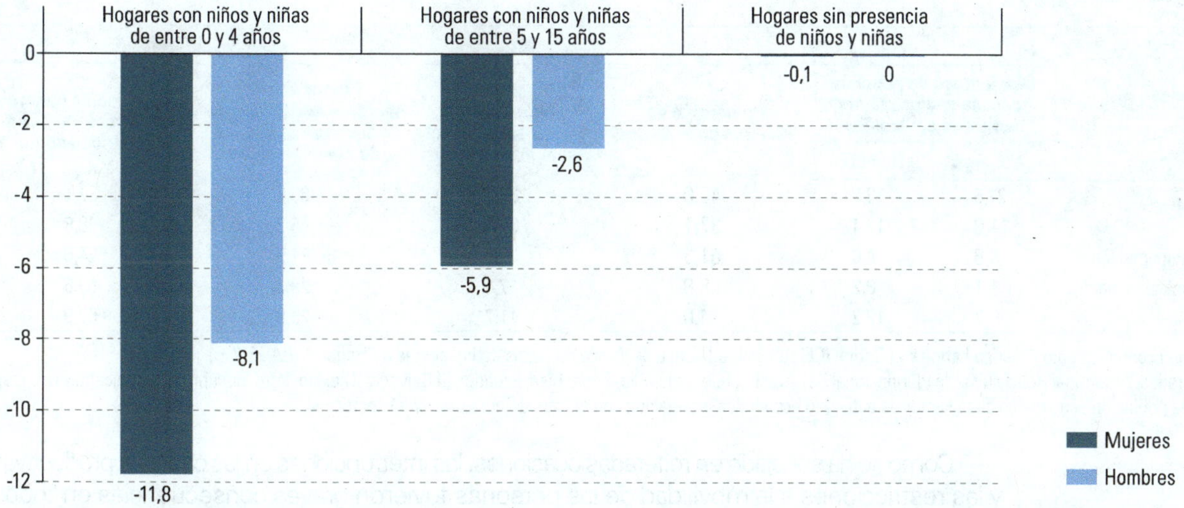

Fuente: Comisión Económica para América Latina y el Caribe (CEPAL), sobre la base de Banco de Datos de Encuestas de Hogares (BADEHOG).
[a] Países considerados: Argentina, Bolivia (Estado Plurinacional de), Brasil, Chile, Colombia, Costa Rica, Ecuador, El Salvador, México, Paraguay, Perú, República Dominicana y Uruguay.
[b] El dato promedio de 2019 considera a todos los países antes mencionados, con la excepción de Chile y México, para los que se incluye información de 2017 y 2018, respectivamente.

b) Efectos sectoriales

En 2021, la región creció a una tasa del 5,9% del PIB (CEPAL, 2021b). A pesar de esta recuperación, que aumentó la esperanza de una activación del mercado laboral, existe una gran preocupación en torno a la posibilidad de que los trabajadores y las empresas de los sectores más afectados por la crisis no logren beneficiarse de estas mejoras económicas (CEPAL, 2021a).

Los sectores de actividad económica donde más disminuyeron los puestos de trabajo fueron, justamente, aquellos con una gran proporción de mujeres, como el trabajo doméstico remunerado, el comercio minorista, la hotelería y el turismo, aunque la magnitud de las diferencias sectoriales varía entre países. Si bien los sectores de la construcción y el transporte también sufrieron caídas de la ocupación femenina, aún tienen una muy baja participación de mujeres. Por otra parte, se pronostica un aumento del empleo en varios sectores de servicios de alta cualificación, donde las mujeres están menos representadas. Estas diferencias estructurales tenderán a aumentar las desigualdades de género en el mercado laboral en ausencia de políticas activas de empleo para las mujeres.

En promedio, en 2020, el sector del comercio ocupaba a un 21,6% de las mujeres de la región, de las cuales un 65,6% se empleaban en empresas de menos de cinco personas y únicamente un 37,1% se encontraban afiliadas a la seguridad social. En el sector de alojamiento y alimentación, altamente feminizado (un 61,3% de quienes trabajan en el sector son mujeres), la proporción de mujeres en empresas de menos de cinco personas es del 71,9% y solo un 24,6% de las mujeres se encuentran afiliadas a la seguridad social (véase el cuadro IV.2).

Cuadro IV.2

América Latina (12 países)[a]: características laborales de sectores muy afectados por la pandemia de enfermedad por coronavirus (COVID-19), promedio ponderado, alrededor de 2020

(En porcentajes)

Sector de actividad económica	2020					
	Distribución de población ocupada según sector de actividad económica[b]		Proporción de mujeres en el sector	Proporción de trabajadoras por cuenta propia en el empleo del sector	Proporción de mujeres empleadas en empresas de menos de cinco personas	Proporción de mujeres ocupadas afiliadas a la seguridad social
	Mujeres	Hombres				
Comercio	21,6	18,2	46,0	39,2	65,6	37,1
Manufactura	11,0	13,4	37,1	29,0	45,2	48,8
Alojamiento y alimentación	8,8	4,0	61,3	35,8	71,9	24,6
Transporte y almacenamiento	1,1	8,2	8,8	17,4	29,2	69,6
Construcción	0,7	12,2	4,0	11,7	26,9	62,9

Fuente: Comisión Económica para América Latina y el Caribe (CEPAL), sobre la base de Banco de Datos de Encuestas de Hogares (BADEHOG).

[a] Países considerados: Argentina, Bolivia (Estado Plurinacional de), Brasil, Chile, Colombia, Costa Rica, Ecuador, El Salvador, México, Perú, República Dominicana y Uruguay.

[b] Proporción de la población ocupada en cada sector de actividad económica en relación con el total de personas en el sector.

Como se ha señalado en reiteradas ocasiones, las interrupciones en las cadenas productivas y las restricciones a la movilidad de las personas tuvieron graves consecuencias en todos los sectores productivos de la región. Además de la heterogeneidad de la magnitud de la caída del empleo en diversos sectores productivos, pueden apreciarse grandes diferencias en la duración de estos impactos. Si bien la mayor contracción para todos los sectores se experimentó en el segundo trimestre de 2020, la apertura parcial de las economías en el tercer trimestre permitió iniciar una recuperación (CEPAL, 2021b y 2021c).

Un hecho que preocupa y alerta sobre las tasas de empleo, es que parece repetirse la historia de crisis pasadas, en donde los sectores altamente masculinizados se recuperan más rápido que aquellos con mayor presencia de mujeres. Al primer trimestre de 2021, por ejemplo, la construcción había retomado niveles de empleo similares a los que tenía antes de la pandemia, mientras que el sector de alojamiento y comidas experimenta una recuperación más lenta (CEPAL, 2021b). Por su parte, el sector de los hogares como empleadores no ha logrado recuperar los niveles de ocupación previos a la pandemia (véase el gráfico IV.6). En este sentido, avanzar con la vacunación y priorizar a las mujeres empleadas en el trabajo doméstico remunerado será clave para que este sector se recupere.

Gráfico IV.6

América Latina (8 países): evolución del nivel de ocupación en el sector de la construcción y en hogares particulares, primer trimestre de 2020 a primer trimestre de 2021

(Índice 2020/01=100)

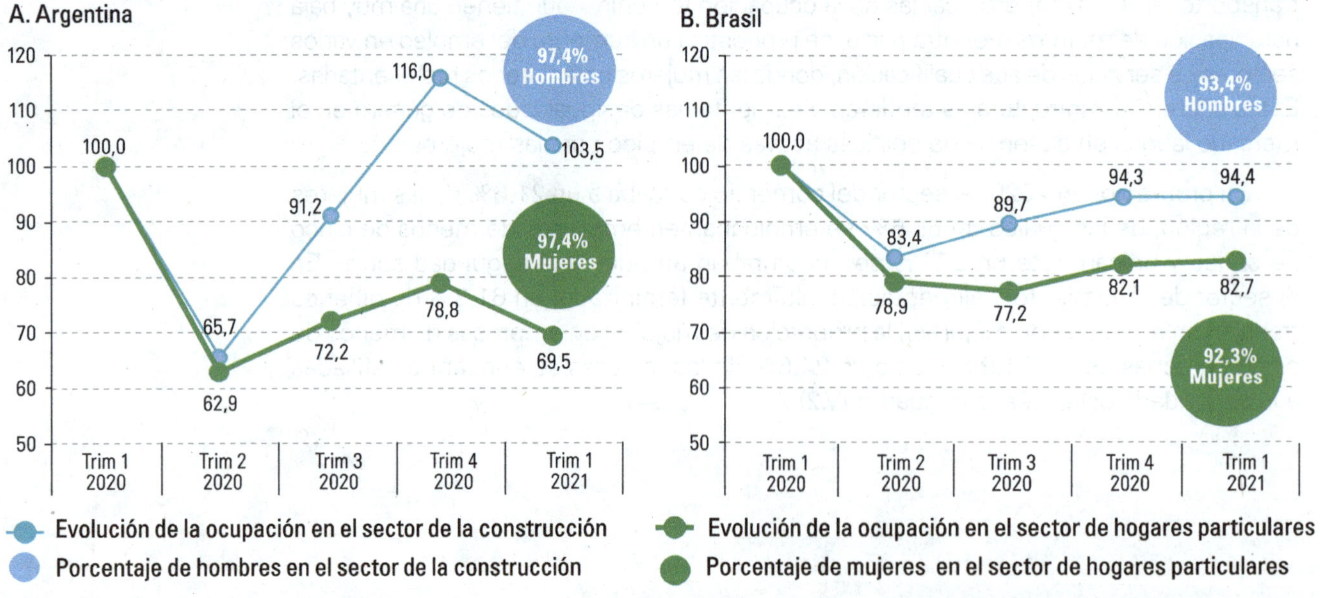

Gráfico IV.6 (conclusión)

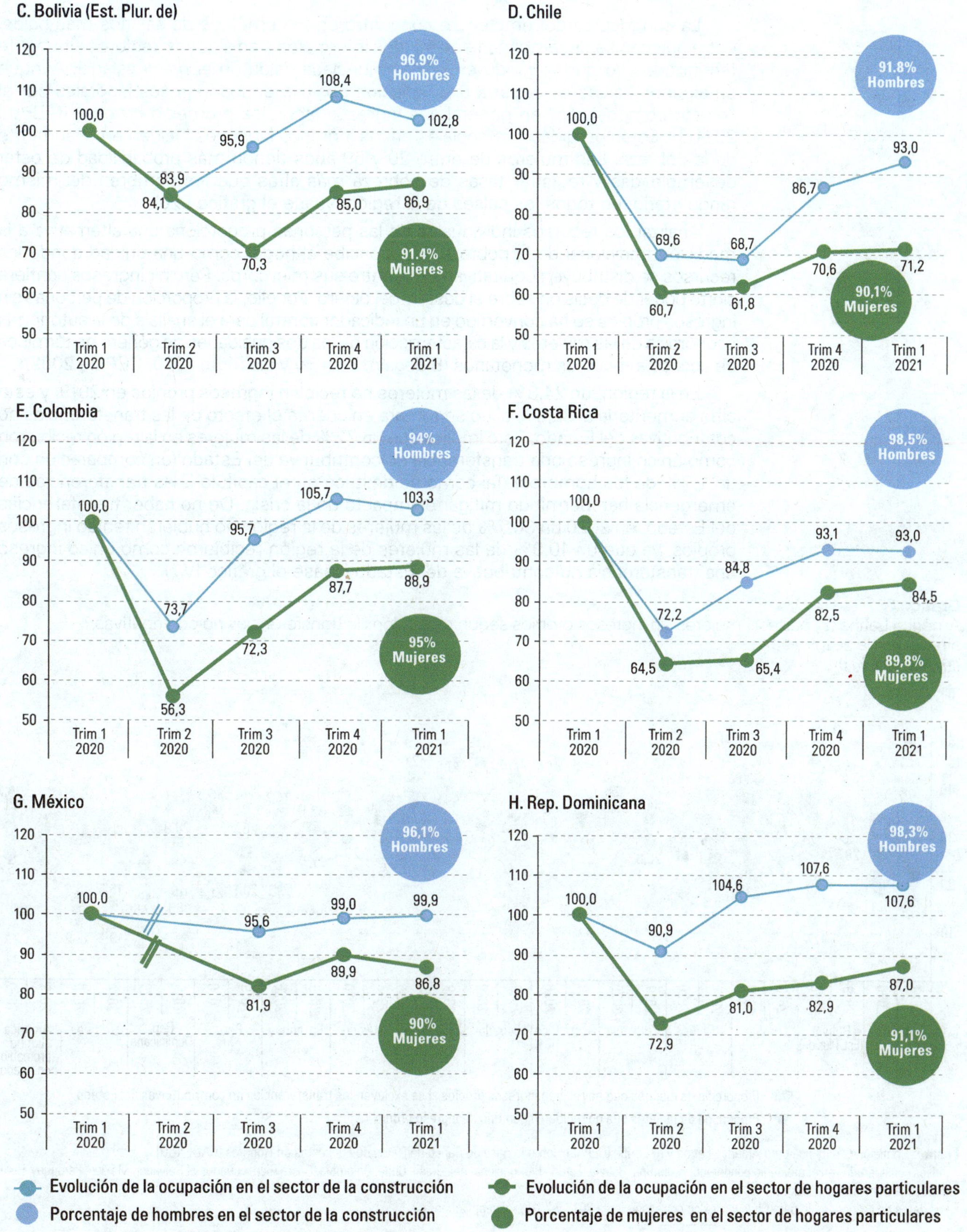

Fuente: Comisión Económica para América Latina y el Caribe (CEPAL), sobre la base de cifras oficiales de los países.

c) Impacto en los ingresos

La contracción del empleo se concentró en los empleos de salarios más bajos, entre quienes se desempeñan en empleos informales y en algunos sectores altamente feminizados, lo que redundó en una pronunciada caída de la masa salarial. Aunque en algunos países se registra una variación positiva en los ingresos laborales por el "efecto composición", en general, los ingresos laborales promedio cayeron (CEPAL, 2021c)[1]. Estas pérdidas sustanciales en los ingresos laborales inciden en el aumento de la pobreza. Las mujeres de entre 20 y 59 años tienen más probabilidad de estar desempleadas y registrar tasas de pobreza más altas que los hombres del mismo rango etario, en todos los países de la región (véase el gráfico I.20).

Analizar los recursos individuales de las personas proporciona una alternativa a la medición tradicional de la pobreza, que concibe al hogar como una unidad donde los recursos se distribuyen equitativamente entre sus miembros. Percibir ingresos confiere cierto poder de decisión sobre el destino del dinero. Por ello, la proporción de personas sin ingresos propios se ha convertido en un indicador central para el análisis de la autonomía económica de las mujeres y la caracterización de las desigualdades de género en términos de acceso a recursos monetarios (Bidegain, Scuro y Vaca Trigo, 2020; CEPAL, 2002)[2].

En la región, un 24,8% de las mujeres no recibían ingresos propios en 2019, y esta cifra aumentaría al 32,0% si no se tomara en cuenta el efecto de las transferencias no contributivas del Estado. Esto implica que un 7,2% de las mujeres en la región recibieron como único ingreso una transferencia no contributiva del Estado (en comparación con un 1,7% de los hombres). Tal como se destacó en el capítulo I, las transferencias de emergencia han permitido mitigar el impacto de la crisis. De no haber transferencias del Estado, en 2020 un 36,7% de las mujeres de la región no hubieran tenido ingresos propios, ya que un 10,9% de las mujeres de la región recibieron como único ingreso una transferencia no contributiva del Estado (véase el gráfico IV.7).

Gráfico IV.7
América Latina (13 países)[a]: mujeres sin ingresos propios según recepción de transferencias no contributivas, alrededor de 2019[b] y 2020
(En porcentajes)

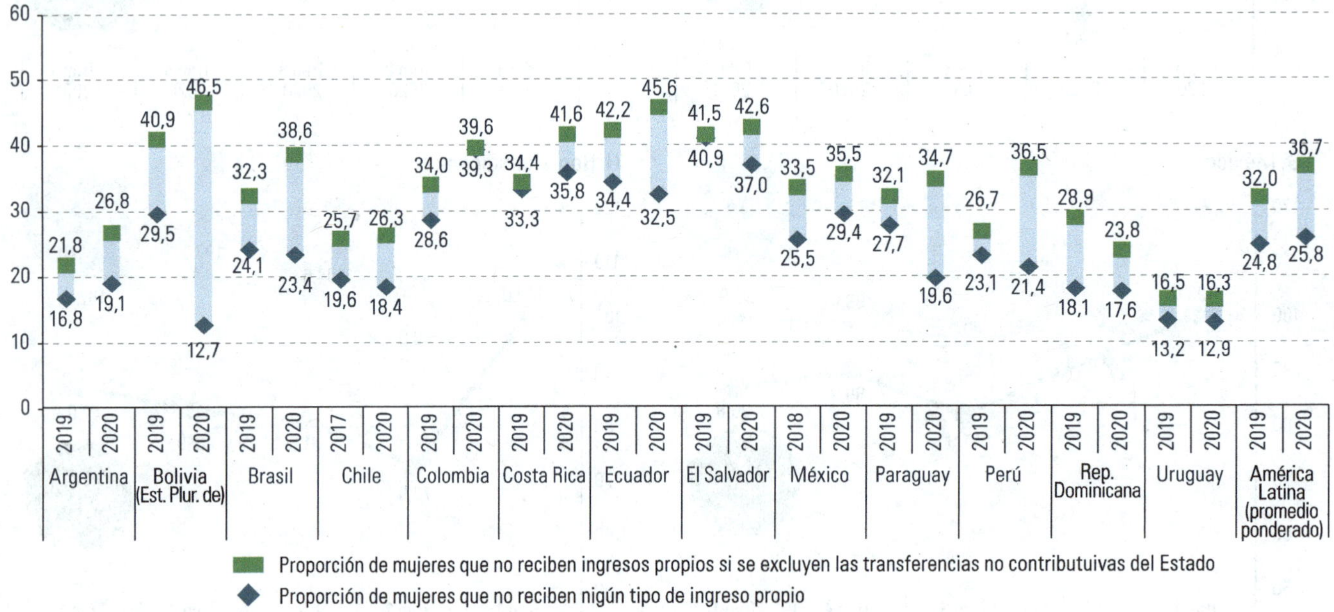

Fuente: Comisión Económica para América Latina y el Caribe (CEPAL), sobre la base de Banco de Datos de Encuestas de Hogares (BADEHOG).
[a] Países considerados en el promedio ponderado: Argentina, Bolivia (Estado Plurinacional de), Brasil, Chile, Colombia, Costa Rica, Ecuador, El Salvador, México, Paraguay, Perú, República Dominicana y Uruguay.
[b] Los datos de prepandemia para Chile y México corresponden a 2017 y 2018, respectivamente.

1 El "efecto composición" implica que la reducción de empleos de menor ingreso hace que el salario promedio pueda subir.

2 El indicador de población sin ingresos propios refiere a la proporción de la población de cada sexo, de 15 años y más, que no es perceptora de ingresos monetarios individuales y que no estudia exclusivamente (según su condición de actividad) en relación con el total de la población de ese mismo sexo de 15 años y más que no estudia.

En el Estado Plurinacional de Bolivia, 1 de cada 3 mujeres recibió en 2020 como único ingreso una transferencia no contributiva del Estado. Eso hizo que a 2020 únicamente un 12,7% de las mujeres no tuvieran ingresos propios (en comparación con el 46,5% si no hubiera transferencias no contributivas). En el contexto de la pandemia, con esto se logró reducir la proporción de mujeres sin ingresos propios en el país. En el Paraguay también se observa una reducción del porcentaje de mujeres sin ingresos propios gracias al importante impacto de las transferencias no contributivas del Estado. En Chile, el Brasil, la República Dominicana y el Uruguay, el efecto de las transferencias logra amortiguar la pérdida de ingresos manteniendo niveles de mujeres sin ingresos propios similares a los que se observaban antes de la pandemia. En la Argentina, Costa Rica y México, si bien el efecto de las transferencias no logra reducir la población sin ingresos propios en comparación con cifras previo a la pandemia, estas son fuente exclusiva de ingresos de más del 5% de las mujeres en cada uno de estos países.

En los países de la región en los que se puede analizar las fuentes de ingresos, las transferencias no contributivas del Estado representan una mayor proporción de los ingresos para las mujeres que para los hombres, en particular porque las mujeres reciben ingresos más bajos. Con excepción del Paraguay (4,3%), las transferencias no contributivas del Estado representaron más del 6% de los ingresos de las mujeres. En el Ecuador y la República Dominica, de hecho, esta cifra ronda el 10% (véase el gráfico IV.8).

Gráfico IV.8
América Latina (7 países): composición de los ingresos de las personas según recepción de transferencias monetarias de emergencia en el marco de la pandemia de enfermedad por coronavirus (COVID-19)[a] y otras transferencias no contributivas del Estado, por sexo, 2020
(En porcentajes)

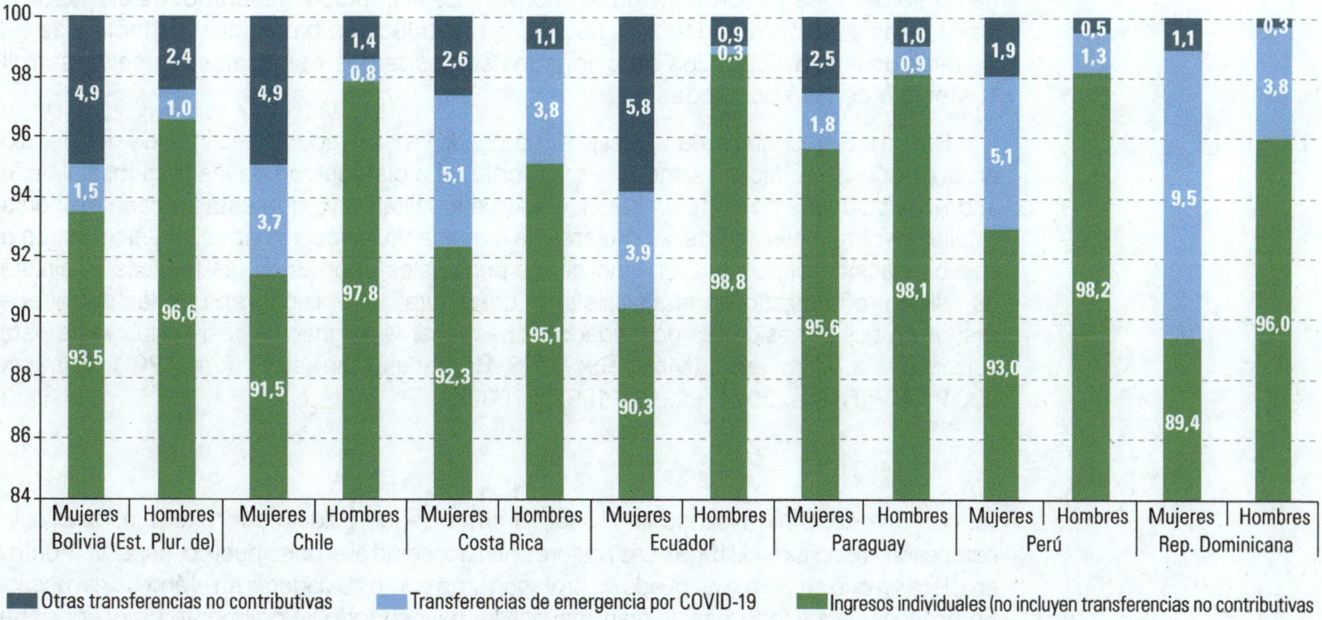

Fuente: Comisión Económica para América Latina y el Caribe (CEPAL), sobre la base de Banco de Datos de Encuestas de Hogares (BADEHOG).

[a] Para el Estado Plurinacional de Bolivia se consideraron el Bono Familia COVID-19, el Bono Canasta Familiar COVID-19 y el Bono Universal COVID-19. Para Chile se incluyeron el Bono de Emergencia COVID-19 y el Ingreso Familiar de Emergencia (IFE). Para Costa Rica se consideraron el Bono Proteger y transferencias monetarias y no monetarias para enfrentar la pandemia de COVID-19. En el Ecuador se tomó en cuenta el Bono de Protección Familiar por emergencia sanitaria y el Bono de Apoyo Nutricional. En el Paraguay se incluyeron prestaciones adicionales por COVID-19 de Tekoporã, así como de los programas Ñangareko y Pytyvõ. En el Perú se consideraron el Bono "Yo me quedo en casa", el Bono para independientes, el Bono Rural y el Bono Universal Familiar. En la República Dominicana se tomaron en cuenta las prestaciones del programa Quédate en Casa, el Fondo de Asistencia Solidaria a Empleados (FASE) y el bono de ayuda para trabajadores informales.

Este panorama alerta sobre la importancia de dar continuidad, en el corto plazo, a las transferencias sociales de emergencia. Si los gobiernos descontinúan las transferencias de emergencia implementadas en 2020 y 2021 o reducen los programas de protección social no contributiva habrá una mayor feminización de la pobreza debido a que, por una parte, las mujeres en la región dependen en mayor medida de estos programas como fuente única de ingresos, y, por la otra, los recursos disponibles para los hogares provendrían principalmente de los ingresos laborales, y, como se ha mostrado a lo largo de esta sección, persisten brechas de género en el mercado laboral.

Por este motivo, para lograr una recuperación transformadora con igualdad, que no deje atrás a las mujeres, es necesario avanzar hacia sociedades de cuidado con la integración de medidas a mediano y largo plazo que garanticen la protección social universal, integral y sostenible, y estrategias que apunten a un cambio estructural.

B. El cuidado y su papel en la sostenibilidad de la vida

La pandemia hizo aún más evidente que los cuidados son un elemento central para la sostenibilidad de la vida. Además de injusta, la actual organización social de los cuidados se revela insostenible. La inversión en la economía del cuidado tiene el potencial de dinamizar las economías generando empleo y además bienestar en el marco de una recuperación sostenible y con igualdad de género.

La crisis sanitaria se convirtió rápidamente en una crisis social y económica que puso de manifiesto que, sin el cuidado de la salud y el bienestar físico y emocional, no hay producción ni economía sostenible.

El trabajo de cuidado es fundamental para la sostenibilidad de la vida, la reproducción de las sociedades y la producción económica. Es el principal generador de bienestar en las familias y las comunidades, y habilita la reproducción biológica y simbólica de una generación a otra. Todos los mencionados son aspectos esenciales para el desarrollo sostenible de las sociedades.

Pese a su importancia, este trabajo sigue siendo invisibilizado, subestimado y desatendido en el diseño de políticas económicas y sociales. La distribución de las responsabilidades sobre los cuidados no tiene un balance justo e igualitario, ya que estas recaen casi en su totalidad sobre el tiempo de las mujeres, la mayoría de las cuales no recibe ningún tipo de compensación por sus tareas. Uno de los principales aportes de las teóricas feministas es haber profundizado en el análisis para desnaturalizar el modo en que las sociedades resuelven sus necesidades de cuidado y cuestionar la asignación casi exclusiva de estas actividades a las mujeres (Molyneux, 1979; Borderías, Carrasco y Torns, 2011; Carrasco, 2004; 2017; Folbre, 2004; Picchio, 1992 y 2009).

1. La vida en el centro

Tal como la describió Hochschild (1995), la crisis de los cuidados remite a la "revolución estancada" (Hochschild, 1989). Las mujeres han accedido al ámbito público, especialmente al empleo, sin que se viera menguado su protagonismo como cuidadoras en el ámbito doméstico. En América Latina, además, la gran mayoría se ha insertado laboralmente en ocupaciones precarias y sin cobertura previsional, lo que implica que tengan una vejez empobrecida.

Si bien la pandemia de COVID-19 lo hizo evidente a nivel mundial en 2020, desde la Convención sobre la Eliminación de Todas las Formas de Discriminación contra la Mujer (CEDAW), los estudios feministas ya planteaban la necesidad de modificar la sistemática incompatibilidad que viven las mujeres entre el ámbito de lo reproductivo y lo productivo (Carrasco, 2004; 2017; Molyneux, 1979; Benería, 1981; Picchio, 1992, 2009; Pérez Orozco, 2006 y 2014)[3].

3 Por ejemplo, el artículo 16 de la Convención sobre la Eliminación de Todas las Formas de Discriminación contra la Mujer hace referencia a la responsabilidad compartida por hombres y mujeres en lo que respecta al cuidado y la crianza de los hijos. Por su parte, el artículo 11 destaca la importancia de los servicios sociales de apoyo necesarios para permitir que los padres combinen las obligaciones para con la familia con las responsabilidades del trabajo y la participación en la vida pública.

Los factores que han exacerbado la crisis del cuidado constituyen elementos de largo plazo a nivel regional. Por ello, las medidas de respuesta deben acompañarse de acciones que busquen construir, en simultáneo, los cimientos para modificar el modelo actual de forma estructural. La idea de sociedad del cuidado propone justamente esto: un cambio de paradigma que ponga en el centro el cuidado de las personas, de quienes cuidan, el autocuidado y el cuidado del planeta.

Las configuraciones sociales y económicas en la región han priorizado los modelos androcéntricos y promovido el *statu quo* que mantiene la división del trabajo basada en estereotipos de género. Estos modelos no han logrado dar respuesta a los desafíos que enfrentan las sociedades en términos de los ciclos económicos, las transiciones demográficas y los cambios epidemiológicos, y tampoco han permitido superar las desigualdades entre hombres y mujeres.

Los efectos negativos sobre la salud que tienen los sistemas de salud débiles y fragmentados, los patrones de producción, distribución y consumo (principalmente en términos alimentarios), y la hiperurbanización de la región provocan enfermedades agudas o crónicas que intensifican las demandas de cuidados y tienen una incidencia directa sobre el tiempo que destinan las mujeres al bienestar de los integrantes de sus hogares y familias extendidas. Si bien la degradación ambiental afecta las condiciones cotidianas de vida de las poblaciones de la región, sus efectos se materializan de manera diferencial sobre la base de relaciones interseccionales de poder, según el sexo, nivel socioeconómico, la pertenencia étnico-racial y el lugar de procedencia. Por ejemplo, los efectos del cambio climático, como los fenómenos meteorológicos extremos y la escasez de agua o energía, pueden hacer que las mujeres, en particular las mujeres rurales o indígenas, tengan que dedicar aún más horas al trabajo doméstico y de cuidados. De esta manera, las prácticas no sostenibles no solo amenazan a la "naturaleza", y por tanto a los "humanos" en general, sino también a determinados grupos específicos mucho más que a otros (Gottschlich y Bellina, 2016). En algunos estudios realizados recientemente se debate sobre la capacidad finita tanto de los recursos naturales como de los cuerpos de las mujeres para sostener un modelo tal cual está planteado en la actualidad, ya que el cuidado aún no se entiende como un bien público, sino como una demanda que se resuelve preferentemente en el ámbito privado de los hogares (Heintz, Staab y Turquet, 2021; Dengler y Strunk, 2018).

Sin embargo, existen factores de importancia que enfatizan la necesidad de pensar tanto la sostenibilidad del planeta como los cuidados más allá de su provisión privada: ambas esferas producen valor en la forma de bienes públicos en diferentes escalas (nacional, regional y mundial), y su realización es esencial tanto para la sostenibilidad de la vida como para el propio funcionamiento del mercado (Heintz, Staab y Turquet, 2021; Folbre, 2004; Picchio, 2009; Gottschlich y Bellina, 2016). Los cuidados no remunerados producen valor en la forma de "bien público" en la medida en que la sociedad, y no solo quien recibe los cuidados, percibe los beneficios derivados de esa actividad. Además, el valor derivado de esta esfera funciona como subsidio desde los hogares hacia el ámbito público (estatal o mercantil) (Picchio, 2003). Lo mismo sucede con la sostenibilidad ambiental, ya que sus efectos trascienden generaciones, países y regiones. Su valor es sumamente interdependiente, tanto desde el punto de vista temporal como geográfico, y cumple un papel central en el soporte de las actividades mercantiles (Heintz, Staab y Turquet, 2021). En consecuencia, dada su interdependencia multiescalar e intergeneracional, y su papel central tanto en el soporte de la vida como del mercado, los bienes públicos derivados de las dos esferas mencionadas necesitan pactos económicos, sociales y políticos, que trasciendan las relaciones privadas y que garanticen su uso y sostenibilidad colectiva y en el largo plazo.

Con el fin de poner la vida en el centro, la sociedad del cuidado busca trascender los modelos basados en el expolio de la vida, la injusticia estructural y la prevalencia de las desigualdades. De este modo, se busca impactar sobre la distribución del trabajo de cuidados, así como sobre las cargas y los beneficios derivados de la relación con los recursos ambientales. El cuidado del planeta se torna, entonces, parte de la sociedad del cuidado, en tanto el modelo transformador solo es viable si es sostenible e integral respecto de las capacidades del planeta y de la dignidad humana.

2. ¿Cómo innovar en la inversión para una recuperación transformadora con igualdad?

La pandemia de COVID-19 ha puesto en el centro del debate la reflexión sobre las actividades que sostienen la vida. La economía del cuidado, aunque no fuera nombrada como tal, se convirtió en un sector clave y esencial. Pese a ello, las tareas relativas al trabajo de cuidados suelen ser poco valoradas y, por ende, no se les atribuye un valor monetario. Sin embargo, los cálculos acerca de la valorización económica del trabajo no remunerado de los hogares realizados en los países de América Latina y el Caribe señalan que representaría entre el 15,7% y el 24,2% del PIB y que son las mujeres quienes aportan cerca del 75% de este valor (CEPAL, 2021d). En este sentido, debería pensarse la economía del cuidado como una inversión en un sector que no solo es clave en la reactivación para la salida de la crisis, sino como sector dinamizador de la economía, en el marco de la recuperación transformadora con igualdad.

En particular, el potencial transformador de la economía del cuidado hacia un nuevo modelo de desarrollo más justo, sostenible e igualitario se da a través de dos elementos centrales. La inversión en la economía del cuidado por una parte aumenta la eficiencia económica, la productividad, la generación de empleo (en especial para las mujeres) y, en consecuencia, los niveles de recaudación, y, por la otra, implica una mejora en las capacidades y el bienestar presente y futuro de la sociedad en su conjunto.

La sobrecarga de trabajo no remunerado de las mujeres representa un obstáculo para su plena participación en el mercado laboral e incide en una mala asignación del talento, por lo que genera ineficiencias que afectan la productividad. La inversión en cuidados contribuiría a reducir las brechas de género en la educación, la salud, el empleo y los salarios, e incidiría en los niveles de productividad y la tasa de crecimiento de la economía (Seguino, 2020).

La inversión en la economía del cuidado también repercute directamente en el empleo (Henau y Himmelweit, 2021). En un contexto de cambio en las dinámicas demográficas y el mundo del trabajo, la demanda de mano de obra en los sectores vinculados a la economía del cuidado tenderá a incrementarse (Simonazzi, 2008). Si se abordara esta situación mediante la expansión de servicios en los sectores de la educación y la salud, se estima que hacia 2030 podrían crearse en todo el mundo 475 millones de puestos de trabajo directos vinculados al cuidado, 78,5 millones de puestos de trabajo de otro tipo en los sectores mencionados y otros 38,4 millones de puestos de trabajo de forma indirecta (OIT, 2019b).

Es más, de articularse con políticas laborales que mejoren la calidad de esos empleos, el sector de los cuidados puede contribuir no solo al incremento en el nivel de empleo en general, sino también a reducir las brechas de género en el mercado laboral. La inversión en economía del cuidado redunda, entonces, en una mayor calidad y cantidad de empleos en sectores tradicionalmente feminizados, con lo que aumenta el nivel de ingresos de quienes se desempeñan en estos sectores (CEPAL, 2021d). Este es un factor especialmente relevante en la medida en que, tradicionalmente, los sectores que han ocupado un lugar central en las políticas de reactivación económica (como la construcción) suelen ser sectores muy masculinizados (De Henau, Himmelweit y Perrons, 2017). Asimismo, el acceso de las mujeres a mejores salarios y condiciones laborales no solo incide directamente en la demanda agregada, sino que también podría aumentar la productividad del trabajo y reducir los costos laborales unitarios (Seguino, 2020).

Por otra parte, la inversión pública y privada en cuidados redunda en una mejora en las capacidades y el bienestar social. De hecho, la provisión de infraestructura pública y social de cuidados puede reducir las desigualdades educativas que afectan a niñas y niños, sobre todo si se regula y controla la calidad de los servicios comunitarios, públicos y privados que brindan cuidados (CEPAL, 2021d). A largo plazo, esta mejora impacta en las capacidades laborales, sociales y económicas de la sociedad.

Además, la inversión en acciones orientadas a la creación y el fortalecimiento de los sistemas integrales de cuidado redunda en una mejora de la sociedad en general en la medida en que otorga valor y reconocimiento a este pilar central del bienestar. Por ello, pese a que los servicios de cuidado suelen incluirse en la partida de gasto social al momento del diseño presupuestal, los recursos que se destinan a esta área constituyen más bien una inversión, cuyo impacto mejora las condiciones de vida de las sociedades en su conjunto (Braunstein, van Staveren y Tavani, 2011).

La inversión en cuidados contribuye, asimismo, a lograr un impacto positivo en la disminución de la pobreza y la desigualdad debido a su papel en el cierre de las brechas en la participación laboral y la remuneración entre hombres y mujeres (Braunstein, Bouhia y Seguino, 2020). Las estimaciones realizadas por la Comisión Económica para América Latina y el Caribe (CEPAL) en 2014 establecían que si las mujeres tuvieran iguales tasas de participación que los hombres, la pobreza en 18 países de América Latina podría reducirse entre 1 y 12 puntos porcentuales, dependiendo del país, mientras que la desigualdad (medida con el índice de desigualdad de Gini) podría registrar entre 1 y 4 puntos porcentuales de disminución (CEPAL, 2014).

En términos de la Agenda 2030 para el Desarrollo Sostenible, la inversión en la economía del cuidado contribuye a eliminar la pobreza e implementar sistemas y medidas apropiadas de protección social para todas las personas (ODS 1); poner fin al hambre, lograr la seguridad alimentaria y la mejora de la nutrición, y promover la agricultura sostenible (ODS 2); garantizar una vida sana y promover el bienestar (ODS 3); garantizar una educación inclusiva, equitativa y de calidad (ODS 4); lograr la igualdad de género y empoderar a todas las mujeres y las niñas (ODS 5); promover el crecimiento económico inclusivo y sostenible, el empleo pleno productivo y el trabajo decente para todos y todas (ODS 8); construir infraestructuras resilientes, promover la industrialización inclusiva y sostenible y fomentar la innovación (ODS 9); reducir las desigualdades (ODS 10); adoptar medidas urgentes para combatir el cambio climático (ODS 13); promover sociedades justas, pacíficas e inclusivas (ODS16), y fortalecer los medios de implementación y revitalizar la Alianza Mundial para el Desarrollo Sostenible (ODS 17).

En suma, en el corto y mediano plazo, la inversión en la economía del cuidado aumenta el ingreso mediante el incremento de la productividad, la calidad y el nivel del empleo (especialmente en las mujeres), e impacta en la capacidad de consumo de los hogares, la actividad económica y los niveles de recaudación. Esta inversión, además, redunda en un aumento en el bienestar general de la sociedad, reduce las desigualdades en todas sus formas y contribuye a la diversificación de la estructura productiva sin trasgredir los límites ecológicos para la reproducción de la vida. Por todo lo mencionado, impulsar el potencial transformador de la economía del cuidado es fundamental para lograr una recuperación transformadora más justa, con igualdad y sostenibilidad.

C. Políticas de cuidado para una recuperación con igualdad y sostenibilidad

La propuesta de la CEPAL de transitar hacia la sociedad del cuidado supone reconocer que los cuidados son una necesidad universal y a la vez expresan diversidades estructurales como el ciclo de la vida, las condiciones físicas, las condiciones socioeconómicas y de ingresos y las diferencias territoriales. La universalidad, la coordinación interinstitucional e intersectorial, la corresponsabilidad y la sostenibilidad financiera constituyen pilares fundamentales de las políticas integrales de cuidados que precisa la región.

Esta sección analiza los elementos clave para diseñar e implementar políticas de cuidado en el marco de la recuperación transformadora con igualdad y sostenibilidad. Para ello es esencial contar con un Estado fortalecido en sus capacidades y con una institucionalidad articuladora de las políticas de cuidado. La propuesta de la CEPAL se centra en transitar hacia la sociedad del cuidado, lo que implica la igualdad entre hombres y mujeres, así como el reconocimiento, la redistribución y la reducción de las tareas de cuidado en el marco de los derechos humanos y de los compromisos asumidos en la Agenda 2030. Por otra parte, es fundamental reafirmar el papel central que tiene el Estado en el proceso de construcción de la sociedad del cuidado mediante acciones que tengan como horizonte la universalización de servicios de calidad, la coordinación e intersectorialidad de las políticas, la sostenibilidad financiera y la corresponsabilidad como principio[4].

1. Políticas integrales de cuidado: los pilares para avanzar en materia de la igualdad de género

La transformación de la vida cotidiana que trajo aparejada la crisis provocada por la pandemia de COVID-19 ha generado una mayor visibilización de la falta de infraestructura y recursos, como el tiempo, para hacer viables los cuidados. Si bien la crisis de los cuidados es anterior a la pandemia, todas sus dimensiones se agravaron durante 2020 y 2021. Las medidas necesarias para evitar los contagios, la reconfiguración de las tareas domésticas y los cambios en las rutinas pusieron la palabra "cuidados" en el centro de muchos de los discursos en la región. Los Estados debieron tomar medidas para evitar la propagación del virus y promover especialmente el cuidado de las poblaciones más vulnerables, como las personas mayores, así como limitar los ámbitos de convivencia de niños, niñas y adolescentes cerrando centros educativos. La profunda transformación de la vida cotidiana que generó la pandemia se expresó en nuevas formas de ejercer el trabajo remunerado, acceder a un empleo, desplazarse y mantener los vínculos afectivos. Esto dio lugar a una mayor cercanía de la sociedad en su conjunto a los postulados de las teóricas feministas y el acumulado de la Agenda Regional de Género, que desde hace varias décadas vienen reflexionando sobre la rígida división sexual del trabajo y la injusta organización social del cuidado.

La región cuenta con algunas experiencias de políticas de cuidados que aspiran a la transformación de la división sexual del trabajo, tanto a nivel nacional como subnacional. El contexto de la pandemia puso en evidencia la necesidad de extender estas políticas hacia los territorios en los que aún no se implementaron y fortalecerlas donde ya existían. En esta línea, los mecanismos para el adelanto de la mujer han sostenido en la última Conferencia Regional sobre la Mujer de América Latina y el Caribe que los esfuerzos aún son insuficientes y que es preciso avanzar hacia sistemas integrales de cuidados desde una perspectiva de género y de derechos humanos que contemple la interculturalidad y la interseccionalidad (CEPAL, 2020a).

a) Horizonte de universalidad: la progresividad en el acceso a servicios de calidad

Todas las personas necesitan algún tipo de cuidado durante su ciclo de vida, aunque no todas los brindan. Los cuidados son una necesidad universal y a la vez expresan diversidades estructurales, como el ciclo de la vida, las condiciones físicas, las condiciones socioeconómicas y de ingresos, y las diferencias territoriales, entre otras. Por ese motivo, las políticas deben tener una aspiración universal en el marco de la igualdad, reconociendo que existen poblaciones con mayores demandas y con profundas carencias para solventar los cuidados. Para que las políticas alcancen la igualdad en un contexto de profundas desigualdades como el de América Latina y el Caribe, deben ser progresivas y facilitar el acceso a todas las personas, sin detrimento de la calidad de los servicios que se ofrezcan.

---

4 La corresponsabilidad, entendida en sus dos aristas, hace a la redistribución de la carga del cuidado entre hombres y mujeres, e implica una reducción de la carga de los hogares y el reconocimiento y la participación del Estado, el sector privado y las comunidades para atender las necesidades de cuidados de toda la población, incluidas las mujeres que han sido las cuidadoras tradicionales en el modelo de sociedad actual.

Que el Estado garantice la calidad de la oferta de cuidados es determinante para que las políticas públicas no refuercen las desigualdades ni produzcan sistemas estratificados orientados únicamente a aquellas personas que no puedan cubrir los costos de servicios que solo resultan accesibles para quienes tienen ingresos más altos.

Una vez definida la universalidad como el principio orientador, se deben discutir e identificar los criterios de progresividad y especificidad de las políticas públicas en función de las características de las poblaciones y los territorios a los que sea prioritario llegar con la oferta de calidad. Es de suma importancia en este punto tener claro que no solo se necesitan diversas habilidades por parte de quienes cuidan, sino también distintos abordajes de políticas para facilitar y garantizar el cuidado de calidad. Cabe destacar que, además de los requerimientos de las personas a ser cuidadas, un cuidado de calidad también implica el cuidado de las personas que ejercen el cuidado (descanso, condiciones de trabajo decentes), ya sea que este cuidado sea remunerado y se dé en el marco del mercado laboral o sea sin remuneración y ocurra en el ámbito de los hogares.

Como se ha presentado en este capítulo, en general existen amplias brechas de ingresos y derechos laborales entre personas con formación especializada en cuidados y quienes cuidan sin formación específica o en el ejercicio informal del trabajo. En paralelo a asegurar la oferta de calidad de los servicios de cuidado y las medidas para que las personas que cuidan de forma no remunerada tengan derecho al descanso y el tiempo propio, es imprescindible avanzar en la formalización, formación y certificación de las habilidades y competencias para ejercer el trabajo de cuidados.

b) Coordinación interinstitucional e intersectorialidad

En los países de América Latina donde existen políticas de cuidados, la organización institucional cobra diversas formas. En algunos casos, las políticas las lideran los ministerios de desarrollo social, en otros los mecanismos para el adelanto de la mujer y también existen ejemplos de políticas lideradas desde el sector de la seguridad social. La naturaleza compleja pero innovadora de las políticas de cuidados desde la perspectiva de género exige un enfoque intersectorial y el trabajo coordinado de diversos ministerios y sectores para cumplir a cabalidad con los objetivos que se tracen. Es fundamental que la política de cuidados permita la intervención de distintos sectores del Estado, tanto en la provisión como en la regulación de los servicios y las prestaciones. Además, el diseño y la implementación de las políticas de cuidado se enriquecerán con la participación de quienes se desempeñan en este ámbito de forma remunerada y no remunerada, así como de las propias personas que necesitan cuidados, ya sea de manera individual o nucleadas en organizaciones de representación.

El aspecto transversal de las políticas de cuidados hace imprescindible la coordinación institucional con claridad de competencias y cometidos entre los distintos niveles (subregional, local, nacional) y organismos del Estado. La impronta colaborativa resulta, entonces, fundamental, ya que estas políticas pueden convocar áreas tan disímiles como la infraestructura pública, la educación, la salud, la legislación laboral o los sistemas previsionales.

La política de cuidados exige tanto acciones articuladas orientadas a la toma de decisiones en torno a cuestiones concretas del quehacer diario, como espacios permanentes de coordinación política y técnica orientados a aunar esfuerzos intersectoriales en la consecución de los objetivos compartidos.

Por otra parte, la política de cuidados debe basarse en un enfoque territorial, que tome en cuenta las necesidades y demandas de cada territorio en materia de cuidados. Las desigualdades, y en especial las de género, se ven permeadas por las características no solo de los hogares (composición, nivel socioeconómico y demás) sino también del ambiente, que puede aminorar o exacerbar la carga de cuidado de los hogares, la pobreza de tiempo y las brechas de género.

Recuadro IV.2
Políticas de cuidado con enfoque territorial: el caso del Sistema Distrital de Cuidado (SIDICU) de Bogotá

A través del trabajo conjunto, la Comisión Económica para América Latina y el Caribe (CEPAL) y la Secretaría Distrital de la Mujer de la Alcaldía Mayor de Bogotá establecieron criterios técnicos y una serie de indicadores con enfoque de género, orientados al diseño e implementación del Sistema Distrital de Cuidado desde un enfoque territorial.

La mirada territorial en la política de cuidados supone atender las características propias de los territorios en materia socioeconómica, demográfica y geoespacial, y que la política de cuidados tome en cuenta y esté alineada con las otras intervenciones desplegadas en clave territorial. De esta manera, los indicadores se diseñaron partiendo de las bases conceptuales del Sistema Distrital de Cuidado, las características de la ciudad y los contenidos del Plan de Desarrollo Distrital 2020-2024 y el Plan de Ordenamiento Territorial de Bogotá.

Se elaboraron tres conjuntos de indicadores que tienen un impacto directo en la economía del cuidado:

i) Indicadores de demanda de cuidados: refieren a la identificación de las necesidades de cuidados, según distintos grupos poblacionales con requerimientos específicos, y a las personas que se desempeñan en este sector, incluida la atención a la primera infancia, a las personas con discapacidad y a las personas mayores.

ii) Indicadores de oferta de cuidados: señalan los bienes, servicios y prestaciones públicas y privadas disponibles en el territorio y orientados a satisfacer la demanda de cuidados.

iii) Indicadores socioterritoriales: describen los factores que inciden directamente en el trabajo de cuidados, acentuando o volviendo más compleja la carga de dicho trabajo en los hogares y su injusta distribución. A su vez, estos indicadores, que permiten generar acciones ajustadas a los requerimientos territoriales y, por ende, optimizan la relación entre la oferta y la demanda de cuidados, se clasifican en:

   a) Indicadores relativos a las características del hogar, como materiales de la vivienda, fuentes de agua mejoradas, saneamiento mejorado, electrodomésticos para la refrigeración y cocción de alimentos, entre otros.

   b) Indicadores relativos a la economía del cuidado: mujeres que realizan trabajo en el hogar exclusivamente, hogares con personas en situación de dependencia permanente o transitoria.

   c) Indicadores de ingreso/empleo: ingreso, desempleo, pobreza monetaria de las mujeres y demás.

   d) Indicadores del ambiente: calles sin pavimentar, aceras rotas, distancia de paraderos o centros de trasporte y demás.

Estos indicadores se utilizaron como insumo para establecer los criterios de priorización en la ubicación de las Manzanas de Cuidado y las Unidades Móviles. Asimismo, con apoyo de la CEPAL se elaboró un mapa con datos georreferenciados que contiene información detallada sobre estos indicadores y su base territorial, como un insumo dinámico para la optimización y mejora permanente de la política pública.

En particular, ciertas características relativas a la infraestructura de la ciudad (calles asfaltadas, infraestructura básica, saneamiento), así como el acceso a distintas formas de transporte, tienen un impacto significativo en la carga de trabajo doméstico y de cuidados. En efecto, son las mujeres las que más dependen del transporte público y de medios no motorizados (bicicleta y caminata), y las que generalmente se movilizan con bultos, compras, coches y niños y niñas, por lo que los efectos negativos de estas barreras son más notorios para ellas.

De igual manera, las personas en situación de dependencia permanente o transitoria ven incrementada su necesidad en materia de cuidados frente a ciertas carencias o características propias de cada territorio. Por ejemplo, las personas que residen en territorios alejados de los centros urbanos tienen mayores necesidades en materia de tiempo o costos de traslado para acceder a ciertos bienes y servicios básicos, como los servicios de cuidado o los centros educativos.

Asimismo, la población que reside en territorios que carecen de servicios básicos, como el agua potable, está sujeta a diversas adversidades, entre ellas, los costos adicionales de obtener agua de camiones cisterna, los efectos negativos sobre la salud y el costo de oportunidad que supone dedicar tiempo al acarreo del agua, lo que afecta particularmente a las mujeres.

Todos estos factores alertan sobre la necesidad de contar con un enfoque territorial a la hora de diseñar políticas y servicios de cuidado, atendiendo especialmente a no comprometer los criterios de calidad, suficiencia y equidad que hacen a la visión universal de la política pública. Sin un enfoque que tome plenamente en cuenta las características sociodemográficas, de infraestructura y geográficas de cada territorio, y su impacto concreto sobre la economía del cuidado, la política de cuidados podría tender a reproducir e incluso aumentar las desigualdades que pretende abordar.

Fuente: Comisión Económica para América Latina y el Caribe (CEPAL), "Diseño y puesta en marcha del Sistema Distrital de Cuidados en la ciudad de Bogotá: un pacto político, social y fiscal", serie Asuntos de Género, noviembre de 2021, en prensa.

c) Corresponsabilidad

La corresponsabilidad refiere tanto a la necesidad de distribuir el trabajo de cuidados entre hombres y mujeres, como a su distribución entre el Estado, el mercado, los hogares y la comunidad. Este conjunto, que conforma el llamado "diamante del cuidado", adquiere formas específicas dependiendo del peso relativo de cada uno de estos elementos en la provisión de servicios y políticas de cuidados en cada país (Esping-Andersen y otros, 2002).

Las políticas que promueven la corresponsabilidad tienen por objeto deconstruir la idea de que el trabajo de cuidados es una tarea de las mujeres y, en cambio, proponen generar una redistribución que permita equilibrar el costo físico, económico y emocional de los cuidados entre diferentes actores. El papel del Estado difiere cualitativamente de otras instituciones que conforman el diamante del cuidado debido a que no es un mero proveedor de servicios, sino el decisor por excelencia a la hora de establecer los derechos y las responsabilidades de las otras instituciones y actores. El Estado juega además un papel clave, ya que tiene la posibilidad de legislar y orientar las buenas prácticas y regular la organización social del cuidado, así como de proveer servicios de calidad y alta cobertura. Entre sus tareas, las instituciones del Estado pueden diseñar, implementar y fiscalizar la oferta de servicios de cuidado y velar por que el acceso no esté condicionado al poder adquisitivo de las personas. El equilibrio de esfuerzos tiene un efecto positivo para el conjunto de la sociedad, ya que libera parte del tiempo a quienes se encuentran en una situación de sobrecarga para participar en otros ámbitos de la vida. La corresponsabilidad queda así ligada al fortalecimiento de la democracia, ya que es una condición para permitir que las mujeres alcancen su autonomía económica y puedan realizar actividades más allá de las responsabilidades de los cuidados de los miembros del hogar.

La incorporación de los hombres en los cuidados puede contribuir a transformar el modelo predominante de masculinidad, lo que, entre otras cosas, ayuda a disociar la fuerza y la violencia del ser varón y adquirir roles donde es fundamental la atención emocional y la orientación hacia el bienestar de otras personas. Para ello, es imprescindible desmontar estereotipos de género y construir nuevas formas de ejercicio de las masculinidades capaces de cuidar y de cuidarse, lo que implica, entre otras cosas, revisar una normativa laboral que sistemáticamente excluye a los hombres de los derechos para el ejercicio del cuidado.

Las políticas para fomentar la corresponsabilidad vuelven a poner al Estado en el centro de la escena, como promotor y regulador de prácticas que abonen a la distribución de tareas en todos los ámbitos en los que se brindan y reciben cuidados. La legislación laboral, las obligaciones de las empresas y las estrategias de transformación cultural, incluidas las mallas curriculares educativas, son áreas clave en las que es preciso actuar para promover la corresponsabilidad en materia de cuidados. Este enfoque para fomentar el diseño de políticas integrales de cuidado ha sido adoptado en el ámbito tanto de la Conferencia Regional sobre la Mujer de América Latina y el Caribe como de la Conferencia Regional sobre Desarrollo Social de América Latina y el Caribe (CEPAL, 2020b, 2021a y 2021f).

d) Sostenibilidad financiera

La creación de sistemas integrales de cuidado exige compromisos económicos de largo alcance que desde su diagramación tengan en cuenta la sostenibilidad financiera. Para ello es preciso incorporar en las políticas macroeconómicas, y especialmente en las políticas fiscales (ingresos, gastos e inversión), los objetivos en materia de distribución social de los cuidados; es decir que en la gestión de las finanzas públicas debe considerarse la dimensión de los cuidados.

Eso implica, entre otros factores, el diseño de proyecciones que permitan calcular el impacto en las variables económicas de la construcción de sistemas integrales de cuidado. Conocer el efecto en el empleo, la recaudación tributaria y las brechas de desigualdad de ingresos permite construir fortaleza para dar continuidad a las políticas de cuidado.

En los últimos años se han enriquecido los datos y el debate sobre la economía del cuidado como dinamizador de la actividad económica en su conjunto y como pilar fundamental para el bienestar de la población. Garantizar cuidados de calidad tiene efectos positivos, entre otras cosas, en la generación de empleo, en la disponibilidad de tiempo de las mujeres que cuidan y en el acceso a la educación de niños, niñas y adolescentes.

Para elaborar un plan financiero sostenible es preciso conocer las necesidades presupuestarias de las diferentes dependencias del Estado vinculadas con las políticas de cuidados. Para ello, es útil contar con ejercicios de estimación de gastos con perspectiva de género e identificar las posibles fuentes de financiamiento público disponibles que respondan a las necesidades económicas y sociales de cada país.

Los recursos destinados a financiar los sistemas integrales de cuidados deben ser suficientes, intransferibles y sostenibles, y cubrir todos los niveles y ámbitos de política pública. Para evitar la profundización de los niveles de pobreza de las mujeres, la sobrecarga de trabajo no remunerado y de cuidados se debe buscar que la expansión del gasto refuerce los sistemas integrales de cuidado y las instituciones asociadas, principalmente vinculadas a la educación y la salud. Implementar estudios de impacto de género de las políticas fiscales antes y después de su aplicación puede contribuir a evitar que estas tengan un efecto negativo explícito o implícito en la sobrecarga del trabajo no remunerado y de cuidados, y, por lo tanto, en los niveles de pobreza de tiempo y monetaria de las mujeres.

Tal como se indica en la Estrategia de Montevideo (CEPAL, 2017), para alcanzar la igualdad de género es necesario movilizar recursos suficientes. Allí se propone una serie de medidas que resultan adecuadas para pensar el financiamiento de las políticas de cuidado.

Contar con un seguimiento de la evolución del monto, el nivel, la composición y el desembolso de las asignaciones presupuestarias para las políticas de cuidados y difundir información sobre dichas asignaciones es necesario para saber qué jerarquía se les da y, al mismo tiempo, garantizar que dichas partidas se ejecuten correctamente

El sector privado, en particular el empresarial, puede contribuir de manera eficaz al financiamiento de los servicios públicos y la protección social a través del pago de impuestos progresivos, y el Estado, por su parte, debe evitar los privilegios fiscales.

Asimismo, la cooperación regional y la aplicación de políticas tributarias pueden ayudar a combatir la evasión y la elusión fiscal y los flujos financieros ilícitos, y de esa forma mejorar la recaudación fiscal de los grupos que concentran los niveles más altos de ingresos y riqueza a través del impuesto a la renta corporativa y los impuestos a la riqueza y a las propiedades, entre otros (CEPAL, 2017). Estas acciones permitirían disponer de mayores recursos para las políticas de cuidados.

En este mismo sentido, los organismos de las Naciones Unidas y del sistema interamericano podrían apoyar a los países con recursos orientados a la implementación de las políticas de cuidados, fundamentales para la concreción de los objetivos de igualdad de género y derechos de las mujeres, en particular de los países pequeños muy endeudados del Caribe.

En definitiva, para la plena y efectiva implementación de las políticas de cuidados es preciso destinar recursos financieros suficientes para la construcción y el fortalecimiento de las capacidades institucionales y de los recursos humanos.

D. En síntesis

La región de América Latina y el Caribe tiene ante sí la oportunidad de construir un futuro con un horizonte de igualdad para todas las mujeres, las jóvenes, las adolescentes y las niñas si los esfuerzos se orientan a redistribuir los tiempos, los recursos y el poder. Para ello, se precisan Estados fuertes en materia de recursos y capacidades que puedan impulsar procesos transformadores y avancen hacia la construcción de una sociedad del cuidado.

La pandemia de COVID-19 ha hecho que las mujeres de la región experimenten un retroceso inédito en lo que respecta a la autonomía económica, que se refleja en aumentos de la pobreza de tiempo y monetaria, en la sobrecarga de cuidados y en una injusta distribución del poder. Los indicios de recuperación de la actividad muestran que la estructura productiva de América Latina y el Caribe descansa sobre una división sexual del trabajo remunerado y no remunerado que reproduce patrones de desigualdad. Los sectores que más rápido crecen son los que tienen más participación masculina, que son también los más valorados y, por tanto, los mejor pagos (CEPAL, 2021c). Sin cambios en el actual modelo de desarrollo, el crecimiento no necesariamente redundará en una mejora en las condiciones de vida de las mujeres.

Durante la crisis provocada por el COVID-19 se hizo evidente que, sin trabajo de cuidados, el desarrollo sostenible resulta inviable. Para mitigar las consecuencias inmediatas de la crisis se han tomado medidas paliativas, pero la tendencia a la profundización de las desigualdades solo podrá revertirse con políticas de mediano y largo plazo que reorienten los patrones de producción, consumo y distribución sostenible (Bidegain, Scuro y Vaca Trigo, 2020).

La pandemia ha permitido visibilizar y profundizar el debate acerca de la injusta distribución social de los cuidados. Además de necesarias, las tareas de cuidado se revelaron, tal como postula la economía feminista, como tareas productivas para el sostenimiento de la vida en sociedad.

En tanto necesario y productivo, el cuidado puede pensarse como un bien público. Para ello se precisan Estados fuertes en cuanto a recursos y capacidades, que puedan impulsar procesos transformadores para avanzar hacia la construcción de una sociedad del cuidado. La interdependencia de los procesos económicos orientados al mercado y los procesos de reproducción social muestra la necesidad de impulsar una diversificación productiva en sectores estratégicos para la sostenibilidad de la vida, que contribuyan a la generación de empleo de calidad, a superar la segregación laboral de género y a la redistribución social de los cuidados (Bidegain, Scuro y Vaca Trigo, 2020).

Promover la igualdad en el acceso al cuidado de calidad, fomentar la corresponsabilidad entre todas las personas y los actores capaces de brindar cuidados y propiciar un enfoque interseccional que considere los ejes estructurantes de la desigualdad social, como la edad, la raza o etnia, el territorio y los ingresos, son desafíos clave para que la recuperación sea transformadora y sostenible.

América Latina y el Caribe enfrenta la oportunidad de construir un futuro con horizonte de igualdad para todas las mujeres, las jóvenes, las adolescentes y las niñas. Esto implica redistribuir los tiempos, los recursos y el poder para transitar hacia un nuevo estilo de desarrollo basado en la igualdad de género y la sostenibilidad.

Bibliografía

Agénor, P. y M. Agénor (2019), "Access to infrastructure, women's time allocation, and economic growth", *CWE-GAM Working Paper series*, N° 19-05, Washington, D.C., Universidad Americana, mayo.

Beneria, L. (1981), "Capitalism and socialism: some feminist questions", *Promissory Notes*, vol. 325.

Bidegain, N., L. Scuro e I. Vaca Trigo (2020), "La autonomía económica de las mujeres en tiempos de COVID-19", *Revista CEPAL*, N°132 (LC/PUB.2021/4-P), Santiago, Comisión Económica para América Latina y el Caribe (CEPAL), diciembre.

Borderías, C., C. Carrasco y T. Torns (eds.) (2011), *El trabajo de cuidados: historia, teoría y políticas*, Madrid, Catarata.

Braunstein, E., I. van Staveren y D. Tavani (2011), "Embedding care and unpaid work in macroeconomic modeling: a structuralist approach", *Feminist Economics*, vol. 17, N° 4, Londres, Taylor and Francis.

Braunstein, E., R. Bouhia y S. Seguino (2020), "Social reproduction, gender equality and economic growth", *Cambridge Journal of Economics*, vol. 44, N° 1, Oxford, Oxford University Press.

Carrasco, C. (2017), "La economía feminista: un recorrido a través del concepto de reproducción", *Ekonomiaz*, N° 91.

___(2004), "El cuidado: ¿coste o prioridad social?", Congreso Internacional Sare 2003 "Cuidar cuesta: costes y beneficios del cuidado", Bilbao, Comunidad Europea/Instituto Vasco de la Mujer (Emakunde).

CEPAL (Comisión Económica para América Latina y el Caribe) (2022), *Balance Preliminar de las Economías de América Latina y el Caribe, 2021* (LC/PUB.2022/1-P), Santiago.

___(2021a), *Hacia la sociedad del cuidado: los aportes de la Agenda Regional de Género en el marco del desarrollo sostenible* (LC/MDM.61/3), Santiago.

___(2021b), *Estudio Económico de América Latina y el Caribe, 2021* (LC/PUB.2021/10-P/Rev.1), Santiago.

___(2021c), "La paradoja de la recuperación en América Latina y el Caribe. Crecimiento con persistentes problemas estructurales: desigualdad, pobreza, poca inversión y baja productividad", *Informe Especial COVID-19*, N° 11, Santiago, julio.

___(2021d), *Panorama Social de América Latina, 2020* (LC/PUB.2021/2-P/Rev.1), Santiago.

___(2021e), *Construir un futuro mejor: acciones para fortalecer la Agenda 2030 para el Desarrollo Sostenible* (LC/FDS.4/3/Rev.1), Santiago.

___(2021f), "Agenda Regional de Género" [en línea] https://www.cepal.org/es/organos-subsidiarios/conferencia-regional-sobre-la-mujer-de-america-latina-y-el-caribe/agenda-regional-genero.

___(2021g), *Desastres y desigualdad en una crisis prolongada: hacia sistemas de protección social universales, integrales, resilientes y sostenibles en América Latina y el Caribe* (LC/CDS.4/3), Santiago.

___(2020a), *Compromiso de Santiago* (LC/CRM.14/XX), Santiago.

___(2020b), *Agenda Regional de Desarrollo Social Inclusivo* (LC/CDS.3/5), Santiago.

___(2019), *La autonomía de las mujeres en escenarios económicos cambiantes* (LC/CRM.14/3), Santiago.

___(2017), *Estrategia de Montevideo para la Implementación de la Agenda Regional de Género en el Marco del Desarrollo Sostenible hacia 2030* (LC/CRM.13/5), Santiago, marzo.

___(2014), *Panorama Social de América Latina, 2014* (LC/G.2635-P), Santiago.

___(2002), *Autonomía de las mujeres e igualdad en la agenda de desarrollo sostenible* (LC/G.2686/Rev.1), Santiago, diciembre.

CEPAL/OPS (Comisión Económica para América Latina y el Caribe/Organización Panamericana de la Salud) (2020), "Salud y economía: una convergencia necesaria para enfrentar el COVID-19 y retomar la senda hacia el desarrollo sostenible en América Latina y el Caribe," *Informe COVID-19 CEPAL-OPS*, Santiago, julio.

De Henau, J. y S. Himmelweit (2021), "A care-led recovery from COVID-19: investing in high-quality care to stimulate and rebalance the economy", *Feminist Economics*, vol. 27, N° 1-2.

De Henau, J., S. Himmelweit y D. Perrons (2017), *Investing in the Care Economy: Simulating Employment Effects by Gender in Countries in Emerging Economies*, Bruselas, Confederación Sindical Internacional (CSI).

Dengler, C. y B. Strunk (2018), "The monetized economy versus care and the environment: degrowth perspectives on reconciling an antagonism", *Feminist Economics*, vol.24, N° 3.

Esping-Andersen, G. y otros (2002), *Why We Need a New Welfare State*, Oxford, Oxford University Press.

Folbre, N. (2004), "A theory of the misallocation of time", *Family Time*, N. Folbre y M. Bittman (eds.), The Social Organization of Care, Routledge.

Gottschlich, D. y L. Bellina (2016), "Environmental justice and care: critical emancipatory contributions to sustainability discourse", *Agriculture and Human Values*, vol. 34.

Heintz, J., S. Staab y L. Turquet (2021), "Don't let another crisis go to waste: the COVID-19 pandemic and the imperative for a paradigm shift", *Feminist Economics*, vol. 27, N° 1-2.

Hochschild, A. R. (1989), "The economy of gratitude", *The Sociology of Emotions: Original Essays and Research Papers*, vol. 9.

MHA (Mental Health America) (2021), "Covid-19 and mental health: a growing crisis" [en línea] https://mhanational.org/sites/default/files/Spotlight%202021%20-%20COVID-19%20and%20Mental%20Health.pdf.

Molyneux, M. (1979), "Beyond the Domestic Labour Debate", *New Left Review*, vol. 116.

OIT (Organización Internacional del Trabajo) (2020), "La COVID-19 y los trabajadores de los cuidados a domicilio y en instituciones", *Nota informativa sectorial de la OIT*, Ginebra, octubre [en línea] https://www.ilo.org/wcmsp5/groups/public/—ed_dialogue/—sector/documents/briefingnote/wcms_762077.pdf.

___(2019a), *Trabajar para un futuro más prometedor*, Ginebra, enero.

___(2019b), *El trabajo de cuidados y los trabajadores del cuidado para un futuro con trabajo decente*, Ginebra.

___(2017), *Mejora del empleo y las condiciones de trabajo en el ámbito de los servicios de salud* (TMIEWHS/2017), Ginebra.

___(2016), *La migración laboral en América Latina y el Caribe diagnóstico, estrategia y líneas de trabajo de la OIT en la región*, Lima, Oficina Regional para América Latina y el Caribe.

ONU-MUJERES/CEPAL/OIT (Entidad de las Naciones Unidas para la Igualdad de Género y el Empoderamiento de las Mujeres/Comisión Económica para América Latina y el Caribe/Organización Internacional del Trabajo) (2020), "Trabajadoras remuneradas del hogar en América Latina y el Caribe frente a la crisis del COVID-19", *Brief*, 12 de junio.

OPS/OMS (Organización Panamericana de la Salud/Organización Mundial de la Salud) (2021), *Actualización epidemiológica: enfermedad por coronavirus (COVID-19)*, Washington, D.C., 22 de julio.

Pérez Orozco, A. (2014), *Subversión feminista de la economía: aportes para un debate sobre el conflicto capital-vida*, Traficantes de sueños.

___(2006), *Perspectivas feministas en torno a la economía: el caso de los cuidados*, Madrid, Consejo Económico y Social (CES).

Picchio, A. (2009), "Condiciones de vida: perspectivas, análisis económico y políticas públicas", *Revista de Economía Crítica*, vol. 7.

___(2003), "A macroeconomic approach to an extended standard of living", *Unpaid Work and the Economy. A Gender Analysis of the Standards of Living*, A. Picchio (ed.). Londres, Routledge.

___(1992), *Social Reproduction: The Political Economy of the Labour Market*, Cambridge, Cambridge University Press.

Simonazzi, A. (2008), "Care regimes and national employment models", *Cambridge Journal of Economics*, vol. 33, N° 2, Oxford, Oxford University Press.

Seguino, S. (2020), "Engendering macroeconomic theory and policy", *Feminist Economics*, vol. 26, N° 2.

___(2017), "Financing for gender equality: reframing and prioritizing public expenditures to promote gender equality", *Financing for Gender Equality: Realising Women's Rights through Gender Responsive Budgeting*, Z. Khan y N. Burn (eds.), Londres, Palgrave Macmillan.

Vaca Trigo, I. (2019), "Oportunidades y desafíos para la autonomía de las mujeres en el futuro escenario del trabajo", *serie Asuntos de Género*, N° 154 (LC/TS.2019/3), Santiago, Comisión Económica para América Latina y el Caribe (CEPAL).

Valenzuela, M. E., M. L. Scuro e I. Vaca Trigo (2020), "Desigualdad, crisis de los cuidados y migración del trabajo doméstico remunerado en América Latina", *serie Asuntos de Género*, N° 158 (LC/TS.2020/179), Santiago, Comisión Económica para América Latina y el Caribe (CEPAL).

Universidad de O´Higgins y otros (2021), "El impacto de la pandemia de COVID-19 en la salud mental de los trabajadores en los servicios de salud. Health Care Workers COVID-19 Study", *Informe Preliminar, No. 4. Chile: Condiciones Laborales* [en línea] https://medicina.uc.cl/wp-content/uploads/2021/05/4to-informe-breve-condiciones-laborales-abril-2021.pdf.

Publicaciones recientes de la CEPAL
ECLAC recent publications

www.cepal.org/publicaciones

Informes Anuales/*Annual Reports*
También disponibles para años anteriores/*Issues for previous years also available*

Estudio Económico de América Latina y el Caribe 2021
Economic Survey of Latin America and the Caribbean 2021

La Inversión Extranjera Directa en América Latina y el Caribe 2021
Foreign Direct Investment in Latin America and the Caribbean 2021

Balance Preliminar de las Economías de América Latina y el Caribe 2020
Preliminary Overview of the Economies of Latin America and the Caribbean 2020

Anuario Estadístico de América Latina y el Caribe 2020
Statistical Yearbook for Latin America and the Caribbean 2020

Panorama Social de América Latina 2021
Social Panorama of Latin America 2021

Perspectivas del Comercio Internacional de América Latina y el Caribe 2021
International Trade Outlook for Latin America and the Caribbean 2021

El Pensamiento de la CEPAL/*ECLAC Thinking*

Construir un nuevo futuro: una recuperación transformadora con igualdad
y sostenibilidad
Building a New Future: Transformative Recovery with Equality and Sustainability

La ineficiencia de la desigualdad
The Inefficiency of Inequality

Desarrollo e igualdad: el pensamiento de la CEPAL en su séptimo decenio.
Textos seleccionados del período 2008-2018

Libros y Documentos Institucionales/*Institutional Books and Documents*

Desastres y desigualdad en una crisis prolongada: hacia sistemas de protección social universales, integrales, resilientes y sostenibles en América Latina y el Caribe
Disasters and inequality in a protracted crisis: Towards universal, comprehensive, resilient and sustainable social protection systems in Latin America and the Caribbean

Instituciones resilientes para una recuperación transformadora pospandemia en América Latina y el Caribe: aportes para la discusión
Resilient institutions for a transformative post-pandemic recovery in Latin America and the Caribbean: Inputs for discussion

Lineamientos y propuestas para un plan de autosuficiencia sanitaria para América Latina y el Caribe
Plan for self-sufficiency in health matters in Latin America and the Caribbean: lines of action and proposals

Libros de la CEPAL/*ECLAC Books*

La tragedia ambiental de América Latina y el Caribe

La emergencia del cambio climático en América Latina y el Caribe: ¿seguimos esperando la catástrofe o pasamos a la acción?
The climate emergency in Latin America and the Caribbean: The path ahead – resignation or action?

Los sistemas de pensiones en la encrucijada: desafíos para la sostenibilidad en América Latina

Páginas Selectas de la CEPAL/*ECLAC Select Pages*

Reflexiones sobre la gestión del agua en América Latina y el Caribe.
Textos seleccionados 2002-2020

Las dimensiones del envejecimiento y los derechos de las personas mayores en América Latina y el Caribe. Textos seleccionados 2009-2020

Protección social universal en América Latina y el Caribe.
Textos seleccionados 2006-2019

Revista CEPAL/*CEPAL Review*

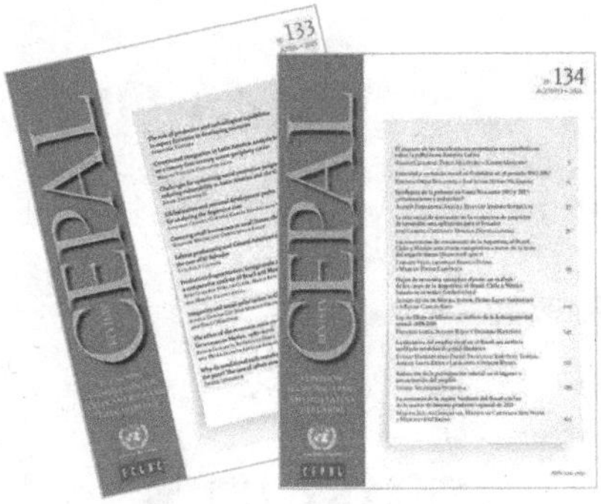

Series de la CEPAL/*ECLAC Series*

Notas de Población

Observatorio Demográfico
Demographic Observatory

Documentos de Proyectos
Project Documents

Informes Especiales COVID-19
Special Reports COVID-19

Coediciones/*Co-editions*

Copublicaciones/*Co-publications*

Suscríbase y reciba información oportuna sobre las publicaciones de la CEPAL

Subscribe to receive up-to-the-minute information on ECLAC publications

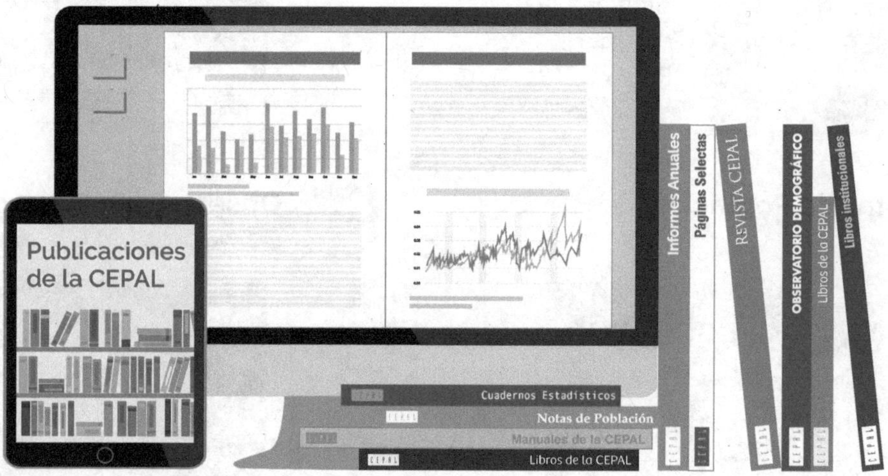

www.cepal.org/es/suscripciones www.cepal.org/en/suscripciones

NACIONES UNIDAS
UNITED NATIONS

CEPAL
ECLAC

www.cepal.org/publicaciones

facebook.com/publicacionesdelacepal

Las publicaciones de la CEPAL también se pueden adquirir a través de:
ECLAC publications also available at:

shop.un.org

United Nations Publications
PO Box 960
Herndon, VA 20172
USA

Tel. (1-888)254-4286
Fax (1-800)338-4550
Contacto/Contact: publications@un.org
Pedidos/Orders: order@un.org